Günter Buchstab und Rudolf Uertz (Hrsg.)

Christliche Demokratie im zusammenwachsenden Europa

Günter Buchstab und Rudolf Uertz (Hrsg.)

Christliche Demokratie im zusammenwachsenden Europa

Entwicklungen – Programmatik – Perspektiven

Herausgegeben im Auftrag der Konrad-Adenauer-Stiftung e.V.

HERDER
FREIBURG · BASEL · WIEN

Bildnachweis

1. Umschlagseite:
Die Außenminister Gyula Horn (Ungarn, rechts im Bild) und Alois Mock (Österreich, links) beim symbolischen Öffnen des „Eisernen Vorhangs" an der ungarisch-österreichischen Grenze am 27. Juni 1989; HOPI-Media, Wien

4. Umschlagseite:
Europakarte mit freundlicher Genehmigung der Audiovisuellen Bibliothek der Europäischen Kommission

www.herder.de

Gedruckt auf umweltfreundlichem,
chlorfrei gebleichtem Papier

Originalausgabe

Satz: Barbara Herrmann, Freiburg
Druck und Bindung: fgb · freiburger graphische betriebe 2004
www.fgb.de
Umschlaggestaltung: Media Consulta, Köln
ISBN 3-451-20577-7

Inhalt

IV. Ausblick

Vorwort

Günter Buchstab

Die bevorstehende Erweiterung der Europäischen Union um die mittel-, ost- und südosteuropäischen Länder ist ein zentrales Thema der europapolitischen Diskussion. Diese Erweiterung wird die EU erheblich verändern und sie politisch, sozial, kulturell und ökonomisch heterogener machen. In Teilen der Öffentlichkeit trifft dieser Erweiterungsprozess auf Besorgnisse, ja auf Skepsis, weil er als Risiko für die bisherigen Strukturen angesehen wird. Sorgen bestehen auch hinsichtlich der zu erwartenden erheblichen Kosten, die der Anpassungsprozess verursachen dürfte. Wenn nicht alles täuscht, so haben sich nicht nur bei einigen Beitrittskandidaten, sondern auch in den integrierten Ländern Zweifel am Nutzen weiterer EU-Mitglieder eingestellt; die anfängliche Euphorie scheint einer gewissen Skepsis gewichen zu sein, zumal die Einbindung in die EU verbunden ist mit einer Absage an eine ausschließlich nationalstaatliche Orientierung dieser Länder, die nach dem Zusammenbruch des Ostblocks in den Jahren 1989/90 erst ihre Eigenständigkeit wiedererlangt haben.

Andererseits werden neben erheblichen Problemen, die die Erweiterung zwangsläufig mit sich bringt, auch große Chancen gesehen. Frieden, Stabilität und Wohlstand für immer größere Teile Europas zu schaffen und zu sichern sowie das eigene Gewicht Europas als eigenständiger Akteur im weltpolitischen Geschehen zu vergrößern, werden auf der Habenseite erwartet.

Doch fragt sich, ob die EU in ihrer derzeitigen Verfasstheit ausreichend auf die Aufnahme weiterer Mitgliedsstaaten vorbereitet ist. Wird ihre Integrationskraft, die schon heute durch die Ausweitung der letzten Jahre strapaziert scheint, durch die zusätzliche Aufnahme von zehn Ländern nicht überfordert? Hat sie sich nicht mit ihrem Bestreben übernommen, die Integration zu vertiefen und gleichzeitig die Union nochmals um viele Staaten zu erweitern?

Angesichts der bevorstehenden Erweiterung der EU um die mittelosteuropäischen Staaten richten sich die Blicke nicht zuletzt auf die Transformationsländer selbst, die mit den unübersehbaren politischen, ökonomischen, sozialen und kulturellen Konsequenzen der 45 Jahre währenden kommunistischen Herrschaft und Zentralverwaltungswirtschaft zu kämpfen haben. Wer sind die gestaltenden politischen Kräfte in den Beitrittsländern? Welche politischen Parteien, Bewegungen und Ideenkreise nehmen auf den Veränderungs- und Erneuerungsprozess in diesen Ländern Einfluss? Auf welche politisch-historischen Erfahrungen und theoretischen Vorbilder blicken die politischen Bewegungen und Parteien zurück?

Mit ihrer wissenschaftlichen Tagung, die die Konrad-Adenauer-Stiftung in Zusammenarbeit mit der Katholischen Sozialwissenschaftlichen Zentralstelle (Mönchengladbach) und dem Zentrum für Europäische Integrationsforschung (Bonn) vom 7. bis 10. November 2002 in Budapest durchgeführt hat, haben sich die Veranstalter das Ziel gesetzt, vor allem die christlich-demokratischen und christlich-sozialen Ideenkreise und Bewegungen in den mittelosteuropäischen Ländern zu analysieren, zugleich aber auch die Frage nach den historischen Voraussetzungen und dem gegenwärtigen Standort der C-Parteien in der Europäischen Union darzustellen.

Im Mittelpunkt stand die Überlegung, dass für den Zusammenhalt und die weitere Entwicklung der europäischen Integration nicht allein politische und wirtschaftliche Interessen maßgeblich sind, sondern dass es auch auf die Besinnung auf gemeinsame Grundwerte ankommt. Diese Grundwerte beruhen ganz wesentlich auf der historischen und kulturellen Prägekraft des Christentums. In der Endphase des kommunistischen Herrschaftssystems hatte in den Beitrittsländern die Rückbesinnung auf jene Werte und Normen, die Kirche und Christentum verkörpern, Konjunktur; damit waren zunächst auch hohe Erwartungen an die Kirchen und ihre gesellschaftliche Orientierungsfunktion verbunden. Ihre herausragende Rolle in der Phase der Opposition gegen die kommunistischen Regime und im beginnenden Transformationsprozess war unübersehbar. Inzwischen hat jedoch die prägende Kraft von Religion und Kirche auch in den Transformationsländern spürbar nachgelassen. Die Zahl der Kirchenmitglieder und Gottesdienstbesucher, die Anfang der 1990er Jahre angestiegen war, ist wieder wesentlich zurückgegangen. Offensichtlich zeigen sich hier Einstellungsmuster, die aus dem westlichen Europa bekannt sind. Hier wie dort scheinen die Bürger eine tatsächliche oder vermutete Einflussnahme der Kirchen auf die Politik, auf die Regierungen oder auf die Wahlentscheidungen mehrheitlich abzulehnen.

Diese Tendenz blieb nicht ohne Auswirkungen auf die christlich-demokratischen Parteien, die in der Zeit des politischen und sozialen Umbruchs zunächst großen Zuspruch erfahren hatten. Ihre Kirchennähe zahlte sich nicht aus, im Gegenteil: Sie scheint ihr politisches Handeln sogar eher zu delegitimieren. Offenbar ist es den christlich-demokratischen Parteien nicht gelungen, im Geflecht von Religion, Politik, Moral und Recht die Voraussetzungen dafür zu schaffen, einen eigenen, unverwechselbaren Standort zu finden, der auf breite Wählerakzeptanz stößt.

Eine zentrale Rolle bei der Konzeption und bei der Durchsetzung des Europagedankens nach dem Zweiten Weltkrieg spielte die westeuropäische christlich-demokratische Bewegung. Verbot und Auflösung durch die kommunistische Staatsmacht hinderten die christlichen Parteien der mittelosteuropäischen Staaten nach hoffnungsvollen Ansätzen in den Nouvelles Équipes Internationales (NEI), an diesem Prozess teilzunehmen. In allen sechs Gründungsstaaten der Europäischen Gemeinschaften (Montanunion, EWG und Euratom) spielten die C-Parteien eine maßgebliche, in Deutschland und Italien lange Zeit sogar eine dominante politische Rolle. Als ihre Protagonisten sind vor allem Konrad Adenauer, Robert Schuman und Alcide de Gasperi, nicht zuletzt auch Helmut Kohl – dem neben Jean Monnet bisher einzigen „Ehrenbürger Europas" – zu nennen, die einen starken Einfluss auf den Integrationsprozess ausübten. Getragen waren sie vom Bewusstsein historischer und geistiger Gemeinsamkeit und Eigenart des abendländischen Kulturkreises. Die christlich-abendländische Idee bzw. der Europagedanke wurde in der unmittelbaren Nachkriegszeit – nicht zuletzt auch in Abgrenzung zum kommunistischen Materialismus – zu einem Leitbegriff politischer Orientierung. Die Idee eines paneuropäischen Zusammenschlusses christlich-demokratischer Parteien, in Deutschland vor allem auf der Basis der Interkonfessionalität, war bereits 1920 vom Gründer des Partito Popolare Italiano, Don Luigi Sturzo, angeregt worden, um nach dem Ersten Weltkrieg die Befriedung und Versöhnung der Völker und ein europäisches Bewusstsein zu fördern.

Die Erforschung der christlich-demokratischen Traditionen, ihrer geschichtlichen Wurzeln wie ihrer Wirksamkeit im nationalen und europäischen Rahmen ist in den westlichen Ländern weit fortgeschritten. In den mittelosteuropäischen Staaten hingegen war diese Forschung bis vor wenigen Jahren nicht möglich. Heute stellt sich nun die Frage, ob und in welcher Weise es auch in diesen Ländern Ansätze und Anknüpfungspunke im christlich-demokratischen Werte- und Ideenspektrum gibt, die in der politischen Realität Mittel-, Süd- und Osteuropas für die zukünftige politische Entwicklung wirksam werden können und die gleichzeitig das gemeinsame europäische Bewusstsein auch in diesen Ländern und Regionen fördern.

Worin bestehen die Voraussetzungen und Bedingungen für Erfolge, aber auch Misserfolge christlich-demokratischer Politik? Worin liegen die Gründe für aktuelle krisenhafte Erscheinungen? Diese Fragen wurden in Budapest von ausgewiesenen Fachleuten erörtert. Ihre Bestandsaufnahmen sind in überarbeiteter Form in diesem Band zusammengefasst.

I. Einführung

Das christlich-demokratische Gesellschaftsmodell und die Folgen von 1989

Ludger Kühnhardt

I.

Die europäische Freiheitsrevolution der Jahre 1989 und 1990 hat auch die Parteienlandschaft in Europa verändert. Christlich-demokratische Parteien haben seit dem Ende des Zweiten Weltkrieges fundamentalen Anteil am geistigen und politischen Wiederaufstieg Westeuropas. Sie haben den epochalen Prozess der europäischen Einigung initiiert und geformt wie keine andere Partei in jenen Ländern, die einst die Europäischen Gemeinschaften, Montanunion, Euratom und EWG gebildet haben und diese nach ihrer Überführung in die Europäische Union bis an die Schwelle der Osterweiterung vorangebracht haben. Eigentümlicherweise prägen gerade jetzt Selbstzweifel, Auflösungstendenzen und eine tastende Suche nach Neuorientierung das Bild der meisten christlich-demokratischen Parteien in Westeuropa.

In den mittelosteuropäischen Ländern entstanden im Umfeld der großen Umwälzungen Ende der 1980er und Anfang der 1990er Jahre die christlich-demokratischen Parteien neu, die an westeuropäische Vorbilder und an eigene Traditionen in ihren Ländern anknüpfen konnten. Auch im Raum des von der orthodoxen Kirche geprägten Osteuropa bildeten sich ebenfalls – wenngleich wesentlich verhaltener als in den vom lateinischen Christentum geprägten Ländern Mittelosteuropas – christlich-demokratische Parteien. Unterdessen müssen die christlich-demokratischen Parteien in den meisten Transformationsländern Mittel- und Osteuropas Machtverlust, institutionellen Niedergang oder eine Tendenz zu massiven Selbstzweifeln über die angemessene geistig-politische Grundausrichtung christlich-demokratischer Politik konstatieren.

Läuft der christlich-demokratische Ideenkreis im beginnenden 21. Jahrhundert ins Leere? Hat er sich verbraucht? Und wenn ja: Wie kann er revitalisiert werden? Diese Fragen verbinden unterdessen die alten und die neuen Mitglieder der Europäischen Union, und sie gelten auch für die christlich geprägten Gesellschaften und Staaten Südosteuropas, die in Kürze der Europäischen Union angehören werden. Die Frage nach der Rolle einer in religiösen Überzeugungen fundierten Wertorientierung in der Politik stellt sich darüber hinaus gleichermaßen in der islamischen Türkei, die als EU-Beitrittskandidat anerkannt ist, und in den politischen Diskursen der islamischen Gesellschaften der Balkanländer.

Im Blick auf den christlich-demokratischen Ideenkreis muss konstatiert werden, dass der Aufbruch, den die Vertreter und Förderer dieses geistig-politischen Ideenkreises im 19. Jahrhundert und erneut nach dem Zweiten Weltkrieg in der Mitte des 20. Jahrhunderts verkörpert haben, derzeit einem weit verbreiteten Empfinden der Ratlosigkeit über die Zukunftsfähigkeit christlich-demokratischer Ideen in der Politik gewichen ist. Für die künftige Ausgestaltung Europas als einem geistigen Raum wird es gleichwohl von zentraler Bedeutung bleiben, ob und inwieweit religiös fundierte Wertorientierungen Relevanz in der Politik behalten oder wiedergewinnen. Die Europäische Union wird mit der anstehenden Verabschiedung einer Verfassung die Frage nach der europäischen Identität aus der Sphäre akademischer und belletristischer Unverbindlichkeit in den Raum der Politik heben. Ausgeprägt werden kann der Begriff der europäischen Identität indessen auch künftig vor allem über die Protagonisten geistig-politischer Ideenkreise, für die Europa und die Interpretation seiner Identität mehr ist als ein reiner Zweckverband funktionaler Art.

Insofern muss die Frage bedrängen, inwieweit das christlich-demokratische Gesellschaftsmodell Auswege aus der derzeit grassierenden Ratlosigkeit über sein Wesen und seinen Zweck finden kann. Unterdessen ist diese Aufgabe zu einem gesamteuropäischen Thema geworden, das bei allen nationalen oder regionalen Varianten von einem gleichlautenden Grundton durchzogen ist. Angesichts der Erfahrungen der vergangenen zwei Jahrhunderte mit Wirkungsweise und Vitalitätsbedingungen christlich-demokratischer Ideen drängt sich die Frage auf, ob christlich-demokratisches Denken und Handeln in der Politik nur dann kraftvoll ist, wenn es sich mit einem starken geistigen und faktischen „Gegner" konfrontiert sieht?

In den vergangenen zwei Jahrhunderten waren antiklerikaler Liberalismus, aggressiver Nationalismus und diverse Varianten staatszentrierten Sozialismus Gegner der Anhänger eines originär christlich-demokratischen Ideenkreises. In der Ablehnung gegenüber den totalitären Ideologien des Nationalsozialismus und des Kommunismus fand christlich-demokratisches Denken und Handeln seinen geschichtsmächtigsten Widerpart. Doch wie steht es heute? Vielerorts ist nach dem Zusammenbruch der kommunistischen Herrschaftssysteme das Ende des ideologischen Denkens angesagt worden. Alles sei jetzt möglich, intonierte der amerikanische Präsident Bill Clinton unter dem Brandenburger Tor die Fanfare des real gelebten Liberalismus. Vielerorts konnten sich die Protagonisten des christlich-demokratischen Gesellschaftsmodells offensichtlich nicht rechtzeitig und nicht überzeugend genug auf die neue Lage einstellen. Verschiedentlich gerieten sie selbst unter Ideologieverdacht: War nicht christlich-demokratisches

Denken, dessen holistischer Ansatz vor allem in Verbindung mit der unerschütterlichen Lehrautorität und Dogmenfestigkeit der katholischen Kirche gebracht wurde, selbst ein Teil des untergegangenen ideologischen Zeitalters? Hier und da geriet die christlich-demokratische Idee nach dem Untergang der ersatzreligiösen Ideologien in den Dunstkreis des Odiums, selbst eine geschlossene, freiheitsfeindliche Ideologie zu sein, die es ad acta zu legen gelte, wenn der Freiheit die Bahn geebnet werden solle. Häufiger aber erfuhren christlich-demokratische Ideen einen inneren Kraftschwund – und noch mehr gilt dies für Bewegungen und Parteien, die ihr Handeln ausdrücklich an diesem Ideenkreis orientierten.

Man muss diesen unangenehmen Befund genauer analysieren, um zu einer treffenden Analyse der Zukunftspotentiale des christlich-demokratischen Denkens und politischen Handelns im Europa des 21. Jahrhunderts zu gelangen. Ihre Hauptantipoden sind nicht so sehr statische Begriffe wie Liberalismus, Sozialismus und Nationalismus, sondern vielmehr ein zum Lebensstil-Liberalismus geschrumpfter kultureller Liberalismus und ein mit dem diffusen Begriff „neue Mitte" tituliertes verschwommenes Konzept, das ein modernitätsorientierter Sozialismus auf seine Fahnen geschrieben hat; schließlich sind zu nennen die anhaltenden Antinomien zwischen Nationalbewusstsein und Europaidee, wobei die letztere in weiten Teilen Mitteleuropas stärker akzentuiert werden als in Westeuropa, wo sich der Europagedanke stärker an den Realitäten der Europäischen Union reibt.

II.

Der christlich-demokratische Ideenkreis entstand zu Beginn des 19. Jahrhunderts; er konturierte sich im Verhältnis zu und im Ringen mit den großen geistigen Strömungen jener Zeit, vor allem mit Liberalismus, Sozialismus und Nationalismus. Praktisch, zumeist aber auch theoretisch sind die meisten der geistigen Konflikte, die sich aus diesem Ringen ergaben, zu Beginn des 21. Jahrhunderts in Europa gelöst. Im Regelfall geschah dies dadurch, dass die wesentlichen Grundsätze und Ermahnungen des christlich-demokratischen Denkens Beachtung und Anerkennung fanden:

Das christlich-demokratische Naturrechtsdenken sieht sich unterdessen weithin ausgesöhnt mit den Kernanliegen des Staats-Liberalismus, vor allem also der Menschenrechtsidee, dem Rechtsstaatsprinzip und dem Grundsatz des Parlamentarismus. Der gelegentlich unversöhnlich scheinende Gegensatz zwischen Wahrheit und Mehrheit ist zugunsten einer personalistisch fundierten Demokratiekonzeption aufgefangen, abgeschwächt und weitgehend verwandelt worden. Liberales Staatsdenken sieht sich heute nicht mehr als Widerpart zu klerikaler Demokratieskepsis und das christlich-demokratische Staatsverständnis steht längst an der Spitze der Verteidiger liberaler Verfassungsideen. In nicht unerheblichem Maße ist christlich-demokratisches, naturrechtlich und personalistisch fundiertes Denken zentrale Erhaltungsbedingung und Rückversicherung für die Grundpostulate des Staatsliberalismus geworden.

Das christlich-demokratische Gesellschaftsmodell hat über alle Varianten sozialistischer Staatskonzeptionen obsiegt. Zugleich hat eine Annäherung zwischen demokratisch gebundenen Vorstellungen vom Wohlfahrtsstaat und den Ideen der christlichen Sozialethik stattgefunden, wobei beide anhaltend mit den wirtschaftsliberalen Erfordernissen einer Sozialstaatsreform konfrontiert sind. Dabei ist hilfreich, dass eine prinzipielle Aussöhnung zwischen christlich-demokratischem Sozialethos und den Kernbegriffen des Wirtschaftsliberalismus erfolgt ist, namentlich im Blick auf die Begriffe und Folgen des Marktes, der

Eigeninitiative und des Börsenfinanzsystems. Kontroverse Akzentsetzungen bleiben bestehen, aber in der Summe lässt sich doch feststellen, dass insbesondere seit Mitte des 20. Jahrhunderts mit der Formulierung der ordnungspolitischen Grundvorstellungen der Sozialen Marktwirtschaft die theoretischen Klärungen zwischen den einstmals unversöhnlichen Positionen erfolgt sind.

Das christlich-demokratische Denken beruht auf der christlichen Anthropologie und Sozialethik; bis Mitte des 20. Jahrhunderts waren insbesondere katholische Ansätze prägend. Damit war in Begriff, Wesen und Absicht a priori ein übernationaler, universaler Ansatz angelegt, der den christlich-demokratischen Ideenkreis gegen die Verführungskräfte des Nationalismus resistent bleiben ließ. Zugleich war darin angelegt, dass der christlich-demokratische Ideenkreis eine besondere Affinität zur Europaidee herausbildete und weiterentwickelte. Christlicher Personalismus, christliches Sozialethos und christlicher Freiheitsbegriff sind mit einem exklusiven Nationalismus nicht vereinbar. Ihre außen- und europapolitische Entsprechung fanden diese Grundlagen in der Idee der übernationalen Zusammenarbeit und einer europäischen Kooperation, die durch Methoden und Ziele der Integration der Völker und Staaten die Antagonismen, die das nationalfixierte Denken förderte, abbauen kann.

Die für Europa charakteristischen politischen Ideenkreise des Liberalismus, des Sozialismus und des Nationalismus sind ebenso wie die zu ihnen ursprünglich konträr stehende Christliche Demokratie aus den Auseinandersetzungen im Zeitalter der Französischen Revolution hervorgegangen und haben sich im Gefolge der nachrevolutionären Ereignisse weiterentwickelt. Bis zum späten 20. Jahrhundert haben diese Ideenkreise vielschichtige Entwicklungsprozesse und Veränderungen erfahren. Bisher vermochten es diese politischen Ideenkreise und Bewegungen jedoch noch nicht, die seit dem Zusammenbruch des Kommunismus veränderte geistig-politische Situation im Hinblick auf ihr Verhältnis zueinander zu klären. Praktische Verwirrungen und theoretischer Klärungsbedarf stehen nebeneinander. Dies gilt nicht überall und nicht in jeder Hinsicht, es gilt auch nicht notwendigerweise prinzipiell und apodiktisch. Aber es trifft doch zu, dass die Auseinandersetzung mit den Folgen der inneren Verwandlung der politischen Ideenkreise, wie sie seit der Französischen Revolution des 18. Jahrhunderts bis zur europäischen Freiheitsrevolution des 20. Jahrhunderts vollzogen worden sind, noch nicht abgeschlossen ist. Teilweise steht sie erst noch am Anfang. Insgesamt aber ist dies ein gesamteuropäischer Sachverhalt geworden, der Klärungen erforderlich macht, wenn das christlich-demokratische Gesellschaftsmodell zukunftsfähig erhalten oder wieder zukunftsfähig gemacht werden soll.

Die traditionell mit dem Erbe der Französischen Revolution assoziierten Ideenkreise haben ihre theoretischen und programmatischen Reflexionen noch nicht genügend mit den geistigen und gesellschaftlichen Entwicklungen, die seit rund 15 Jahren in Europa stattgefunden haben, zu vereinbaren vermocht. Der klassische Liberalismus musste und muss sich mit der Unausweichlichkeit der sozialen Frage für die Legitimität von Demokratie, Rechtsstaat und Parlamentarismus auseinandersetzen. Der klassische Sozialismus musste und muss sich den wirtschaftsliberalen Einsichten in die Funktionsweise der Marktgesetze und den staatsliberalen Postulaten vom Eigenwert demokratischer Machtkontrolle beugen. Der klassische Nationalismus musste und muss sich dem Erfolg der europäischen Integration stellen, der ihn in weiten Teilen Europas unterdessen gebändigt hat; er sucht daher noch nach einer plausiblen Rechtfertigung supranationaler Zusammenarbeit zum Wohle aller beteiligten Nationen.

Auch der christlich-demokratische Ideenkreis muss sich

mit den Folgen der inneren Verwandlung der geistig-politischen Ideenkreise auseinandersetzen, und zwar sowohl bezüglich ihres Verhältnisses zueinander als auch bezüglich der Neuakzentuierung seines eigenen Ideenrasters. Diese Auseinandersetzung muss am Anfang einer Revitalisierung christlich-demokratischen Denkens und erfolgreicher christlich-demokratischer Politik stehen. Auch diese Aufgabe stellt sich für West-, Mittel- und Osteuropa – bei allen nationalen und regionalen Eigenheiten – mit gleicher Dringlichkeit.

III.

Drei Fragen sind für die angesprochene Auseinandersetzung leitend – Fragen, die auch für die Zukunftsfähigkeit christlich-demokratischer Programmatik und Politik in Europa von entscheidender Bedeutung sind:

1. das Verhältnis des christlich-demokratischen Gesellschaftsmodells zum Lebensstil-Liberalismus (das heißt zum kulturellen Liberalismus);
2. das Verhältnis des christlich-demokratischen Gesellschaftsmodells zu einer Sozialdemokratie ohne Gesellschaftsprojekt (das heißt zur linken „neuen Mitte");
3. das Verhältnis des christlich-demokratischen Gesellschaftsmodells zum dauerhaften Spannungsfeld zwischen Nationalstaat und Europaidee.

In allen drei Fragenkreisen muss das christlich-demokratische Gesellschaftsmodell das Postulat normativer Rückbindung der Politik mit der Schutzfunktion der Politik gegenüber den Bürgern eines Gemeinwesens verbinden und die Überlegenheit dieser Verbindung schlüssig nachweisen können. Darin liegt die gemeinsame Aufgabe der Protagonisten christlich-demokratischer Politik angesichts neuer Grenzziehungen in Europa.

Zu 1. Das Verhältnis des christlich-demokratischen Gesellschaftsmodells zum kulturellen Liberalismus unserer Zeit, der weitgehend zu einem Liberalismus des Lebensstils denaturiert scheint, stellt die ethisch und konzeptionell schwierigsten Aufgaben. Die Postulate der Selbstverwirklichung haben zu vielfältigen Ausdrucksformen eines außengelenkten und extrovertierten Lebensstils geführt – unter Einschluss von Konsummustern und sexuellen Präferenzen –, die im Widerspruch zum klassischen, letztlich naturrechtlich begründeten Familien-, Ehe- und Erziehungsverständnis stehen, das für das christlich-demokratische Gesellschaftsmodell konstitutiv ist. Dass der auch aus christlicher Sicht grundsätzlich wertvolle Gedanke der sittlichen Autonomie sich unterdessen vielfach zu einer Form von Verhaltensautonomie gewandelt hat, die von jeder Rückbindung an Begriffe ethischer Verantwortung gelöst worden ist, zeigen anschaulich die Schwierigkeiten mit dem Lebensstil-Liberalismus. Denn christlich-demokratisches Denken wird immer nur um den Preis einer Selbstverstümmelung dazu kommen, Ehe, Familie und die Wertvermittlung in der Erziehung von Kindern zur eigenverantwortlichen Persönlichkeit nicht als integral, sondern bloß als kontingent anzusehen.

Zu 2. Das Verhältnis des christlich-demokratischen Gesellschaftsmodells zur gegenwärtigen Sozialdemokratie, die ohne Gesellschaftsprojekt auszukommen scheint, wird sich vor allem in der Frage der Einschätzung der Globalisierung und ihrer kulturellen und sozialen Folgen entscheiden. Tatsächlich ist die klassische katholische Soziallehre teilweise strukturkonservativer in ihrem Beharren auf Errungenschaften des Wohlfahrtsstaates, als dies für die „neue Mitte" der Linken zutrifft; vor allem gilt dies in den besonders privilegierten Sozialstaaten der Gegenwart. Zugleich schwingen in der Perspektive des christlich-demokratischen Gesellschaftsmodells auf die kulturellen und sozialen Folgen der Globalisierung ebenso wie in der Perspektive der linken „neuen Mitte" unterschwellig oder offen antikapitalistische Affekte nach, die zwingend aufgearbeitet werden müssen, wenn das christlich-demokratische Gesellschaftsmodell in dieser Frage nicht bloß zum rechten Echo einer „neuen Mitte" degenerieren will.

Zu 3. Das Verhältnis des christlich-demokratischen Gesellschaftsmodells zum Spannungsverhältnis von Nationalprinzip und Europaidee bleibt konstitutiv, um dem christlich-demokratischen Gesellschaftsmodell ein europaweites Profil mit großer Ausstrahlungskraft zu geben. Infolge der Teilung Europas in der zweiten Hälfte des 20. Jahrhunderts sind in dieser Frage im Regelfall erhebliche Unterschiede zwischen Westeuropa auf der einen und Mittel- und Osteuropa auf der anderen Seite zu registrieren. Geschichtsbedingt dominiert in den Transformationsländern eher eine auf das Ethos der Nation gerichtete Anschauung des Politischen. Der Europagedanke wird vorwiegend in der Hoffnung und Zuversicht gewürdigt, dass er bald zu Wohlstand führen möge. Auch wenn dieser Gedanke durchaus legitim ist, so wird in Mittel- und Osteuropa der Gedanke des Verlustes nationaler Souveränität tendenziell mit größerer Zurückhaltung aufgenommen als in Westeuropa. Gleichwohl wird ein christlich-demokratisches Gesellschaftsmodell, das in ganz Europa Strahlkraft gewinnen soll, in ganz herausragender Weise die Europaidee als Leitbegriff postulieren müssen, um glaubwürdig und schlüssig zu sein.

IV.

Mit der Verabschiedung einer europäischen Verfassung werden die Diskussionen um die europäische Verfassungsidentität nicht beendet sein, sondern vielmehr erst richtig beginnen. Die Frage nach dem Inhalt und den Entfaltungsbedingungen eines europäischen Verfassungspatriotismus wird sich stellen. Einen spezifisch christlich-demokratischen Beitrag zu diesem europäischen Verfassungsverständnis zu leisten, sollte dabei als große Chance gesehen werden.

Im Kern dieses Gesellschaftsmodells steht die unverletzliche Würde des einzelnen Menschen. Wider alle Formen der Bevormundung – sei es durch staatliche oder nichtstaatliche Institutionen, sei es als Folge von Machbarkeitsdenken oder instrumenteller Nutzung des Menschen zur Erreichung materieller Ziele – setzt das christliche Bild vom Menschen auf die Unverwechselbarkeit des Einzelnen. Das Personalitätsprinzip unterscheidet und verpflichtet zugleich. Es ist nicht zu lösen vom Gedanken der Verantwortung und von den Strukturprinzipien, wie sie die katholische Soziallehre in den Begriffen der Subsidiarität und der Solidarität zu einer schlüssigen Ordnungsidee entfaltet hat. Insofern ist das christliche Menschenbild auf das engste mit der europäischen Kultur und Philosophie verbunden.

Exklusivität und Ausschließlichkeitsanspruch hingegen sind damit nicht begründbar. Europa ist nicht nur ein Kontinent des geistigen und weltanschaulichen Pluralismus, sondern auch ein Kontinent der religiösen Vielfalt. Das christliche Bild vom Menschen und mithin das christlich-demokratische Gesellschaftsmodell stehen heute mehr denn je auch in der Bewährung, die sich aus dem Nebeneinander des lateinischen und des orthodoxen Christentums ergibt – ein Nebeneinander, das die europäische Freiheitsrevolution von 1989 bewirkt hat und das mit der Heranführung der orthodoxen Länder Rumänien und Bulgarien an die EU seinen bisher sinnfälligsten Ausdruck gefunden hat. Das christlich-demokratische Gesellschaftsmodell steht in einer weiteren Bewährungsprobe, die sich aus der Tatsache der Präsenz des Islam und – wenngleich in geringerem Maße – des Judentums in der heutigen Europäischen Union ergibt. Nicht erst die Frage einer möglichen EU-Mitgliedschaft der Türkei zwingt zur Anerkennung dieser Perspektive, die von christlich-demokratischem Denken nur im Sinne einer Verbindung von Standfestigkeit und Toleranzbereitschaft beantwortet werden kann. Zur christlichen Tradition gehört seit dem Aufklärungszeitalter neben der Bibel auch die Ringparabel Lessings.

Ein europäischer Verfassungspatriotismus kann immer nur inklusiv angelegt sein, wenn er von der Mehrheit der Unionsbürger getragen werden soll. Das Unverwechselbare des christlichen Menschenbildes und des christlich-demokratischen Gesellschaftsmodells ist im Kern die Idee der Unverfügbarkeit der Person. Diesen Grundsatz zu akzentuieren, ihn dialogfähig zu halten und dialogwillig gegenüber den nichtchristlichen Religionen, Orientierungen und Weltanschauungen in Europa zu vertreten, wird ein entscheidender Testfall für die Sprachfähigkeit des christlich-demokratischen Gesellschaftsbildes im künftigen Europa sein.

In der Vergangenheit ging es um die Sprachfähigkeit des Christentums und damit auch des christlich-demokratischen Gesellschaftsbildes gegenüber den Denkfiguren des Liberalismus, des Sozialismus und des Nationalismus – und umgekehrt. Abgrenzung, Pflege des eigenen Propriums und tolerante, offene, wenn nötig auch kontroverse Dialogbereitschaft gegenüber den anders akzentuierten Strömungen des Denkens und Handelns: darum wird es auch in der zukünftigen Entwicklung eines europäischen Verfassungspatriotismus gehen. Das christlich-demokratische Gesellschaftsmodell hat dabei keine schlechte Ausgangsposition gegenüber den kulturell-liberalen Strömungen auf der einen Seite, den nichtchristlichen religiösen Orientierungen und Doktrinen auf der anderen Seite. Man muss nur wissen, was man selbst will, wofür man selbst steht. Nur dann kann man gesprächswillig und dialogfähig sein.

Die Frage nach der Zukunft des christlich-demokratischen Gesellschaftsmodells ist unterdessen eine gemeinsame europäische Frage geworden. Als gesamteuropäische Frage ist sie eingebunden in die zukünftige Ausgestaltung der Ordnung Europas. Es wäre mithin an der Zeit, dass nicht nur die einzelnen nationalen christlich-demokratischen Parteien ihren Ort und ihre Zielsetzungen in der politischen Auseinandersetzung definieren. Vielmehr ist es auch erforderlich, dass diese Aufgabe zu einer gemeinsamen Angelegenheit aller europäischen Gesellschaften und aller christlich-demokratischen Bewegungen und Parteien wird. Für die letzteren muss es in den kommenden Jahren vor allem zu einer gemeinsamen Aufgabe werden, den christlich-demokratischen Akzent des europäischen Verfassungsverständnisses zu akzentuieren. Dies ist der Kern des theoretischen und programmatischen Auftrages der Protagonisten der Christlichen Demokratie im Europa des 21. Jahrhunderts. Diese Arbeit ist eng mit der Revitalisierung der christlich-demokratischen Politik in Europa verknüpft. Es ist eine Arbeit am gemeinsamen Haus Europa. Diese Arbeit ergibt sich aus den Folgen der Freiheitsrevolution von 1989, in ihr zeigt sich die Zukunftsfähigkeit und die Bewährung des christlich-demokratischen Ideenkreises.

Das christlich-soziale und christlich-demokratische Ideenspektrum

Anton Rauscher

Die Katholische Sozialwissenschaftliche Zentralstelle in Mönchengladbach, die 1963 von den deutschen Bischöfen errichtet wurde, hat sich wiederholt mit Fragen der Christlichen Demokratie in Europa befasst. Sie hat sich daher gerne der Initiative der Konrad-Adenauer-Stiftung und des Zentrums für Europäische Integrationsforschung angeschlossen und an der wissenschaftlichen Konferenz am 8. und 9. November 2002 in Budapest über die Grundlagen und Wirkungen der christlich-demokratischen und christlich-sozialen Ideen in Mittelosteuropa mitgewirkt.

Während das christlich-soziale Gedankengut im Hinblick auf die Analyse und Überwindung der Sozialen Frage in einer ganzen Reihe von Bildungs- und Forschungszentren in Europa schon im 19. Jahrhundert gepflegt wurde, ist die Christliche Demokratie, was ihren Charakter als interkonfessioneller Volkspartei angeht, vor allem ein Kind des 20. Jahrhunderts. Schon nach dem Ersten Weltkrieg, besonders aber nach dem Zweiten Weltkrieg, dessen Ende den Zusammenbruch des Nationalsozialismus und der Spaltung Europas in den freien westlichen und in den kommunistischen östlichen Teil markiert, schlug die Stunde der Christlichen Demokratie. Christlich-demokratische und christlich-soziale Parteien sind bis heute Mitträger und Mitgestalter der Politik sowie der sozialen und kulturellen Lebensbereiche. Dies gilt für die Bundesrepublik Deutschland wie auch für Österreich, für die Schweiz, für Belgien, die Niederlande und für Luxemburg.

In anderen Ländern Europas gab es nach 1945 mehr oder minder kraftvolle Ansätze, das christlich-demokratische Ideengut in die Wirklichkeit umzusetzen. So hat die Democrazia Cristiana in Italien lange Zeit die Hauptlast der Auseinandersetzung mit der starken kommunistischen Partei getragen und zusammen mit den anderen christlich-demokratischen Parteien die Weichen in Richtung Europäische Union gestellt. In Frankreich hat die christlich-demokratisch orientierte Partei nach anfänglichen Erfolgen einen starken Rückgang erlebt.

Die parteipolitisch-institutionelle Ausprägung ist aber nicht das einzige Kennzeichen für die Wirksamkeit christlich-demokratischer und -sozialer Ideen. Diese Ideen sind nämlich vielerorts am Werk und in höchst unterschiedlicher Weise wirksam. Maßgebend sind überzeugte und politisch engagierte Männer und Frauen. Die christlichen Sozial- und Politikideen manifestieren sich keineswegs nur in dezidiert christlichen Parteien; vielmehr können sie sich – wie z. B. in England, wo sich solche politische Vereinigungen nicht gebildet haben – auch in konservativen Parteien, manifestieren. Nicht zuletzt konnten christlich-demokratische Ideen auch im Parteienspektrum des demokratischen Sozialismus, so etwa in der Labour Party, Anhänger finden.

In vielen osteuropäischen Ländern waren bisher Bestrebungen, christlich-demokratische Parteien ins Leben zu rufen, nicht so erfolgreich wie in den übrigen Teilen Europas. In Polen, in der Slowakei oder in Ungarn konnten sie keinen sehr großen Einfluss ausüben. Das bedeutet jedoch nicht, dass in diesen Ländern die christlich-demokratischen und die christlich-sozialen Ideen keine Resonanz gefunden hätten.

Im folgenden sollen die Prinzipien und Leitideen der

christlich-sozialen und christlich-demokratischen Bewegung skizziert werden:

- Für das christlich-demokratische Denken ist das Bewusstsein um die Grenzen der politischen Macht entscheidend: Es gibt vorgegebene Wahrheiten und Werte in der Politik. Politik ist nicht das Feld unbegrenzter Machbarkeit. Zu dieser Perspektive gehört auch das Bewusstsein, dass die Bürger und die Politiker in ihrem Denken und Handeln Gott nicht aus ihrem persönlichen und aus dem öffentlichen Bewusstsein verdrängen dürfen.
- Grundlegend für das christlich-soziale und christlich-demokratische Gedankengut ist die Auffassung vom Menschen: Er besitzt eine unantastbare Würde sowie Grundrechte und Grundpflichten, die ihm von niemandem, auch nicht vom Staat, zuerkannt werden, die er vielmehr von seinem Schöpfer unmittelbar empfängt und die Staat und Gesellschaft zu achten haben. Die Sozialverkündigung der Kirche lehrt nachdrücklich, dass der Mensch im Mittelpunkt von Wirtschaft und Gesellschaft steht, dass die Person Ursprung, Träger und Ziel allen gesellschaftlichen Lebens ist.
- Das christlich-soziale Denken ist stets davon ausgegangen, dass die soziale Anlage und die Solidarität im Wesen des Menschen begründet liegen. Gott will den Menschen inmitten der Gesellschaft; nur in der Gemeinschaft kann der Mensch wachsen und sich entfalten, Verantwortung erfahren und wahrnehmen. Nur wenn alle in den unterschiedlichen Bereichen zusammenarbeiten und in entsprechender Weise teilhaben an den gemeinsam geschaffenen Gütern und Diensten, entsteht eine lebendige Wirtschaftsgesellschaft. Der einzelne selbst und die Familie haben für die Risiken des Lebens vorzusorgen, wobei sie von den sozialen Strukturen unterstützt werden.

- Für die christlich-soziale Gesellschaftstheorie sind Ehe und Familie eine unersetzliche Institution. Sie garantieren die menschenwürdige Weitergabe des Lebens und ein Zusammenleben von Mann und Frau, von Eltern und Kindern, das auf gegenseitigem Vertrauen beruht und den einzelnen nicht nach seinem Nutzen beurteilt. In der Familie erfahren die Menschen am Beispiel der Eltern die Normen und Verhaltensweisen, die notwendig sind, damit unsere Gesellschaft human bleibt.
- Ein besonders wichtiger Grundsatz in der modernen Massengesellschaft ist das Subsidiaritätsprinzip. Es sichert den kleinen Lebenskreisen wie der Familie und der Kommune die Zuständigkeit und Eigenverantwortung für die von ihnen zu erbringenden Leistungen. Der Staat darf nicht das, was diese kleineren Lebenskreise leisten sollen, an sich ziehen. Entsprechend ist es auch angebracht, den alten Gedanke der *Einheit in wohlgegliederter Vielheit* für die Gestaltung des Zusammenlebens der Völker und Staaten zu revitalisieren.

II. Grundlagen und Leitideen

Zur Theorie und Programmatik der Christlichen Demokratie

Rudolf Uertz

Christlich-demokratische Parteien errangen in den ersten Nachkriegswahlen in Frankreich, Belgien, Italien, Deutschland und anderswo führende Stellungen; sie übernahmen in vielen Ländern die Regierungsverantwortung und gewannen in der Folgezeit einen maßgebenden Einfluss auf die politischen und gesellschaftlichen Geschicke ihrer Länder sowie auf die Integration des freien Teils Europas.[1] Die Leistungen und Erfolge der Christlichen Demokratie, insbesondere in der Zeit nach 1945, beruhen im wesentlichen auf

1. der ethisch-anthropologischen Fundierung politisch-rechtsstaatlicher Grundsätze,
2. der Synthese von persönlicher Freiheit, marktwirtschaftlicher Ordnung und sozialen Prinzipien und
3. der Europäischen Integration als Ausdruck der christlich-abendländischen Ideen.

Mit dem Zusammenbruch der kommunistischen Staaten 1989/90 haben christlich-demokratische Parteien auch in den Transformationsländern Mittel- und Osteuropas Fuß gefasst. Doch vermögen sie insgesamt dort noch nicht eine den christlich-demokratischen Parteien Westeuropas vergleichbare Rolle zu spielen. Anders sieht die Situation für die Zeit zwischen ca. 1890 bis in die 1930er und 1940er Jahre aus. Hier konnten christlich-demokratische Parteien auch in Mittel- und Osteuropa z.T. beträchtliche Einflüsse erlangen.

Für die westeuropäischen Länder wird man für die jüngste Geschichte die Auflösung christlich-demokratischer Parteien in Frankreich 1967 und in Italien 1993, eine Verringerung ihres Wähleranteils sowie einen Bedeutungsverlust christlicher Glaubens- und Wertvorstellungen konstatieren müssen, der auch auf die Programmatik und Politik der christlich-demokratischen Parteien Einfluss hat.

Die Beiträge der vorliegenden Studie setzen sich die Aufgabe, die Geschichte, Entwicklungen und Strukturen christlich-demokratischer Ideen und Bewegungen in den Ländern Mittel- und Osteuropas insbesondere in Polen, Ungarn, Tschechien, Slowakei, Kroatien, Slowenien und Rumänien im Kontext des Transformationsprozesses seit 1989/90 zu analysieren.[2] In diesen Ländern konnten sich auch nach 1945 teilweise christlich-demokratische Parteien bilden; doch wurden sie später verboten,[3] teilweise gingen sie in den nationalen Blocksystemen ihrer Länder auf. Ein weiterer Schwerpunkt der Beiträge liegt auf der Darstellung der Christlichen Demokratie in Westeuropa, näherhin in Österreich, Deutschland, Frankreich, Italien, Belgien, Luxemburg und den Niederlanden.[4] Es liegt nahe, dass dabei auch die besagte Phase zwischen den letzten Jahrzehnten des 19. Jahrhunderts bis 1945 berücksichtigt wird.

Die Leistungen und Erfolge der Christlichen Demokratie seit dem Zweiten Weltkrieg stehen in einem eigenartigen Kontrast zu der Tatsache, dass diese politische Bewegung in der sozialwissenschaftlichen und historischen Forschung in weit geringerem Maße bearbeitet wurde als etwa der Liberalismus und Sozialismus.[5] Mehr noch als für Einzelstudien gilt dies für die systematisch vergleichende Aufarbeitung ihrer geschichtlichen Entwicklungen. Michael Gehler, Wolfram Kaiser und Helmut Wohnout führen diese Ungleichbehandlung u. a. auf die „schwierig zu erschließende Dichotomie zwischen konservativen und christlich-sozialen bzw. zwischen katholisch-klerikalen und volksparteilichen Tendenzen" zurück.[6] Die genannten Defizite gelten sowohl für die parteipolitische und historische Forschung als auch für die ideengeschichtlich-politiktheoretische Darstellung der Christlichen Demokratie. Die Christliche Demokratie befindet sich als Produkt des Säkularisierungsprozesses in einer doppelten Kontroverse: Sie steht einerseits in der Auseinandersetzung mit dem modernen Staatsgedanken (Verfassungsfrage und Grundrechte, gesellschaftlicher Pluralismus und weltanschauliche Neutralität des Staates, Staat-Kirche-Verhältnis u. a.), andererseits steht sie im Schnittpunkt innertheologischer und binnenkirchlicher Kontroversen (u. a. unterschiedliche Bewertung der Verantwortung der des Christen als Politiker und Bürger in Staat und Gesellschaft; Differenzen in der Frage, was aus dem Christlichen in konkret-politischer Situation folgt).

Die Christliche Demokratie korrespondiert und kontrastiert mit den anderen politischen Ideenkreisen wie dem Liberalismus, Konservatismus, Sozialismus, doch stellt sie einen eigenständigen Ideenkreis dar.[7] In Ost- und Südosteuropa wie auch in einzelnen westlichen christlichen Parteien verbinden sich nicht selten christlich-demokratische und soziale Ordnungsvorstellungen insbesondere mit nationalen bis nationalistischen Strömungen; dabei wird das christlich-soziale Gedankengut vor allem auch korporativistisch und ständisch interpretiert, wobei organisch-ganzheitliche Vorstellungsweise zu demokratischen Prinzipien oft im Kontrast stehen und diese überlagern. Aus den verschiedenen Varianten des christlich-demokratischen Politikverständnisses greife ich drei Typen politisch-programmatischer Argumentation heraus, wobei ich mich vor allem auf Grundsatzfragen der Verfassungs- und Rechtsordnung beziehe (I., II. und IV.); daneben soll auch die päpstliche Staatslehre und ihr Einfluss auf die Christliche Demokratie sowie die besagten ständisch-korporativen Ideen berücksichtigt werden (III.).

I. Die christlich-demokratische Theorie in der konstitutionellen Phase (nach 1830)

Die Christliche Demokratie ist primär ein kontinentaleuropäisches Phänomen.[8] Sie ist entstanden als Reaktion auf die Französische Revolution 1789 und die von Frankreich ausgehende Säkularisation. Der Begriff *démocratie chrétienne* hatte zunächst rein religiöse Bedeutung, insofern er eine Idealvorstellung der demokratischen Urkirche intendierte und auf die kirchliche Organisation übertragen wurde.[9] Er beinhaltete demokratische Gemeindestrukturen und Abbau von hierarchischer Organisation. Zwischen 1830 und 1848 gewinnt der Begriff Christliche Demokratie soziale und politische Konturen. Protagonisten sind zunächst Katholiken, die von der kirchlichen Haltung zur politischen Realität eine Brücke zu schlagen versuchen. *Evangelischen Christen* stellt sich die Frage der Begründung einer *christlichen Politik* nach zögerlichen Ansätzen in der Zwischenkriegszeit erst seit 1945.[10] Die evangelischen Christen haben aufgrund ihrer unterschiedlichen theologisch-anthropologischen und kirchlich-sozialethischen Haltung einen anderen Zugang zur christlich-demokratischen Idee. Sie kennen in der Regel kein Naturrecht,[11] außerdem ist der Grad vereins- und parteimäßiger Bindungen geringer als im Katholizismus. Im Protestantismus blieben daher konservative sowie religiös-caritative, christlich-soziale Positionen dominierend.[12]

Bei Robert de Lamennais und seinen Mitstreitern, Charles de Montalembert und Henri Dominique Lacordaire, wird die christlich-demokratische Idee erstmals näher entfaltet. Unter Verweis auf die belgische Verfassungsbewegung 1830,[13] die von den Liberalen und den Katholiken getragen ist („Unionsgedanke"),[14] werden die Forderungen nach Trennung von Kirche und Staat sowie Religions-, Gewissens-, Unterrichts-, Presse- und Vereinsfreiheit erhoben. Allerdings ist die Verbindung von Demokratie und Christentum von theologisch-traditionalistischen Vorstellungen getragen (z. B. Lamennais' Theorie des *sens commun*). Andererseits besteht die Leistung Lamennais' darin, dass er – die Tatsache der nichtchristlichen Gesellschaft diagnostizierend – früh die zunehmende Bedeutung des *Volkes* als Handlungssubjekt (Volkssouveränität) wie auch die *soziale Frage* als Faktoren gesellschaftlich-politischer Ordnung erkennt.[15]

Entwickelte sich der moderne Staat in den kontinentaleuropäischen Ländern als eine „Revolte gegen die Religion" (Hans Maier), so sieht Lamennais Religion und Demokratie prinzipiell keineswegs als Gegensätze, sondern als einander durchdringende Größen. Freiheit, Gerechtigkeit, Gleichheit sieht der bretonische Priester als theologische Elemente, deren religiös-sittliches Verständnis er vom individualistischen Liberalismus abhebt; er hofft für die Zukunft auf ein Bündnis von christlich-liberalen Kräften und individualistisch-säkularem Liberalismus.[16]

Während Lamennais den Katholizismus auf die demokratische Form verpflichten wollte, betrachtete Montalembert „die Demokratie als unvermeidliches Schicksal". Er ist weit von einer Dogmatisierung der Demokratie entfernt, lehnt aber den Legitimismus entschieden ab. Montalembert ist Demokrat weniger der Gesinnung als der politischen Methodik nach (Hans Maier). Seine „katholischen Interessen"[17] gelten vor allem der Schulpolitik: Er lehnt das Erziehungsmonopol des Staates (Universitäten ausgenommen) ab und fordert das Recht für die Katholiken, eigene Schulen und Hochschulen zu besitzen.

In seiner Schrift *Freiheit, Autorität und Kirche* (1862) entfaltet Wilhelm Emmanuel Freiherr von Ketteler, Bischof von Mainz, das theoretische Grundgerüst für die Haltung der Katholiken zur Staatsmacht, zum Kirche-Staat-Verhältnis, zur politischen Betätigung der Katholiken und der Vertretung ihrer Rechte in der konstitutionellen Ordnung – eine Gedankenskizze, die für die Folgezeit bis zum Ende des 19. Jahrhunderts die Grundlinien des politischen Katholizismus markiert. Mit seinem christlich-sozialen Gedankengut wird der Mainzer Bischof zugleich zum Wegbereiter einer christlichen Sozialreform.[18] Leo XIII. bezeichnete ihn als „son grand prédécesseur".[19] Ketteler ist repräsentativ für den liberalen Katholizismus in konstitutionellen Systemen;[20] das zeigt etwa der Vergleich seines pragmatischen Ansatzes mit Positionen und Begründungen Charles de Montalemberts. Die Schrift *Freiheit, Autorität und Kirche* ist eine bedeutende Weiterführung der politischen Ideen, wie sie von den Mitgliedern des sog. katholischen Klubs, einer losen Verbindung katholischer Abgeordneter in der Frankfurter Nationalversammlung 1848/49, die eine Art Vorläufer der (katholischen) Zentrumspartei war, vertreten wurde.[21]

Ketteler entwickelt eine Rechtfertigung des Konstitutionalismus und empfiehlt den Katholiken, alle politischen, parlamentarischen und kommunikativen Möglichkeiten (z. B. Presseorgane) zugunsten der katholischen Interessen wahrzunehmen. Pragmatisch stellt er sich auf den Boden gemäßigt liberal-rechtsstaatlicher Grundsätze. Er wendet sich gegen den Absolutismus und den Polizeistaat, denen er den „wahren Rechtsstaat" gegenüberstellt, der „auf Freiheit und Selbstregierung" beruht. Weitere Forderungen sind: Rechtsschutzgarantie des Staates, die angemessene Differenzierung zwischen Staats- und Privatrechtsordnung, eine Verwaltungsgerichtsordnung, ein oberstes Reichsgericht sowie ein unabhängiger Richterstand. Wesentliches Fundament des Rechtsstaats ist eine *normative Ordnung*, „ein gerechtes Maß, nach dem gemessen wird, ein gerechtes Gesetz, nach dem geurteilt wird". Mit seiner Forderung, die kirchliche Freiheit als Grundrecht in der Reichsverfassung von 1871 zu verankern, ist er gescheitert.[22]

Die Grundlage dieser sittlichen und rechtlichen Ordnung ist das *Naturrecht*, wie er es im Anschluss an Thomas von Aquin vertritt.[23] Das Naturrecht hatte für den politischen Katholizismus und die Christliche Demokratie eine hervorragende Bedeutung. Es ermöglichte sachlich-rationale Begründungen und damit den Dialog mit nicht dezidiert christlichen oder religiösen Theorien und Programmforderungen anderer Parteien. Andererseits aber hat das Naturrecht in der neuscholastischen Phase mit ihrer Betonung der Orientierung der Katholiken an kirchenamtlichen Auslegungen gelegentlich zu ungebührlichen Anlehnung von katholischen Politikern und Gruppierungen an bischöfliche oder römische Weisungen geführt.[24]

Für Ketteler ist das Naturrecht klar und unveränderlich; aber die Klarheit und Festigkeit des Naturgesetzes gilt nur für die obersten Grundsätze. Die Folgerungen in den verschiedenen Wissenschaften sind nicht schon von Natur bekannt, sondern sie sind erst durch *Tätigkeit der Vernunft* ans Tageslicht zu fördern: Sie sind *Gebote der praktischen Vernunft*; die sich aus ihr ergebenden Normen sind das menschliche Gesetz.[25]

Kettelers Forderungen nach Grundrechten wie auch die des Katholizismus seiner Zeit bleiben ambivalent: Einerseits soll ein möglichst großer Freiheitsraum für die Kirche gegenüber dem Staat erwirkt werden (korporative Rechte der Kirchen); andererseits werden die „Grundrechte" im Zeitkontext als „historische Rechte" angesehen: Der Staat habe demnach frühere Freiheitsrechte („christlich-germanische Freiheiten") wieder herzustellen.

II. Die Christliche Demokratie und die Soziallehre Leos XIII.

Die Staats- und Soziallehre Leos XIII. (1878–1903), ist für die Christliche Demokratie nicht nur theoretisch-programmatisch, sondern auch in partei- und sozialpolitischer Hinsicht von großer Bedeutung:

1. Leo XIII. führt die katholische Kirche aus der restriktiven Haltung heraus, die seine Vorgänger (z. B. Pius IX. im Syllabus errorum [1864])[26] gegenüber dem Liberalismus und jeglicher Form neuer sozialer und politischer Ideen eingenommen haben, und öffnet Kirche und Sozialethik behutsam für neue Fragen. In seinen Staatsenzykliken (seit 1881)[27] fordert Leo die Katholiken Frankreichs und der Länder, in denen sich die republikanische Ordnung durchgesetzt hat, auf: „Acceptez la République, c'est-à-dire le pouvoir constitué et existant parmi vou; respectez-le; soyez-lui soumis comme représentant le pouvoir venu de Dieu" (Ralliement).[28] Er hält sich in der Frage der Staatsform neutral (sog. Staatsneutralitätsthese), missbilligt aber gleichzeitig politische Aktivitäten und Bewegungen von Katholiken, die (zwangsläufig) die Demokratie fördern und bestehende Monarchien zu stürzen drohen. Prinzipiell ist jedoch mit dem Kurs des Ralliement die kirchliche Haltung zur Staats- und Regierungsform an die faktischen verfassungsstaatlichen und rechtspolitischen Möglichkeiten und Entwicklungen der Staaten gebunden.

2. Im Jahre 1891 veröffentlicht Leo XIII. mit der Enzyklika *Rerum novarum: Über die Arbeiterfrage* (1891) das erste päpstliche Sozialrundschreiben der katholischen Kirche. In ihm wird neben den Forderungen nach *Lohngerechtigkeit* und stärkerer *staatlicher Aktivität* im Wirtschaftsprozess auch das *Koalitionsrecht der Arbeiterschaft* bejaht. Das Dokument konstatiert, dass Arbeiterschutz allein nicht genügt und plädiert entsprechend für die Bildung

von *zeitgemäßen Arbeitnehmerorganisationen*. Gegenüber dem Nichtinterventionsprinzip (sog. Nachtwächterstaat) betont die Enzyklika die Pflicht des Staates, das *Gemeinwohl* zu fördern.

3. *Rerum novarum* brachte zum einen den Durchbruch für die Sozialprogrammatik der christlich-sozialen Bewegung (Konzepte zur Lösung der sog. Sozialen bzw. der Industrie- und Arbeiterfrage). Die Enzyklika forderte nicht direkt die Gründung politischer Bewegungen oder Parteien zur Durchsetzung der sozialethischen Forderungen; aber diese Tendenzen ergaben sich aus den geforderten solidarischen Aktionen der Katholiken. Neben dem Staat und der Kirche nennt das Rundschreiben das solidarische Zusammenwirken von Arbeitgebern und Arbeitnehmern als wichtigste Faktoren bei der Lösung der Sozialen Frage. So ergaben sich aus dem Sozialdokument eindringliche, wenngleich mittelbar hervorgerufene soziale und politisch-demokratische Tendenzen.

4. In Belgien, Deutschland, Österreich, der Schweiz, Frankreich und Italien wie auch in vielen anderen mittel- und osteuropäischen Ländern hatten sich im Anschluss an das päpstliche Rundschreiben zahlreiche Zirkel und Studiengemeinschaften gebildet, um auf der Basis der Sozialenzyklika sozialpolitische Konzepte zu entfalten und in dieser Richtung zu wirken. Zwangsläufig sollten diese Gruppen – teilweise waren es auch parlamentarische Gruppierungen – politischen bzw. parteipolitischen Charakter annehmen.[29]

5. Allerdings wollte Leo diese Entwicklungen nicht sich selbst überlassen; aus kirchlichen und kirchenpolitischen Gründen wollte er diese partei- und verbandspolitischen Entwicklungen kontrollieren, kanalisieren und die christlich-demokratischen Aktivitäten ganz auf soziale und caritative Aktivitäten einengen. In der Enzyklika *Graves de communi* (1901), in der zum ersten Mal ein päpstliches Do-

kument Stellung zur *Christlichen Demokratie* nimmt,[30] lehnte der Papst die Christliche Demokratie als politische Bewegung ab und forderte, alles zu unterlassen, was „dem Namen ‚Christliche Demokratie' einen politischen Sinn" geben könne. Denn die „Gesetze der Natur und des Evangeliums müssen von jeder Form staatlicher Verfassung unabhängig sein, weil ihr Rechtscharakter über die Wechselfälle des menschlichen Lebens erhaben ist; aber sie müssen auch mit jeder Staatsform vereinbar sein, soweit diese nicht der Sittlichkeit und Gerechtigkeit widerstreitet". Entsprechend habe der Katholik die Neutralität der Kirche in der Frage der Staats- und Regierungsform zu respektieren und es zu unterlassen, *eine bestimmte Staatsform einer anderen vorzuziehen und ihr zum Durchbruch zu verhelfen*. Der Begriff *christlich-sozial* wird bevorzugt, der Ausdruck *christliche Demokratie* verworfen. Der Begriff habe einen „gefährlichen Beigeschmack", er unterstütze des Bestreben nach Demokratie (Volksherrschaft),[31] das jedoch mit der Neutralitätsthese der katholischen Doktrin (Gemeinwohlprinzip als oberste Norm der Gerechtigkeit) unvereinbar sei.

Diese Haltung des kirchlichen Lehramts war dem liberalen Katholizismus und der Christlichen Demokratiebewegung abträglich.[32] So können wir in der Folgezeit vielfach eine gewisse Gegensätzlichkeit korporativistisch-ständischer und liberal-demokratischer Programmatik in den verschiedenen christlichen Parteien vor allem in Mittel- und Osteuropa beobachten. Bemerkenswert ist allerdings, dass die korporativistisch-ständischen Ideen, die bis ins 20. Jahrhundert in vielen christlich-demokratischen Parteiprogrammen Aufnahme finden, keineswegs auf konservative, nationalistische, faschistische oder das christlich-demokratische und -soziale Ideenspektrum beschränkt sind. So finden sich ganzheitlich-organische, genossenschaftliche und ständisch-funktionale Theorien z. B. auch im Konzept der *Wirtschaftsdemokratie* der deutschen Gewerkschaften

(ADGB), in den Vorstellungen der Sozialdemokratie (Wirtschafts- und Sozialräte bzw. sog. *Strukturräte*) und in der christlichen Gewerkschaftsbewegung sowie der Zentrumspartei.[33]

III. Die christlich-demokratische Theorie der Zwischenkriegszeit

Die Zentrumspartei in Deutschland verstand sich ihren Richtlinien von 1922 gemäß als „christliche Volkspartei, die bewusst zur deutschen Volksgemeinschaft steht und fest entschlossen ist, die Grundsätze des Christentums in Staat und Gesellschaft, in Wirtschaft und Kultur zu verwirklichen. Sie sieht in einer zielklaren christlich-nationalen Politik die sichere Gewähr für die Erneuerung und die Zukunft des Volkes." Ihre rechtlichen und innerstaatlichen Aufgaben waren bestimmt durch „die christliche Staatsauffassung und durch den überlieferten Charakter als Verfassungspartei". „Gewaltsame(r) Umsturz der verfassungsmäßigen Zustände" wird ebenso verworfen wie Staatsallmacht und die „Verneinung oder Auflösung des Staatsgedankens". „Die Staatsgewalt findet ihre Grenzen im natürlichen Recht und im göttlichen Gesetz; die Unterordnung und Pflichterfüllung dem Staate gegenüber ist eine Forderung des Gewissens." Man bekannte sich „zum deutschen Volksstaat, dessen Form durch den Willen des Volkes auf verfassungsmäßigem Wege bestimmt wird. Das Volk muss als Träger der Staatsgewalt mit dem Bewusstsein der Verantwortung für die Staatsgeschicke erfüllt werden. Darum sind die Bürger aller Volksschichten in weitgehender Selbstverwaltung an den öffentlichen Angelegenheiten zu beteiligen ..."[34]

Die christlichen Demokraten der Zentrumspartei – der Begriff *christliche Demokraten* wird bevorzugt von ihren

Programmtheoretikern gebraucht, die großenteils Universitätstheologen waren – waren nach dem Ende des Kaiserreichs bemüht, die demokratisch-republikanische Ordnung vom christlichen *Naturrecht* her gemäß der Doktrin Papst Leos XIII. zu begründen. Dies war eine beachtliche Leistung; doch setzte der neuscholastische Interpretationsrahmen mit seinem organischen Politik- und Gesellschaftsverständnis diesen Bemühungen gewisse Grenzen. Von der These der Staatsneutralität und dem naturrechtlichen Begründungsverfahren konnten Volkssouveränität, Grundrechte und demokratische Willensbildung gefordert, nicht jedoch als unverzichtbare Elemente der Verfassung rechtfertigt werden.[35] Das Gemeinwohl als Fundamentalnorm reichte hierzu nicht aus; es ist *eine notwendige, aber nicht hinreichende Bedingung*. Entsprechend konnten vom neuscholastischen Naturrecht wohl sittliche Verwerfungen der Staatsallmacht ausgesprochen, aber keine *rechtsrelevanten Normen*, d. h. dem Staate und dem positiven Recht vorangehende *personale Grundrechte* gegen diktatorische (monarchische) Befugnisse begründet werden.[36]

Die Zentrumsprogrammatik wie auch die Zentrumstheoretiker, die Moraltheologen Joseph Mausbach und Peter Tischleder, vertraten gemeinsam ein organisch modifiziertes Naturrecht, wobei sie sich zur Rechtfertigung der Demokratie und zur Abwehr des „radikalen" rousseauschen Volkssouveränitätsbegriffs auf die sog. scholastische Volkssouveränitätsthese stützten.[37] Joseph Mausbach rechtfertigte diese Argumentation in seinem Verfassungskommentar für die Zentrumspartei und den deutschen Katholizismus unter Verweis auf den belgischen Moralphilosophen Auguste Castelein, in dessen Land die Debatte über die Rechtfertigung der Demokratie unter Katholiken schon länger Tradition hatte.[38] Casteleins Begründung diente so den christlichen Parteien als wichtige argumentative Stütze. Aber vom Gemeinwohl als oberster Rechtsnorm her konnte rechtspragmatisch lediglich die Legalität, nicht die Legitimität der demokratischen Ordnung begründet werden.[39]

Der Begriff der sog. *Formdemokratie*, die durch die *organische Demokratie* ausgefüllt werden sollte,[40] war weitverbreiteter zentraler Programmpunkt der christlichen bzw. christlich-demokratischen Parteien im Europa der Zwischenkriegszeit. Dahinter stand eine gewisse Abneigung gegen das individualistische, mechanistische und positivistische Staats- und Sozialideen, zum andern der Wunsch, die verlorene Stabilität früherer Ordnung durch einen starken (*autoritären, keineswegs totalitären*) Staat wiederzugewinnen. Ähnliche Bestrebungen gab es auch, wie oben dargelegt, in den sozialdemokratischen und sozialistischen Parteien und Gewerkschaftsbewegungen, die ebenso die politische Demokratie durch Wirtschaftsdemokratie o.ä. Ordnungssysteme ergänzen wollten.

Die Frage der Interdependenz von liberaler Grundrechts- und Verfassungsordnung einerseits und prinzipieller Marktordnung mit staatlicher Rahmenordnung und ergänzenden solidarischen Institutionen andererseits war im Europa der Zwischenkriegszeit allenfalls ansatzweise diskutiert worden, ohne dass politische Realisierungschancen gegeben waren.

Die Widersprüchlichkeit zwischen individuellen, sozialen und staatlichen Kompetenzen zeigt sich anschaulich in der Sozialenzyklika Papst Pius' XI. *Quadragesimo anno: Über die gesellschaftliche Ordnung* (1931), die nicht weniger als seinerzeit *Rerum novarum* große Resonanz fand. Zweifellos hatte *Quadragesimo anno* mit dem *Subsidiaritätsprinzip* für die christlich-demokratische Bewegung mit den bedeutendsten politisch-sozialethischen Grundsatz formuliert, der nach 1945 strukturell die Staats-, Wirtschafts- und Sozialprogrammatik der meisten christlichen Parteien bestimmte und später auch in die Programmatik liberaler und sozialdemokratischer Parteien aufgenommen wurde.

Das Subsidiaritätsprinzip betont die Bedeutung der Einzelperson als Bürger und Wirtschaftssubjekt, die es seitens der gesellschaftlichen Gruppen und staatlichen Institutionen unbedingt zu respektieren gilt. Entsprechend sollen diese sozialen Gruppen und die staatlichen Institutionen nur ergänzend (subsidiär) tätig werden: Sie sollen dem einzelnen den größtmöglichen Freiheitsraum sichern, hierfür aber den erforderlichen Rahmen setzen und nur die Leistungen selbst übernehmen, die den einzelnen bzw. die gesellschaftlichen Gruppen überfordern.

Das Subsidiaritätsprinzip ist damit ein betont antietatistisches Prinzip, ein Zuständigkeitsprinzip, das zudem mit dem föderalen Gedanken korrespondiert. Aber die Enzyklika ist Ausdruck der oben beschriebenen Ambivalenz des sozialen und politischen Katholizismus, der mit dem Personprinzip und der naturrechtlichen Eigentumsforderung zwar liberale Grundsätze vertritt, denen andererseits organisch-ganzheitliche Vorstellungen gegenüberstehen, die schwer mit einander vereinbar sind. So hat die Enzyklika das Subsidiaritätsprinzip mit dem *Organismusideen* verbunden, der die liberal-personalen Intentionen des Prinzips konterkariert: Im Anschluss an das Subsidiaritätsprinzips folgt – gewissermaßen als dessen „Anwendungsfall" – in der Enzyklika das Kapitel über die *Berufsständische Ordnung*. Durch die „Erneuerung einer ständischen Ordnung", so heißt es, soll der „unnatürlich-gewaltsame Zustand der Gesellschaft", ihre Klassenspaltung überwunden werden (Entproletarisierung). Festigkeit verspricht sich *Quadragesimo anno* von einer die Arbeitsmarktparteien Arbeit und Kapital integrierenden Ordnung. Dabei sollen Arbeitgeber und Arbeitnehmer nach „natürlichen" Gliederungsaspekten, d. h. nach dem Kriterium *beruflicher Zusammengehörigkeit und Zusammenarbeit* die „Glieder des Gesellschaftsorganismus" bilden.[41] Was aber heißt natürlich, was heißt künstlich in einem politisch-willentlich gestalteten Ordnungsprozess?

Wenngleich das Dokument die Berufsstände als „autonome Körperschaften" versteht, sich gegen den (italienischen) Faschismus abgrenzt und den Totalitarismus und den Machtstaat verwirft, bleiben entscheidende ordnungspolitische Indifferenzen. Wie die katholische Staats- und Soziallehre der Zwischenkriegszeit allgemein bleibt die Enzyklika die Frage nach der *prinzipiellen Sicherung* demokratisch-politischer und wirtschaftlicher Grundrechte schuldig.[42] So kann *Quadragesimo anno* nach der liberalen Seite hin interpretiert werden, sofern man vom Subsidiaritätsprinzip als Mittelpunkt ausgeht; auf der anderen Seite aber wird der Gemeinwohlgedanke und die organisch-natürliche Eingliederung der berufsständischen Körperschaften in das Gemeinschafts- und Staatsganze so stark betont, dass die Enzyklika letztlich nicht gegen ständestaatliche und autoritäre Vereinnahmungen genügend abgeschirmt ist.[43]

Aber aufgrund dieser Offenheit vermochte sich die ständisch-korporative Idee mit den verschiedensten politischen und nationalen Interessen zu verbinden. Ob die Berufung der verschiedensten christlich-sozialen und christlich-demokratischen Bewegungen in der Frage ständischer Ordnungsideen zu Recht erfolgte, ist hier nicht zu klären. Wichtig ist jedoch der Umstand, dass *Quadragesimo anno* in geringerem Umfang in Deutschland, vor allem aber in den christlichen Parteien in Österreich sowie in anderen mittel- und osteuropäischen Ländern betont korporativistisch und gar ständestaatlich verstanden wurde; somit hat die christliche Soziallehre für einzelne christlich-demokratische und -soziale Gruppierungen als Legitimationsgrundlage für autoritäre Regime gedient.[44]

IV. Die Christliche Demokratie seit 1945

Christlich-demokratische bzw. -soziale Parteien entstanden nach dem Zweiten Weltkrieg in Italien, Luxemburg, Frankreich, Österreich, Deutschland, Belgien, Norwegen, später in Finnland, der Schweiz, den Niederlanden, zuletzt in Spanien. Die in Osteuropa nach 1945 wiedererstandenen christlichen Parteien konnten nur kurz dem kommunistischen Druck standhalten.

Entscheidend für den Durchbruch der Christlichen Demokratie im Westen Europas waren die Erfahrungen mit dem Totalitarismus, d. h. den nationalsozialistischen und kommunistischen Herrschaftssystemen und Zwangsbesatzungen.[45] Sie führten nunmehr zum entschiedenen Bekenntnis zum *Volksparteigedanken* (*people's party*), in der sich Vertreter aller Berufe, sozialen Schichten und Konfessionen zusammenfanden.[46] Ihren programmatischen Niederschlag fand die die Gegensätze überwölbende christlich-demokratische Sammlungsbewegung in der Synthese von liberaler Markt- und Wettbewerbsordnung und Sozialordnung (in der Bundesrepublik Deutschland als *Soziale Marktwirtschaft* bezeichnet).[47]

Die normativen Grundlagen der politischen Programmatik der Christlichen Demokratie bildeten die *Grundsätze der christlich-abendländischen Ethik und Kultur.* Unverkennbar betonen die Programme der Christlichen Demokratie nach 1945 – stärker als in der Zwischenkriegszeit – die christlich-personalistischen Grundsätze, d. h. Verantwortung und die unveräußerlichen Rechte der Person, an denen die Macht des Staates ihre Grenzen findet, sowie das Recht auf individuelle politische und religiöse Freiheit sowie die Sicherung der wirtschaftlichen und politischen Freiheit.[48] Dieser Liberalisierungsschub nach 1945 ist Folge der negativen Erfahrungen mit dem nationalsozialistischen, kommunistischen, faschistischen und autoritären Kollektivismus; liberal-christliche Gedanken stellen insofern ein Gegengewicht gegen die Sozialisierung des Individuums im Namen des Volkes, der Partei, der Nation, der Klasse oder anderer totalitärer Ideologien dar.

Diese Liberalisierung der Programmatik der Christlichen Demokratie, die nicht zuletzt auch durch den Argumentationsstil der *evangelischen Ethik* wesentlich beeinflusst wurde (*Verantwortungsethik*),[49] markierte eine deutliche Unterscheidung zwischen dem Verantwortungsbereich des Christen und des Bürgers in Familie, Politik und Gesellschaft einerseits und den kirchlich-theologischen Aufgaben und Interessen andererseits.[50] Durch diese Differenzierung vermochte die Christliche Demokratie auch nicht-christliche und kirchlich ungebundene Bürger und Wähler anzusprechen.[51] Interkonfessionalität, Volksparteiidee und christlicher Personalismus waren somit die Voraussetzung dafür, dass die christlich-demokratischen Parteien in den verschiedensten westlichen Ländern mehrheitsfähig werden und die Regierungsverantwortung übernehmen konnten. Zugleich bedeutete dies eine Differenzierung der Aufgaben und Aufgabenverteilung zwischen Kirchen, kirchlichen Vereinen und Bewegungen und den christlich-demokratischen Parteien.

Der *christliche Personalismus*, der seit dem Zweiten Weltkrieg das programmatische Fundament der Christliche Demokratie ist und heute zumeist als *christliches Menschenbild* oder verkürzt als *das „C“* bezeichnet wird, entstammt den Intentionen des französischen Philosophen Jacques Maritain, der in den 1930er Jahren mit seiner Theorie des „Humanisme intégral“ (1936)[52] die christliche Politik- und Sozialethik aus den Engführungen des neuscholastisch-naturrechtlichen Denkens herausgeführt; er hat damit wichtige Schritte für die Korrespondenzfähigkeit der christlichen Politik- und Sozialtheorie mit den Sozialwissenschaften und der liberalen Staats- und Rechtstheorie getan (u. a. Begründung personaler Grundrechte).[53] Auf evangelischer Seite war es vor allem der Theologe und Religionssoziologe Ernst Troeltsch, der mit seinen religiöskulturellen Schriften den Personalismus und die Verantwortungsethik als grundlegende Elemente der christlichen Ethik herausgestellt hat[54] – Grundelemente, die nach 1945 die Theorie und Programmatik der Christlichen Demokratie in den westeuropäischen Ländern prägen sollten. So unterstreich Roberto Papini die Bedeutung des *Personalismus* als Grundlage der Politik und Programmatik der christlichen europäischen Parteien und ihres Zusammenschlusses in den Europäischen Volksparteien.[55]

Es ist unzweifelhaft, dass das christlich-demokratische Politikverständnis, die christliche Anthropologie und Sozialethik in hohem Maße in den Verfassungen der Nachkriegsordnung ihren Niederschlag gefunden haben. Politiktheoretisch betrachtet bedeutet dies eine zunehmende Liberalisierung der Christlichen Demokratie, die mit Säkularisierungstendenzen einhergeht.[56] Aber zugleich sind neben den liberalen auch konservative und soziale Ordnungsvorstellungen im christlich-demokratischen Ideenspektrum angesiedelt, wozu u. a. auch korporativistische bzw. neokorporativistische Vorstellungen gehören.[57]

Besonderen Einfluss in Europa haben in den letzten Jahrzehnten die aus dem angelsächsischen Raum kommenden kommunitaristischen Ideen. Ausgehend von gesellschaftlichen Trends der Gegenwart wie dem Verfall des Gemeinschaftsdenkens, der Erosion gesellschaftlicher Gruppen und dem Rückgang bürgerschaftlichen Engagements streben kommunitaristische Ideen und Aktionen eine Wiederbelebung des Gemeinschaftsdenkens an, als Korrektiv zur übermäßigen Individualisierung. Mit seinen gemeinschaftsbezogenen Ideen und den Forderungen nach der Verstärkung ehrenamtlicher und bürgerschaftlicher Tätigkeiten korrespondiert der Kommunitarismus mit den

Sozialprinzipien des christlich-demokratischen und christlich-sozialen Denkens.

Anmerkungen

[1] Hans Maier, Herkunft und Grundlagen der christlichen Demokratie, in: Heinz Hürten (Hg.), Christliche Parteien in Europa, Osnabrück 1964, S. 11–44; zu den einzelnen christlich-demokratischen Parteien in Westeuropa vgl. Hans-Joachim Veen (Hg.), Christlich-demokratische und konservative Parteien in Europa, 5 Bde., Paderborn 1983–2000.

[2] Vgl. Joseph N. Moody (Hg.), Church and Society. Catholic Social and Political Thought and Movements 1789–1950, New York 1953; Michael Gehler/Wolfram Kaiser/Helmut Wohnout (Hg.), Christdemokratie in Europa im 20. Jahrhundert, Wien 2001.

[3] Die in Mittel- und Osteuropa verbotenen christlich-demokratischen Parteien waren in der 1950 in New York gegründeten Exilorganisation *Christian Democratic Union of Central Europe (CDUCE)* zusammengefasst (vgl. Hans Maier, Revolution und Kirche. Studien zur Frühgeschichte der Christlichen Demokratie, München [5]1988, S. 14).

[4] Vgl. Giorgio Vecchio, La democrazia cristiana in Europa: 1891–1963, Mailand 1979; Jean-Marie Mayeur, Des Partis catholiques à la Démocratie chrétienne XIXe–XXe siècles, Paris 1980; Emiel Lamberts (Hg), Christian Democracy in the European Union (1945/1995), Löwen 1997.

[5] Vgl. Rudolf Uertz, Die Christliche Demokratie in der historischen und sozialwissenschaftlichen Forschung. Eine Problemskizze, in: Historisch-Politische Mitteilungen 2 (1995), S. 1–24; zu den Perspektiven vgl. David L. Hanley, Die Zukunft der europäischen Christdemokratie, in: Politik und Religion, hg. von Michael Minkenberg/Ulrich Willems, Wiesbaden 2003, S. 231–255.

[6] Michael Gehler u. a. (wie Anm. 2), S. 15f.

[7] Vgl. R. Uertz, Die Christliche Demokratie im politischen Ideenspektrum, in: Historisch-Politische Mitteilungen 9 (2002), S. 31–62.

[8] Zum Phänomen der Christlichen Demokratie vgl. Michael P. Fogarty, Christliche Demokratie in Westeuropa 1820–1953, (engl. London [1]1957) Freiburg i.Br. 1959; Joseph N. Moody (wie Anm. 2); Winfried Becker/Rudolf Morsey (Hg.), Christliche Demokratie in

Europa. Grundlagen und Entwicklungen seit dem 19. Jahrhundert, Köln 1988; W. BECKER, Christlichen Demokratie, in: Lexikon der Christlichen Demokratie in Deutschland, hg. von W. Becker u. a., Paderborn 2002, S. 9–23; Werner ALLEMEYER, Christliche Demokratie in Europa und Lateinamerika. Geschichte – Strukturen – Programme, Bonn 1964.

[9] Erstmals wird der Begriff *démocratie chrétienne* am 21.11.1791 in der gesetzgebenden Versammlung in Frankreich von Monsignore Lamourette, dem Bischof von Lyon (er gehörte zu den konstitutionellen Vertretern), in einer Stellungnahme gebraucht: „Séparez donc, Messieurs, je le veux et je le désire autant que vous; séparez la constitution de la théologie qui date de Constantin, c'est-à-dire de l'époque où Rome vaincue, par l'impossibilité d'étouffer les principes lumineux de la *démocratie chrétienne,* a fait sa paix avec l'évangile, afin de l'aristocratiser, et de travestir le Sage de Nazareth, cet ami vrai du peuple, en une divinité protectrice des ravisseurs du monde, et ouvrit d'éternels abymes sous les pas de quiconque songerait à briser les fers de la servitude." (zit. nach H. MAIER [wie Anm. 3], S. 114).

[10] Vgl. Evangelische Kirche und freiheitliche Demokratie. Der Staat des Grundgesetzes als Angebot und Aufgabe. Eine Denkschrift der Evangelischen Kirche in Deutschland, Gütersloh 1985.

[11] Vgl. Martin HONECKER, Evangelische Sozialethik, in: Historisch-Politische Mitteilungen 8 (2001), S. 33–44.

[12] Vgl. Günter BUCHSTAB, Christlich-Demokratische Parteien, in: Religion in Geschichte und Gegenwart, hg. von Hans Dieter Betz/ Don S. Brwoning u. a., Bd. 2, Tübingen 1999, Sp. 260–262, hier: 260. Zu nennen ist vor allem Adolf Stoecker (1835–1909); vgl. Michael HANSMANN/Denise LINDSAY, Christlichsoziale Partei, und Frank MÜLLER, Christlich-Sozialer Volksdienst, in: Lexikon der Christlichen Demokratie (wie Anm. 8), S. 462, 468f.

[13] Vgl. Kurt JÜRGENSEN, Lamennais und die Gestaltung des belgischen Staates. Der liberale Katholizismus in der Verfassungsbewegung des 19. Jahrhunderts, Wiesbaden 1963.

[14] Die Union von Liberalen und Katholiken wurde von Rom zwar nicht förmlich verurteilt (sie konnte als positiv-rechtlicher Schritt nicht mehr indiziert werden), aber doch entschieden kritisiert. Die belgischen Bischöfe unterließen es aus Opportunitätsgründen, die päpstlichen Verurteilungen Lamennais' in *Mirari vos* [1832] und *Singulari nos* [1834] zu veröffentlichen.

[15] Schon die Scholastik des Mittelalters und auf ihr aufbauend die Spätscholastik der frühen Neuzeit sowie die neuscholastische Staats- und Soziallehre der Katholischen Kirche (ca. 1850–1960) kannte die *Volkssouveränitätsthese*. Diese *Lehre vom Volk als dem ursprünglichen Träger der staatlichen Gewalt* ermöglichte der katholischen Staats- und Soziallehre die Annäherung an die liberal-demokratische Ordnung. Die Kehrseite der scholastischen Volkssouveränitätsthese ist die sog *Staatsneutralitätsthese*, wonach aus theologisch-philosophischen Gründen vom Volk als dem ursprünglichen Träger der Gewalt nicht direkt auf eine konkrete Ordnung geschlossen werden kann; denn grundsätzlich ist das Volk frei, sich selbst, um dessen Wohl es im Staate geht, eine Ordnung ihm angemessene Ordnung zu geben. Grundsätzlich sind möglich gemäß aristotelisch-thomasischer Theorie: Monarchie, Aristokratie, Demokratie. Im Unterschied zur modernen Demokratie (Volkssouveränität, Verfassung, Gewaltenteilung, verbunden mit rechtsstaatlicher Ordnung) war die scholastische Volkssouveränitätsthese jedoch nicht mit der demokratischen Verfahrensordnung (Wahlrecht, grundrechtlich gesicherte politische Teilhaberechte u. a.) verbunden.

[16] Aufgrund seiner *Paroles d'un croyant* (1833) wurde Lamennais von Rom exkommuniziert

[17] Vgl. Charles de MONTALEMBERT, Intérêts catholiques au XIXe siècle«, Paris 1852, dt.: Die katholischen Interessen im 19. Jahrhundert, Tübingen 1853; DERS., Die freie Kirche im freien Staat, Brixen 1864.

[18] Sozialpolitisch besonders einflussreich war auch KETTELERS Schrift Die Arbeiterfrage und das Christentum, Mainz 1864, in: Texte zur katholischen Soziallehre II/1. Halbband, hg. von der Katholischen Arbeitnehmer-Bewegung (KAB) Deutschlands, Kevelaer ^{4}1976, S. 116–217.

[19] Vgl. Peter TISCHLEDER, Die Staatslehre Leos XIII., München-Gladbach 1927, S. 14.

[20] Eine ähnliche Rolle wie Ketteler im deutschen Katholizismus spielte in der Schweiz der Genfer Kardinalbischof Gaspard Mermillod (1824–1892).

[21] Die Interessen der katholischen Mitglieder der Paulskirchenversammlung (vgl. Karl NEUNDÖRFER, Der ältere deutsche Liberalismus und die Forderung der Trennung von Staat und Kirche, Mainz 1909)

beschränkten sich auf die religiösen und kirchlichen Grundrechte, die – ähnlich wie Joseph Görres – als korporative Rechte verstanden wurden; eine konkrete Verfassungs- und Grundrechtstheorie ist bei den Katholiken der Paulskirchenversammlung noch nicht erkennbar. Man orientiert sich noch weitgehend an der kanonistischen Auffassung (Kirche und Staat als *vollkommene*, mit eigener Rechtshoheit ausgestattete *Gesellschaften*. Eine gewisse Leitfunktion hatte die Schrift des Kanonisten Franz Otto Freiherr Droste zu Vischering *Über Kirche und Staat* (1817), die auch Joseph Görres bei der Abfassung seiner Schrift *Athanasius* (1838) vorlag.

[22] Vgl. Georg Franz, Kulturkampf. Staat und Katholische Kirche in Mitteleuropa von der Säkularisation bis zum Abschluss des Preußischen Kulturkampfes, München 1954, S. 203; aufschlussreich für die spätere Phase der Christlichen Demokratie in der konstitutionellen Monarchie des Deutschen Kaiserreichs ist Georg von Hertling, Christliche Demokratie, in: Ders., Kleine Schriften zur Zeitgeschichte und Politik, Freiburg i. Br. 1897, S. 470–491.

[23] Wilhelm Emmanuel Freiherr von Ketteler, Freiheit, Autorität und Kirche. Erörterungen über die großen Probleme der Gegenwart, Mainz ^{2}1962, S. 109ff. – Die Erneuerung des Naturrechts in katholischer Theologie seit ca. 1840/50 hatte auch für die Christliche Demokratie große Bedeutung. Mit dem *neuscholastischen Naturrecht*, dem auf der Basis der Lehre des Thomas von Aquin und der spanischen Spätscholastiker (u. a. Franz Suarez und Franz Vitoria) erneuerten Naturrecht, konnte das christliche Staatsdenken (entfaltet vor allem von Leo XIII., 1878–1903) Anschluss an die Fragen der Zeit gewinnen. Hatte man die Monarchie bis dahin theologisch begründet (Römer 13,1–7) und das Recht traditionalistisch (Gewohnheitsrecht) legitimiert, so ermöglichte das Naturrecht (trotz der weiterhin gepflegten theologisch-traditionalistischen Ideen) eine sachgemäßere Begründung politischer, sozialer und kultureller Forderungen im säkularen Umfeld. Es bot zugleich dem politischen Katholizismus eine wichtige Normbasis, von der her die politische Ordnung begründet und plausibel gemacht werden. Seine Leitideen sind die *Personalität, Solidarität, Subsidiarität* (ansatzweise schon bei Ketteler u. a.; ausformuliert in *Quadragesimo anno, 1931*), *Gerechtigkeit* und *Gemeinwohl*. Diese Prinzipien sind so allgemein, dass darunter zeit- und situationsbedingt unterschiedliche Folgerungen abgeleitet werden konnten – eine Position, die dem politischen Katholizismus nützlich war. Mit den Naturrechtsideen trat

dieser nicht zuletzt dem rechtspositivistischen Denken im 19. und 20. Jahrhundert entgegen. Da das Naturrecht verschiedensten Interpretationen zugänglich ist, wurde es in der kirchlichen Soziallehre in einen festen Interpretationsrahmen gegossen (Neuscholastik; Deduktionismus), der jedoch von den christlichen Parteien öfter unterlaufen wurde (z. B. das Christliche verstanden als kulturelle Normen und Gewohnheiten), die gegenüber kirchlichen Weisungen auf ihre Autonomie und Verantwortung in politischen Angelegenheiten verwiesen. Mit der Synthese von Naturrecht und Organismusidee (z. B. in der berufsständischen Ordnung, *Quadragesimo anno* 1931), die als Gegenposition zum Liberalismus postuliert wurde, entstanden jedoch Schwierigkeiten bei der Begründung individueller Menschenrechte: Die organische Einbindung des einzelnen ins Staatsganze (das Zentrumsprogramm forderte z. B. die „organische Demokratie") ließ keine Präferenzen für vorstaatliche *personale Grundrechte* zu (vgl. dazu unten).

[24] Vgl. Franz HORNER, Die neuscholastische Naturrechtslehre zwischen Antimodernismus und moderner Sozialwissenschaft, in: Erika Weinzierl, Der Modernismus. Beiträge zu seiner Erforschung, Graz 1974, S. 283–302. Mit der bestimmten Naturrechtsinterpretation (in teilweiser Anbindung an kirchlich-autoritative Interpretationen und Entscheidungen) verbunden ist der sog. Integralismus im Umfeld des politischen Katholizismus, der zwischen katholischem Klerus und Laien sowie zwischen einzelnen Gruppierungen zum sog. deutschen Gewerkschaftsstreit von 1900–1914 geführt hat (vgl. Oswald von NELL-BREUNING, Integralismus, in: Lexikon für Theologie und Kirche, hg. von Josef Höfer und Karl Rahner, Bd. 5, Freiburg i.Br. [2]1960, Sp. 717f.; DERS., Der deutsche Gewerkschaftsstreit um die Jahrhundertwende, in: Festschrift für Otto Brenner zum 60. Geburtstag, hg. von Peter von Oertzen, Frankfurt am Main 1967, S. 19–32.

[25] Ketteler interpretiert das Naturrecht noch wesentlich freier als die etwa um die Jahrhundertmitte einsetzende neuscholastische Lehre, die mit dem Pontifikat Leos XIII. zur kirchenoffiziellen Doktrin wird.

[26] Vg. Carl ANDRESEN/Georg DENZLER, Syllabus, in: DIES., dtv-Wörterbuch der Kirchengeschichte, München 21984, S. 569.

[27] Vgl. Peter TISCHLEDER (wie Anm. 19).

[28] „Nehmt die Republik an, das heißt die Gewalt, die bei euch tatsächlich konstituiert ist und besteht; achtet sie, seid ihr unterge-

ben als der Stellvertreterin der von Gott kommenden Gewalt" (Brief *Notre consolation* Leos XIII. vom 3.5.1892, an die Kardinäle Frankreichs, in: Die katholische Sozialdoktrin in ihrer geschichtlichen Entfaltung. Eine Sammlung päpstlicher Dokumente vom 15. Jahrhundert bis in die Gegenwart. Originaltexte mit Übersetzung, hg. von Arthur F. UTZ/Brigitta Gräfin VON GALEN, 4. Bde., Aachen 1976, Nr. XXVII 12; vgl. Enzyklika *Au milieu des sollicitudes* (1892), ebd. Nr. XXIII 177ff.; vgl. Peter TISCHLEDER, Staatsgewalt und katholisches Gewissen, Frankfurt am Main 1927, S. 220–228.

29 Vgl. H. MAIER, „Rerum novarum" und die Entstehung christlich-demokratischer Bewegungen in Europa, in: Kirchliche Zeitgeschichte 5 (1992), S. 289–305.

30 Diese Linie setzten auch die Folgepäpste fort (vgl. Pius X. in seinem Motu proprio *Über die Grundnormen der christlichen Volksaktion* ([1903], in: Die katholische Sozialdoktrin [wie Anm. 28], Nr. XXIII 12–38), das unter Verweis auf *Graves de communi* die *christliche Demokratie* auf die Wohlfahrtspflege eingeengt, ihr die Einmischung in die Politik verbietet und ihre Unterordnung unter die kirchliche Autorität verlangt.

31 Vgl. *Graves de communi* (1901), in: Die katholische Sozialdoktrin (wie Anm. 28), Nr. VI 35.

32 Vgl. Gustav GUNDLACH, „Christliche Demokratie" als „soziale Bewegung", in: DERS., Die Ordnung der menschlichen Gesellschaft, Bd. 1, Köln 1964, S. 602–606. Die Reduzierung des christlich-demokratischen Gedankens auf das Soziale erfolgte nicht zuletzt auch mit Rücksicht auf den Kirchenstaat.

33 Vgl. Ulrich VON ALEMANN, Korporatismus, in: Wolfgang W. Mickel (Hg.), Handlexikon zur Politikwissenschaft, München 1983, S. 265–267, hier: 265.

34 Richtlinien der deutschen Zentrumspartei (1922), in: Wilhelm Mommsen (Hg.), Deutsche Parteiprogramme, München 1960, S. 486–489.

35 Paul MIKAT, Grundelemente katholischer Staatsauffassung, in: Karl Forster (Hg.), Christentum und Liberalismus, München 1960, S. 100f., spricht von dem „hoffnungslosen Versuch" des Moraltheologen Joseph Mausbachs, des Kommentators der Weimarer Reichsverfassung, „*unmittelbar* aus dem Naturrecht konkrete Schlüsse für die Fassung der einzelnen Normen des positiven Rechts zu ziehen". „Deduktionen aus dem Naturrecht" seien

„nicht hinlänglich konkret (...), um den Anforderungen" der Errichtung einer demokratischen Republik zu genügen.

[36] So hat z. B. Heinrich Rommen erst unter dem Eindruck der nationalsozialistischen Unrechtsherrschaft seine Naturrechtsstudie *Die ewige Wiederkehr des Naturrechts* (1937) revidiert und in die Fassung von 1947 liberale Grundrechte aufgenommen.

[37] Gemeint ist die *Lehre vom Volke als dem ursprünglichen Träger der Gewalt*, eine Formel, die Joseph Mausbach, Peter Tischleder und Heinrich Rommen zur Rechtfertigung der Weimarer Republik heranzogen. Es handelt sich hierbei jedoch um eine vormoderne Theorie, von der her die Volkssouveränität als Grundlage liberaler Verfassungsordnung nicht legitimiert werden kann (vgl. Peter Graf Kielmansegg, Volkssouveränität, Stuttgart 1994, S. 76f.).

[38] Joseph Mausbach, Kulturfragen in der Deutschen Verfassung, München-Gladbach 1920), S. 23ff. verweist auf Artikel 25 der belgischen Verfassung von 1930 („Tous les pouvoirs émanent de la nation.") und den Kommentar von Auguste Castelein SJ, Institutiones philosophiae moralis et socialis, Brüssel 1899, S. 219, 481, wonach der Satz, dass *alle Gewalt aus dem Volke hervorgehe*, nicht philosophisch, sondern rechtlich (im relativen Sinne) zu verstehen sei.

[39] Dahinter standen Vorstellungen des *Christlichen Solidarismus*, wie er von christlich-sozialen Kräften innerhalb des Katholizismus und der christlichen Gewerkschaftsbewegung vertreten wurde.

[40] Entgegen den Diskussionsbeiträgen zu Karsten Ruppert, Der Einfluss christlich-demokratischer wie christlich-sozialer Ideen und Parteien auf Geist und Politik in der Weimarer Zeit, in: W. Becker/R. Morsey (wie Anm. 8), S. 274f., lassen sich m.E. deutliche Verbindungslinien zwischen Zentrumsprogrammatik und neuscholastischer Staatslehre (z. B. bei den Rechtfertigungen der republikanischen Ordnung) benennen.

[41] Später wurde von den katholischen Sozialethikern wegen des missverständlichen Begriffs *berufsständische Ordnung* der Begriff *leistungsgemeinschaftliche Ordnung* gewählt, ohne dass die Idee dadurch an Plausibilität gewonnen hätte (eine kritische Betrachtung bei Nikolaus Monzel, Probleme einer „berufsständischen" Ordnung, in: Ders., Solidarität und Selbstverantwortung. Beiträge zur christlichen Soziallehre, München 1959, S. 289–306); für die Interpretation von *Quadragesimo anno* unverzichtbar ist der Kommentar von Oswald von Nell-Breuning, Die soziale Enzyklika.

Erläuterungen zum Weltrundschreiben Papst Pius XI. über die gesellschaftliche Ordnung ([1]1932), Köln [2]1950.

42 So werden z. B. die politischen und wirtschaftlichen Grundrechte nicht ausdrücklich genannt; ordnungspolitische Grundsätze des Dokuments bleiben gemäß dem Kurialstil auf der mehr oder weniger verbindlichen Leitbildebene, die Nell-Breuning und Gundlach stets als das Optimum christlicher Naturrechtsforderungen bezeichneten. Wie die katholische Soziallehre der Neuscholastik im allgemeinen ist auch *Quadragesimo anno* durch zwei Grunddefizite bzw. Grundwidersprüche geprägt: 1. In der Auseinadersetzung zwischen Individualismus und Kollektivismus erweist sich die Staatsneutralitätsthese als dominierendes Ordnungsprinzip der katholischen Staatslehre zu unbestimmt, um die liberalen Grundrechte als unveräußerliche Prinzipien zu deklarieren; 2. Überschreitet die katholische Soziallehre ihre Kompetenz als prinzipieller Orientierung, wenn Sie der berufsständischen Ordnung den Rang von *öffentlich-rechtlichen Körperschaften* verleihen möchte.

43 So hat z. B. Johannes Messner, Die berufsständische Ordnung, Innsbruck 1936, S. 290 (vgl. auch 64ff., 71ff.) keine Bedenken, die „Österreichische Verfassung 1934", die „das Prinzip des autoritären Staates mit der ständischen Gliederung verbunden" hat, von der Enzyklika *Quadragesimo anno* her zu legitimieren. Die Aporien dieses – sehr wohl im Sinne der seinerzeitigen katholischen Staatslehre interpretatierten – *Rechts*verständnisses bestanden darin, dass von der organisch-ganzheitlichen Ordnungsidee, die mit der Staatsneutralitätsthese verknüpft war, *personale Rechte* nicht als unverfügbare *politische und wirtschaftliche bzw. individualistische Freiheitsrechte* anerkannt werden konnten. J. Messner hat am Vorabend des Inkrafttretens der „Verfassung 1934" im Auftrag von Bundeskanzler Engelbert Dollfuß auf einer Tagung des Volksbundes der Katholiken Österreichs das Referat verlesen, das die neue Verfassung von *Quadragesimo anno* her begründet. (vgl. die Rede Messners in: Der katholische Staatsgedanke. Bericht über die katholisch-soziale Tagung der Zentralstelle des Volksbundes der Katholiken Österreichs am 29. und 30.4.1934 in Wien, Wien 1934, S. 100–105; die ständische Verfassung ist wiedergegeben in: Die neue österreichische Verfassung, hg. von Ludwig Adamovich/Georg Froehlich, Wien 1934; zum Hintergrund: Gerhard Jagschitz, Der österreichische Ständestaat 1934–1938, in: Erika Weinzierl/Kurt Skalnik (Hg.), Österreich 1918–1938. Geschichte der Ersten Republik, Bd. 1,

Graz 1983, S. 489–552; vgl. auch den Beitrag von Ernst Bruckmüller in diesem Band). Das Dilemma der christlichen Staatslehre der Zwischenkriegszeit bestand darin, dass sie zwar deutlich den Totalitarismus verurteilte und die Autonomie der Familie, der Kultur sowie der Wirtschafts- und Arbeitsordnung forderte, doch verstand man diese Rechte *organisch*, d. h. als dem Gemeinwohlordnung *eingegliederte* Rechte, so dass die Kriterien für die Abgrenzung individueller, gesellschaftlicher und staatlicher Interessen zur Disposition des rechtmäßigen Hüters der Gemeinwohlordnung, also dem „Staat" oblag (Gemeinwohl als objektive Größe; vgl. MESSNER, Ebd. 297). So betonte Messner, dass die Frage der Parteien und des Parlamentarismus in der „neue(n) Gesellschaftsordnung nach ‚Quadragesimo anno' „durchaus offen" sei, doch würden sie – was „begreiflich" sei – in der Enzyklika nicht erwähnt, „weil sie keine organische Glieder der Gesellschaft sind". Nach dieser Wertung (eine in die Zukunft weisende Wiederherstellung einer „natürlichen", organisch-ganzheitlichen Ordnung, der in akademischer Manier die aktuelle Ordnung als mechanistisch-individualistisch gegenübergestellt wird) sind Parlament, Parteien und Interessenverbände *unnatürliche* oder „Ersatz"-Institutionen; man stützt sie nur halbherzig angesichts der zukünftigen „wirklich neuen Gesellschaftsordnung" [J. Messner], in der sie überflüssig werden sollen. Aber damit kann man sie zum Zwecke des höheren Zieles auch abschaffen, um die *Neue Ordnung* auf den Weg zu bringen. Hier wird in bedenklicher Weise der *christliche Eschatologiegedanke* virulent. J. MESSNER, Ebd., S. 72f., 279f., stützt sich bei seiner berufsständischen Ordnungsidee u. a. auf den früheren österreichischen Bundeskanzler, Prälat Ignaz SEIPEL, Die soziale Botschaft des Papstes. Vorträge über „Quadragesimo anno", Wien 1931, S. 89; vgl. zur Kritik Ernst Karl WINTER, Ignaz Seipel als dialektisches Problem. Ein Beitrag zur Scholastikforschung, Wien 1966, der schon 1933 entschieden die Ausschaltung des Parlaments kritisierte.

[44] O. von Nell-Breuning und die katholischen Sozialethiker haben stets beteuert, dass die berufsständische Ordnung mit verschiedenen Staats- und Regierungsformen vereinbar sei. Aber diese ordnungspolitische Indifferenz war ein Hindernis zur Anerkennung der Interdependenz politischer und wirtschaftlicher liberaler Grundsätze (vgl. Anm. 41, 43).

[45] Vgl. G. BUCHSTAB (wie Anm. 12), Sp. 260–262.

[46] Korporativistisch-berufsständische Ideen spielen in Deutschland

noch in den Sozialausschüssen der CDU/CSU eine Rolle, wo sie auf die Formulierung des Ahlener Programms (1947) Einfluss genommen haben; nach der Einführung der Sozialen Marktwirtschaft (1948/49) haben korporativistische Vorstellungen im sozialen Katholizismus den Mitbestimmungsgedanken beeinflusst (vgl. R. UERTZ, Christlicher Sozialismus, in: Lexikon der Christlichen Demokratie (wie Anm. 8), S. 477f.).

[47] Die auf Privateigentum und Marktordnung beruhende Sozialordnung sieht Johannes Paul II. in seiner Enzyklika *Centesimus annus* (1991) als Ausfluss der katholischen Soziallehre. Die Berücksichtigung dieser Grundsätze, wie sie schon in *Rerum novarum* skizziert worden seien, hätte, so das Dokument, den Ländern Osteuropas viel Elend erspart.

[48] Vgl. das Programm der CDU der britischen Zone (1946) sowie die Programmrede Konrad Adenauers vom 24.3.1946 in der Aula der Kölner Universität, in: Konrad ADENAUER, Reden 1917–1967. Eine Auswahl, hg. von Hans-Peter Schwarz, Stuttgart 1975, S. 82–106; vgl. auch Paolo POMBENI, The ideology of Christian Democracy, in: Journal of Political Ideologies 5 (2000), S. 289ff.; eine kurze programmatisch-ideengeschichtliche Übersicht über *Christdemokratische Parteien* bei Klaus von BEYME, Parteien in westlichen Demokratien, München [2]1984, S. 116–139; vgl. auch Dorothee BUCHHAAS, Die Volkspartei. Programmatische Entwicklung der CDU 1950–1973, Düsseldorf 1981, Rudolf UERTZ, Christentum und Sozialismus in der frühen CDU. Grundlagen und Wirkungen der Union 1945–1949, Stuttgart 1981.

[49] Vgl. Martin HONECKER (wie Anm. 11), S. 33.

[50] Das II. Vatikanische Konzil markiert deutlich die besagten Unterschiede zwischen politisch-kultureller und kirchlich-glaubensmäßiger Tätigkeit des Christen in der Pastoralkonstitution *Gaudium et spes* (1965), Nr. 76: „Sehr wichtig ist besonders in einer pluralistischen Gesellschaft, dass man das Verhältnis zwischen der politischen Gemeinschaft und der Kirche richtig sieht, so dass zwischen dem, was die Christen als einzelne oder im Verbund im eigenen Namen als Staatsbürger, die von ihrem christlichen Gewissen geleitet werden, und dem, was sie im Namen der Kirche zusammen mit ihren Hirten tun, klar unterschieden wird" (Texte zur katholischen Soziallehre. Die sozialen Rundschreiben der Päpste und andere kirchliche Dokumente, hg. von der Katholischen Arbeitnehmer-Bewegung (KAB) Deutschlands, Kevelaer [4]1976, S. 399.

[51] Vgl. z. B. Eugen GERSTENMAIER, Verschleuderung des christlichen Namens?, in: Dokumente zur Christlichen Demokratie. Deutschland, Österreich, Schweiz, hg. von der Politischen Akademie Eichholz der Konrad-Adenauer-Stiftung, Bonn 1969, S. 269–280.

[52] Jacques MARITAIN, Christianisme et Démocratie ([1]1943), dt.: Augsburg 1949; DERS., Humanisme intégral. Problèmes temporels et spirituels d'une nouvelle Chrétienté (1936), dt.: Christlicher Humanismus. Politische und geistige Fragen einer neuen Christenheit, Heidelberg 1950. Zum Personalismus von Maritain und Luigi Sturzo vgl. Sergio BELARDINELLI, Die politische Philosophie des christlichen Personalismus, in: Karl Graf Ballestrem/Henning Ottmann (Hg.), Politische Philosophie des 20. Jahrhunderts, München 1990, S. 243–262; Heinz HÜRTEN, Der Einfluß Jacques Maritains auf das politische Denken in Deutschland, in: Jahrbuch für Christliche Sozialwissenschaften 26 (1985), S. 25ff.

[53] In Deutschland wurden personalistische Ideen u. a. von Werner Schöllgen, Albert und Alfons Auer sowie Max Müller vertreten; vgl. Rudolf UERTZ, Vom Gottesrecht zum Menschenrecht. Das katholische Staatsdenken in Deutschland von der Französischen Revolution bis zum II. Vatikanischen Konzil, Paderborn 2004.

[54] Vgl. Ernst TROELTSCH, Politische Ethik und Christentum, Göttingen 1904; vgl. zum Beitrag des Christentums zur demokratischen Ordnung und Kultur, Wolf-Dieter MARSCH (Hg.), Die Freiheit planen. Christlicher Glaube und demokratisches Bewusstsein, Göttingen 1971, S. 202–227.

[55] Vgl. Roberto PAPINI, Für eine Doktrin der Europäischen Volkspartei, in: Karl Josef Hahn, Die Christliche Demokratie in Europa, Rom 1979, S. 121ff.; vgl. auch S. 24ff.; ferner Tradition und Aktualität der Bemühung um eine „Doktrin", hg. von der EVP-Fraktion des Europäischen Parlaments, Melle 1988; Zur Geschichte der christlich-demokratischen Bewegung in Europa, hg. von der EVP-Fraktion des Europäischen Parlaments, Melle 1990.

[56] Im Zusammenhang damit steht der Umstand, dass die christlich-demokratische Politiktheorie, wie im übrigen in beträchtlichem Maße auch die christliche Sozialethik, ein *kulturchristliches Phänomen* darstellt; es steht zwar im Kontext des christlichen Glaubens, setzt diesen aber – insofern es sich hierbei vor allem um allgemeine sittliche bzw. philosophische Fragen handelt – keineswegs unbedingt voraus. Zur christlichen Sozialethik und Demokratie als kulturchristlichem Phänomen vgl. Alois GLÜCK, Warum noch

christliche Parteien in einem säkularisierten Zeitalter? In: Politische Studien 389 (2003), S. 23–31. Zum *kulturreligiösen Phänomen* vgl. Hermann LÜBBE, Religion nach der Aufklärung, Graz 1986, S. 281ff.

[57] Zu den ständisch-korporatistischen Vorstellungen in der Christlichen Demokratie Mittelosteuropas vgl. die Beiträge von E. Bruckmüller, T. Cipek, G. Erdödy/C. Fazekas, P. Fiala, J. Prunk und I. Sklenka. Solche Vorstellungen fanden z.T. auch noch nach 1945 im linken und rechten Spektrum der CDU und CSU in Deutschland Anhänger – teilweise mit wirtschaftsdemokratischen Akzentuierungen, die z. B. auf die Formulierung des Ahlener Programms der CDU der britischen Zone 1947 Einfluss nahmen (vgl. Rudolf UERTZ, Christlicher Sozialismus (wie Anm. 46), oder in konservativ-ständischen Ideen, wie sie bis in die Mitte der 1950er Jahre im Umkreis der Autoren und der Leserschaft der Zeitschrift „Neues Abendland" vertreten wurden; (vgl. DERS., Konservative Kulturkritik in der frühen Bundesrepublik Deutschland. Die Abendländische Akademie in Eichstätt (1952–1956), in: Historisch-Politischen Mitteilungen 8 (2001), S. 45–71.

III. Historische und Politische Analysen

Christliche Demokratie in Deutschland

Winfried Becker

Geschichtserzählungen können bekanntlich vielen Erkenntniszielen dienen. Nicht nur Staaten, sondern auch Nationen übergreifende Großgruppen bilden ein Gedächtnis aus, bauen ein Erinnerungsvermögen auf. Durch den Blick in ihre Vergangenheit gewinnen sie Aufschlüsse über ihre Herkunft und ihre Identität. Dabei muss die Fragemethode dem Sujet, dem Gegenstand gerecht werden, den sie allerdings selbst gewissermaßen mit konstituiert. Die Geschichte der an christlichen Wertmaßstäben (mit-)orientierten politischen und sozialen Kräfte in Deutschland kann zureichend weder aus der nationalliberalen Sichtweise des 19. Jahrhunderts noch mit den ökonomischen Begriffen der marxistischen Klassenanalyse erfasst werden. Sie wurzelte im politischen Aufbruch der katholischen Minderheit. Deren Etikettierung als „reichsfeindlich", national unzuverlässig, „ultramontan" und „klerikal", d. h. unzulässig ins politische Gebiet eingreifend, entsprang nationalliberalen Sichtweisen, wurde vom Nationalsozialismus rezipiert und wirkte wohl unbewusst darüber hinaus.[1]

Auf die Dauer konnte sich aber in einem pluralistischer werdenden Geschichtsbewusstsein eine so einspännige Betrachtungsweise nicht halten. Aus internationaler Perspektive stellt sich die katholische Bewegung heute eher facettenreich und durchaus politikrelevant dar. Sie entfaltete in ihren Beziehungen zur römischen Kurie und zu den benachbarten christlichen Konfessionen eine kirchengeschichtliche Dimension. Sie zeigte ideengeschichtliche Bedeutung, indem sie die Abgrenzung gegenüber nationalistischen und materialistisch-mechanistischen Denkweisen des 19. Jahrhunderts vornahm. Auch aus sozialhistorischer Perspektive erweckte die politische „Subkultur" des Katholizismus Aufmerksamkeit; in ihrem Milieu ergänzten sich Kräfte der Selbstbehauptung und Grenzziehung nach außen mit inneren Bindewirkungen. Die Kohäsionskräfte waren z. B. stark genug, inmitten der Brüche der entstehenden Industriegesellschaft die katholische Arbeiterschaft einzubinden.[2] Schließlich werden Charakteristika und Metamorphosen des deutschen Katholizismus, besonders die Entwicklung zur Christlichen Demokratie, aus dem Vergleich mit der Geschichte dieser Bewegung in anderen europäischen, aber auch mittel- und südamerikanischen Ländern transparent.

1. 1803–1866: Grundlegung in Umbruchsituationen

Die Tradition christlich-demokratischen und christlich-sozialen Denkens in Deutschland wurde grundgelegt in einer Zeitspanne, die sich vom Ende des Alten Reiches 1806 bis zur Gründung des Bismarckreiches 1870/71 erstreckte. Auch für Deutschland bildet die Französische Revolution 1789 gewissermaßen einen Ausgangspunkt; sah sich doch in dieser Umwälzung die katholische Kirche aufgrund ihrer jahrhundertelangen Verquickung mit dem territorialstaatlichen System dem Angriff säkularisiert-weltlicher Kräfte ausgesetzt. In Frankreich brach das Phänomen der neuen Vernunft-, Zivil- oder Nationalreligion hervor.[3] In Deutschland entwickelten sich Neigungen zur Säkularisierung früher, zur „politischen Religion" später, über längere Zeiträume bis weit ins 19. Jahrhundert hinein.[4] Konfessionelle, materielle und dynastische Besitzansprüche auf geistliches Gut gingen bis ins 16. Jahrhundert zurück. Die Aufklärung stellte sich nicht nur gegen den Fürstenstaat, sondern fand auch in ihn Eingang. Der nationale Gedanke verband sich nicht wie in Frankreich sogleich mit einem etatistischen Souveränitätsbegriff, sondern langfristig mit protestantischem Ideengut, so dass sich ein nationaler und liberaler Flügel im deutschen Protestantismus ausbildete. Zwar blieb in Deutschland die große Revolution nach französischem Vorbild aus, aber die von Napoleon angestoßene Revolution von oben verschob grundlegend das noch im Alten Reich herrschende konfessionelle Gleichgewicht.

Die Große Säkularisation brachte die alte Reichskirche, damit 23 Erz- und Fürstbistümer, über 200 Klöster und etwa halb so viele Abteien und Stifte, zum Verschwinden; ihre Besitztümer, Anstalten und Schulen fielen an die vergrößerten Territorialstaaten.[5] Damit verlor die katholische Kirche in Deutschland ihre ständisch-staatliche Verankerung und tauschte materiellen Besitz gegen Anrechte auf Unterhalt für ihre kirchlichen Einrichtungen, die der Landesherr gewähren sollte. Viele Bistumssitze wurden vakant oder nur von Generalvikaren verwaltet. Die ehemaligen Untertanen katholischer Territorien kamen unter Obrigkeiten protestantischer Konfession. Die weitaus meisten der neo-absolutistischen Fürstentümer des Deutschen Bundes regelten die Angelegenheiten der Seelsorge und Organisation der katholischen Kirche gemäß den Prinzipien des protestantischen Staatskirchentums und des vom Fürsten verwalteten Summepiskopats.[6] Auch in den katholischen Bundesstaaten wurde die neue, säkularstaatliche Souveränitätsdoktrin für die Regelung der *iura circa sacra* maßgebend. Ein Einbruch des Säkularismus zeigte sich besonders darin, dass der Deutsche Bund keine zentrale Abmachung, etwa ein Bundeskonkordat, zur Klärung der Stellung der katholischen Kirche zuwege brachte. Das Papsttum hatte Mühe, als Konkordatspartner Anerkennung zu finden. Eine interessante Parallele dazu bot der Wegfall einer zentralen gerichtlichen Berufungsinstanz, wie sie streitschlichtend zwischen Territorien und Untertanen des Reiches im Reichskammergericht und Reichshofrat jahrhundertelang bestanden hatte.

Damit stellten sich für die Zukunft mehrere miteinander verknüpfte politische, soziale, rechtliche und weltanschauliche Probleme. Die Konfessionsverschiedenheit sollte zwar die Bürger der Länder des Deutschen Bundes nicht im Genuss ihrer bürgerlichen und politischen Rechte beeinträchtigen, doch war die Gleichbehandlung bezüglich der Religionsausübung keineswegs gewährleistet: Wie konnte sie erreicht werden? Wie war nach den Verheerungen der Revolutions- und Koalitionskriege der Stellenwert der Religion für die Gesellschaft zu veranschlagen? Wie konnten die Einschränkungen der Seelsorge, die aufgrund der Großen Säkularisation eingetreten waren, behoben werden? Wie sollte die beträchtliche katholische Volksminderheit eine angemessene Repräsentation und politischen Rückhalt wiedergewinnen? Wie waren die Koordinaten von Religion, Gesellschaft und Nation in der nachrevolutionären Zeit neu zu bestimmen?

Aus romantisch-universalistischer Sicht suchten Adam Müller, Friedrich Schlegel und Franz von Baader eine nachrevolutionäre Neubestimmung geistiger Standorte vorzunehmen. Sie entdeckten wie Novalis das Christentum, die Antike und die jungen Völker des Frühmittelalters als Wurzeln Alteuropas.[7] Tyrannis und Willkür der Antike seien durch die Einpflanzung christlicher Maßstäbe, etwa die Achtung der Gleichheit der Menschen vor Gott, überwunden worden. Verfassungsformen der Vermittlung zwischen Volk und Herrscher, die Entstehung von Korporationen und rechtlich-sozial fundierten Gemeinschaften, das heilsame Wirken einer „Legislation der Sitten“ auf die staatliche Entwicklung (Adam Müller) erscheinen als Entwicklungsmomente der Vergangenheit, in der sich Zukunftserwartungen auf die Wiedergewinnung eines fruchtbaren Zusammenwirkens zwischen Kirche und Staat spiegeln. Die Revolutionskritik dieser und anderer Autoren mündete in dem Fazit, dass der Staat zur Erhaltung seiner Existenz die Religion nicht entbehren könne, die zur Sicherung jeder guten, menschenwürdigen Gemeinschaft notwendig sei.[8] Unsere genannten Autoren gingen auch davon aus, dass jenes Individuum, das in seiner Religionsausübung nicht behindert werde, seiner persönlichen Verantwortung wie seinen gesellschaftlichen Pflichten am ehesten gerecht werden könne.

Trotz des Nachwirkens staatskirchlicher Tendenzen und gegenrevolutionär-autoritärer Bestrebungen auch im katholischen Raum folgten die Verlautbarungen und Organisationsformen des sich im Vormärz regenden politischen Katholizismus letztlich einem Grundmuster freiheitlicher Entwicklung. Dies galt schon für jene Zusammenschlüsse Gleichgesinnter, die sich zwecks Erneuerung des Glaubens und der Befreiung von staatskirchlicher Bevormundung in verschiedenen Staaten des Deutschen Bundes bildeten.[9] An der bayerischen Universität Landshut wirkte Johann Michael Sailer auf Schüler und Freunde im Sinne der Verbindung von Offenbarungsglauben, Wissenschaft und Leben. Der Kreis um den Redemptoristen Klemens Maria Hofbauer in Wien suchte den Rationalismus und Mechanismus der Aufklärung durch Besinnung auf den Glauben zu überwinden. Neuscholastisch orientiert war der von Straßburg beeinflusste Mainzer Kreis mit der 1821 um Andreas Räß und Nikolaus Weis gegründeten Monatsschrift „Der Katholik". Eine bedeutende publizistische Ausstrahlung ging auch von den Eos-Kreis in München aus. Hier wirkte Joseph Görres seit 1827 als Geschichtsprofessor, entstand 1838 die wichtigste katholische Zeitschrift des 19. Jahrhunderts in Deutschland („Historisch-politische Blätter", bis 1923[10]). Die Wiederbelebung im Volk verwurzelter Frömmigkeitsformen zeigte sich 1844 bei der Wallfahrt zum Hl. Rock nach Trier. Die Forderung nach freier Betätigung der katholischen Konfession führten Klerus und Laien zusammen. Joseph Görres' publizistischer Protest gegen die Verhaftung des Kölner Erzbischofs Clemens August Droste zu Vischering und die Kirchenblattpresse schufen erste Foren einer den kirchlichen Interessen aufgeschlossenen Öffentlichkeit.[11]

Die Wendung der katholischen Kirche zum Volk festigte sich während des Revolutionsjahrs 1848. Eingaben und Petitionen an die Nationalversammlung und die rege Tätigkeit der Piusvereine setzten eine Vereinsbewegung in Gang, die dann während der Reaktionsperiode in Preußen durch staatliche Verbote abgebrochen wurde. Zur Verteidigung der Religionsfreiheit konstituierte sich ein Katholischer Klub in der Paulskirche. Ihre allerdings noch begrenzt bleibende Politisierung führte die deutschen Katholiken „zu einer ersten Partizipation am parlamentarischen Entscheidungsprozess".[12] Sie waren, trotz innerer Differenzen, wohl im Prinzip auf die Seite der nationalen Einigungsbestrebungen getreten, doch das Verhältnis der Kirche zum Staat, das Eintreten für die Religionsfreiheit bewegte viele mehr als die nationalen Fragen, die gleichwohl mit dem kirchlichen Problemkreis verwoben waren. 1848 trat in Mainz erstmals die Generalversammlung der katholischen Vereine Deutschlands zusammen; im selben Jahr fand in Würzburg die erste deutsche Bischofskonferenz[13] statt. Unmittelbar ins Vorfeld der Zentrumsgründung führten die Vereinsbewegung in Rheinland-Westfalen und die neun Soester Konferenzen von ca. 100 führenden Persönlichkeiten des katholischen Lebens zwischen 1864 und 1866[14].

Früher als im katholischen, neo-absolutistischen Österreich[15] nutzten die katholischen Staatsbürger in Preußen das „Repräsentativsystem"[16] der Verfassung von 1850; mit ihrem das ständische Prinzip ablösenden Wahlrecht bot diese ihnen die Möglichkeit, ihre spezifischen Interessen einzubringen und dadurch ihren Teil zum Wohl des Ganzen beizutragen. Von den Ansprüchen seiner Gruppe her interpretierte der Abgeordnete Peter Reichensperger den repräsentativen Charakter der preußischen Verfassung als „ein System gegenseitiger Opfer und Transaktionen zwischen mancherlei sich kreuzenden Interessen (...), die nun einmal in der modernen Gesellschaft, ganz besonders im Preußischen Staate neben einander bestehen. In demselben Verhältnisse, wie das Repräsentativsystem jene Gegensätze hart aneinanderrückt, legt es Allen die absolute Nothwendigkeit auf, sich gegenseitig zu verständigen und zu vertragen und durch ein volles Maaß von Takt und Selbstverläugnung die Erreichung der großen gemeinsamen Zwecke möglich zu machen"[17].

Setzt man diese etwas zweckoptimistisch für die katholischen Bürger Preußens geltend gemachte Entwicklungsperspektive in Beziehung zu gewissen innerkirchlichen Entwicklungen der Zeit, so mag sich auf den ersten Blick ein Paradox ergeben, das viele Betrachter das Katholizismus des 19. Jahrhunderts irritiert hat: Auf der einen Seite betreten maßgebliche Teile der deutschen Katholiken den Weg der publizistischen und parlamentarischen Selbstbehauptung, nutzen die modernen Mittel des entstehenden Verfassungslebens; auf der anderen Seite sind sie innerkirchlich „ultramontan", papsttreu, kirchenfromm geworden, heben sich darin von der aufgeklärt-duldsamen, febronianisch auf landesherrliche Selbständigkeit bedachten, weltlichen Tendenz der früheren Reichskirche oder doch von deren Repräsentanten ab, werden also, legt man eine bestimmte kirchenpolitische Perspektive zugrunde, restaurativ und eng, machen sich auf ins Getto.

Verständlich wird die Entwicklung indes, sieht man sie als Reaktion auf den sich in der Großen Säkularisation vollziehenden Wandel im Verhältnis von Kirche und Staat. Der Umbruch hatte die katholische Kirche auch von der zu weit gehenden Verbindung mit der hohen Aristokratie und von der Belastung mit den Problemen staatlicher Herrschaftsausübung befreit. Dies begünstigte trotz der äußeren Bedrängnis die Tendenz zur religiösen Erneuerung, zur Konzentration auf die engeren und eigentlichen Aufgaben kirchlichen Lebens. Mit innerer Konsequenz wandten sich die der Teilidentität mit dem Staat beraubten Katholiken nun auch gegen das fremdkonfessionelle Staatskirchentum. Sie bildeten ein Gruppenbewusstsein aus und verlangten einen Freiraum der Entfaltung in der sich zaghaft modernisierenden Staatenwelt des Deutschen Bundes und vollends im Hohenzollernreich. Mit dem Streben nach Unabhängigkeit für ihre selbst-verfasste Kirche schlossen sie sich der bürgerlichen, liberalen Freiheitsbewegung an, auch wenn diese den ungeliebten Bundesgenossen noch lange zurückstieß. Das Streben nach Freiheit der Kirche vom Staat lässt Parallelen zum „Catholicisme libéral" in Belgien, in den Niederlanden und (teils) in Frankreich erkennen. Es zeigte sich auch in argumentativen Entwicklungslinien und Frontbildungen, die Lösungsansätze für die Probleme des kulturellen, staatlichen und sozialen Wandels anboten.

Das Verhältnis der Kirchen bzw. Religionsgemeinschaften zum Staat wurde differenziert und doppelpolig aufgefasst. Einerseits betonte besonders Görres nach seiner Reversion die Bedeutung, die von der inneren Bindung der Person an den christlichen Glauben und an dessen inneres Gesetz für die Fundierung des Staatslebens und für die allgemeine Wohlfahrt ausgehe. Das Staatswesen der Zukunft sah er in erster Linie auf die religiös und ethisch motivierte Verantwortung der Staatsbürger gegründet. Aus eigener, lebensweltlicher Erfahrung traute Görres den gängigen Staatsideologien seiner Zeit zu wenig konstitutive Kraft für die postrevolutionäre Staatsbildung zu: Allzu vordergründig, ja teils desavouiert erschienen ihm der absolutistische Fürstenstaat, die zu Säkularismus und Atomismus tendierende Revolution, der damals noch in romantischer Form auftretende Nationalismus. Andererseits lief das keineswegs auf eine Identifikation von Kirche und Staat oder von Konfession und Staat hinaus.[18] Entsprechend diesen Grundideen, aber in Anpassung an die revolutionäre Situation 1848 erstrebte der Katholische Klub der Frankfurter Paulskirche die Gewährleistung der Unabhängigkeit der Kirchen in der ersten Verfassung des Gesamtstaats: Schließlich wurde erreicht, dass die Kirchen und Religionsgesellschaften ihre Angelegenheiten selbständig regeln durften, indes den allgemeinen Staatsgesetzen unterworfen blieben. Die Glaubens- und Gewissensfreiheit und die Selbständigkeit der Religionsgesellschaften wurden als integrierende Bestandteile der Grundrechte eingeführt. Damit fiel die Entscheidung gegen Identifikationsbestrebungen von Staat und Kirche aus, gegen nationalkirchliche Modelle, zu denen sich viele liberale Abgeordnete bekannten. Die 1848 gefundene, aber nicht verwirklichte Regelung hat später Aufnahme in die Weimarer Verfassung und von dort in das Grundgesetz der Bundesrepublik Deutschland gefunden.

Ihr lag eine Vorstellung von gegliederter Gesellschaft zugrunde, die das katholische und christliche Sozialdenken wesentlich bestimmt hat. Nach neuscholastischer Lehre sollten Staat und Kirche als jeweilige *societates perfectae* in einer konstruktiven, koordiniert aufgefassten Beziehung miteinander leben. Schon dem alteuropäischen Denken war die Vorstellung eines – erst später als organisch interpretierten – Miteinanders von Korporationen und Assoziationen, von kommunalen, regional-provinzialen und familialen Lebenskreisen vertraut gewesen. Konkret sozialpolitische Ausprägungen fanden solche Ideen in den katholischen Caritaskreisen, die Armut und Pauperismus bekämpften, in den Elisabeth- und Vinzenzvereinen und in einer Institution wie dem Hamburger Rauhen Haus des evangelischen Theologen Johann Hinrich Wichern.[19] Zu den ersten katholischen Vereinen, die sich der sog. Berufsstände annahmen, gehörten die Studentenverbindungen und die Kolpingvereine.[20] Die soziale Not des anhebenden Industriezeitalters griff Wilhelm Emmanuel von Ketteler schon im Revolutionsjahr 1848 öffentlich mit einer großen Rede im Mainzer Dom auf. Ausgehend von dem personalen Ansatz des Naturrechts, erkannte er in der sozialen Frage ein Verfassungsproblem und wandte sich gegen das soziale Defizit und den staatsrechtlich verengten Verfassungsbegriff des Liberalismus.[21] Gleichfalls politische Zeichen setzte auch eine im April 1849 in Köln tagende große Katholikenversammlung. Schon mit der Wahl des Tagungsorts trat sie in Konkurrenz zu der radikal-anarchischen Demokratie und zu dem Kommunismus von Karl Marx und Friedrich Engels, die die rheinische Metropole zur Hochburg ihrer propagandistischen Aktivitäten („Neue Rheinische Zeitung") auserkoren hatten.[22]

2. 1866–1933: Eine Minderheit will Mitte werden

Die politischen Umwälzungen der deutschen Einigungskriege 1866–1871 bildeten die Voraussetzungen für das Entstehen der Zentrumspartei im neuen Bismarckreich. Die seit 1852 im preußischen Landtag vertretene Katholische Fraktion war in der Polarisierung des preußischen Verfassungskonflikts um die Heeresvermehrung und das Budgetrecht zerrieben worden. Das Programm der am 21.3.1871 zusammentretenden Reichstagsfraktion des Zentrums war sehr knapp, aber von erheblicher politischer Brisanz. Es bekannte sich zur Wahrung des bundesstaatlichen Charakters des Reiches, zur Förderung des moralischen und materiellen Wohls aller Volksklassen, zur mit Garantien zu versehenden bürgerlichen und religiösen Freiheit und insbesondere zum Schutz des Rechts der Religionsgesellschaften (gemeint waren die Katholiken und die Protestanten) gegen Eingriffe der staatlichen Gesetzgebung.[23] Der die bürgerlichen und religiösen Freiheitsrechte konkretisierende Grundrechte-Antrag, den Peter Reichensperger zur Aufnahme in die Reichsverfassung vorschlug, wurde im Reichstag mit 223 gegen 59 Stimmen abgelehnt.

Die kirchenfeindliche Haltung des Nationalliberalismus, ein souveränitätsstolzes Staatskirchentum, das Vordringen des Machtgedankens in der nationalen Staatenwelt, der Monopolanspruch, den der liberale, romfeindliche Protestantismus auf den 1870/71 siegreichen „Germanismus" und neudeutschen Patriotismus erhob, mündeten in den Kulturkampf[24]. Katholisch-kirchliche Kreise hatten ihn vorausgeahnt. Eine bisher ungekannte Verfolgung und Vertreibung der Orden, der Jesuiten und der diesen „verwandten" Orden, von Priestern und katholischen Journalisten setzte ein. Die Seelsorge wurde in Preußen weithin unterbunden, der Priesternachwuchs durch die Forderung des „Kulturexamens" gehemmt, die materielle Versorgung vieler Bistümer und Pfarreien in Preußen über lange Jahre hinweg unterbrochen. Karrieren in Universitäten und Amtsstuben verschlossen sich den Vertretern des katholischen Bevölkerungsteils. Der romhörige Glaube wurde als wissenschaftsfeindlich gebrandmarkt. In dieser Lage blieben nur die Kapitulation oder der Rückzug auf eine innere Linie; der Vorwurf eines seit dem Kulturkampf auf Milieu, Subkultur oder gar Getto verengten Katholizismus verkennt die Bedingungen der damaligen Realität. Der äußere Druck war so stark, dass für die Entfaltung innerer Pluralität kein Raum blieb, er förderte vielmehr die Tendenz zu innerer Geschlossenheit, zur Solidarität zwischen dem Klerus und den Laien, damit letztlich auch jene volkskirchlichen Bestrebungen, die seit 1789 und 1815 mit der Besinnung auf die geistliche

Bestimmung des Haupts und der Glieder der Kirche einhergegangen waren.

Das Kulturkampfklima hatte langfristige Folgen, vertiefte bisherige Spaltungstendenzen in der Gesellschaft. Für jene, die es mit den reputierlichen oder tonangebenden Schichten in Staat und Gesellschaft nicht verderben wollten, rückte auf Dauer nicht nur der Katholizismus, sondern die christliche Botschaft in eine Schieflage zum fortschrittlichen Kulturbewusstsein und zur Modernität. Für viele Wissenschaftler wurde der christliche Glaube mehr und mehr eine randständige Erscheinung oder geriet in Gegensatz zu rationalen Erklärungsmustern, die ihre Vernünftigkeit gerade aus der Absenz des Glaubens definierten. Auf lange Sicht ging der Anteil kirchlich gebundener Gelehrter am staatlicherseits betriebenen Ausbau des Schul- und Universitätswesens zurück.

Die Tribüne des Parlaments mit ihrer Möglichkeit der freien Rede sowie die Mittel parlamentarischer Taktik ermöglichten dem Zentrumsführer Ludwig Windthorst eine elastische Gegenwehr.[25] Dieser Jurist führte gegen die Verbiegung des Rechtsstaats das parlamentarische Prozedere, die wirkliche Mitwirkung der Abgeordneten an der Gesetzgebung, darüber hinaus die Rechte der Einzelstaaten und die Paritätspraxis des Alten Reiches ins Feld. Er verteidigte unentwegt das Recht des Staatsbürgers, einer unbeliebten Konfession anzuhängen und eine abweichende Meinung zu äußern. Er attackierte Tendenzen zum Neo-Absolutismus und zur äußeren, bloß militärischen Machtentfaltung und verlangte vom Staat die Beachtung der Rechtsidee und der Gewaltenteilung. Für die Erhaltung des Religionsunterrichts und konfessioneller Schulen hat er bis zum Schluss gekämpft, ebenso gegen die Verdrängung der Kirche aus ihrem „alten Einfluss auf die Volksbildung"[26]. Der Triumph, die Kulturkampfgesetze gründlich mit Hilfe parlamentarischer Koalitionstaktik zu beseitigen, blieb ihm versagt, weil Papst Leo XIII. den direkten Ausgleich mit Bismarck bevorzugte. Windthorst hatte sich einflussreicher Gegenspieler und Konkurrenten zu erwehren, ob es sich um den „Geist des Opportunismus" in den eigenen Reihen[27], um ihm an der Kurie und bei Hofe entgegenarbeitende Bischöfe wie Kardinal Georg Kopp von Breslau oder um allzu staatsloyale katholische Gesellschaftskreise handelte; am harmlosesten waren wohl noch katholische Adlige vom Schlag eines Franz Wambolt von Umstadt und Felix von Loë, die zunächst den „Liberalismus" des Zentrums verwarfen, aber dann dessen Erfolg und Kompetenz in der Vertretung des katholischen Bevölkerungsteils anerkannten.[28]

Windthorsts Befürchtung, das Zentrum könne wieder auseinanderbrechen, bewahrheitete sich nicht. Die Fraktionen des preußischen Landtags und des Reichstags leisteten konstruktive parlamentarische Arbeit. Das Zentrum schlüpfte zeitweilig in die Rolle eines Züngleins an der Waage im Reichstag. Weiterhin hatte es mit grundlegenden Vorbehalten gegen die Legitimität seiner Existenz zu kämpfen. Als eine voll anerkannte politische und gesellschaftliche Kraft ist es insofern im wilhelminischen Deutschland nicht heimisch geworden. Doch errang es bis 1914 mehrmals als Minderheit eine Schlüsselstellung im Reichstag. Die im Zentrum programmatisch verankerte „föderalistische Gesinnung"[29], sein Minderheitenstatus und seine Koalitionsprobleme standen einem entschlossenen Eintreten für die Parlamentarisierung mit ihrer zentralisierenden Wirkung entgegen. In Zentrumskreisen wurden zuweilen ein Ausbau des bundesstaatlichen Verfassungselements und eine Stärkung Bayerns befürwortet, um die Zentralisierungstendenzen und die preußische Hegemonialstellung einzudämmen. Dennoch leistete die Fraktion schließlich einen beträchtlichen Beitrag zur Verbessung der Stellung des Reichstags; diese Leistung wird nicht durch die Vermutung entwertet, dass die Parlamentsherrschaft schließlich doch nur zum Sieg des bürgerlichen Klassenstaats geführt hätte.[30]

Vielmehr sah sich diese „Verfassungspartei", wie sie sich auch nannte, dem Wohl aller Volksklassen verpflichtet und spiegelte in ihren Wählern durchaus das Bild einer Volkspartei, die allerdings auf die Angehörigen der katholischen Konfession beschränkt war. Widerwillig nahm Bismarck ihre unentbehrliche Mitarbeit an seiner Sozialgesetzgebung in Kauf. Aus ihrer Minderheitsposition heraus hat die Zentrumspartei ihre Vorstellungen in die Gesetze über die Unfall-, Kranken- und Altersversicherung der Arbeiter einzubringen gewusst. Statt des von Bismarck favorisierten Staatszuschusses, der zur Verhinderung der Selbstorganisation der Arbeiter gedacht war, setzte sie auf eine gemeinsame Finanzierung der Renten durch die (später so genannten) Sozialpartner gemäß den Gesichtspunkten der Subsidiarität und des Wirtschaftsfriedens. Unter Berufung auf das Naturrecht befürworteten die Sozialexperten des Zentrums, Georg von Hertling und Franz Hitze, das Recht auf ausreichende Subsistenzgewährung im Falle der Arbeitsunfähigkeit. Die Sonntagsruhe, die Verbesserung der Bedingungen am Arbeitsplatz und die Ermöglichung eines gedeihlichen Familienlebens waren weitere Ziele der Sozialpolitik des Zentrums. Deren Sprecher und Theoretiker, der Philosophieprofessor Hertling, verwarf einerseits die übertriebene Staatsintervention, von der der „kommunistische Zukunftsstaat", ein neuer „Leviathan", alles Glück erwartete, aber auch deren mildere Formen „bürokratischer Einmischung" mit nachteiligen Folgen für die private Initiative und das Volksleben. Andererseits verwahrte er sich gegen das „System völligen Gehenlassens auf wirtschaftlichem Gebiete" mit seinen Gefahren der Monopolbildung, der einseitigen Kapitalanhäufung und der „Vernichtung des Mittelstandes".[31] Seine Vorstellung, Produktion und Gütererzeugung nicht der Beliebigkeit willkürlich erwählter Einzel- und Selbstzwecke zu überlassen, sondern diese einer umgreifenderen Zweckhaftigkeit, „höheren Zielen der Menschheit", der sich der intervenierende Staat bewusst sein müsse *(iustitia distributiva)*, zu unterstellen, erinnerte bereits an gewisse Maximen der später als neo- und ordoliberal etikettierten sozialen Marktwirtschaft: den Interessenausgleich, die Ausrichtung der Wirtschaft auf den Menschen und auf die allgemeine Wohlfahrt. Das Zentrum vermied so die revolutionär-sozialistische wie die konservativ-ständische, korporativistische Systemkritik (Vogelsang-Kreis in Wien) an der entstehenden Industriegesellschaft. Es bewahrte zudem über das ihm vorgelagerte Vereinswesen, besonders über den Volksverein für das katholische Deutschland[32] und die Christlichen Gewerkschaften[33], die katholischen Arbeiter vor dem Abgleiten in den sozialistischen Materialismus.

Das Gros der evangelischen Arbeiterschaft, das sich vor allem im großstädtischen Umfeld seiner Kirche entfremdet hatte[34], wählte im Kaiserreich die Sozialistische Arbeiterpartei bzw. die SPD. Sozial gesinnte Protestanten wie Adolf Stoecker, Adolph Wagner[35], Ludwig Weber oder Julius Werner[36], erzielten unter den Arbeitern keine Massenwirkung für ihre aus dem Evangelium abgeleiteten, durchaus weitgehenden sozialen Forderungen. Auch der soziale Protestantismus bewegte sich vom Ausgangspunkt der Wohltätigkeit zur Befürwortung der staatlichen, gesetzlichen Sozialpolitik. Er forderte den inneren Ausgleich der „Stände" und bald Klassen der Gesellschaft, betonte aber stärker die Rolle des Staates bis hin zur Forderung eines sozialen Volkskönigtums. Nicht zufällig hieß die Zeitschrift des evangelischen Zentralvereins für Sozialreform „Staatssozialist". Der 1890 zusammentretende Evangelisch-Soziale Kongress suchte den arbeiterfreundlichen Kurs Kaiser Wilhelms II. zu unterstützen. Adolf Stoeckers 1878 gegründete Christlichsoziale Arbeiterpartei setzte auf die eigenen

Organisationen der Arbeiter und die gesetzliche Unterstützung ihrer Anliegen (Arbeiterschutz, Normalarbeitstag). Der soziale Protestantismus zählte auch Anhänger des Liberalismus und der Sozialdemokraten in seinen Reihen. Indes erschwerte ihm die vorherrschende Verbindung mit dem Konservativismus und den Führungsschichten des Reiches die Einwirkung auf die Arbeiterschaft.

Eine gewisse „Integration" (R. Morsey) der Katholiken ins Kaiserreich zeigte sich auch darin, dass der Gewerkschaftsführer Adam Stegerwald einen breiteren Wirkungsraum für die Zentrumspartei im schon während des Weltkriegs von mancherlei Seiten anvisierten neuen „Volksstaat" suchte. Stegerwald gedachte dafür den interkonfessionellen Ansatz zu nutzen, der schon in seinem Verband zumindest als Richtschnur galt. Im Gewerkschaftsstreit 1900–1912 war die Interkonfessionalität der Christlichen Gewerkschaften gegen integralistische Bestrebungen, die an der rein katholischen Arbeiterbewegung festhalten wollten, schließlich erreicht worden.[37] Es mochte daher im Gesichtskreis Stegerwalds nahe liegen, auch in der Partei um größerer Resonanz willen von der Priorität der kirchlich-kulturpolitischen Ausrichtung abzurücken. Jedenfalls unternahm der inzwischen anerkannte Führer der Christlichen Gewerkschaften im Herbst 1915 den Versuch, die Parteispitze für eine stärkere Betonung der politischen und sozialen Standpunkte im Zentrum und für dessen Umwandlung in eine breite, besonders die Arbeiter- und Angestelltenschaft einbeziehende und mit Führungspositionen ausstattende Volkspartei zu gewinnen. Die Öffnung zur Interkonfessionalität, die damit sich einstellende Verbreiterung seiner Basis sollte das Zentrum, wie vorher schon die Christlichen Gewerkschaften, für die Auseinandersetzung mit der SPD rüsten. Stegerwald sah nach der Mobilisierung, die der Weltkrieg für die ganze Bevölkerung mit sich gebracht hatte, die Einführung des allgemeinen Wahlrechts in Preußen und die damit nicht mehr zu verhindernde Mehrheit der SPD voraus.[38] Aber selbst in den auf die Revolution folgenden Monaten 1918/19 gelang Stegerwald der Umbau des Zentrums zu einer interkonfessionellen Volkspartei nicht. Der bei den Wahlen zur Weimarer Nationalversammlung im Januar 1919 von den Zentrumsparteien des Rheinlands und Westfalens angenommene Zusatz im Parteinamen „Christliche Volkspartei" oder „Christlich-demokratische Volkspartei" war nicht von Bestand. Die Bildung einer großen interkonfessionellen Volkspartei, die – bei stärkerer Berücksichtigung der Arbeiter- und Angestelltenschaft – auf nationalen und innerparteilichen Konsens gegründet und antisozialistisch ausgerichtet sein sollte, vermochten Stegerwald und Heinrich Brüning auch mit dem „Essener Programm" vom November 1920 nicht durchzusetzen.

Wegen seiner aus einer gewissen naturrechtlichen Orientierung herrührenden Tendenz, die Staatsformen für sekundär zu halten und sich primär an der Ordnung und dem Gemeinwohl als den eigentlichen Grundlagen des Staatswesens zu orientieren, akzeptierte das Zentrum den Übergang zur demokratischen Staatsform der Weimarer Republik eher als die Parteien der Konservativen und Rechtsliberalen. Der Abschied von der protestantischen Hohenzollernmonarchie und ihren aristokratischen Strukturen fiel den ehemaligen „Reichsfeinden" leichter als den politischen Repräsentanten der bisher gesellschaftlich tonangebenden Kreise. Indes änderte sich das Parteiensystem mit seinen weltanschaulich unterbauten Scheidelinien nur unwesentlich. Weiterhin Vertreter einer Minderheit, übte das Zentrum die gewohnte Funktion einer Vermittler- und Kompromisspartei aus, die auch intern verschiedene Parteiflügel zum Ausgleich bringen musste, und verstand sich vernunftrepublikanisch als getreuer Sachwalter des demokratischen Staates.[39] Sein Spielraum hatte sich indessen, wie sein Einfluss auf Stellenbesetzungen zeigt, im Vergleich zum Hohenzollernstaat erheblich erweitert.

Die Initiativen zur Erweiterung des Zentrums gingen nach 1920 weiter. Am 25.7.1922 forderte ein Aufruf des Parteivorstandes die Konstituierung einer Klassen, Stände und Konfessionen zusammenführenden „neuen starken Partei der Mitte", dessen Kern das Zentrum bilden sollte.[40] Reichsarbeitsminister Heinrich Brauns, der den Aufruf formuliert hatte, dachte wie Stegerwald auch an eine intensivere Zusammenarbeit zwischen Zentrum, DDP und DVP, um ein Gegengewicht gegen die absehbare Einigung der sozialistischen Parteien zu gewinnen. Auf dem Münchener Katholikentag im August 1922 gab Konrad Adenauer der Hoffnung Ausdruck, dass das Zentrum „Bundesgenossen" mit „gemeinsamen christlichen Idealen" finden werde; ihm schwebte offenbar die Bildung einer interkonfessionellen Volkspartei vor.[41] Der Germania-Redakteur Eduard Hemmerle erwartete 1926 in seiner Zeitschrift „Der Zusammenschluss" von einem erweiterten Zentrum einen Ausgleich zum Auseinandertriften der politischen Kräfte in einen Bürgerblock und in ein sozialistisches Lager.[42] Der Leipziger Publizist Karl Buchheim empfahl, die protestantisch-konservativen Bevölkerungsgruppen in einem Evangelischen Zentrum zu sammeln und zur Staatstreue gegenüber der Weimarer Republik zu erziehen. Der Münchener Publizist Karl Muth rief 1926 in seiner Zeitschrift „Hochland" zum aktiven Eintreten für die republikanische Staatsform auf, die mehr als jede andere auf den „Willen des Volkes" angewiesen sei. Waren diese Bestrebungen politisch motiviert, so deutete sich in der immer noch kontroversen Diskussion zwischen den Konfessionen doch schon ein geistiger Hintergrund für die intendierte Interkonfessionalität an. Gelehrte Autoren aus der evangelischen und der katholischen Kirche, darunter der Generalsuperintendent der Kurmark, Otto Dibelius, und der katholische Theologe Arnold Rademacher in Bonn, teilten die Sorge um die Bedrohung der christlichen Kulturgüter, die Verdrängung religiöser Orientierungen aus Staat und Gesellschaft aufgrund eines immer weiter vordringenden Säkularismus.[43]

Obwohl so eine Reihe von Persönlichkeiten des Zentrums-Spektrums für ein aktives Staatsbürgertum und für eine Vereinfachung der Parteienlandschaft eintrat[44], stießen die idealen Bestrebungen auf sperrige Realitäten. Der Zentrumsturm war weniger geschlossen als vor 1914, die Bayerische Volkspartei verfolgte lange Jahre einen eigenen Kurs. Beispielhaft traten auf dem Katholikentag von 1922 Differenzen zwischen dem monarchistisch eingestellten Kardinal Michael von Faulhaber und dem rheinischen Republikaner Konrad Adenauer zutage. Die Divergenzen zwischen dem evangelischen und dem katholischen Lager blieben ausgeprägt; teils wurden sie, etwa von Heinrich Hermelink[45], durch geistesgeschichtliche Betrachtungen vertieft. Die der Befreiung vom Staatskirchentum zu verdankende Wiederzulassung bisher verbotener Orden, die Jugend- und Liturgiebewegung wurde von protestantischer Seite aufmerksam bis misstrauisch beobachtet. Der angeblich seinshaften katholischen Ordnung und Geschlossenheit stellte Hermelink die nach seiner Meinung mehr versprechende Verbindung von deutschem Idealismus und Individualismus gegenüber. Ideengeschichtlich mochte das plausibel begründbar sein. Das praktische politische Leben litt indes unter zuviel Individualismus, unter zentrifugalen Bestrebungen, dem Eigenwillen der vielen Parteien, Verbände, von föderativ oder eigenwüchsig organisierten Regierungsstellen. Die Dislozierung all dieser politischen Handlungszentren erschwerte die Handlungsfähigkeit, förderte die innere Zerrissenheit, die wiederum einen pflichtbewussten Politiker wie Adam Stegerwald dazu bewog, immer von neuem das nationale Gemeinwohl zu beschwören. Dieser an sich begrüßenswerte Aufruf zur Pflichterfüllung und Solidarität begünstigte in der gegebenen Situation allerdings die Verwischung der Trennschärfe zwischen den der Republik loyal gegenüberstehenden und den sie verdammenden Parteikreisen der „Rechten" bzw. des Nationalsozialismus. Erschwerend kamen die Wirtschaftskrisen von 1923 und 1929/30 hinzu. Eine mit Realitätsblindheit einhergehende nationalistische Grundstimmung hatte bis 1933 alle Bevölkerungsschichten erfasst.[46] Im Kaiserreich hatte die Zentrumspartei als Reichsfeind gegolten; im Ersten Weltkrieg sah sie sich zur nationalen Integration und Verteidigung des „deutschen Geistes" genötigt; als Verantwortungsträgerin von Weimar wurde sie ebenfalls oft zur Zielscheibe nationalistischer Kritik. Die Nachgiebigkeit von Ludwig Kaas gegenüber Hitler bei der Verabschiedung des Ermächtigungsgesetzes diente wohl auch der Entkräftung des altbekannten Vorwurfs nationaler Unzuverlässigkeit, schien doch auch jetzt wieder, mitten in einer vielbeschworenen Notlage und nach so vielen Krisen seit 1918, die „nationale Stunde" zu schlagen.[47] Die häufig geäußerte Kritik an der Zustimmung des Zentrums zum Ermächtigungsgesetz übersieht allerdings, dass die Partei in diese Lage nur kommen konnte, weil sie eine bedeutsame parlamentarische Stellung innehatte, die Vertretern der italienischen und französischen Katholiken damals durchaus als Vorbild galt.[48]

3. 1945–2000: Gestaltende Kraft in der Bundesrepublik Deutschland

Christlich-demokratische Parteien dieses Namens und Programms fanden ihre Wirkungsstätten erst in der Bundesrepublik Deutschland und in der frühen Sowjetischen Besatzungszone (SBZ). Allerdings hatten zwischen 1933 und 1945 schon christliche Kreise des Exils und des Widerstands über die tieferen Ursachen des Erfolgs des Nationalsozialismus nachgedacht und aus ihren Analysen Zukunftspläne für den Neuaufbau Deutschlands nach dem zu erwartenden Zusammenbruch abgeleitet. Dabei trugen die von Regimegegnern erörterten Ideen und Pläne häufig einen generellen Charakter, wie auch eine „parteipolitische Option" bei den Ideenträgern, falls keine frühere Parteizugehörigkeit gegeben war, häufig nur vermutet werden kann.[49] Vielfach hatten Überlegungen Priorität, wie Staat und Gesellschaft neu grundgelegt werden könnten, um einer Wiederkehr des Ungeists des Nationalsozialismus oder totalitärer Weltanschauungen vorzubeugen. Ludwig Kaas und Heinrich Brüning als Vertreter der untergegangenen Zentrumspartei reklamierten für das christliche Menschenbild erneut Geltung, sie wollten aber auch gute wirtschaftliche Zustände herbeigeführt wissen, um die zukünftige junge Generation gegen die Verführungen eines übertriebenen Nationalismus, erneuter Aggressivität und der Gewaltherrschaft zu immunisieren.[50]

Nachdrücklich sprach sich der frühere Zentrumspolitiker und Reichskanzler Joseph Wirth im Schweizer Exil für die Einfügung eines zukünftigen demokratischen Deutschland „in einen Bund europäischer Staaten" aus. Als Vorsitzender der Arbeitsgemeinschaft „Das Demokratische Deutschland" gab er zusammen mit den Sozialdemokraten Wilhelm Hoegner und Otto Braun im Mai 1945 eine ausführliche Denkschrift zur „Errichtung der deutschen Bundesrepublik" heraus.[51] Das Pendant zu dieser neuen außenpolitischen Orientierung fand sich innenpolitisch in dem Ziel der Schaffung von „Länderrepubliken", die sich zu einem „Bundesstaat" zusammenschließen sollten – ein neuer Föderalismus, der dennoch in eine Traditionslinie des Zentrumsprogramms gerückt werden kann. Solche Denkansätze lassen sich über Matthias Erzbergers 1918 erschienene Schrift „Der Völkerbund"[52] bis zu Windthorsts

Einsprüchen gegen die Erhöhung der Militärausgaben im Reichstag zurückverfolgen. Auch andere Kritiker Preußens hatten schon während der 1870er Jahre vor der machtpolitischen Denaturierung des europäischen Konzerts durch den blanken Staatsegoismus gewarnt.[53]

Die Bestrebungen, das Zentrum zu einer Partei beider Konfessionen zu machen, gingen bis in dessen Entstehungszeit zurück. Wie schon der Zusatz „Verfassungspartei" andeutete, wollte es von vornherein auf dem politischen Feld wirken, und in dieselbe Richtung wies sein Antrag auf die Einführung von Grundrechten im Reichstag. Karl Bachem subsumierte das Zentrum unter seinen Parteibegriff: „Eine Partei ist eine Lebensäußerung des Staates, eine Funktion des modernen konstitutionellen oder parlamentarisch regierten Staates. Das Parteileben ist ein Teil des Staatslebens (...)".[54] Programmatisch hatte das Zentrum stets die rechtliche Gleichstellung der Konfessionen verlangt, also keine Sonderstellung für die Katholiken. Windthorst[55], Ketteler, Peter Reichensperger, Karl und Julius Bachem, letzterer in seinen berühmten Turm-Artikeln von 1906[56], Stegerwald, Brauns, Kaas, Brüning und Adenauer waren für die Interkonfessionalität des Zentrums eingetreten. Warum kam es erst so spät dazu?

Erst in der Ausnahmesituation der Diktatur setzte eine grundlegende Besinnung auf die den christlichen Konfessionen gemeinsamen, nun zutiefst bedrohten Wurzeln und Werte ein, verbunden mit der Selbstkritik, dass ein konfessionell motivierter Zwiespalt das Zusammenwachsen einer demokratischen Mitte jahrhundertelang behindert habe. Vielfach wurde von ehemaligen Zentrumspolitikern das eigene Wirken in den Krisen der Weimarer Republik als unbefriedigend empfunden, kritisch gesehen, von daher der politische Katholizismus als Erfolgsmodell oder zumindest als ungebrochene Legitimationsinstanz in Frage gestellt. Das gemeinsame Erlebnis von Widerstand und Verfolgung motivierte maßgeblich die Gründerkreise der Unionsparteien und ist insofern kein „Ursprungsmythos".[57] Doch bleibt die Frage, wie die lebensweltlich von Einzelnen erfahrene und erdachte Grundlegung einer christlichen Volkspartei sich in die ersten Wahlerfolge (1946–1949) umsetzen ließ, wie sie so breite Resonanz finden konnte. Die schon vorliegenden quellenfundierten Darstellungen, die die parteiinternen Prozesse, auch die Auseinandersetzungen zwischen Zentrum und CDU, beleuchten, sind vielleicht durch eine Außen-Perspektive, eine Einbeziehung der allgemeinen Entwicklung, zu ergänzen.

Ähnlich wie in Italien[58] lässt sich auch in Deutschland nach 1945 ein gewisses Vakuum auf staatlicher Ebene konstatieren. Im Vergleich zur Situation nach dem Ersten Weltkrieg war der Kontinuitätsbruch unübersehbar. Ein trotziges Wiederanknüpfen an den durch einen „Schmachfrieden" verletzten nationalen Werten, ein verletzter Nationalstolz konnten nach der katastrophalen Minusbilanz des Nationalsozialismus nicht mehr als tragfähige Grundlagen für eine Neuordnung gelten. Die alten Führungsschichten waren entmachtet, die noch in Arbeits- und Kriegsdienst gepresste junge Generation zwar vom nationalsozialistischen Ideengut beeinflusst, aber in der neuen Situation politisch verunsichert. Die Besatzungsmächte hatten die Verwaltung und Regierung übernommen. Erst allmählich kehrten deutsche Vertreter der Staatsgewalt auf der Kommunal- und Länderebene zurück; die Wiedereinsetzung einer gesamtdeutschen Regierung rückte in unabsehbare Ferne. So lag es nahe, sich an unbelasteten, unverdächtigen Autoritäten zu orientieren. Die Kirchen als gesellschaftliche Großgruppen, besonders die katholische Kirche, standen nicht nur in den Augen ihrer Anhänger noch weitgehend intakt da. Fragen über den Sinn der menschlichen Existenz wurden in der materiellen Not der Nachkriegszeit intensiver gestellt. Die den Konfessionen gemeinsamen Glaubens- und Kulturwerte schienen jedenfalls bewährte Orientierung vermitteln zu können. Hatte das konfessionelle Milieu schon nicht das primäre Konstitutivum der Zentrumsexistenz ausgemacht, so stand auch die zeitweise Wiederbelebung solcher Milieus unter den Vorzeichen des Wandels der allgemeinen Voraussetzungen.[59] Nach der Absicht der Unions-Gründer sollte eine breite, die Demokratie wirklich mittragende Volkspartei geschaffen werden, um ein für alle Mal den verhängnisvollen Partikularismus sozial oder weltanschaulich voneinander isolierter oder sich misstrauisch gegenübertretender Gruppen zu überwinden – eine Union von Angehörigen der beiden großen Konfessionen, die sich zum Schaden der inneren Einheit seit dem 16. Jahrhundert befehdet hatten, jedoch auch von Mitgliedern aller Berufe und Bevölkerungsschichten, von Handwerkern und Beamten, Angestellten und Unternehmern, Arbeitern und Bauern, Jung und Alt, Männern und Frauen. Die Idee wurde, über die Gründerzentren Berlin, München, Köln hinaus, in Stadt und Land spontan aufgegriffen. Vom Krieg mitgenommen, vom Nationalsozialismus enttäuscht, von dessen Verbrechen erschüttert, erblickten Angehörige beider Konfessionen im christlichen Sittengesetz und in den Zehn Geboten die „einzige wirksame Entgegnung auf die Diktatur und die Entwertung des Menschen".[60] Der Moment der Erschütterung setzte Kräfte des Kairos' frei. Die Neugruppierung des Parteienspektrums erhielt so wichtige Anstöße aus dem vorpolitischen Raum.

Die Erfahrung mit dem Nationalsozialismus und Totalitarismus floss in wichtige Entscheidungen der Nachkriegszeit ein. Hatte der Nationalsozialismus die Kirchen verfolgt und zu unterwandern versucht, so zogen die westlichen Besatzungsmächte sie zum Neuaufbau mit heran. Im Grundgesetz erhielten die Religionsgemeinschaften eine starke Stellung. Die Gründung von Akademien, der

Neuaufbau der Schulen und Universitäten trugen dem gestärkten Orientierungswert des Christentums Rechnung. Zwei Jahrzehnte später folgte ein großartiger Ausbau des Bildungswesens mit neuen Gymnasien, Realschulen, Universitäten und Fachhochschulen. Was das Verhältnis des Papsttums zum Staat und zu den Parteien, auch den christlichen, betraf, so deutete sich die Überwindung früherer Kontroversen und Gegensätze an, etwa zwischen einem liberalen, säkularen oder nationalen Staat und einer ganz ihrer eigenen Gemeinschaft lebenden Kirche. Zwar hatten kuriale Vorbehalte und Einflussnahmen die Entfaltung des Zentrums viel weniger gehemmt, als eine „antiklerikale" Gesinnungsliteratur wahrhaben wollte, doch hatte besonders die Enzyklika *Graves de communi* Papst Leos XIII. (1901) deutliche Vorbehalte gegen eine politisch verstandene Christliche Demokratie formuliert.[61] Die eigentliche Neuorientierung hat dann Pius XII. vorgenommen, indem er nach der Erfahrung mit dem „Autoritarismus" und „Totalitarismus" erklärte, dass nach der Lehre christlicher Denker das Volk der Träger der letztlich von Gott stammenden staatlichen Gewalt sei.[62] Ihm schien nun die politische Mitwirkung im Rahmen der demokratischen Staatsform die beste Alternative zu den totalitären Herausforderungen des 20. Jahrhunderts zu bieten. Zudem unterstützte Papst Pius XII. die neu gegründete Democrazia Cristiana, die dennoch gegenüber der Kirche viel selbständiger auftrat als ihr Vorgänger, der Partito popolare Italiano, gegen die Italien bedrohende Gefahr des Kommunismus.[63]

Ähnlich wie dem Zentrum nach 1918 fiel der Christlichen Demokratie nach 1945, in einer Katastrophensituation statt in Zeiten der Blüte und des Aufschwungs, Regierungsverantwortung zu. Von der „antifaschistischen" Konkurrenz aus den Lagern der Sozialdemokraten und Kommunisten unterschieden sich die Unionsparteien dadurch, dass sie die aktuellen Bedrohungen ungeschminkter wahrnahmen und vor allem sogleich nach Übernahme der Regierungsverantwortung 1949 die entscheidende Annäherung an die demokratischen Kräfte des Westens vornahmen. Von der Ideologie und militärischen Präsenz der Sowjetunion ging eine reale Bedrohung für Westdeutschland und Westeuropa aus. Wollte die junge Bundesrepublik sich gemäß den Vorgaben des Grundgesetzes demokratisch entwickeln, dann musste sie ihre Existenz trotz eingeschränkter Souveränität durch eine eindeutige außenpolitische Stellungnahme sichern und konnte nicht neutral bleiben. Für eine „Schaukelpolitik" zwischen Ost und West, die Hypothek des Bismarckreiches, waren die Voraussetzungen entfallen; die Wiedergewinnung einer gesunden Mitte Europas konnte nur über die Versöhnung mit Westeuropa und den USA führen. Um äußere Sicherheit und innere Stabilität zugleich zu gewinnen, entwarf Konrad Adenauer frühzeitig Grundlinien einer neuen, quasi revisionistischen Außenpolitik.[64] Er führte die Bundesrepublik in die europäische Gemeinschaft und durch den Beitritt zur NATO in das Bündnis mit den USA. Die europäische Einigung bedeutete ihm geradezu ein historisches Gebot, um die deutsch-französische Erbfeindschaft und die Agonie Europas nach zwei Weltkriegen zu überwinden. Die Bundesrepublik bezog eine exponierte Position im Kalten Krieg. Sie beendete damit aber auch die Deutschland seit 1871 überfordernde Option zwischen Ost und West, gewann Sicherheit und erarbeitete sich bei den westlichen Partnern ein Grundkapital an Verlässlichkeit. Zugleich wurde damit die Basis für eine in der Wiedervereinigung kulminierende Anziehungskraft gegenüber den Satellitenstaaten Osteuropas geschaffen. Darüber hinaus stellte das westliche Bündnis für die Unionsparteien eine gleichsam natürliche Ergänzung und Gewährleistung der freiheitlichen Grundordnung des neuen Staates dar.[65] Die Bundesrepublik war zu Grundauffassungen und Grundlagen einer inneren Ordnung gelangt, die mit denen der verbündeten Nachbardemokratien in wichtigen Punkten übereinstimmten. Das Bündnis diente auch zur Sicherung dieser Errungenschaften und zum Aufbau einer wehrhaften Demokratie.

Die Einführung der Sozialen Marktwirtschaft war ein weiterer genuiner Beitrag der Unionsparteien zum Wiederaufbau. Der Konzeption Ludwig Erhards lagen ordoliberale Ideen zugrunde. Sie reflektierten die Einsicht und historische Erfahrung, dass liberale Wirtschaftssysteme zwar theoretisch Anspruch auf die Schaffung einer fortschrittlichen und harmonischen Gesellschaft erhoben, in Wirklichkeit aber öfters staatlichen Dirigismus oder Marktmonopole hervorgebracht und die Gegenreaktion des Sozialismus oder Kommunismus provoziert hatten. Erhard setzte auf Leistungswettbewerb, den allerdings der Staat sichern sollte (Kartellgesetz). Die Regelung der Märkte durch freie Nachfrage und Produktwahl schien ihm allen Formen der Planwirtschaft überlegen zu sein. Die Wirtschaft sollte aber nicht sich selbst genügen oder nur ihren stärksten Kräften zugute kommen, sondern auf das Wohlergehen des Menschen, das Gemeinwohl ausgerichtet sein; ihr Ideal bestand letztendlich in der Herbeiführung einer ausgeglichenen Vermögensstruktur. Trotz dieser innovativen Denkansätze war Ludwig Erhard mehr ein Mann der Praxis, der konkrete Leistungen erbrachte: 1948 verband er riskant und selbstbewusst die Währungsreform mit dem Einstieg in eine freie Wirtschaftsordnung. Er gewann Adenauer für die Soziale Marktwirtschaft, die sich folglich in den Düsseldorfer Leitsätzen der CDU niederschlug. Als Wirtschaftsminister betrieb er sogleich die Liberalisierung des Außenhandels, erreichte um 1955 bereits Vollbeschäftigung in der Bundesrepublik, setzte sich für ein weitgehendes (so aber nicht realisiertes) Kartellgesetz ein und wandte sich gegen europapolitisch motivierte institutionelle Einschränkungen der wirtschaftlichen Freiheit.[66]

Man kann mit Fug und Recht behaupten, dass Ludwig Erhard wesentlich die Überlegenheit der westdeutschen Wirtschaft begründet hat, die im Verein mit der pluralistischen Gesellschaft der Bundesrepublik die Akzeptanz der DDR bei den West- und Ostdeutschen ausgehöhlt hat – wenn diese je wirklich für breite Schichten gegeben war. Ohne den mächtigen Schatten, den Erhards Wort und Werk auf alle kollektivistischen Systeme warf, ohne das Nachwirken seines wirtschaftspolitischen Optimismus hätte sich die Wiedervereinigung wahrscheinlich nicht so problemlos vollzogen. Sie konnte dadurch erreicht werden, dass Helmut Kohl eine wahrhaft historische Gelegenheit mit großer Tatkraft nutzte, nachdem die Unionsparteien, unbeeindruckt von heftigen Vorwürfen der Realitätsblindheit, die aus vielen politischen Richtungen erhoben wurden, die deutsche Frage offen und am Wiedervereinigungsgebot des Grundgesetzes fest gehalten hatten.

So ergaben sich Konturen eines Gegenentwurfs zum Totalitarismus jeder Art, in der aktuellen Lage der Nachkriegsjahrzehnte vor allem zum Kommunismus, nachdem die erwähnten Vorläufer der Unionsparteien zum weltanschaulichen (nationalen) Liberalismus, zum übersteigerten Nationalismus und zum systemkritischen Sozialismus auf Distanz gegangen waren. Dabei hatten sich die konfessionell gebundenen christlichen Kräfte nicht außerhalb des Staats und der Gesellschaft gestellt, sondern diese aus bestimmten eigenen Voraussetzungen (mit-)definieren wollen. Das lief auf eine kritische, Diskriminierung abweisende Teilhabe an der Gesellschaft hinaus. Die Minderheitsposition des politischen Katholizismus wandelte sich nach 1945 mit der Entpolitisierung der Konfessionsgrenzen. Nun wurde die politische Zusammenarbeit mit Angehörigen ehedem verfestigter und verfeindeter politischer „Lager" wie des Liberalismus und des Konservativismus möglich.[67]

Der innenpolitischen Neugruppierung korrespondierte die Bereitschaft zur Revision der Außenpolitik, zu der im Exil christlich-demokratischer Politiker vorbereiteten Einbeziehung des größten Teils Deutschlands in ein Bündnis freier Völker gemäß den Prämissen der de facto seit 1947/48 zweigeteilten Welt. Auch nach dem Aufhören der Ost-West-Konfrontation ist diese epochale Grundentscheidung nicht nur zukunftsfähig, sondern von existentieller Bedeutung für Deutschland. Die demokratisch verfassten, auf der abendländischen Kultur und Zivilisation fußenden Völker werden sich, wenn sie ihre Gemeinsamkeit behaupten wollen, mit den sehr selbstbewusst auftretenden Kulturkreisen der übrigen Welt auseinandersetzen müssen.

Es ist als ein Zeichen politischer Normalität zu werten, dass die angebliche Hegemonie der Unionsparteien in der Bundesrepublik Widerspruch und heftige Opposition weckte, die in Attacken auf die „Adenauer-CDU" oder den „CSU-Staat" (gemeint ist der Freistaat Bayern) oder auf ein sog. Vasallen-Verhältnis gegenüber den Westmächten, insbesondere den USA, zum Ausdruck kamen. Mochte hier zeitweise beträchtliche Lautstärke entwickelt werden, so blieben solche Angriffe eher vordergründig; bedenklicher waren Entwicklungen, die darauf hinausliefen, den geistigen Ausgangspunkten der Unionsgründung den Boden zu entziehen.

4. Die Christliche Demokratie angesichts gesellschaftlicher Umbrüche

Von Anbeginn bestand ein gewisser Widerstreit der Konfessionen im Unionslager fort, trotz der Bemühungen um die konfessionell paritätische Besetzung von Regierungs- und Parteistellen.[68] Darin lag eine Herausforderung für die Unions-Idee, um so mehr, als mit dem ausgetretenen CDU-

Mitglied Gustav Heinemann mehrere junge Vertreter des Protestantismus sich der 1959 Erneuerung demonstrierenden SPD zuwandten.[69] Die Konfessionsproblematik verstärkte zumindest zeitweise auch die Spannungen, die innerhalb der Bundes-Koalition zwischen der Union und der FDP herrschten. Der FDP-Politiker Thomas Dehler verstieg sich zu anachronistischen Angriffen auf das „vatikanische Europa", den „politischen Katholizismus" und die „katholisch bestimmte und gebundene Bundesrepublik".[70]

Während europaweit christlich-demokratische Parteien nach dem Zweiten Weltkrieg einen starken Aufwind verspürten[71], wurden ihre geistigen Grundlagen spätestens seit dem Ausgang der 1960er Jahre durch einen breite Bevölkerungsschichten erfassenden Säkularisierungsschub gefährdet.[72] Der tiefgreifende Wandel lässt sich keineswegs nur aus der Auflösung bisheriger konfessioneller Milieus erklären. Die kirchlichen Bindungen lockerten sich auch bei den Katholiken; die Weitergabe erprobter Kulturwerte an die junge Generation wurde als restaurativ verschrieen. In der Kulturrevolution von 1968 wurde mit breiter Unterstützung der Medien die „kapitalistische" Aufbauleistung der Bundesrepublik als faschistisch denunziert; der Aufruf zur revolutionären Zerschlagung des Staates richtete sich gegen die erstmals in der Großen Koalition zusammenarbeitenden staatstragenden Parteien, die Unionsparteien und die SPD.[73] Die CDU war seit den 1950er Jahren auch bevorzugtes Angriffsziel der „Westarbeit der SED" und des Staatssicherheitsdienstes der DDR.[74]

In der „Anspruchsgesellschaft" (Helmut Kohl) der 1970er Jahre wurden breite Bevölkerungskreise von zunehmend materiellen Erwartungshaltungen erfasst, die – mit einer gewissen Tendenz zur Ausschließlichkeit bzw. zur Verdrängung anderer Werte – um Gesundheit, Wohlergehen, Genuss, Urlaub, Freizeit und ungehemmte Selbstentfaltung kreisten. Es mehrten sich die Anzeichen von Uniformität und Orientierungslosigkeit, der ‚modernen' Infragestellung tradierter Lebenseinstellungen und Glaubenshaltungen. Die mehrfach angestoßene Debatte um „das C" im Parteinamen spiegelte solche Entwicklungen.[75] Bisherige bewährte Kulturfaktoren verloren im Zusammenhang mit dem religiösen Mentalitätswandel an Funktion und Wirksamkeit. Die Reproduktionsrate ging mit beträchtlichen Konsequenzen für den Generationenvertrag rapide zurück. Die „biologische" Normalfamilie hörte, obwohl weiterhin günstige materielle und medizinische Voraussetzungen für sie bestanden, auf, Regelfall zu sein. Das Schwinden guter zwischenmenschlicher Umgangsformen und der „civil society" wird heute vielfach, ohne parteipolitischen Hintergrund, beklagt. Demgegenüber sind die vor einer Generation getätigten Angriffe auf die sog. überlebte bürgerliche Gesellschaft verblasst. Zwar ist die Geltung des Subsidiaritätsprinzips theoretisch weithin unumstritten, aber diese Einsicht vermochte bisher die seit den 1970er Jahren ausufernden Ansprüche an den Wohlfahrtsstaat nicht zu bremsen. Wie der bedenklich wachsende Antiamerikanismus zeigt, hat auch Verunsicherung über die internationale Stellung der Bundesrepublik um sich gegriffen. Vielen Bundesbürgern scheint nicht mehr gegenwärtig zu sein, welche Bedeutung die nach außen bezeugte Zuverlässigkeit, Loyalität und Bündnistreue für den überraschenden Aufstieg ihres Staates besaßen.

Schluss

Die Geschichte der Christlichen Demokratie in Deutschland folgte keineswegs einer kontinuierlich steigenden Erfolgskurve. Sie gewann Anstöße und Kraftimpulse aus der ihren Vorgängern allzuoft auferlegten Isolierung, aus Verkennung und Unverständnis, aus der Diskontinuität und sogar aus der größten Katastrophe der deutschen Geschichte, aus dem Wissen um eigenes Versagen gegenüber der heraufziehenden nationalsozialistischen Diktatur.[76] Trotz großer, unbestreitbarer Erfolge in der Nachkriegszeit gab es Wahlniederlagen und Absturzgefahren. Doch hatten die Unionsparteien in langen Jahrzehnten ein politisches, soziales und wirtschaftliches Profil gewonnen, das es ihnen erlaubte, inmitten des Wandels, den sie teils mit herbeigeführt und adaptiert hatten, ihre Regierungsfähigkeit und Existenz als Volksparteien zu behaupten. Angesichts ihrer verschlungenen politischen Vorgeschichte und ihres Charakters als Gesinnungs- (nicht nur Sammlungs-) Parteien könnten sie die Reduktion ihrer Programme auf reinen Pragmatismus schwerlich verkraften. Sie sind in das Ringen um Selbstbehauptung aller politischen Kräfte im demokratischen Staat hineingestellt und vermitteln die Botschaft, dass der Staat, nachdem er keine dynastisch legitimierte, keine fürstliche oder theokratische Institution mehr ist, auch nicht auf die Ideologien oder auf Gewalt um des bloßen Herrschaftserhalts willen gegründet werden darf. Niemandem kann es gleichgültig sein, von welchen Normen, Ideen, Kulturwerten und Lebensweisen die Mehrheit der Staatsbürger ausgeht. Auch heute bleibt die Antwort aktuell, die Johann Wolfgang v. Goethe auf die Frage gab, „welche Regierung die beste sei? Diejenige, die uns lehrt, uns selbst zu regieren".

Anmerkungen

1 So in Kritik deutscher Historiographie Margaret Lavinia ANDERSON, Windthorst. Zentrumspolitiker und Gegenspieler Bismarcks. Aus dem Amerikanischen ([1]1981), Düsseldorf 1988, S. 4–6.

2 Bemerkenswert insofern, als sonst in den Industrieländern die „Phänomene der Abständigkeit und des Abfalls breiter Bevölkerungskreise von Kirche und Religion" konstatiert werden. Hans MAIER, Staat und Kirche in der Bundesrepublik Deutschland 1949–1999, in: Kirchen und Staat. Vom Kaiserreich zum wieder-

vereinigten Deutschland, hg. von der Bayerischen Landeszentrale für politische Bildungsarbeit, München 2000, S. 122–142, hier: 129f. (mit grundlegender Literatur).

[3] Hans MAIER, Revolution und Kirche. Zur Frühgeschichte der Christlichen Demokratie, München [5]1988, S. 125ff.

[4] Nationale „Religion des Bürgers", „Zivilreligion". Vgl. Werner K. BLESSING, Kirchenfromm – volksfromm – weltfromm. Religiosität im katholischen Bayern des späten 19. Jahrhunderts, in: Wilfried Loth (Hg.), Deutscher Katholizismus im Umbruch zur Moderne, Stuttgart 1991, S. 95–123, hier: 107 (weitere Literatur); dazu die Rezension von Hans MAIER, Zuviel Respekt vor Geßlerhüten der Theorie, in: Frankfurter Allgemeine Zeitung v. 1.9.1992; Heinz - KLEGER/Alois MÜLLER (Hg.), Religion des Bürgers. Zivilreligion in Amerika und Europa, München 1986; Thomas NIPPERDEY, Deutsche Geschichte 1866–1918, Bd. 2: Machtstaat vor der Demokratie, München 1998, S. 260–265.

[5] Vgl. Winfried MÜLLER, Die Säkularisation von 1803, in: Walter Brandmüller (Hg.), Handbuch der bayerischen Kirchengeschichte, Bd. 3: Vom Reichsdeputationshauptschluss bis zum Zweiten Vatikanischen Konzil, St. Ottilien 1991, S. 1–84; Rudolf LILL, Reichskirche – Säkularisation – Katholische Bewegung, in: A. Rauscher (Hg.), Der soziale und politische Katholizismus. Entwicklungslinien in Deutschland 1803–1963, Bd. 1, München 1981, S. 15–45; zu den Begriffen: Heribert RAAB, Säkularisation, in: Staatslexikon, Bd. 4, Freiburg i. Br. [7]1988, Sp. 990–993; Walter Kasper, Säkularisierung, in: Ebd. Sp. 993–998; Wolfgang Altgeld, Säkularisierung, in: Lexikon der Christlichen Demokratie in Deutschland, hg. von Winfried Becker u. a., Paderborn 2000, S. 633f.

[6] Vgl. Markus HÄNSEL-HOHENHAUSEN, Clemens August Freiherr Droste zu Vischering. Erzbischof von Köln, 1773–1845, Bd. 1–2, Egelsbach 1991.

[7] Winfried BECKER, Europa – Erbe des Mittelalters in den historischen Schriften von Novalis, Adam Müller und Friedrich Schlegel, in: Thomas Frenz (Hg.), Papst Innozenz III. Weichensteller der Geschichte Europas, Stuttgart 2000, S. 185–203; DERS., Ausprägungen der Europaidee in der katholischen Publizistik des 19. und 20. Jahrhunderts, in: Karl G. Kick u. a. (Hg.), Wandel durch Beständigkeit. Studien zur deutschen und internationalen Politik. Jens Hacker zum 65. Geburtstag, Berlin 1998, S. 411–438; Albrecht LANGNER (Hg.), Adam Müller 1779–1829, Paderborn 1988.

[8] Bernhard SCHNEIDER, Katholiken auf die Barrikaden? Europäische Revolutionen und deutsche katholische Presse 1815–1848, Paderborn 1998, S. 381; Wolfgang ALTGELD, Katholizismus, Protestantismus, Judentum. Über religiös begründete Gegensätze und nationalreligiöse Ideen in der Geschichte des deutschen Nationalismus, Mainz 1992, S. 141f.; die Betonung des utopischen Elements in der vormärzlich-katholischen Weltdeutung durch Matthias Klug dürfte durch B. Schneider, der nachvollziehbare Argumentationslinien anhand konkreter Perioden und Ereignisse aufdeckt, eine gewisse Widerlegung erfahren haben. Matthias KLUG, Rückwendung zum Mittelalter? Geschichtsbilder und historische Argumentation im politischen Katholizismus des Vormärz, Paderborn 1995, S. 226ff.

[9] Vgl. Franz SCHNABEL, Deutsche Geschichte im 19. Jahrhundert, Bd. 4: Die religiösen Kräfte, Freiburg i.Br. ^{3}1955, S. 44–62, 73–97, 167–181, 202–220; Heribert RAAB (Hg.), Joseph Görres. Schriften der Straßburger Exilszeit 1824–1827. Aufsätze und Beiträge im „Katholik", Paderborn 1987; Quellenwert besitzt: Karl BACHEM, Josef Bachem. Seine Familie und die Firma J.P. Bachem in Köln. Die Rheinische und die Deutsche Volkshalle. Die Kölnischen Blätter und die Kölnische Volkszeitung. Zugleich ein Versuch der Geschichte der katholischen Presse und ein Beitrag zur Entwicklung der katholischen Bewegung in Deutschland, Bd. 1–2, Köln 1912; vgl. auch Benno HUBENSTEINER, Bayerische Geschichte. Staat und Volk, Kunst und Kultur, München ^{2}1999, S. 356–358, 371–379.

[10] Dieter ALBRECHT/Bernhard WEBER (Bearb.), Die Mitarbeiter der Historisch-politischen Blätter für das katholische Deutschland 1838–1923. Ein Verzeichnis, Mainz 1990, S. 9–12.

[11] Joseph GÖRRES, Athanasius, bearb. v. Heinz Hürten, Paderborn 1998; M. HÄNSEL-HOHENHAUSEN (wie Anm. 6); Heinz HÜRTEN, Görres und die Kölner Wirren, in: Harald Dickerhoff (Hg.), Görres-Studien, Festschrift zum 150. Todesjahr von Joseph Görres, Paderborn 1999, S. 47–53.

[12] Adolf M. BIRKE, Nation und Konfession. Varianten des politischen Katholizismus im Europa des 19. Jahrhunderts, in: Historisches Jahrbuch 116/II (1996), S. 395–416, hier: 411; Winfried BECKER, Bürgerliche Freiheit und Freiheit der Kirche im Epochenjahr 1848, in: Jahres- und Tagungsbericht der Görres-Gesellschaft 1998, Köln o.J., S. 47–69; Herman H. SCHWEDT, Die katholischen Abgeordneten der Paulskirche und Frankfurt, in: Archiv für mittelrheinische Kirchengeschichte 34 (1982), S. 143–166; Heinz HÜRTEN,

Kurze Geschichte des deutschen Katholizismus 1800–1960, Mainz 1986, S. 94–102; Ernst HEINEN, Das Bistum Trier im Jahr 1848/49, in: Geschichte des Bistums Trier, Bd. 4: Auf dem Weg in die Moderne 1802–1880, hg. v. Martin Persch/Bernhard Schneider, Trier 2000, S. 531–549; DERS., Das katholische Vereinswesen in der Rheinprovinz und in Westfalen 1848–1855. Kirchenpolitik oder christliche Demokratie?, in: Winfried Becker/ Rudolf Morsey (Hg.), Christliche Demokratie in Europa. Grundlagen und Entwicklungen seit dem 19. Jahrhundert, Köln 1988, S. 29–58; Konrad REPGEN, Märzbewegung und Maiwahlen des Revolutionsjahres 1848 im Rheinland, Bonn 1955. – Zu den Beratungen der Berliner Nationalversammlung: Susanne BÖHR, Die Verfassungsarbeit der preußischen Nationalversammlung 1848, Frankfurt am Main1992.

[13] Rudolf LILL, Die ersten deutschen Bischofskonferenzen, Freiburg i. Br. 1964.

[14] Friedrich Gerhard HOHMANN, Die Soester Konferenzen 1864–1866. Zur Vorgeschichte der Zentrumspartei in Westfalen, in: Westfälische Zeitschrift 114 (1964), S. 293–342.

[15] Vgl. Gottfried MAYER, Österreich als katholische Großmacht. Ein Traum zwischen Revolution und liberaler Ära, Wien 1989; Harry SLAPNICKA, Das Entstehen der katholischen Volksbewegung, in: Rudolf Zinnhobler in Zusammenarbeit mit Harry Slapnicka u. Peter Gradauer, Bischof Franz Joseph Rudigier und seine Zeit, Linz 1987, S. 111–119, hier: 114: Der „neue Weg" der „Katholiken zur politischen Aktivität, zur Nutzung der Rechte und Möglichkeiten der Verfassung (...) war lang und mühsam".

[16] (Peter REICHENSPERGER), Die Wahlen zum Hause der Abgeordneten in Preußen, Paderborn 1858, S. 8ff. Die günstige Bewertung der Preußischen Verfassung von 1850 durch einen politisch beschlagenen Zeitgenossen dürfte für jene (überwiegende) historische Ansicht in die Waagschale fallen, die deren Kompromisscharakter festhält. Matthias PAPE, Staatsstreich von oben. Die preußische Verfassung vom 5. Dezember 1848 und ihre Revision vom 31.1.1850, in: Rudolf Lill (Hg.), Die Revolution von 1848/49 in Deutschland und Europa. Beiträge zu einem Karlsruher Symposion, Karlsruhe 1998, S. 94–112.

[17] P. REICHENSPERGER, (wie Anm. 16), S. 16f. Über den preußischen Obertribunalsrat und Abgeordneten P. Reichensperger zuletzt: Ulrich von HEHL (Hg.), Peter Reichensperger 1810–1892, Paderborn 2000; Thomas MERGEL, Peter Reichensperger. Der katholische Li-

berale, in: Sabine Freitag (Hg.), Die Achtundvierziger. Lebensbilder aus der deutschen Revolution 1848/49, München 1998, S. 185–199, 326f.

[18] Reiche Literaturangaben bei H. RAAB (wie Anm. 9); DERS., Joseph Görres. Ein Leben für Freiheit und Recht. Auswahl aus seinem Werk. Urteile von Zeitgenossen. Einführung und Bibliographie, Paderborn 1978, S. 268–278, vgl. H. DICKERHOFF (wie Anm. 11); grundlegend zu Görres' Staatsdoktrin dessen Athanasius (wie Anm. 7), S. 21ff., 78ff.; letzte Darstellung von Jon Vanden HEUVEL, A German Life in the Age of Revolution. Joseph Görres, 1776–1848, Washington D.C. 2001.

[19] Erwin GATZ, Kirche und Krankenpflege im 19. Jahrhundert. Katholische Bewegung und karitativer Aufbruch in den preußischen Provinzen Rheinland und Westfalen, München 1971; DERS. (Hg.), Caritas und soziale Dienste, Freiburg i. Br. 1997; zu Wichern: Peter MEINHOLD (Hg.), Johann Hinrich Wichern (Sämtliche Werke, Bd. 1–10), Berlin 1962–1988.

[20] Regionale Vereinsbewegungen: Winfried HALDER, Katholische Vereine in Baden und Württemberg 1848–1914. Ein Beitrag zur Organisationsgeschichte des südwestdeutschen Katholizismus im Rahmen der Entstehung der modernen Industriegesellschaft, Paderborn 1995; Ansgar KRIMMER, Der Katholische Gesellenverein in der Diözese Rottenburg von 1852 bis 1945. Ein Beitrag zur Geschichte des Katholizismus in Württemberg, Paderborn 1994; allgemein: Heinz HÜRTEN, Katholische Verbände, in: Anton Rauscher (Hg.), Der soziale und politische Katholizismus. Entwicklungslinien in Deutschland 1803–1963, Bd. 2, München 1982, S. 215–277; Heinz GRANVOGL, Adolph Kolping und die christlichsoziale Bewegung. Eine regionalgeschichtliche Untersuchung zum Verhältnis zwischen Kirche und Arbeitnehmer in den Jahren 1830–1866, Augsburg 1987; Winfried BECKER, Neueste Zeit (1803/06–1995), in: DERS. u. a., Die Kirchen in der deutschen Geschichte. Von der Christianisierung der Germanen bis zur Gegenwart, Stuttgart 1996, S. 485–488.

[21] U. a. in seinen vielbeachteten Schriften: Freiheit, Autorität und Kirche. Erörterungen über die großen Probleme der Gegenwart, Mainz 1862; Die Arbeiterfrage und das Christentum, Mainz 1964. Auszüge bei Christoph STOLL, Mächtig in Wort und Werk. Bischof Wilhelm Emmanuel von Ketteler. Mit einer Sammlung ausgewählter Texte Bischof Kettelers, Mainz 1997, S. 66–73; Kettelers Wir-

kung auf die Zentrumsfraktion: Winfried BECKER, Wilhelm Emmanuel von Ketteler in der Sicht Georg von Hertlings. Ein Stück Erinnerungskultur im Kaiserreich, in: Pierre Vaydat (Ed.), Mélanges offerts à Paul Colonge, Villeneuve d'Ascq/Lille 2001, S. 55–68; vgl. Christoph STOLL/Bernd GOLDMANN, Wilhelm Emmanuel Freiherr von Ketteler. Eine Bibliographie, Mainz 1995.

[22] 17.–20.4.1849: 48 Vereine wurden von 188 Persönlichkeiten vertreten. Ernst HEINEN, Katholizismus und Gesellschaft. Das katholische Vereinswesen zwischen Revolution und Reaktion (1848/49–1853/54), Idstein 1993, S. 53–57.

[23] Programm der Zentrumsfraktion des Reichstags vom März 1871 und Kettelers Begründung des Grundrechte-Antrags der Zentrumsfraktion vom 3.4.1871: Rudolf MORSEY (Hg.), Katholizismus, Verfassungsstaat und Demokratie. Vom Vormärz bis 1933, Paderborn 1988, S. 57, 58–61; Überblicke über die christlichen Parteien (hauptsächlich des Zentrums) bieten die Artikel von W. BECKER (1870–1918) und R. MORSEY (1918–1933), in: Lexikon der Christlichen Demokratie (wie Anm. 5), S. 27–34, 35–43; vgl. Bernd HAUNFELDER, Reichstagsabgeordnete der Deutschen Zentrumspartei 1871–1933. Biographisches Handbuch und historische Photographien, Düsseldorf 1999; für die Programmentwicklung aufschlussreich: Herbert LEPPER (Bearb.), Volk, Kirche und Vaterland. Wahlaufrufe, Aufrufe, Satzungen und Statuten des Zentrums 1870–1933. Eine Quellensammlung zur Geschichte insbesondere der Rheinischen und Westfälischen Zentrumspartei, Düsseldorf 1998.

[24] Darüber zuletzt: Rudolf MORSEY, Bismarck und die deutschen Katholiken, Friedrichsruh 2000, S. 11–32; Rudolf LILL (Hg.), Der Kulturkampf, Paderborn 1997; Thomas MERGEL, Zwischen Klasse und Konfession. Katholisches Bürgertum im Rheinland 1794–1914, Göttingen 1994; R. LILL/Francesco TRANIELLO (Hg.), Der Kulturkampf in Italien und in den deutschsprachigen Ländern, Berlin 1993; Lech TRZECIAKOWSKI, The Kulturkampf in Prussian Poland, New York 1990.

[25] Vgl. nun – neben älteren wertvollen Sammlungen seiner Reden und Briefe – Heinz Georg ASCHOFF/ Heinz-Jörg HEINRICH (Bearb.), Ludwig Windthorst. Briefe, Bd. 1: 1834–1880, Bd. 2: 1881–1891, Paderborn 1995, 2002.

[26] Windthorst an die Kurie, Hannover 26.4.1889, in: H.-G. ASCHOFF/H.J. HEINRICH (wie Anm. 25), Bd. 2, S. 725.

[27] Windthorst an G. v. Hertling, Hannover 19.2.1890. EBD., S. 797.

28 Winfried. BECKER, A Catholic International of Aristocratic Conservatives. The German Participants in the Geneva Committee (1870–1878), in: Emiel Lamberts (Ed.), The Black International 1870–1878. The Holy See and Militant Catholicism in Europe, Leuven 2002, S. 273–297. Dieser Prozess der Politisierung des Katholizismus lässt sich auch mit einem nun zunehmend aufgefächerten Milieubegriff nicht zureichend erklären. Johannes HORSTMANN/ Antonius LIEDHEGENER (Hg.), Konfession, Milieu, Moderne. Konzeptionelle Positionen und Kontroversen zur Geschichte von Katholizismus und Kirche im 19. und 20. Jahrhundert, Schwerte 2001.

29 Manfred RAUH, Die Parlamentarisierung des Deutschen Reiches, Düsseldorf 1977, S. 163f.

30 Wilfried LOTH, Katholiken im Kaiserreich. Der politische Katholizismus in der Krise des wilhelminischen Deutschlands, Düsseldorf 1984, S. 206ff. u. ö.; kritisch zu Loths Thesen Margaret Lavinia ANDERSON, Piety and Politics. Recent Work on German Catholicism, in: The Journal of Modern History 63 (1991), S. 681–716, hier: 709ff.; neuerdings betont Loth mehr die demokratische Bewegung im Zentrum: Wilfried LOTH, Die Zentrumspartei an der Jahrhundertwende, in: Rottenburger Jahrbuch für Kirchengeschichte 21 (2002), S. 41–61. – Die These von Th. NIPPERDEY (wie Anm. 4), S. 381: „die Stabilisierung der Zentrumspartei ist für die Geschichte der Parlamentarisierung in Deutschland eine Blockade und ein Unglück gewesen", übersieht 1. die Verantwortung Bismarcks und der Nationalliberalen für die Isolierung und Stigmatisierung der katholischen Volksminderheit, so dass die „Stabilisierung" nur (unbeabsichtigte) Folge war und keinen thesenhaften Ursachencharakter tragen kann, 2. das Eintreten des Zentrums und Windthorsts (auch mit dem Linksliberalen) für die von Bismarck und seinem nationalliberalen Anhang oft missachteten Rechte und Funktionen des Parlaments in Preußen und im Reich.

31 Reichstagsrede vom 9.1.1882; die Zitate nach Nikolaus KIRCHER (Hg.), Katholiken und die soziale Frage im 19. Jahrhundert. Ein Quellen- und Arbeitsbuch, Bonn 1998, S. 71–73; Horstwalter HEITZER (Hg.), Deutscher Katholizismus und Sozialpolitik bis zum Beginn der Weimarer Republik, Paderborn 1991. Hertlings Ideen am ausführlichsten entwickelt in seiner Schrift: Naturrecht und Socialpolitik (1893), in: Georg von HERTLING, Kleine Schriften zur Zeitgeschichte und Politik, Freiburg i. Br. 1897, S. 248–382; Textaus-

wahl: Winfried BECKER (Hg.), Georg von Hertling 1843–1919, Paderborn 1993.

32 Dirk H. MÜLLER, Arbeiter, Katholizismus, Staat. Der Volksverein für das katholische Deutschland und die katholischen Arbeiterorganisationen in der Weimarer Republik, Bonn 1996; Gotthard KLEIN, Der Volksverein für das katholische Deutschland 1890–1933. Geschichte, Bedeutung, Untergang, Paderborn 1996; Horstwalter HEITZER, Der Volksverein für das katholische Deutschland im Kaiserreich 1890–1918, Mainz 1979.

33 Michael SCHNEIDER, Die Christlichen Gewerkschaften 1894–1933, Bonn 1982; Eric Dorn BROSE, Christian Labor and the Politics of Frustration in Imperial Germany, Washington 1985; Bernhard FORSTER, Christliche Gewerkschaften, in: Lexikon der Christlichen Demokratie (wie Anm. 5), S. 470–472.

34 Vgl. Kaspar ELM/Hans-Dietrich LOOK (Hg.), Seelsorge und Diakonie in Berlin. Beiträge zum Verhältnis von Kirche und Großstadt im 19. und beginnenden 20. Jahrhundert, Berlin 1990.

35 Heinrich RUBNER (Hg.), Adolph Wagner, Briefe, Dokumente, Augenzeugenberichte 1851–1917, Berlin 1978; Martin HEILMANN, Adolph Wagner. Ein deutscher Nationalökonom im Urteil der Zeit. Probleme seiner biographischen und theoriegeschichtlichen Würdigung im Lichte neuer Quellen, Frankfurt am Main 1980.

36 Julius Werner war Pfarrer an der Paulskirche in Frankfurt am Main. Er schrieb u. a.: Das moderne Proletariat und die deutsche Nation, Stuttgart 1907; vgl. Jochen-Christoph KAISER/Wilfried LOTH (Hg.), Soziale Reform im Kaiserreich. Protestantismus, Katholizismus und Sozialpolitik, Stuttgart 1997; Frank von AUER/Franz SEGBERS (Hg.), Sozialer Protestantismus und Gewerkschaftsbewegung. Kaiserreich – Weimarer Republik – Bundesrepublik Deutschland, Köln 1994; Günter BRAKELMANN, Die soziale Frage des 19. Jahrhunderts, Bielefeld [5]1975.

37 1908–1910. Vgl. Franz H. MUELLER, Heinrich Pesch. Sein Leben und seine Lehre, Köln 1980, S. 49–53.

38 Bernhard FORSTER, Adam Stegerwald. Christlich-nationaler Gewerkschafter – Zentrumspolitiker – Unionsgründer 1874–1945. Politische Biographie, Düsseldorf 2003; Noel D. CARY, The Path to Christian Democracy. German Catholics and the Party System from Windthorst to Adenauer, Cambridge 1996, S. 52ff., 73–99.

39 Karsten RUPPERT, Im Dienst am Staat von Weimar. Das Zentrum

als regierende Partei in der Weimarer Demokratie 1923–1930, Düsseldorf 1992; DERS., Protestantismus und Katholizismus in der Weimarer Republik, in: Kirchen und Staat (wie Anm. 2), S. 30–75, hier: 49–53.

40 Ulrich VON HEHL, Wilhelm Marx 1863–1946. Eine politische Biographie, Mainz 1987, S. 221f.; Herbert HÖMIG, Das preußische Zentrum in der Weimarer Republik. Demokratie und politischer Katholizismus in Preußen 1918–1933, Mainz 1979.

41 Wolfgang STUMP, Konrad Adenauers Beziehungen zur Zentrumspartei, in: Hugo Stehkämper (Hg.), Konrad Adenauer. Oberbürgermeister von Köln. Festgabe der Stadt Köln zum 100. Geburtstag ihres Ehrenbürgers am 5.1.1976, Köln 1976, S. 433–446, hier: 444; Hugo STEHKÄMPER, Konrad Adenauer als Katholikentagspräsident 1922. Form und Grenze politischer Entscheidungsfreiheit im katholischen Raum, Mainz 1977, S. 39ff.

42 Winfried BECKER, Staats- und Verfassungsverständnis der christlichen Demokratie von den Anfängen bis 1933, in: Günther Rüther (Hg.), Geschichte der Christlich-Demokratischen und Christlich-Sozialen Bewegungen in Deutschland, Teil 1, Bonn 1984, S. 93–144, 130, 133f., 143f.; Günther GRÜNTHAL, „Zusammenschluss" oder „Evangelisches Zentrum"? Ein Beitrag zur Geschichte der Deutschen Zentrumspartei in der Weimarer Republik, in: Werner Pöls (Hg.), Staat und Gesellschaft im politischen Wandel. Beiträge zur Geschichte der modernen Welt. Festschrift für Walter Bußmann, Stuttgart 1979, S. 301–330.

43 Otto DIBELIUS, Das Jahrhundert der Kirche. Geschichte, Betrachtung, Umschau und Ziele, Berlin 1927; Arnold RADEMACHER, Religion und Leben. Ein Beitrag zur Lösung des christlichen Kulturproblems, Freiburg i.Br. 1926; dazu Albrecht LANGNER, Weimarer Kulturkatholizismus und interkonfessionelle Probleme, in: A. Rauscher (Hg.), Probleme des Konfessionalismus in Deutschland seit 1800, Paderborn 1984, S. 71–115.

44 Vgl. einige in den letzten Jahrzehnten erschienene Biographien über Politiker der Zentrumspartei, die auf die hier aufgegriffene Fragestellung durchzusehen wären: B. FORSTER, Stegerwald (wie Anm. 38); Herbert HÖMIG, Brüning – Kanzler in der Krise der Republik. Eine Weimarer Biographie, Paderborn 2000; Ulrike HÖRSTER-PHILIPPS, Joseph Wirth 1879–1956. Eine politische Biographie, Paderborn 1998; Heinrich KÜPPERS, Joseph Wirth. Parlamentarier, Minister und Kanzler der Weimarer Republik, Stuttgart 1997; Al-

bert ESSER, Wilhelm Elfes 1884–1969. Arbeiterführer und Politiker, Mainz 1990; August Hermann LEUGERS-SCHERZBERG, Felix Porsch 1853–1930. Politik für katholische Interessen in Kaiserreich und Republik, Mainz 1990; Michael SCHÄFER, Heinrich Imbusch. Christlicher Gewerkschaftsführer und Widerstandskämpfer, München 1990; Rolf KIEFER, Karl Bachem 1858–1945. Politiker und Historiker des Zentrums, Mainz 1989; U. v. HEHL, Marx (wie Anm. 40); Gabriele CLEMENS, Martin Spahn und der Rechtskatholizismus in der Weimarer Republik, Mainz 1983; Hubert MOCKENHAUPT, Weg und Wirken des geistlichen Sozialpolitikers Heinrich Brauns, Paderborn 1977; Oswald WACHTLING, Joseph Joos – Journalist, Arbeiterführer, Zentrumspolitiker. Politische Biographie 1878–1933, Mainz 1974.

[45] Vor allem in seiner mehrfach aufgelegten Schrift: Katholizismus und Protestantismus in der Gegenwart. Vornehmlich in Deutschland, Gotha [3]1926.

[46] Zu den – nicht ausschlaggebenden – nationalistischen Gruppen im Zentrum, die aber „mehr als ein ‚Fußnotendasein' in der einschlägigen Literatur" verdienen: Reinhard RICHTER, Nationales Denken im Katholizismus der Weimarer Republik, Münster 2000; G. CLEMENS, Spahn (wie Anm. 44); Horst GRÜNDER, Rechtskatholizismus im Kaiserreich und in der Weimarer Republik unter besonderer Berücksichtigung der Rheinlande und Westfalens, in: Westfälische Zeitschrift 134 (1984), S. 107–155, hier: 155.

[47] Erwin ISERLOH, Der Katholizismus und das Deutsche Reich von 1871. Bischof Kettelers Bemühungen um die Integration der Katholiken in den kleindeutschen Staat, in: Dieter ALBRECHT u. a. (Hg.), Politik und Konfession. Festschrift für Konrad Repgen zum 60. Geburtstag, Berlin 1983, S. 213–229, 229. Vgl. die Stellungnahmen ehemaliger Abgeordneter des Reichstags bei Rudolf MORSEY (Hg.), Das „Ermächtigungsgesetz" vom 24.3.1933. Quellen zur Geschichte und Interpretation des „Gesetzes zur Behebung der Not von Volk und Reich", Düsseldorf 1992, S. 129–182.

[48] Stefano TRINCHESE, Governare dal centro. Il modello tedesco nel „cattolicesimo politico" italiano del '900, Rom 1994, S. 91 (Ernesto Grassi), 146–154 (Alcide de Gasperi); DERS., Kulturkampf und Zentrum im Denken Luigi Sturzos und der Popolari, in: Historisch-Politische Mitteilungen 6 (1999), S. 29–48.

[49] So, allerdings mit Einschränkung auf die hingerichteten Verschwörer des 20. Juli, Klaus GOTTO, Verfolgung und Widerstand

unter dem NS-Regime, in: Günter Buchstab/Klaus Gotto (Hg.), Die Gründung der Union. Traditionen, Entstehung und Repräsentanten, München [2]1990, S. 48–69, hier: 65.

[50] Thomas A. KNAPP, Heinrich Brüning im Exil. Briefe an Wilhelm Sollmann 1940–1946; in: Vierteljahrshefte für Zeitgeschichte 22 (1974), S. 93–120; Peter LUDLOW, Papst Pius XII., die britische Regierung und die deutsche Opposition im Winter 1939/40, in: Vierteljahrshefte für Zeitgeschichte 22 (1974), S. 299–341, hier: 338; über christlichen Widerstand zuletzt: Brigitte KAFF, 1933–1945, in: Lexikon der Christlichen Demokratie (wie Anm. 5), S. 44–52; Rudolf MORSEY, Vorstellungen Christlicher Demokraten innerhalb und außerhalb des „Dritten Reiches" über den Neuaufbau Deutschlands und Europas (1987), in: DERS., Von Windthorst zu Adenauer. Ausgewählte Aufsätze zu Politik, Verwaltung und politischem Katholizismus im 19. und 20. Jahrhundert, hg. von U. v. Hehl, Paderborn 1997, S. 212–231; Günter BUCHSTAB/Brigitte KAFF/Hans-Otto KLEINMANN, Verfolgung und Widerstand 1933–1945. Christliche Demokraten gegen Hitler, Düsseldorf 1986; vgl. auch die entsprechenden Beiträge in den Sammelbänden von Peter STEINBACH (Hg.), Widerstand. Ein Problem zwischen Theorie und Geschichte, Köln 1987 (W. BECKER); Wolfgang FRÜHWALD/H. HÜRTEN (Hg.), Christliches Exil und christlicher Widerstand. Ein Symposion an der Katholischen Universität Eichstätt 1985, Regensburg 1987; Jürgen SCHMÄDEKE/Peter STEINBACH (Hg.), Der Widerstand gegen den Nationalsozialismus. Die deutsche Gesellschaft und der Widerstand gegen Hitler, München [2]1986 (H. STEHKÄMPER); ideengeschichtlich weiterführend: Michael POPE, Alfred Delp S.J. im Kreisauer Kreis. Die rechts- und sozialphilosophischen Grundlagen in seinen Konzeptionen für eine Neuordnung Deutschlands, Mainz 1994.

[51] Das Demokratische Deutschland. Grundsätze und Richtlinien für den deutschen Wiederaufbau im demokratischen, republikanischen und genossenschaftlichen Sinne (Auszug; Bern, Mai 1945), in: Heinz BOBERACH (Hg.), Exilpolitiker zur staatlichen Neuordnung nach Hitler. Texte aus den Jahren 1940–1949, Hamburg (1999), S. 94–99; Ulrike HÖRSTER-PHILIPPS, Nachkriegskonzeptionen deutscher Politiker im Schweizer Exil. Der Wirth-Braun-Hoegner-Kreis, in: Claus-Dieter Krohn/Martin Schumacher (Hg.), Exil und Neuordnung. Beiträge zur verfassungspolitischen Entwicklung in Deutschland nach 1945, Düsseldorf 2000, S. 87–112; DIES.,

Wirth (wie Anm. 44), S. 619–630; Winfried BECKER, Demokratie, Zentralismus, Bundesstaat und Staatenbund in den Verfassungsplänen von Emigranten, in: C.-D. Krohn/M. Schumacher, Exil (wie Anm. 51). S. 33–62; Michael KISSENER/Harm-Hinrich BRANDT/ W. ALTGELD (Hg.), Widerstand in Europa. Zeitgeschichtliche Erinnerungen und Studien, Konstanz 1995. – J. Wirth ließ sich allerdings seit 1951 von der SED gegen die CDU in Stellung bringen, bekämpfte Adenauers Westintegration und gründete 1953 den von der SED finanzierten Bund der Deutschen (BdD). 1955 nahm er von den Kommunisten den Stalin-Friedenspreis entgegen.

[52] Matthias ERZBERGER, Der Völkerbund. Der Weg zum Weltfrieden, Berlin 1918.

[53] Besonders der (evangelische) Föderalist Constantin Frantz, der die kleindeutsche Lösung mit ihrer Tendenz zu Preußen-Deutschlands machtstaatlicher Hegemonie durch konstruktive Gegenvorschläge einer trialistischen Gliederung des west-, mittel-, ostdeutschen und osteuropäischen Raums konterkarierte; zuletzt darüber: Johann Eike BENESCH, Constantin Frantz und die deutsche Frage. Seine praktischen Vorschläge zur Bundesreform bis 1866 (Magisterarbeit, Universität Kiel), Kiel 2001.

[54] Karl BACHEM, Vorgeschichte, Geschichte und Politik der Deutschen Zentrumspartei. Zugleich ein Beitrag zur Geschichte der katholischen Bewegung sowie zur allgemeinen Geschichte des neueren und neuesten Deutschlands 1815–1914, Bd. 7, Köln 1930, S. 232; zitiert bei R. KIEFER, Bachem (wie Anm. 44), S. 132. Die entschiedene Formulierung wendet sich gegen Einflussnahmen des Papsttums auf das Zentrum (die übrigens auch in Bismarcks Sinne lagen).

[55] Rede Windthorsts im Reichstag vom 23.4.1874. Teildruck: Winfried BECKER, CDU und CSU 1945–1950. Vorläufer, Gründung und regionale Entwicklung bis zum Entstehen der CDU-Bundespartei, Mainz 1987, S. 355–358.

[56] Julius BACHEM, Wir müssen aus dem Turm heraus!, in: Historisch-politische Blätter 137 (1906), S. 376–386; DERS., Nochmals: Wir müssen aus dem Turm heraus!, in: Ebd. 503–513. Er erhob u. a. die konkrete Forderung, nicht nur in Wahlkreisen mit überwiegend protestantischer Bevölkerung, sondern auch mit fraglicher Mehrheit für das Zentrum evangelische Abgeordnete zu unterstützen. D. BACHEM, Vorgeschichte (wie Anm. 54), S. 163–168.

[57] Ute SCHMIDT, Zentrum oder CDU. Politischer Katholizismus

zwischen Tradition und Anpassung, Opladen 1987, S. 345; vgl. Winfried BECKER, Vom politischen Katholizismus zur Christlichen Demokratie. Die Entwicklung christlicher Parteien in Deutschland, in: Stefan Immerfall (Hg.), Parteien, Kulturen und Konflikte. Beiträge zur multikulturellen Gegenwartsgesellschaft. Festschrift für Alf Mintzel, Opladen 2000, S. 111–138, hier: 131.

[58] Jean-Dominique DURAND, L'Église catholique dans la crise de L'Italie (1943–1948), Rom 1991.

[59] Das Milieu (und der Antimarxismus) zu stark betont bei Frank BÖSCH, Die Adenauer-CDU. Gründung, Aufstieg und Krise einer Erfolgspartei 1945–1969, Stuttgart 2001, S. 21–72. Das Aufgreifen und Totreiten der bejahrten Milieu-These und die schon im Titel zum Ausdruck gelangende Ausrichtung einer Parteigeschichte auf das große Individuum stehen in reizvollem Kontrast zu der vom Verfasser sich selbst attestierten Pionierleistung.

[60] Die Christlich Demokratische Union Deutschlands. Geschichte, Idee, Programm, Statut, Bonn 1960, S. 6. Katholiken und Protestanten fanden sich als Regimegegner im Gefängnis durch den gemeinsamen Glauben tief verbunden: Alfred Delp SJ, Nikolaus Groß, Helmuth James von Moltke und Eugen Gerstenmaier am 5.1.1945 in Berlin-Tegel. Vera BÜCKER, Nikolaus Groß, in: Helmut Moll (Hg.), Zeugen für Christus. Das deutsche Martyrologium des 20. Jahrhunderts, Bd. 1, Paderborn ^{3}2001, S. 165–168, hier: 168. (Über die Zurechnung von christlichen Gegnern des Nationalsozialismus zur Christlichen Demokratie urteilt differenziert R. MORSEY, Vorstellungen [wie Anm. 50], S. 230f.) – Die Beachtung dieser föderalen und pluralen Grundstruktur der CDU steht für eine durchaus „wissenschaftliche" Fragestellung des Buchs von H.-O. KLEINMANN, Geschichte der CDU 1945–1982, Stuttgart 1993, das insofern die Abwertung durch F. BÖSCH, Adenauer-CDU (wie Anm. 59), S. 10, nicht verdient. Weitere neueste Geschichten der Unionsparteien: Konrad-Adenauer-Stiftung (Hg.), Felix BECKER (Red.), Kleine Geschichte der CDU, Stuttgart 1995; Manfred WILDE, Die SBZ-CDU 1945–1947. Zwischen Kriegsende und Kaltem Krieg, München 1998; Michael RICHTER, Die Ost-CDU 1948–1952. Zwischen Widerstand und Gleichschaltung, Düsseldorf 1990; Hanns-Seidel-Stiftung (Hg.), Burkhard HANCKE (Red.), Geschichte einer Volkspartei. 50 Jahre CSU 1945–1995, München 1995.

[61] Arthur UTZ/Brigitta Gräfin VON GALEN (Hg.), Die katholische Sozialdoktrin in ihrer geschichtlichen Entfaltung. Eine Sammlung

päpstlicher Dokumente vom 15. Jahrhundert bis in die Gegenwart. Originaltexte mit Übersetzung, Bd. 2, Aachen 1976, Nr. VI 32–53 (Acta Sanctae Sedis 33 [1900/01], S. 385–396, hier: 386–390); vgl. Institut Marc Sangnier (Ed.), Marc Sangnier en 1910. La lettre „Notre charge apostolique" et ses suites. Actes de la journée d'études du 19 septembre 2000, S. 20: Die Verurteilung des „Sillon" war pastoral und disziplinär gemeint, verwarf nicht eine falsche Lehre (so im Beitrag von Claude BRESSOLETTE).

62 Vgl. Ansprache Pius' XII. an die Sacra Romana Rota am 2.10.1945 zur Abgrenzung der christlich inspirierten Demokratie von der Fehlentwicklung der Demokratie, dem Totalitarismus. Arthur Fridolin UTZ/Joseph-Fulko GRONER (Hg.), Aufbau und Entfaltung des gesellschaftlichen Lebens. Soziale Summe Pius XII., Bd. 1–3, Freiburg/Schweiz 1954–1961, Bd. 2, S. 1347; ferner die Rundfunkansprache Pius' XII. in Helmut SCHNATZ (Hg.), Päpstliche Verlautbarungen zu Staat und Gesellschaft. Originaldokumente mit deutscher Übersetzung, Darmstadt 1973, S. 337–367.

63 Z. B. bei den Wahlen vom Frühjahr 1948. Rudolf LILL, Italien als demokratische Republik, in: Wolfgang Altgeld (Hg.), Kleine italienische Geschichte, Stuttgart 2002, S. 445. Zur Forschungslage über den Generalsekretär (seit 1924) des PPI und Mitbegründer der Democrazia Cristiana Alcide de Gasperi, italienischer Ministerpräsident 1945 bis 1953: Alfredo CANAVERO, Alcide de Gasperi in der Literatur. Von der politischen Polemik zur Historiographie, in: Historisch-Politische Mitteilungen 7 (2000), S. 219–238.

64 Hans-Peter SCHWARZ, Adenauer. Der Aufstieg 1876–1952, Stuttgart 1986; DERS., Adenauer. Der Staatsmann 1952–1967, Stuttgart 1991; mit ausgezeichnetem Überblick DERS., Adenauer. II. 1947–1967, in: Lexikon der Christlichen Demokratie (wie Anm. 5), S. 170–176.

65 Vgl. Udo WENGST, Staatsaufbau und Regierungspraxis 1948–1953. Zur Geschichte der Verfassungsorgane der Bundesrepublik Deutschland, Düsseldorf 1983.

66 Karl HOHMANN, Ludwig Erhard. Eine Biographie, Düsseldorf 1997; Volkhard LAITENBERGER, Ludwig Erhard, in: Lexikon der Christlichen Demokratie (wie Anm. 5), S. 230–232; DERS., Ludwig Erhard. Der Nationalökonom als Politiker, Göttingen 1986; K. HOHMANN (Hg.), Ludwig Erhard. Gedanken aus fünf Jahrzehnten. Reden und Schriften, Düsseldorf 1988; DERS. (Hg.), Ludwig Erhard. Erbe und Auftrag. Aussagen und Zeugnisse. Eine Veröffentlichung

der Ludwig-Erhard-Stiftung, Düsseldorf 1977; Winfried BECKER, La voie allemande? La place des valeurs chrétiennes dans la théorie de l'économie sociale de marché selon Ludwig Erhard, in: André Encrevé (Avant-propos), Jean-Marie Mayeur (Conclusion), Les chrétiens et l'économie. Colloque de l'Association française d'histoire religieuse contemporaine, Paris 1991, S. 157–178.

[67] Vgl. G. BUCHSTAB/K. GOTTO (Hg.), Gründung (wie Anm. 49).

[68] Ulrich VON HEHL, Konfessionelle Irritationen in der frühen Bundesrepublik, in: Historisch-Politische Mitteilungen 6 (1999), S. 167–187 (dort weitere Literatur); Winfried BECKER, Zwischen Kontinuität und Neuorientierung. Zur Frühgeschichte der CDU in Westfalen-Lippe, besonders in Ostwestfalen (Regierungsbezirk Minden/Detmold) 1945–1950, in: Westfälische Zeitschrift 140 (1990), S. 381–429; die Differenzen werden von F. BÖSCH, Adenauer-CDU (wie Anm. 59), zu stark in den Vordergrund gerückt.

[69] Anselm DOERING-MANTEUFFEL, Gustav Heinemann, in: Lexikon der Christlichen Demokratie (wie Anm. 5), S. 266–268. Die von Heinemann 1951/52 gegründete Gesamtdeutsche Volkspartei (GVP) wurde trotz seiner persönlicher „Distanz zu den Kommunisten" erheblich von der SED beeinflusst. Ehrhart NEUBERT, Ein politischer Zweikampf in Deutschland. Die CDU im Visier der Stasi, hg. im Auftrag der Konrad-Adenauer-Stiftung, Freiburg i.Br. 2002, S. 71.

[70] Zitate nach Rudolf MORSEY, Katholizismus und Unionsparteien in der Ära Adenauer, in: DERS., Von Windthorst zu Adenauer (wie Anm. 50), S. 262–285, hier: 266, und Udo WENGST, Thomas Dehler 1897–1967. Eine politische Biographie, München 1997, S. 223–225.

[71] Emiel LAMBERTS (Ed.), Christian Democracy in the European Union. Proceedings of the Leuven Colloquium 15–18 November 1995, Leuven 1997; Winfried BECKER, Die Christlich-Demokratische Parteienfamilie in Europa vom Zweiten Weltkrieg bis zur Gegenwart, in: Studienzentrum Weikersheim (Hg.), Deutschland morgen – an der Schwelle zum 3. Jahrtausend. Mit Beiträgen von Wolfgang Freiherr von Stetten u. a., Künzelsau 1999, S. 214–228; Hans August LÜCKER/Karl Josef HAHN, Christliche Demokraten bauen Europa. Mit einem Geleitwort von Leo Tindemans, Bonn 1987.

[72] Vgl. Jean-Paul WILLAIME/Jean-Marie MAYEUR, Attitudes religieuses et formes de la religiosité, in: Jean-Marie Mayeur u. a. (Direction), Histoire du Christianisme des origines à nos jours, Vol. 13: Crises et renouveau, de 1958 à nos jours, Lonrai 2000, S. 255–307; Erwin GATZ (Hg.), Kirchen und Katholizismus seit

1945, Bd. 1, Mittel-, West- und Nordeuropa, Paderborn 1998; Gérard CHOLVY/Yves-Marie HILAIRE, Histoire religieuse de la France contemporaine, Vol. 3: 1930–1988, Toulouse 1988, S. 257–400, 431–495 (Crises religieuses et montée du pluralisme [1960–1988]).

[73] Bernd RÜTHERS, 1968 und die Folgen, in: Studienzentrum Weikersheim (Hg.), Deutschland (wie Anm. 71), S. 74–90. Wie sich die kulturrevolutionären Attacken auf die Parteien verteilten, wird in diesem Aufsatz nicht gefragt und wäre ein Forschungsdesiderat.

[74] E. NEUBERT, Zweikampf (wie Anm. 69), S. 64 u.ö.

[75] Allerdings bereits Ende 1961: Rainer BARZEL, Untersuchungen über das geistige und gesellschaftliche Bild der Gegenwart und die künftigen Aufgaben der CDU. Auf Grund eines Beschlusses des Bundesvorstandes der CDU vom 11.12.1961 (Manuskript), o. O. 1962, Zif. 72–80, 121–123, 132f.; Karl Theodor VON UND ZU GUTTENBERG, Christlicher Auftrag im Bereich der Politik, in: Bayernkurier v. 10.9.1966.

[76] Rudolf MORSEY, Gründung und Gründer der Kommission für Zeitgeschichte 1960–1962, in: DERS., Von Windthorst zu Adenauer (wie Anm. 50), S. 286–314, hier: 305 (Äußerung von Helene Weber, 1961).

La démocratie chrétienne en France

Jean-Marie Mayeur

C'est une histoire singulière que celle de la démocratie d'inspiration chrétienne en France. Le philosophe Etienne Borne, le penseur le plus remarquable de cette famille d'esprit dans la France du XXe siècle, a pu observer que „dans le pays qui fut celui de ses précurseurs et de ses pionniers, la démocratie chrétienne en dépit d'épisodes éclatants, mais fugitifs sur le long terme a éprouvé les plus de difficultés à s'insérer durablement dans la réalité politique".[1] Le paradoxe du cas français est bien dans le contraste entre une relative faiblesse politique, hormis les deux décennies d'existence du MRP, et une présence incontestable dans la société civile et la vie intellectuelle.

Le nombre et l'importance des travaux consacrés à l'histoire de la démocratie d'inspiration chrétienne en France depuis ses origines[2] invitent à se borner à un survol de la période antérieure à 1945, pour consacrer l'essentiel de l'exposé à deux thèmes. Le premier porte sur l'histoire du Mouvement républicain populaire, qui fut, de la Libération à sa disparition officielle, en 1967, la plus importante organisation politique de la démocratie d'inspiration chrétienne en France. Le second conduit à suivre les avatars de la famille centriste, à travers le Centre démocrate, le Centre démocratie et progrès, le Centre des démocrates sociaux, Force démocrate, l'UDF, mais on pourra aussi discerner les traces d'une „diaspora" démocrate chrétienne, dans le socialisme comme dans le gaullisme.

1. Genèses

Il faut toujours revenir à Lamennais. Venu du traditionalisme, fondateur du journal l'Avenir en 1830, il invita les catholiques à accepter les „libertés modernes" et à entrer en politique sur le terrain constitutionnel. Il est aussi aux origines du catholicisme social et de la recherche d'une démocratie sociale. Après la condamnation de Lamennais par Rome, ses fidèles reprirent ses orientations. Montalembert, à la fin de la monarchie de Juillet, fonda un „parti catholique", dont l'objectif était d'abord d'obtenir la liberté de l'enseignement secondaire. Sous la Seconde République en 1848, Montalembert appartint au parti de l'ordre, conservateur, en revanche un autre disciple de Lamennais, qui restaura l'ordre dominicain en France, le Père Henri-Dominique Lacordaire fut à la tête du journal l'Ère nouvelle, aux côtés d'un théologien l'Abbé Maret, et de l'universitaire Ozanam. Le groupe de l'Ère nouvelle incarne une première démocratie chrétienne, qui ne survécut pas à la Seconde république. Sous le Second Empire, et dans les débuts de la Troisième République, les catholiques français se partagent entre les diverses traditions dynastiques, légitimistes, attachés au comte de Chambord, orléanistes, qui se réclament des Orléans et d'une tradition libérale, bonapartistes. Rares sont les catholiques républicains. Il n'est pas question non plus de fonder un parti catholique à l'exemple belge ou allemand. Le projet d'Albert de Mun se heurte en 1885 à l'opposition des partis monarchistes, et aussi à celle du Saint-Siège, qui doute de l'avenir en France d'un parti qui paraîtrait „clérical".

Pendant toute cette période les idées démocrates chrétiennes sont en veilleuse. Il fallut au début des années 1890 l'Encyclique *Rerum novarum* et le „ralliement", lorsque Léon XIII demande aux catholiques français d'accepter les institutions républicaines, pour que naisse la seconde démocratie chrétienne, mouvement complexe à la fois religieux, social, politique, où une partie du jeune clergé, „les Abbés démocrates", tient un rôle décisif. Ces démocrates chrétiens viennent souvent du catholicisme social intransigeant. Les succès politiques restent symboliques: l'Abbé Lemire élu député du Nord en 1893, l'Abbé Gayraud du Finistère en 1897. Le parti démocrate chrétien fondé à Lyon en 1897 disparaît rapidement. Les années suivantes, sur fond de reprise des passions anticléricales, sont marquées par l'entrée en politique de militants venus de l'Association catholique de la Jeunesse française et d'un autre mouvement d'éducation religieuse et civique le Sillon, dirigé par un leader charismatique Marc Sangnier.[3] Après la condamnation du Sillon par Pie X en Août 1910, Sangnier crée la Ligue de la Jeune République, qui veut fonder une „République nouvelle" en faisant la „trouée" entre la gauche anticléricale et la droite conservatrice.

Au lendemain de la guerre, un certain nombre de personnalités venues de la démocratie d'inspiration chrétienne sont élues sur les listes de la coalition de droite et de centre du „Bloc national", mais ce n'est qu'en 1924 que naît le Parti démocrate populaire,[4] dont le nom, et le programme sont marqués par le Parti populaire de Don Sturzo. Le PDP n'eut qu'un poids politique modeste, avec une quinzaine d'élus d'ordinaire. Il se situa au centre droit de l'échiquier politique. A l'inverse, la Jeune République qui poursuivit son action même lorsque Marc Sangnier eût décidé de consacrer son action uniquement au combat pour la paix, se situait au centre gauche. Elle adhéra à la coalition du Front populaire en 1936. Ainsi les catholiques français restèrent fidèles à leur tradition de pluralisme politique, se partageant pour le plus grand nombre entre les diverses formation de droite. La lutte des blocs, droite et gauche, était au cœur de la vie politique, ne permettant guère l'émergence politique de la démocratie d'inspiration chrétienne. En revanche, les années de l'entre deux guerres sont marquées par l'essor des mouvements d'Action catholique, et particulièrement des mouvements de jeunesse, par le rayonnement intellectuel de penseurs personnalistes comme Jacques Maritain, le jeune Mounier. Même s'ils furent critiques des incarnations politiques de la démocratie chrétienne, l'un et l'autre exercèrent une influence sur les jeunes générations qui s'affirmèrent dans la Résistance et à la Libération et fondèrent en novembre 1944 le Mouvement républicain populaire le MRP.

2. *Un grand parti démocrate d'inspiration chrétienne: le MRP (1944–1966)*

Sans insister longuement sur l'histoire du MRP,[5] on formulera quelques observations sur les grands traits de cette formation et sa signification historique. Pendant la guerre les démocrates d'inspiration chrétienne engagés dans la Résistance souhaitèrent créer une formation politique nouvelle, qui surmonte les divisions antérieures entre le Parti démocrate populaire, situé au centre droit, et la Jeune République, orientée au centre gauche, qui attire à elle les générations nouvelles issues de l'Action catholique, du syndicalisme chrétien, des mouvements de résistance. Certains, dans l'esprit de la Résistance, aspiraient à un travaillisme français, qui surmontant les divisions traditionnelles entre la droite et la gauche, rapprochant chrétiens démocrates et sociaux démocrates, construirait une démocratie sociale. Cette espérance n'eut pas de suite, se heurtant du reste au patriotisme de parti du Parti Socialiste SFIO et à son anticléricalisme, mais elle demeura présente dans une partie de la famille démocrate chrétienne française, et reparut lors de la tentative, avortée, de grande Fédération en 1965,ou à l'automne 1994, lorsque l'hypothèse d'une candidature de Jacques Delors à l'élection présidentielle fut envisagée.

Le MRP voulut être „un grand mouvement non-confessionnel et groupant avec tous les démocrates d'inspiration chrétienne ceux qui peuvent marcher dans leur sillage".[6] Il ne parvint que partiellement à réaliser cette intention: un René Pleven, venu de l'Association catholique de la Jeunesse française, et proche avant la guerre des milieux démocrates chrétiens, craignant que la nouvelle formation ne prenne un visage clérical, adhéra à l'Union démocratique et socialiste de la Résistance, petite formation de centre qui se voulait fidèle à l'héritage de la Résistance. Il y retrouva Eugène Claudius-Petit, autre catholique, venu de la Jeune République. Cette dernière organisation poursuivit du reste son existence sans se fondre dans le MRP. Il ne réunit pas pleinement la famille démocrate chrétienne. D'autre part, rares furent parmi les personnalités du MRP les protestants: on peut citer le pasteur La Gravière qui fut conseiller de l'Union française, ou les agnostiques: on doit évoquer ici Léo Hamon,[7] venu de l'extrême gauche.

On sait bien que les dirigeants, les militants étaient issus dans leur très grande majorité du monde catholique, plus précisément des mouvements d'Action catholique, que l'électorat trouvait ses assises les plus solides parmi les catholiques pratiquants, ce trait se retrouva encore au CDS. Mais on aurait tort d'oublier que dans les consultations électorales de 1945 et 1946 le MRP, qui fut brièvement „le premier parti de France", trouva un appoint chez des électeurs qui n'étaient ni de tradition catholique, ni de tradition conservatrice.[8] Ce succès est dû pour une part au fait que cette formation nouvelle se réclame du général de Gaulle au point de se dire le „parti de la fidélité", et à ce que l'ancien collaborateur militaire de l'„aube", l'ancien abonné de l'hebdomadaire Sept, ne cache pas la sympathie que lui inspire le parti dont le président est Maurice Schumann l'ancien porte-parole de la France libre. Il aurait dit à Marc Sangnier, président d'honneur du MRP: „vous avez été le père spirituel de la démocratie chrétienne, j'en ai été le père nourricier". Le MRP lors du referendum sur les institutions de Septembre 1945 se prononce dans le sens demandé par le président du gouvernement provisoire. Certes en janvier 1946, lorsque de Gaulle quittant le pouvoir démissionne, le MRP reste au gouvernement, au sein de la coalition tripartite, pour éviter de laisser les socialistes seuls face au parti communiste. Mais il prend parti contre le projet de constitution due à la majorité socialiste et communiste de l'Assemblée consultative, et que désapprouve de Gaulle. Ce projet est rejeté lors du referendum du 5 mai 1946. Lors de l'élection de la deuxième Assemblée constituante le 2 juin le MRP remporte son plus grand succès électoral, avec 22,6 % des inscrits, soit 28,2 % des suffrages exprimés, 160 députés. Il parait alors, comme la Démocratie chrétienne italienne à la même date, la force la mieux à même de s'opposer à la menace communiste.

C'est lors de l'adoption le 13 octobre 1946, du deuxième projet de constitution, que le MRP, soucieux d'éviter la politique du pire, se sépare du chef de la France libre, qui condamne le texte. Le parti favorable au oui n'est pas suivi par une partie de ses électeurs et connaît un léger recul aux élections à l'Assemblée législative le 10 novembre. Lorsque le général de Gaulle, en avril 1947, fonde le Rassemblement du peuple français, en vue de la révision des institutions de la IVe République, le MRP interdit à ses élus à l'Assemblée d'appartenir aussi à l'intergroupe parlementaire gaulliste, et s'inquiète de la démarche du général, suspecté d'être un nouveau général Boulanger. C'est alors que plusieurs personnalités quittent le MRP pour entrer au RPF, qu'il suffise de citer Edmond Michelet, Louis Terrenoire, Marcel Prélot. Aux élections municipales de septembre 1947, le MRP connaît un recul sensible, confirmé aux élections législatives de juin 1951: il obtient 9,8 % des électeurs inscrits, 12,8 % des suffrages exprimés. Une part de son électorat va vers le mouvement gaulliste ou la droite indépendante. Le parti a désormais la dimension électorale qui sera la sienne jusqu'à sa disparition. Dés le début de la IVe République, la confrontation avec le gaullisme politique l'affaiblit.

Le MRP tint une place considérable dans l'histoire de la Quatrième République, d'abord dans la majorité tripartite, puis à partir de mai 1947 et du départ des ministres communistes, dans la „Troisième force", avec les socialistes, une partie des radicaux et de la droite libérale, face au double assaut du RPF et du parti communiste, enfin dans la majorité de centre droit issue des élections de 1951. En revanche le MRP ne figure pas comme tel dans le gouvernement formé par le radical Pierre Mendès-France en juin 1954 (mais trois des siens Robert Buron, Jean-Jacques Juglas, André Monteil en font partie à titre individuel), il est absent des gouvernements de Guy Mollet et Maurice Bourgès- Maunoury, issus de la majorité de „Front républicain" due aux élections de 1956. En revanche, quand un reclassement se fait au centre, le MRP entre dans le gouvernement Félix Gaillard du 5 novembre 1957 et, avec Pierre Pflimlin, il détient la présidence du gouvernement, constitué le 13 mai 1958, le jour des événements d'Alger, qui vont entraîner le retour au pouvoir du général de Gaulle.

Le rôle du MRP sous la IVe République a laissé dans l'historiographie française une légende noire. Elle doit beaucoup aux polémiques d'un sympathisant déçu le romancier François Mauriac. Dans l'hebdomadaire l'Express il accable le parti qui, par ses ministres, eut des responsabilités importantes dans la conduite de la politique coloniale et qui s'opposa à la tentative de rénovation de la IVe République entreprise sous Pierre Mendès-France. L'image du MRP doit aussi à la lecture que des historiens proches de la gauche intellectuelle ont longtemps faite de la période[9]. Il lui est reproché d'avoir été avant tout un parti de gestion, trahissant les espoirs mis en lui, d'avoir été mu par l'anticommunisme, d'avoir porté une lourde responsabilité dans les guerres coloniales de la IVe République. La première critique vaut pour tout nouveau parti confronté aux réalités du pouvoir, la seconde peut se renverser, à mesure en effet que s'éloigne le temps des illusions sur le communisme, et que l'anticommunisme longtemps jugé „primaire" devient un signe de lucidité. Enfin, le MRP n'est pas le seul parti à être associé aux déboires de la politique coloniale de la IVe République. La SFIO est associée aux débuts de l'affaire d'Indochine, elle a eu une responsabilité majeure dans la politique algérienne, en 1956–1957, quand le MRP n'est pas au pouvoir.

L'importance historique du MRP est désormais mieux reconnue. Il a contribué à faire passer dans la législation les aspirations sociales de la Résistance en faveur d'un Welfare State, il a fait accepter aux catholiques français la République parlementaire, il a joué un rôle majeur dans la politique extérieure, soutenant ses ministres dans la construction de l'Europe[10] et la réconciliation franco-allemande, au point de se dire le parti de l'Europe, alors que dans les débuts du parti, toutes les recherches le montrent, cette préoccupation n'est pas première. L'hostilité sans nuances portée à Pierre Mendès-France, dont le MRP n'était pas éloigné en ce qui concerne la politique économique, sociale et coloniale (on l'avait vu lors de sa première candidature à Matignon) tient largement au rôle attribué au président du conseil dans l' échec de la CED. Le „crime du 30 Août" 1954 parut inexpiable aux partisans de la Communauté européenne de défense et d'une armée intégrée.

Le MRP, au terme de la crise de mai 1958, accepta le retour au pouvoir du général de Gaulle, comme la majorité de la SFIO. Seuls des isolés comme François de Menthon émirent un vote défavorable à l'Assemblée. Pierre Pflimlin fut ministre d'État, Paul Bacon et Robert Buron ministres dans le dernier gouvernement de la IVe République, présidé par de Gaulle. Le MRP, comme Pierre Pflimlin l'a rappelé dans ses Mémoires, joua un rôle non négligeable dans la mise au point de la nouvelle constitution, contribuant notamment à y faire entrer les dispositions qui renforçaient l'autorité de l'exécutif face au parlement. Aussi bien les juristes du parti étaient-ils favorables de longue date à ce „parlementarisme rationalisé" qu'ils n'étaient pas parvenus à introduire dans les institutions de la IVe République, malgré leurs efforts en faveur d'une révision. Le MRP invita à voter oui lors du referendum constitutionnel de 1958. Les élections législatives, malgré les succès d'une formation nouvelle se réclamant du général de Gaulle, l'UNR (Union pour la Nouvelle République), donnèrent au M.P.P. un score comparable en voix à celui de 1956 (11,1 % des exprimés, 8,3 % des inscrits). Or le MRP, du fait de l'introduction du scrutin uninominal majoritaire n'avait de candidats que dans 259 circonscriptions. Le parti, comme le notèrent les observateurs de l'époque, retirait bien les bénéfices de son absence du pouvoir en 1956–1957, d'un effort de renouveau, de son soutien au général de Gaulle. Cependant, l'introduction du scrutin uninominal majoritaire, succédant à la représentation proportionnelle, lui valut moins d'élus qu'en 1956. Le groupe parlementaire passait de 71 à 57 membres.

Jusqu'au printemps de 1962, le parti resta dans la majorité qui soutenait le général de Gaulle. Il était représenté par quatre personnalités dans le gouvernement Debré constitué au début de 1959 après l'élection du général de Gaulle à la Présidence de la République: Robert Buron, Paul Bacon, Robert Lecourt[11] sont ministres, et Joseph Fontanet secrétaire d'État. Malgré des réticences croissantes vis à vis de la politique économique et européenne, le MRP approuva la politique algérienne du chef de l'État, surmontant les remous dus aux positions favorables à l'Algérie française de Georges Bidault, qui prit la tête d'un

Conseil national de la Résistance et s'exila. Un ministre du MRP, Robert Buron, prit part aux entretiens secrets des Rousses, dans le Jura, avec les dirigeants du Front de Libération nationale algérien, qui préparèrent les accords d'Evian. Le MRP apparaissait bien comme l'un des piliers de la majorité gouvernementale. Aussi, lorsque Georges Pompidou fut nommé Premier Ministre, après la démission de Michel Debré, veilla-t-il, conformément aux intentions du général de Gaulle, à faire une place appréciable au MRP dans le gouvernement, en vue de fortifier une majorité UNR-MRP, les Républicains indépendants de Valéry Giscard d'Estaing, la droite libérale non Algérie française, n'étant qu'un appoint. Robert Buron et Paul Bacon gardaient leur portefeuille, Maurice Schumann, Pierre Pflimlin, Joseph Fontanet désignent ministres. Cette période de près de quatre ans, où, comme de 1944 à 1946, le MRP se trouvait, pour l'essentiel, en harmonie avec la politique du général de Gaulle, devait d'autant plus être évoquée qu'elle est parfois négligée par les historiens.

La rupture intervint quelques semaines plus tard: le général de Gaulle dans sa conférence de presse du 15 mai 1962 s'en prit aux partisans de l'Europe supranationale, adeptes, disait-il, de l'espéranto et du volapück. Il visait particulièrement le socialiste belge Paul-Henri Spaak et l'échec du plan Fouchet d'Europe confédérale. Les ministres MRP donnèrent leur démission, faisant de l'affaire une question de principe. Pierre Pflimlin a dit la „grande tristesse"[12] qu'il ressentit à cette occasion, tout comme le sentiment d'un malentendu qui aurait pu être aisément surmonté. En fait, le sentiment dominant au sein du MRP était que de Gaulle refusait la construction européenne et qu'il fallait rompre avec un „nationaliste étroit". Le groupe parlementaire n'avait du reste pas été unanime à approuver la formation du gouvernement Pompidou.

A ce conflit s'en ajouta un autre, né de la volonté du chef

de l'État de faire élire désormais le président de la République au suffrage universel et non plus par un collège de notables comme depuis 1958. Autant que la procédure: le recours à la voie référendaire pour réviser la constitution, le MRP, malgré certaines hésitations en son sein,[13] contestait l'évolution des institutions, se défiant d'une orientation jugée bonapartiste et de la marche vers une monarchie présidentielle. Les élections législatives qui suivirent le referendum gagné par le général de Gaulle virent l'échec du „cartel des non", qui de la SFIO à la droite indépendante anti-gaulliste, en passant par le MRP et les radicaux s'opposait à l'UNR et à ses alliés. La victoire des gaullistes donnait pour la première fois à la France une majorité stable de gouvernement, avec un parti dominant l'UNR. Le MRP était sanctionné par ses électeurs: il avait obtenu plus de 2 millions 300.000 voix en 1951 et 1956, 2 millions 400.000 voix au premier tour des élections de 1958, il obtenait un peu plus d'un million 600.000 voix au premier tour des élections de 1962, il était balayé par l'UNR dans ses bastions de l'Est et de l'Ouest. Au terme du second tour, il conservait 36 sièges, à peine de quoi former un groupe parlementaire. Plusieurs de ces élus, favorables à la réforme des institutions, avaient bénéficié du soutien de l'Association pour la Ve République, ainsi Maurice Schumann dans la 10e circonscription du Nord. Comme en 1946–1947, la rupture avec le général de Gaulle et ses partisans frappait durement le MRP.

La nouvelle équipe dirigeante du parti: Jean Lecanuet succède à André Colin à la présidence en 1963, tandis que Joseph Fontanet devient secrétaire général, estima qu'il fallait tirer les conséquences des structures nouvelles de la vie politique sous la Ve République, commandées désormais par l'élection du président de la République au suffrage universel et un regroupement des forces politiques. D'autre part, face à ce qui apparaît comme l'échec des partis politiques, s'impose l'idée de rénover ceux-ci par l'appel aux „forces vives" présentes dans „la vie civique, économique, sociale et culturelle", selon les formules du congrès de La Baule en 1963. Dés le congrès du MRP au Touquet le 9 mai 1964, Jean Lecanuet se prononçait pour l'entrée du MRP dans „une puissance formation politique capable de donner la stabilité à la démocratie", il lui apporterait „ce supplément d'âme dont la démocratie a besoin pour être autre chose qu'un gouvernement des hommes". Invitant à „réconcilier sur les mêmes finalités l'humanisme chrétien et l'humanisme agnostique", il fait allusion à la famille radicale, comme à la droite modérée de tradition laïque. Le MRP, malgré certaines hésitations, ne fut pas favorable en mai 1965 à l'entrée dans une „grande Fédération", démocrate et socialiste, qui aurait soutenu un socialiste, Gaston Defferre, à l'élection présidentielle. La conjonction des centres, centre droit et centre gauche autour d'une formule „travailliste" n'aboutit pas. Elle revenait à rapprocher non seulement deux organisations, mais deux cultures politiques différentes. En fait naquit une „petite" Fédération, de la gauche démocrate et socialiste, qui soutint à l'élection présidentielle François Mitterrand, avec l'appui, dés le premier tour du parti communiste.

La voie était ouverte à une candidature de Jean Lecanuet, soutenu par le MRP, le Centre national des indépendants, c'est à dire la droite libérale anti-gaulliste et certains radicaux, à l'élection présidentielle de décembre 1965. Il invite à un nouveau style politique, au progrès social, à la construction européenne,[14] il obtient 15,85 % des suffrages exprimés, mettant le général de Gaulle en ballottage. Ce relatif succès parut confirmer la stratégie qui visait à construire une formation nouvelle. Le MRP choisit de disparaître et de se fondre au sein du Centre démocrate, qui se constitua en avril 1966. Le MRP y retrouva ceux des radicaux qui n'acceptaient pas l'union de la gauche, et la droite indépendante anti-gaulliste. La nouvelle formation se voulait sociale et européenne. En fait, elle comptait en son sein de solides conservateurs venus de la droite libérale attachée à l'Algérie française, qui n'étaient pas des hommes de centre. D'autre part, la nouvelle formation, autant qu'européenne, était atlantique, tournée vers les États-Unis, marquant son hostilité aux initiatives qualifiées de „nationalistes" du général de Gaulle en faveur d'une politique extérieure française indépendante, qu'il s'agisse de la sortie de l'OTAN ou de la mise au point de la dissuasion nucléaire.

3. L'éclatement de la démocratie d'inspiration chrétienne[15]

Avec la naissance du Centre démocrate s'ouvre une nouvelle période de l'histoire de la démocrate d'inspiration chrétienne en France, dominée par la difficile recherche d'un regroupement au centre, et le départ vers d'autres forces politiques d'une partie de ses militants et électeurs. L'entrée du MRP au sein du Centre démocrate conduisit certains militants à le quitter sur sa gauche, en amorçant l'itinéraire qui les mènerait en 1971 à entrer dans le nouveau Parti Socialiste. Tel fut le cas de Robert Buron qui fonda en 1966 un groupe de réflexion intitulé Démocratie 72.[16] D'autres, comme Maurice Schumann, qui avait été favorable à la candidature du général de Gaulle à l'Élysée ou Marie-Madeleine Dienesch, parlementaire des Côtes du Nord, entrèrent dans la mouvance gaulliste, formant une composante au sein de celle-ci, les Démocrates Ve République. Ils rejoignaient ainsi Edmond Michelet, Louis Terrenoire ou Jean Charbonnel, député en 1962, jeune ministre en 1966, qui avaient quitté le MRP lors de la constitution du RPF. Après les élections législatives de 1967, Maurice

Schumann devint ministre d'État, chargé de la Recherche scientifique dans le gouvernement Pompidou.

Aux élections de 1967, les espoirs du Centre démocrate furent déçus. La nouvelle formation ne parvint pas à s'imposer entre les gaullistes et la Fédération de la Gauche démocrate et socialiste, réunissant la gauche non communiste sous l'égide de François Mitterrand, fort des 45 % des suffrages obtenus au 2e tour de l'élection présidentielle. Au second tour, la FGDS bénéficia des accords de désistement avec le parti communiste. Entre les deux blocs, les électeurs du Centre, au second tour des élections, choisirent en partie l'abstention, facilitant l'élection de candidats de gauche. Le groupe parlementaire Progrès et Démocratie moderne présidé par le radical Jacques Duhamel n'avait qu'une quarantaine d'élus, dont le tiers à peine venait du MRP. En 1968, après les „évènements" de mai et les élections qui les suivirent, les voix des électeurs du Centre démocrate assurèrent face à la gauche le triomphe des gaullistes. Le poids parlementaire du groupe PDM ne s'accrut pas. Le Centre démocrate invita au rejet du projet de referendum soumis par le général de Gaulle au peuple français le 27 avril 1969 portant réforme des régions et du Sénat. La conjoncture politique et l'hostilité au chef de l' État l'emportèrent dans ce choix sur les traditions idéologiques de la démocratie chrétienne, favorable à la décentralisation comme à une Chambre haute représentant les intérêts sociaux.

Après la démission du général de Gaulle, le Centre démocrate se divisa, lors de l'élection du président de la République, entre le soutien au président du Sénat, Alain Poher, ancien ministre MRP, et l'appui à Georges Pompidou. L'annonce par celui ci d'initiatives européennes et sociales, la conviction que le „fait majoritaire" imposait le choix entre un „projet social d'inspiration ‚collectiviste', dominé par le parti communiste" et les perspectives d'une „démocratie moderne et libérale",[17] entraînèrent le ralliement à Georges Pompidou de personnalités venues de la mouvance radicale comme Jacques Duhamel, de l'UDSR, comme René Pleven, mais aussi de la tradition démocrate chrétienne comme Joseph Fontanet, Bernard Stasi, Jacques Barrot. Joseph Fontanet devint ministre du travail de l'emploi et de la population dans le gouvernement Chaban-Delmas. Une nouvelle formation politique prit naissance le 4 juillet 1969, le Centre Démocratie et Progrès. Les membres du CDP continuaient à faire partie à l'Assemblée du groupe parlementaire Progrès et Démocratie moderne, formé après les élections de 1968 (il comptait 30 membres et 3 apparentés), dont ils étaient la majorité. Pendant 5 ans, jusqu'à 1974, le centre se divise entre un centrisme rallié au gaullisme pompidolien et un centrisme qui reste d'opposition, derrière Jean Lecanuet. Des démocrates d'inspiration chrétienne sont présents des deux côtés.

Aux élections de mars 1973, le groupe parlementaire de l'Union centriste, qui correspond au CDP, atteint de justesse les 30 membres nécessaires.[18] Jean Lecanuet et ses amis du Centre démocrate avaient mis de grands espoirs dans la Fédération des Réformateurs faite des deux courants d'inspiration démocrate chrétienne et radicale, autour du journaliste Jean-Jacques Servan-Schreiber. Ils espéraient peser de manière déterminante sur l'évolution politique. En fait le groupe parlementaire des Réformateurs démocrates sociaux (où on retrouve les deux composantes radicale et démocrate chrétienne) atteint 34 membres dont 4 apparentés.

Après la disparition de Georges Pompidou, le CDP soutient au premier tour la candidature à l'Élysée de Jacques Chaban-Delmas, tandis que le Centre démocrate est favorable à Valéry Giscard d'Estaing. Au second tour, les uns et les autres sont derrière celui-ci, face à François Mitterrand. Au lendemain de sa victoire, Valéry Giscard d'Estaing fait entrer dans le gouvernement dirigé par Jacques Chirac, les principales personnalités du centrisme d'opposition. Jean Lecanuet devient Garde des Sceaux. En Juillet 1974, les deux groupes parlementaires de l'Union centriste et des Réformateurs fusionnent en un groupe de 53 membres intitulé RCDS (Réformateurs, centristes et démocrates sociaux).[19] En réalité, ce groupe était trop hétérogène pour avoir la durée. Surtout, la crainte d'une dilution de la tradition démocratique d'inspiration chrétienne dans un grand parti libéral conforme aux vues du nouveau président de la République, et le souci de surmonter les clivages nés des choix opposés de 1969 et 1974 conduisent à la fusion du CDP et du Centre démocrate au Congrès de Rennes du 21 mai 1976, au sein du Centre des Démocrates sociaux, le CDS, présidé par Jean Lecanuet, et dont le secrétaire général est Jacques Barrot.

La nouvelle formation, tout en se voulant ouverte à des apports extérieurs, affirme nettement son identité démocrate chrétienne, à la différence du Centre démocrate. La Charte du Centre démocrate de 1966[20] ne fait aucune référence explicite à la tradition démocrate chrétienne, alors que l'Autre solution, livre qui est présenté comme la plate-forme du CDS,[21] donne la définition de la démocratie par Marc Sangnier, évoque Villermé, Buchez, le PDP, le MRP, et renvoie à la culture politique démocrate chrétienne.[22] L'union des centristes de tradition démocrate chrétienne, avec les centristes de tradition libérale et laïque n'avait pas duré plus d'une dizaine d'années.

Ce retour sur l'histoire complexe des vicissitudes du centrisme était indispensable, parce qu'il marque clairement la spécificité de la démocratie d'inspiration chrétienne et sa résistance à tout ce qui mettrait en cause celle-ci. Le CDS soutint le gouvernement de Jacques Chirac, mais marqua plus de faveur pour ceux de Raymond Barre, de l'été 1976 à la victoire socialiste de 1981. Le nouveau Premier Ministre n'était- il pas proche de la sensibilité démocrate chrétienne, acquis à un certain réformisme social, favorable à la construction européenne? Au sein de la majorité gouvernementale, le CDS se sentait plus proche des républicains indépendants (la formation de droite libérale de Valéry Giscard d'Estaing) et des autres centristes que du RPR, défiant devant une politique européenne qui mettrait en cause les orientations majeures de la politique extérieure de la Ve République. Sous la présidence Giscard d'Estaing, le CDS accepta l'héritage de la dissuasion nucléaire qui avait soulevé tant de critiques sous de Gaulle. La „giscardisation" du CDS, devenu parti de gouvernement entraîna l'érosion d'une frange de ses militants et de ses électeurs qui se rapprochèrent du nouveau Parti Socialiste, le PS, dont François Mitterrand avait pris la direction. Cette évolution apparut nettement lors des élections municipales de 1977.

Lors des élections législatives de 1978, la droite libérale: le Parti républicain de Valéry Giscard d'Estaing (il avait pris la suite en mai 1977 de la Fédération nationale des républicains indépendants née en 1966) et les divers centristes allèrent à la bataille sous les couleurs de l'UDF, Union pour la Démocratie française, confédération de partis, dont le CDS, à côté d'adhérents directs. Avec le RPR, cette coalition l'emporta de justesse sur la gauche. A l'Assemblée nationale, les élus des diverses composantes de l'UDF formèrent un seul groupe parlementaire,[23] susceptible de contre balancer l'allié-ennemi: le RPR.

Aux élections présidentielles de 1981,le CDS soutint le candidat de l'UDF Valéry Giscard d'Estaing, le président sortant, qui affrontait à la fois son ancien premier ministre Jacques Chirac et François Mitterrand. Celui-ci l'emporta. Il nomma au ministère des Finances Jacques Delors, qui venait de la mouvance chrétienne démocrate et avait rejoint le Parti Socialiste. Cet itinéraire marque bien qu'au sein du nouveau Parti Socialiste figuraient des hommes qui, au début de la IVe République auraient pu être membres du MRP, et qui pour certains l'avaient été. L'évolution vers le centre droit des démocrates d'inspiration chrétienne et l'anticléricalisme moins marqué des socialistes expliquent ces choix qui, dans le Nord ou en Bretagne permirent les progrès du Parti Socialiste dans les années 1970. L'élection, après la dissolution, d'une Assemblée dominée par le Parti Socialiste fit entrer le CDS réduit à 19 élus dans l'opposition. En 1982, Jean Lecanuet, d'autre part président de l'UDF, abandonna la présidence du CDS qui revint à Pierre Méhaignerie, ancien ministre, député de Vitré, fils d'un ancien député MRP. Le parti, face à la politique économique socialiste dominée par les nationalisations, insista sur les vertus de l'entreprise et de l'initiative privée. Après la victoire de l'opposition aux législatives de 1986, le CDS, qui comptait une quarantaine d'élus, entra dans le gouvernement Chirac pendant la deuxième cohabitation.

L'enjeu véritable était l'élection présidentielle de 1988. Le CDS soutint la candidature de Raymond Barre, mais celui ci fut devancé au premier tour par Jacques Chirac, dont triompha François Mitterrand au second tour. Une part de l'électoral centriste démocrate chrétien vota pour ce dernier, qui, à la différence de 1981, offrait désormais un visage rassurant, et dont la politique européenne trouvait un écho chez les centristes. Le nouveau Premier Ministre Michel Rocard, qui tenait un discours à tonalité sociale démocrate, avait des sympathies dans le monde centriste. Après les élections législatives consécutives à la dissolution, il ne disposait que d'une majorité relative. L'appoint centriste lui était indispensable. Mais il ne put, à cause du chef de l' État, faire une „ouverture „qui aurait supposé une négociation avec le CDS. En fait, des „ralliés" à titre individuel entrèrent dans le gouvernement: Jean-Marie Rausch, maire de Metz, Théo Braun, personnalité influente du centrisme en

Alsace. M. Rocard fit appel aussi à des personnalités de la „société civile" de la mouvance chrétienne démocrate, tel Roger Fauroux, haut fonctionnaire devenu chef d'entreprise.

Le CDS estima ne pas devoir choisir une opposition systématique, à la différence du reste de l'UDF. Soucieux de marquer son originalité, le parti constitua un groupe propre de l'Union du Centre: il comptait 34 membres et 7 apparentés, dont Raymond Barre, quand l'UDF atteignait 81 membres et 7 apparentés. Lors des élections européennes de 1989, cette affirmation d'identité conduisit à la constitution d'une liste autonome centriste, à côté de la liste d'union du reste de l'opposition conduite par Valéry Giscard d'Estaing, où figurait le RPR. La liste, conduite par Simone Veil, ce qui au passage attestait la nécessité pour le CDS de chercher une personnalité autre que ses leaders, fut une relative déception avec 8,41 % des suffrages exprimés.

La démission de Michel Rocard remplacé par Edith Cresson, puis moins d'un an plus tard par Pierre Beregovoy, marqua le retour à l'affrontement classique gauche-droite. Cependant le CDS fut la seule formation de l'opposition à prendre position sans se diviser en faveur de la ratification des accords de Maastricht en 1992. Les observateurs constatèrent la force du oui dans les régions de l'Ouest ou de l'Est où la démocratie d'inspiration chrétienne avait depuis longtemps ses bastions. Sans son appoint, le traité n'eût pas été ratifié.

Les élections de mars 1993 furent une victoire écrasante pour l'opposition au socialisme, accrue par les effets du mode de scrutin. Le CDS accrut donc sensiblement sa représentation parlementaire, sans pourtant progresser autant que le reste de l'UDF et surtout que le RPR. Il a 59 élus, pour 106 au Parti républicain, une trentaine au centre laïc, 242 au RPR. Les composantes de l'UDF formèrent un seul groupe parlementaire. S'ouvrait à nouveau un temps de cohabitation entre le président de la République François Mitterrand et la majorité de l'Assemblée. Le CDS y compta sept ministres dans le gouvernement formé par Edouard Balladur, haut fonctionnaire, ancien collaborateur du président Pompidou, venu au RPR, proche, comme Raymond Barre précédemment, de la sensibilité des démocrates d'inspiration chrétienne. Il n'est pas surprenant que ceux-ci l'aient préféré à Jacques Chirac dans l'affrontement du premier tour de l'élection présidentielle de mai 1995. Mais au second tour, ils soutinrent sans hésiter le maire de Paris, d'autant que le candidat socialiste Lionel Jospin se refusait à envisager toute ouverture au centre dans l'hypothèse de son élection. Le gouvernement formé par Alain Juppé fit donc place aux centristes balladuriens. François Bayrou, président du CDS depuis décembre 1994[24] conserva, avec des responsabilités accrues, le portefeuille de l'Éducation nationale. Jacques Barrot reçut l'important ministère du Travail, auquel s'ajoutèrent les Affaires sociales. Le remaniement consécutif à la démission du ministre libéral de l'Économie et des Finances, Alain Madelin, vit l'accession à ce ministère clef de Jean Arthuis, un sénateur du CDS, jusque là secrétaire d' État. Ain ai fut renforcée la position du CDS dans le gouvernement, illustrant une nouvelle fois la nécessité d'une coalition gouvernementale „gaullo-centriste" et le poids du personnel de gouvernement issu de la démocratie chrétienne.

La question qui, une fois de plus, se pose alors au CDS est de savoir s'il parviendra à prendre la place dominante dans l'UDF et à fonder ce grand parti du centre, élargi, auquel songeait déjà Jean Lecanuet dans les années 60, sans pour autant voir s'estomper une spécificité toujours marquée. Par la constitution à Lyon en novembre 1995 du parti dénommé Force démocrate, le président du CDS François Bayrou veut fondre dans un même ensemble l'"humanisme chrétien et laïc" choisissant „de diluer la tradition démocrate chrétienne du CDS".[25] Après les élections de 1997, victoire socialiste qui ramène la cohabitation, une partie des libéraux quitte l'UDF pour former le parti de la Démocratie libérale.

François Bayrou veut alors faire de l'UDF un véritable parti en fusionnant ses composantes, et non plus une confédération. Force démocrate disparaît au sein de l'UDF, qui soutient la candidature de François Bayrou, il se présente au départ, comme le Troisième homme, entre Chirac et Jospin à l'élection présidentielle de 2002. Ses espoirs sont déçus. François Bayrou obtient 6,95 % des suffrages exprimés, 4,89 % des inscrits, le plus mauvais score d'un candidat centriste à l'élection présidentielle. Surtout aux législatives qui suivent l'élection de Jacques Chirac se constitue face à la gauche l'Union pour la majorité présidentielle UMP, qui veut rassembler en une seul formation droite et centre droit. François Bayrou maintient l'existence de l'UDF qui obtient 30 élus, venus pour une part de la droite libérale,[26] pour une part de la tradition démocrate chrétienne. Le parti veut affirmer une note critique dans la majorité gouvernementale. Ses militants sont restés largement fidèles au parti,[27] mais la majorité des anciens parlementaires de l'UDF, dont des personnalités démocrates chrétiennes considérables, comme Pierre Méhaignerie, Jacques Barrot,[28] Nicole Fontaine ancienne présidente du Parlement européen, rallient l'UMP. Ils sont désireux, à l'exemple espagnol, d'apporter leur appoint à une formation de droite et de centre droit, qui mette fin à l'habituelle division des droites françaises. L'Union pour la majorité présidentielle lors de son congrès constitutif garde son sigle UMP pour s'appeller Union pour un mouvement populaire, l'adjectif évoque sans doute le parti populaire espagnol, mais aussi, observent certains avec humour, le défunt MRP ... L'histoire dira comment cohabiteront autour de la formation majoritaire qu'est l'UMP, à l'Assemblée comme au Sénat, les héritiers mêmes lointains de la sensibilité gaulliste, les libéraux, les démocrates d'inspiration chrétienne.

Ce survol ne peut que laisser de côté d'autres réalités: le rôle des démocrates d'inspiration chrétienne au sein du Sénat,[29] dont ils détinrent la présidence depuis 1969, avec Alain Poher, puis René Monory,[30] leur rôle au sein des conseils généraux, des municipalités. Surtout, une analyse à partir des formations politiques qui se réclament de la démocratie d'inspiration chrétienne risque de ne pas faire apparaître deux réalités importantes. La première est la présence, sensible dés la création du RPF en 1947, de personnalités venues de la démocratie chrétienne dans d'autres formations. L'éclatement du MRP, vers le gaullisme politique dans les années 60, vers le socialisme un peu plus tard, fait qu' on a pu trouver des hommes marqués par la démocratie d'inspiration chrétienne dans le Parti Socialiste, même s'ils n'y ont pas toujours été très à l'aise,[31] et dans le RPR, il suffit de songer à Maurice Schumann, Jean-Paul Delalande, ou Bruno Bourg-Broc, animateurs du Mouvement Chrétiens Ve République.

Une deuxième donnée est la place qu'ont tenue, et parfois tiennent encore, des hommes formés par les idées démocratiques d'inspiration chrétienne dans la „société civile", l'entreprise, le journalisme, le monde associatif, le syndicalisme, le monde universitaire, la haute administration. René Pucheu a fort bien analysé cette présence des uns et des autres dans les élites de la société française.[32] Elle traduit sans conteste cette mutation considérable qu'a représentée l'évolution du monde catholique depuis les années 30, sortant de cette manière d'exil de l'intérieur qu'il avait observé face à la République anticléricale. Mais cette place considérable dans la société civile ne s'est pas accompagnée de la présence durable d'un grand parti politique d'inspiration chrétienne. Les raisons de ce contraste sont sous-jacentes dans le récit présenté plus haut. On peut faire entrer en ligne de compte une certaine méfiance vis à vis de la politique et des partis, la crainte d'un parti qui passerait pour clérical, la tradition de pluralisme politique des catholiques français.

Les relations avec le gaullisme sont également une des clefs de cette histoire. Il est manifeste qu'en 1947 comme en 1962, une partie appréciable de l'électoral MRP ne suivit pas ses dirigeants et vota pour le mouvement gaulliste. Suffit-il de dire, comme on le lit souvent, que les électeurs étaient à droite, et les militants à gauche? Cette analyse repose sur le postulat que le gaullisme se situe à droite des centristes d'inspiration démocrate chrétienne, qu'il se définit par l'autoritarisme, le conservatisme social et un nationalisme exclusif. Les études sur le gaullisme montrent que les choses sont plus complexes: il existe, depuis le départ, un projet social du gaullisme, auquel du reste l'inspiration démocrate chrétienne n'est pas étrangère. De Gaulle, et ses héritiers, ont refusé une certaine conception de l'Europe, on ne saurait dire qu'ils ont récusé la construction européenne. Il est enfin trop simple de réduire le gaullisme à un néo bonapartisme ou à un néo boulangisme alors qu'il est porteur d'une volonté d'affirmation de l'autorité dans la tradition républicaine.[33] Plutôt que d'estimer que les électeurs avaient voté MRP dans l'équivoque et regagnaient ensuite la droite, il est permis de supposer qu'ils considéraient, comme le firent un certain nombre de personnalités démocrates chrétiennes en 1947 ou en 1965, d'Edmond Michelet à Maurice Schumann, que le gaullisme s'accordait avec leur vision du monde et de la politique marquée par la démocratie chrétienne. D'autres pensèrent que, sans entrer dans le mouvement gaulliste, il était possible d'être l'"aiguillon"[34] au sein de la majorité gaulliste et d'infléchir celle-ci dans le sens souhaité. C'est aujourd'hui l'attitude de Jacques Barrot et de ses amis venus à l'UMP.

Deux autres stratégies ne cessèrent de s'offrir aux démocrates d'inspiration chrétienne: la conjonction des centres, le rapprochement avec le socialisme. La seconde, des tentatives de travaillisme de la Libération à la „Grande Fédération" et à l'attente vaine d'une candidature de Jacques Delors à l'élection présidentielle, fut le rêve d'une frange avancée de la démocratie d'inspiration chrétienne, faite de militants, intellectuels, ou syndicalistes, en quête d'un socialisme démocratique moderne. La masse des électeurs n'allait guère dans ce sens. Le succès d'une telle orientation supposait des changements profonds au sein du socialisme. Certes, le nouveau Parti Socialiste, né en 1971, a pris ses distances vis à vis de l'anticléricalisme de la vieille SFIO. Il serait gravement inexact pourtant de dire que celui-ci a disparu. Il demeure vivace sur la question scolaire, on le vit lors de la tentative récente d'abrogation, sous le gouvernement Balladur, d'un article mineur de la loi Falloux de 1850. Surtout, les débats sur les problèmes de mœurs, d'éthique, qui ont pris aujourd'hui une dimension politique, montrent que le Parti Socialiste, dans ses orientations dominantes, défend les options d'un libéralisme individualiste bien différent des orientations morales de l'Église catholique. Ne dénonce-t-il pas volontiers un „nouvel ordre moral"?

L'autre voie fut la recherche d'un élargissement du Centre, face à la fois à la gauche, et aux gaullistes. Cette formule répondait à une analyse qui mettait le gaullisme à droite des démocrates d'inspiration chrétienne, et qui situait au centre des libéraux conservateurs ou des radicaux de gestion, également étrangers à la culture démocrate chrétienne, et probablement moins accessibles à la recherche d'une démocratie sociale qu'une partie de la famille gaulliste. L'Europe servit de thème rassembleur à ces tentatives. Elles se heurtaient aux difficultés propres à l'affirmation de tout centre dans la vie politique française, dominée de longue date par l'affrontement de deux camps, droite et gauche. Plus que le mode de scrutin majoritaire, volontiers tenu pour responsable de la difficile affirmation du centre, cette structure bipolaire de l'esprit public est un élément essentiel d'explication. Au reste, l'existence de ces deux pôles conduit nécessairement les formations qui se veulent au centre à se diviser entre un centre gauche et un centre droit. C'est bien la situation où s'était trouvés les démocrates d'inspiration chrétienne lors des élections de 1936, quand la Jeune République était dans la coalition du Front populaire, et le Parti démocrate populaire dans la coalition adverse.

L'hésitation entre ces stratégies constitue un problème durable des démocrates d'inspiration chrétienne en France. Dans son essai, François Dreyfus suggère que la démocratie d'inspiration chrétienne en France, faute d'avoir choisi de se situer au centre droit, et d'y jouer un rôle majeur, n'a pas tenu la place de la CDU allemande, qui intégra les forces conservatrices. Le rêve du travaillisme, d'une ouverture au centre gauche firent longtemps obstacle à cette option. L'hypothèse mérite d'être discutée, peut-être sous-estime-elle la force de la tradition laïque en France, y compris dans la droite modérée, qui ne réunit pas seulement des conservateurs catholiques, mais aussi des libéraux, héritiers de la tradition républicaine. Dés lors, le rapprochement toujours évoqué ne va pas de soi, inévitablement, le souci d'ouverture, d'élargissement se heurte à la volonté de revenir aux sources, à l'identité d'une „famille spirituelle".

Celle-ci a connu depuis deux décennies des difficultés croissantes: électorat réduit à des „bastions" périphériques, fiefs d'héritiers de Jacques Barrot à Bernard Bosson et Pierre Méhaignerie, perte d'influence dans des terres jadis acquises: la Bretagne, l'Alsace, au profit du socialisme et des autres formations de droite, manque de renouvellement des militants, conséquence à la fois de la crise des mouvements catholiques et de celle des partis, risque de devenir un parti de notables et un simple personnel de gouvernement, appoint d'une majorité parlementaire, absence de débats d'idées. Ces interrogations commencèrent très tôt. En 1948 déjà Pierre-Henri Teitgen disait à la commission exécutive: „les apparences nous donnent l'allure d'un parti radical chrétien",[35] et Paul Bacon regrettait peu après que le travail intellectuel soit trop négligé. C'est dire que la difficulté d'être de la démocratie d'inspiration chrétienne est ancienne. Et pourtant cette famille spirituelle demeure, et correspond à une réalité dans le paysage idéologique[36] et politique français. L'aspiration à des références morales en politique, on le voit dans les débats sur la bioéthique, semble rendre quelque actualité, malgré la sécularisation de la société, à la recherche d'une politique qui s'inspire de l'apport des valeurs chrétiennes. Cette famille spirituelle saura-t-elle, au sein des diverses formations politiques où elle est présente, ne pas laisser s'affadir son message

Anmerkungen

[1] Démocratie moderne 15 novembre 1973.

[2] On se bornera à mentionner quelques ouvrages de référence, dans l'ordre de parution: J. B. Duroselle, Les débuts du catholicisme social en France, 1822–1870, Paris 1951; M. Vaussard, Histoire de la démocratie chrétienne, France, Belgique, Italie, Paris 1956, H. Maier, Revolution und Kirche. Zur Frühgeschichte der Christlichen Demokratie, Freiburg i.Br. ([1]1959) [5]1988; K. E. Lönne, Politischer Katholizismus im 19. und 20. Jahrhundert, Frankfurt am Main 1986; J. M. Mayeur, Des partis catholiques à la démocratie chrétienne, XIXe–XXe siècle, Paris 1980; F. G. Dreyfus, Histoire de la Démocratie chrétienne en France. De Chateaubriand à Raymond Barre, Albin Michel 1988; J. D. Durand, L'Europe de la démocratie chrétienne, Bruxelles 1995; Emiel Lamberts, Christian Democracy in the European Union (1945–1995), Leuven 1997; Laurent Ducerf, Die Christliche Demokratie in Frankreich seit 1945. Eine historiographische Bilanz, in: Historisch-Politische Mitteilungen 2 (1995), S. 313–323; Winfried Becker, Katholizismus – pluralistische Gesellschaft – Christliche Demokratie. Entwicklungs-

linien in Deutschland und Frankreich, in: Historisch-Politische Mitteilungen 3 (1996), S. 39–57.

[3] Cf. Jeanne CARON, Le Sillon et la démocratie chrétienne 1894–1910, Paris 1966.

[4] Cf. l'ouvrage fondamental de J. C. DELBREIL, Centrisme et démocratie chrétienne en France. Le PDP 1919–1944, Paris (Publications de la Sorbonne) 1990.

[5] On se bornera ici à saluer la publication chez Beauchesne de la thèse inédite de Pierre Letamendia: Le Mouvement républicain populaire. Histoire d'un grand parti français, préface de François Bayrou, IX, 381 pp., 1995, et à renvoyer à la revue France-Forum, octobre-décembre 1994 consacrée au Cinquantenaire du MRP, ainsi qu'à l'article de J. C. DELBREIL, *MRP*, in: Dictionnaire historique de la vie politique française au XXe siècle, dirigé par J. F. Sirinelli, PUF 1995, pp. 709–713.

[6] Comme l'écrit le 5 décembre 1944 Marc Sangnier à un de ses amis de la Jeune République Maurice Bourel favorable à un „grand parti travailliste" que M. Sangnier croit „très difficile à réaliser" (archives de l'Institut Marc Sangnier).

[7] Ses mémoires publiés sous le titre Vivre ses choix, Editions Robert Laffont 1991, donnent, notamment pp. 263–271 un témoignage attachant sur le parti qu'il quitta lors de la crise de la CED, pour militer sous la Ve République dans le gaullisme de gauche. On relèvera cette remarque: „un anticlérical de tradition aurait sans doute choqué au sein du MRP. L'agnostique amical que j'étais s'y est toujours senti bien", p. 265.

[8] Un observateur aussi attentif que Raymon Aron le notait dans le quotidien Combat du 5 juin 1946: „Le MRP a élargi son recrutement jusque dans les milieux laïques (...) mordant sur la gauche radicale ou socialiste".

[9] On songe ici aux livres de Jacques Julliard: Vie et mort. La Quatrième République, Calmann-Lévy, 1968 et Jean-Pierre Rioux, dans la Nouvelle Histoire de la France contemporaine, éditions du Seuil.

[10] Cf. l'ouvrage collectif dirigé par S. BERSTEIN/J. M. MAYEUR/P. MILZA, Le MRP et l'Europe, Bruxelles 1993.

[11] En conflit avec M. Debré, il démissionne en Août 1961.

[12] Cf. Jean-Louis ENGLISH/Daniel RIOT, Entretiens avec Pierre Pflimlin. Itinéraires d'un Européen, Strasbourg 1989, p. 220. Il eut le lendemain un entretien avec le général de Gaulle, qui lui dit: „on

finira par reconnaître que c'est moi qui suis le véritable européen". P. Pflimlin estime que les ministres MRP n'étaient pas visés par les propos du général.

[13] F. G. Dreyfus y insiste avec raison (cf. note 2), pp. 323–324.

[14] Voir les analyses de F. G. Dreyfus (cf. note 2), pp. 335–337.

[15] Renvoyons pour situer cette histoire dans celle des forces politiques en France à Pierre Lévêque, Le courant démocrate chrétien, in: Histoire des forces politiques en France de 1940 à nos jours, t 3, Paris 1997, pp 249–291.

[16] On lira sur lui l'étude de Marcel Launay, Robert Buron – témoignages de Pierre Pflimlin et Jean Offredo, Paris 1993.

[17] Déclaration exposant les „idées forces" du Centre Démocratie et Progrès, citée par le Monde, 5 juillet 1969.

[18] Cf. J. Chapsal, La vie politique sous la Ve République, t 1, Paris 1987, p. 488. Il fallut pour parvenir aux 30 membres des „prêts" d'autres groupes de la majorité.

[19] J. Chapsal (cf. note 18), t 2, p. 44.

[20] Reproduite dans le n° spécial du Courrier des démocrates de 1966.

[21] 1977, 243 pages.

[22] De manière insuffisante aux yeux d'un ancien ministre MRP Alfred Coste-Floret. Il fonde en 1977 la Démocratie chrétienne française, qui n'eut guère d'écho.

[23] Il compte 124 membres, dont moins de 40 du CDS cf. P. Lévêque (cf. note 15), p. 347.

[24] Il l'emporte sur le secrétaire général du parti, Bernard Bosson, qui avait succédé dans ces fonctions à Jacques Barrot en octobre 1991.

[25] François Ernenwein, in: La Croix, 24 novembre 1995.

[26] Leur poids explique l'échec d'Anne-Marie Idrac, la fille d'André Colin à la présidence du groupe.

[27] Ils seraient 42.000 en 2002.

[28] Il prend la présidence du groupe parlementaire de l'UMP.

[29] Le groupe de l'Union centriste compte 59 membres après le renouvellement de septembre 1995.

[30] En 1998, les centristes perdent la présidence du Sénat au profit du RPR Christian Poncelet.

[31] On peut citer l'actuel maire de Mulhouse Jean-Marie Bockel, qui fut ministre de François Mitterrand.

[32] Dans France-Forum, 1992.

[33] Renvoyons ici aux travaux d'Odile Rudelle.

[34] Selon la formule du Centre Démocratie et Progrès soutenant G. Pompidou.

[35] Commission exécutive 14 février 1948, archives nationales, 350 AP 47.

[36] Il suffit de penser à l'écho de la revue France-Forum fondée en 1957 par Etienne Borne, avec Henri Bourbon, Joseph Fontanet, Jean Lecanuet, Maurice-René Simonnet, qui sut s'ouvrir à des collaborations très diverses. Depuis peu la revue est dirigée par Anne-Marie Idrac, ancienne ministre, fille d'un des fondateurs du MRP André Colin.

La démocratie chrétienne en Belgique et aux Pays-Bas

Emiel Lamberts

En guise d'introduction, nous voudrions formuler quelques *remarques préliminaires*:

1. Nous nous proposons de mettre en lumière dans cette contribution, le développement de la démocratie chrétienne en Belgique et aux Pays-Bas. Bien qu'il s'agisse de deux pays différents, il nous paraît opportun de les aborder conjointement. En effet, ces pays ont connu une histoire commune pendant une période assez longue (les Pays-Bas bourguignons aux 15ᵉ–16ᵉ siècles et le Royaume-Uni des Pays-Bas au début du 19ᵉ siècle). Ils se séparèrent après la révolution belge de 1830, mais connurent néanmoins un développement très parallèle dans les décennies suivantes. Assez tôt, les deux pays furent marqués par l'industrialisation et l'urbanisation. Dès le milieu du 19ᵉ siècle, le système parlementaire y fut solidement établi. Au cours du 20ᵉ siècle, l'édifice libéral s'y transforma progressivement en une société pilarisée et néocorporative.[1]

2. Des partis religieux (plus tard: démocrates chrétiens) jouèrent un rôle de premier plan dans la vie politique de ces deux pays ‚modernes'. C'est dans cette région que des partis religieux accédèrent pour la première fois au pouvoir dans l'Europe contemporaine. Ils y dominèrent en outre les gouvernements, à peu près sans interruptions, pendant une très longue période: en Belgique de 1884 à 1999, aux Pays-Bas de 1918 à 1994. Il va donc sans dire que ces partis ont su

marquer de manière décisive la formation des sociétés belge et néerlandaise.[2]

3. En raison de leur signification historique, il existe une historiographie assez vaste sur la doctrine, l'organisation et l'évolution de ces partis. Quelques remarques suffiront à ce sujet. Pour la *Belgique*, la littérature historique sur le 19e siècle date surtout des années 1950–1960.[3] C'était surtout le courant catholique libéral qui a retenu l'attention des historiens.[4] Le courant progressiste du ‚Daensisme' en Flandre a également suscité un grand intérêt,[5] alors que les tendances plutôt conservatrices (en particulier l'ultramontanisme) n'ont été étudiées que plus tard d'une manière plus systématique.[6] Dans les dernières décennies, c'est surtout l'histoire de la démocratie chrétienne au 20e siècle qui était au centre de l'intérêt.[7] Le ‚Katholiek Documentatie- en Onderzoekscentrum (KADOC)' de la ‚Katholieke Universiteit Leuven'[8], a permis de mener une étude approfondie des organisations sociales (intermédiaires) qui ont soutenu la démocratie chrétienne.[9]

Pour les *Pays-Bas*, l'on doit distinguer le catholicisme politique, d'une part, et le protestantisme politique, de l'autre. L'historiographie sur le catholicisme politique au 19e siècle est plutôt vieillie.[10] Comme en Belgique, c'est surtout la démocratie chrétienne au 20e siècle qui a retenu l'attention des chercheurs pendant les dernières décennies. Il convient de mentionner ici avant tout l'œuvre magistrale de Hans Bornewasser sur l'histoire du ‚Katholieke Volkspartij (K.V.P.)'[11]. L'historiographie du protestantisme politique, tant pour le 19e que pour le 20e siècle, bénéficie d'un regain d'intérêt depuis quelques années: c'est surtout le ‚Antirevolutionaire partij (A.R.P.)' qui attire l'attention,[12] bien plus que la tendance plus conservatrice, le ‚Christelijk Historische Unie (C.H.U.)'[13]. À partir de 1980, les partis religieux aux Pays-Bas fusionnèrent et formèrent le ‚Christen-democratisch Appel (C.D.A.)'. L'histoire de ce nouveau parti a déjà été étudiée par plusieurs historiens et politologues.[14] Comme en Belgique, les recherches historiques sur la démocratie chrétienne sont fortement stimulées par des centres de documentation comme le ‚Katholiek Documentatiecentrum (K.D.C.)' à Nimègue et le ‚Historisch documentatiecentrum voor het Nederlands protestantisme' à Amsterdam.[15]

1. *Les raisons de la création et de la percée des partis religieux*

a) Pendant des siècles, la religion a joué un rôle de première importance dans la vie collective des anciens Pays-Bas. Au 16e siècle, la région fut le théâtre des batailles les plus sanglantes entre catholiques et protestants. À la suite de la révolte contre l'Espagne catholique, les Pays-Bas du Nord – désormais appelés ‚les Provinces Unies' – devinrent une république à prédominance calviniste (avec une forte minorité catholique), tandis que les Pays-Bas du Sud – toujours gouvernés par l'Espagne au 17e siècle, puis par l'Autriche au 18e siècle – étaient ‚recatholicisés'. Après la période révolutionnaire (1789–1815), le réveil religieux, qui se manifestait partout en Europe, trouva dans ces régions un terreau particulièrement fertile à une action politique à caractère religieux.

b) Dans une première phase, l'action politique, inspirée par des motivations religieuses, s'inscrit en faux contre la politique ‚régaliste' (ou gallicane) de souverains éclairés comme Joseph II, Napoléon Ier et Guillaume Ier. C'étaient surtout les catholiques qui s'opposaient à ces tendances régalistes. Dans les anciens Pays-Bas (tant au Nord qu'au Sud), l'Église catholique était devenue une Église ‚ultramontaine' depuis le milieu du 18e siècle, c.à.d. qu'elle défendait l'indépendance de l'Église et sa primauté sur l'État, et qu'elle faisait preuve d'une stricte loyauté envers le Saint-Siège. Au 19e siècle, les fidèles catholiques étaient tout disposés à défendre les libertés de leur Église dans un contexte parlementaire.

c) A partir des années 1860–1870, les activistes politiques ,religieux' (tant protestants que catholiques) allaient surtout s'opposer à la politique laïcisante de gouvernements libéraux, qui cherchaient à réduire l'influence des Églises dans la vie publique.

2. La résistance catholique contre le régalisme: un ardent désir de liberté

Dans les Pays-Bas autrichiens, l'Église catholique (à prédominance ultramontaine) s'était déjà liée avec les forces conservatrices dans sa résistance contre la politique ,éclairée' de l'empereur Joseph II, qui cherchait à rogner, en effet, aussi bien les droits acquis du clergé que ceux des élites traditionnelles. Ainsi se forgea dans les Pays-Bas du Sud une alliance entre ,confessionnalisme' et ,conservatisme', qui serait renforcée dès 1795 par les réformes radicales introduites par les révolutionnaires français.[16] Cette alliance se vit menacée dans les années 1820, à l'époque du Royaume-Uni des Pays-Bas, lorsque l'Église amorça un virage remarquable et s'approcha des tendances libérales. Afin de se libérer de la tutelle d'un gouvernement à prédominance protestante, elle semblait disposée à réclamer dorénavant ,la liberté en tout et pour tous'. C'étaient surtout des jeunes prêtres et des laïcs de souche bourgeoise, qui étaient enclins à former une ,union' avec les jeunes libéraux. D'une manière très pragmatique, ils donnèrent corps à un *catholicisme libéral* qui, dans un stade ultérieur, serait influencé par les idées de Félicité de Lamennais.[17] Cet ,unionisme' ou alliance entre catholiques et libéraux, fut à la base de la révolution belge en 1830 et de la création d'un ‚état modèle' libéral, qui allait favoriser d'une manière particulière l'épanouissement de l'Église catholique et de ses institutions.

Cette prise de position catholique libérale exerça une forte pression sur l'alliance traditionnelle avec les forces conservatrices. Dans ses conséquences logiques, elle aurait pu mener à un bipartisme, regroupant les forces conservatrices d'un côté et les forces progressistes de l'autre, avec des hommes politiques catholiques dans les deux camps. En fin de compte, le poids du passé s'avéra trop pesant. La pression du nouveau roi, Léopold Ier de Saxe-Cobourg, et celle du Saint-Siège contribuèrent dès la fin des années 1830 au raffermissement des tendances conservatrices au sein de l'Église belge. La hiérarchie catholique se contenta de moins en moins des libertés constitutionnelles, mais elle établit en outre une collaboration intense avec les gouvernements ‚unionistes' successifs. De cette manière, elle contournait la séparation entre l'Église et l'État, qui avait été introduite dans la nouvelle constitution. Aux yeux de la classe libérale bourgeoise, le système ‚unioniste' apparaissait de plus en plus comme une couverture pour le pouvoir reconquis des anciennes classes privilégiées, la noblesse et le clergé. Elle allait prendre ses distances par rapport à l'unionisme et elle se rangeait derrière un parti libéral, dont le premier objectif serait la réduction de l'influence politique et sociale de l'Église catholique. Ainsi, le premier enjeu de la lutte politique en Belgique fut dorénavant – du moins au 19e siècle – la place de l'Église dans la société. Face au parti libéral, au pouvoir dès 1847, s'organisa bientôt un parti conservateur, de tendance plutôt catholique libérale et garant de la liberté et de l'influence sociale de l'Église.[18]

En Hollande, les catholiques étaient moins liés aux forces conservatrices. Dès l'époque révolutionnaire, ils furent plus enclins à s'associer aux tendances libérales. Ils avaient été des citoyens de second ordre dans la République des Provinces-Unies et ce n'était que sous la domination française (la ‚République batave') qu'ils avaient obtenu des droits civils à part entière. Le chemin vers une émancipation réelle et complète serait toutefois encore longue et épineuse. La discrimination, dont ils avaient été les victimes pendant des siècles, avait renforcé leur sentiment identitaire et ils étaient donc enclins à développer un réflexe catholique dans la vie politique. Dans les années 1820, ils se rangèrent en majorité derrière les revendications ‚libérales' de leurs coreligionnaires des provinces méridionales.[19] Après l'indépendance de la Belgique, ils se rapprochèrent des libéraux (dirigés par J. R.Thorbecke) et réalisèrent avec eux la révision constitutionnelle de 1848, qui établit un régime parlementaire et libéral aux Pays-Bas. La nouvelle constitution mettait fin au contrôle de l'État sur les Églises.[20] Cette réforme rendait possible à court terme le rétablissement de la hiérarchie catholique et contribuait beaucoup à l'épanouissement des structures et des organisations catholiques en Hollande.

Dans cette première phase prédomina donc la lutte pour la liberté de l'Église catholique, qui fut réalisée dans le cadre de ‚la liberté en tout et pour tous'. Le nouveau cadre parlementaire, réalisé avec l'appui des catholiques, fournit les conditions à l'établissement d'un parti conservateur (en fait catholique libéral) en Belgique, dès que l'alliance avec les libéraux fut dissoute. En Hollande, une évolution analogue mena quelques décennies plus tard à la formation de plusieurs partis religieux.

3. *La résistance contre la laïcisation libérale: l'édification d'une société pilarisée*

Des gouvernements libéraux dominèrent la scène politique en Belgique (depuis 1847) et en Hollande (depuis 1862). Ils pratiquèrent une politique de laïcisation qui provoqua une forte réaction aussi bien de la part des protestants orthodoxes que des catholiques. Parmi ces derniers, le courant antilibéral ou ‚ultramontain'[21] se renforça. Le catholicisme libéral prit une position de plus en plus défensive sous le pontificat de Pie IX.

En Belgique, le parti conservateur se transforma peu à peu en un parti confessionnel, dont l'objectif principal était de garantir l'influence sociale de l'Église en réalisant une sorte ‚d'entente cordiale' avec l'État. Ce parti ‚catholique' accéda définitivement au pouvoir en 1884, quand une partie de la bourgeoisie aisée déserta le parti libéral. Il réussit plus tard à élargir ses assises électorales vers les classes populaires et allait exercer seul le pouvoir en Belgique pendant plus de trente ans.[22] Même après 1918, il resterait un partenaire dominant dans les gouvernements de coalition successifs. Ainsi, la Belgique fut le premier pays en Europe où un parti religieux parvint à acquérir une position dominante dans la vie politique.

L'anti-étatisme des catholiques belges avait été renforcé par le fait que, sous la domination libérale, l'appareil de l'État avait été utilisé une fois de plus contre l'Église. Dorénavant, ils optèrent résolument pour un État minimal, qui laisserait beaucoup de marge aux associations intermédiaires et à l'initiative privée (catholique). Ils pratiquaient en fait – avant la lettre – le principe de la subsidiarité.[23] Selon eux, l'État devait déléguer bon nombre de ses tâches et de ses compétences à des institutions ou à des organisations (confessionnelles) intermédiaires. Ceci valait tant pour l'enseignement, le secteur caritatif, la prévoyance sociale que –

dans un stade ultérieur – des initiatives culturelles. Désormais les catholiques voulaient surtout favoriser l'épanouissement de leurs propres organisations, qui encadraient un segment important de la population et maintenaient celui-ci dans la sphère d'influence de l'Église. Ainsi émergea une société ‚pilarisée', c'est-à-dire une société segmentée sur base d'un clivage philosophico-religieux dans tous les domaines de la vie sociale et politique.[24] En concurrence avec le pilier catholique, se constitua bientôt un pilier libéral, puis un pilier socialiste. À partir des années 1890, les autorités se mirent à subventionner plusieurs initiatives de ces organisations pilarisées, telles que des caisses d'épargne, des mutuelles, des caisses de chômage, des initiatives dans le domaine du logement social et surtout l'enseignement (primaire) catholique. Ainsi prenait forme le système de la ‚liberté subsidiée'.[25] Ce système renforça les organisations pilarisées et constitua un soutien *indirect* de la part de l'État pour celles-ci, ce qui allait à l'encontre des principes libéraux. En somme, la pilarisation peut être caractérisée comme le résultat d'une stratégie antilibérale dans une société libérale (c.à.d. pluraliste).

Une évolution analogue se produisit aux Pays-Bas, étant entendu que c'étaient les protestants orthodoxes qui prirent le devant en organisant un parti religieux. Ils s'opposèrent résolument à la politique scolaire des gouvernements libéraux, qui prônaient la laïcisation des écoles publiques. Ils créèrent en 1878 le parti antirévolutionnaire (A.R.P.), qui rejetait les principes de la Révolution française de 1789 et voulait restituer à Dieu sa place dominante dans la société.[26] Les catholiques suivirent cet exemple. Peu à peu, ceux-ci avaient pris leurs distances par rapport aux libéraux, à cause de la politique scolaire libérale et sous l'influence des événements en Italie et dans les États pontificaux. Ils rejoignirent d'abord le courant conservateur, mais à partir des années 1870 ils formèrent de plus en plus leurs propres associations électorales. En 1896, la majorité de ces associations adopta la *Proeve voor een program*, le programme politique que Schaepman avait déjà rédigé en 1883. À partir de ce moment, existait dans les faits un parti catholique national aux Pays-Bas.[27]

Les nouveaux partis religieux avaient une base plus populaire que le courant conservateur, qui avait été un facteur assez important dans la vie politique jusqu'alors. Comme les conservateurs ne faisaient pas preuve de beaucoup d'intérêt pour l'enseignement religieux et pour la question sociale, ils perdirent l'initiative au profit des nouveaux partis et ils furent bientôt éclipsés par ceux-ci.[28] Ainsi, un siècle plus tard que dans les provinces belges, le conservatisme disparut comme un élément autonome dans la vie politique néerlandaise.

Les antirévolutionnaires et les catholiques se retrouvèrent progressivement dans la lutte commune contre les libéraux. Après l'extension du droit de suffrage en 1887, ils parvinrent à former pour la première fois un gouvernement de coalition (1887–1891). Cette expérience fut répété plusieurs fois entre 1901 et 1913, mais ce n'est qu'à partir de 1918 – après l'introduction du suffrage universel et de la représentation proportionnelle – que les partis religieux allaient dominer la scène politique aux Pays-Bas. Néanmoins, comme en Belgique, ils avaient déjà réussi à jeter les bases d'une société pilarisée dès la fin du 19e siècle. Finalement, la société hollandaise allait s'articuler autour de quatre piliers (à l'opposé des trois piliers belges): un pour les protestants orthodoxes (‚de gereformeerden'), un pour les catholiques, un pour les socialistes et un pour les libéraux. Comme en Belgique, ces piliers seraient renforcés par un système de liberté subsidiée, qui serait en premier lieu appliqué à l'enseignement primaire religieux.[29]

Ainsi, aussi bien aux Pays-Bas qu'en Belgique, la liberté ‚individuelle' céda peu à peu la place à une liberté ‚corporative' (par le biais des piliers, renforcés par les subsides de l'État). Le système ‚atomiste' et individualiste du libéralisme fut progressivement remplacé par un système ‚holistique', une construction de la société sur base des grands organismes sociaux.

4. La perspective organiciste des mouvements populaires chrétiens

Ce fut notamment le renforcement de l'antilibéralisme dans les milieux confessionnels qui facilita l'orientation vers le peuple et l'établissement de mouvements populaires chrétiens.[30] Les ultramontains catholiques et les antirévolutionnaires protestants furent très réceptifs à une conception organiciste et corporative de la société. Ils aspiraient à la réalisation d'une société harmonieuse et solidaire, dans laquelle les classes des paysans, des artisans et des petits commerçants constitueraient un ‚centre modérateur', qui devait en outre figurer comme un point d'attrait pour les ouvriers. L'idéologie corporative, avant tout de provenance austro-allemande, exerça une grande influence sur les mouvements populaires chrétiens. Les idées-clé de ce courant corporatif étaient la réalisation de l'harmonie sociale par la concertation systématisée entre patrons et ouvriers (de préférence au sein de corporations mixtes), la délégation par l'État d'un certain nombre de ses fonctions et de ses compétences aux organisations professionnelles et la représentation de ces groupes d'intérêt au niveau politique.[31]

Aux Pays-Bas, il convient de noter une légère différence entre le point de vue des catholiques et celui des protestants en ce qui concerne la répartition des tâches entre l'État et les organisations (professionnelles) intermédiaires. Les catholiques optaient pour le système de la subsidiarité, qui était favorable à la répartition des compétences entre l'État et les autres entités de la vie sociale mais qui, en même temps, reconnaissait la primauté et le rôle régulateur de l'État. Les antirévolutionnaires adhéraient au principe de la ‚souveraineté dans le propre milieu' (*soevereiniteit in eigen kring*). D'après eux, les différents milieux sociaux ne trouvaient pas leur origine dans l'État; ils connaissaient leur propre forme de souveraineté. Ils se juxtaposaient les uns aux autres, sans ordre hiérarchique. Ainsi, l'État ne pouvait pas revendiquer la primauté et ses compétences devaient rester très limitées.[32]

Le courant corporatif eut une grande influence au sein des mouvements populaires chrétiens qui se développèrent assez vite à partir des années 1890.[33] Bientôt des organismes de coordination furent créés pour les cercles ouvriers, les ligues paysannes et les associations pour les artisans et les petits commerçants. Aux Pays-Bas, il y avait, beaucoup plus qu'en Belgique, une forte empreinte du clergé sur l'associationnisme catholique.[34]

À côté du corporatisme, un courant sous-jacent plus libéral et démocratique restait présent. Cela facilita un ajustement à des structures plus démocratiques, tant sur le plan social que sur le plan politique. Les corporations mixtes cédèrent assez vite la place aux syndicats ouvriers. Les mouvements populaires soutinrent sans trop d'hésitations le processus de démocratisation. Ils se déclaraient en faveur de l'extension du droit de vote et faisaient appel à l'État pour favoriser le bien-être matériel et moral du peuple. Ainsi naquit au flanc gauche des partis religieux une ‚démocratie chrétienne', qui sut progressivement s'intégrer dans ces partis, malgré des collisions parfois violentes avec l'aile bourgeoise. Exceptionnellement, les tensions sociales menaient quand même à des scissions, comme celle – temporaire – de l'abbé démocrate Adolphe Daens en Flandre[35] et celle – plus durable – de la C.H.U. (l'Union chrétienne historique) dans les milieux protestants en Hollande.[36]

Le processus d'intégration des mouvements populaires dans les partis religieux fut consommé après la Première Guerre mondiale. Une coopération structurelle et cohérente entre ces mouvements et ces partis se produisit plus dans le monde catholique que dans le milieu protestant. Les partis catholiques, aussi bien en Hollande qu'en Belgique, se transformèrent en partis de classes (,standenpartijen'), avec une représentation garantie des paysans, des ouvriers, de la petite et de la grande bourgeoisie. En Belgique, l'Union catholique (1921) regroupa des organisations de classe, dont l'action était assez indépendante dans la vie politique.[37] En Hollande, le parti catholique, dorénavant appelé le ,Rooms-Katholieke Staatspartij' (R.K.S.P.; 1926), se dota, sous la forte pression des évêques, de structures beaucoup plus centralisées et contraignantes.[38] La transformation des partis religieux en partis de classes, qui allait de pair avec la percée des partis socialistes (par excellence des ,partis de la classe ouvrière') contribua beaucoup à la transformation du régime parlementaire en un système de ,représentation des intérêts'.

Après la Première Guerre mondiale, la domination du parti catholique en Belgique fut affaiblie par l'introduction du suffrage universel pur et simple. Dorénavant, des gouvernements de coalition devinrent la règle. Néanmoins, le parti catholique participait toujours au gouvernement, parce que la gauche ,traditionnelle', composée des libéraux et des socialistes, était encore plus divisée par la question sociale que la droite. Ainsi, le parti catholique continua d'occuper pendant des décennies le centre de la vie politique et fut en principe incontournable dans la formation des gouvernements successifs. Pendant l'entre-deux-guerres il gouverna de préférence avec les libéraux.

Aux Pays-Bas, les partis religieux surent nettement renforcer leur position après 1917. Ils dominèrent la scène politique pendant l'entre-deux-guerres et ils formèrent, eux aussi, de préférence, des gouvernements de coalition avec les libéraux. Cependant, leur dynamisme et leur influence étaient affaiblis par des antagonismes persistants, surtout par des frictions religieuses et sociales entre le R.K.S.P. et le C.H.U., mais en fin de compte, ils parvinrent, à leur tour, à transformer progressivement l'héritage libéral en renforçant le système pilarisé et les tendances corporatives dans la vie sociale.[39]

5. Des partis populaires avec une doctrine personnaliste

Dès la fin des années 1930, les partis catholiques se transformèrent en partis populaires à doctrine personnaliste. En Belgique, le personnalisme (français) fut introduit par de jeunes intellectuels bourgeois, fort influencés par les tendances antilibérales alors en vogue. Leurs idées antilibérales, qui accentuaient la primauté des communautés naturelles, étaient encore renforcées par un nationalisme radical. Le plaidoyer pour l'unité du peuple et une deuxième flambée d'un réformisme corporatif allait déterminer le développement ultérieur de la démocratie chrétienne. En 1936, le parti catholique fut remodelé en parti ‚unitaire', le ‚Bloc des catholiques', qui ne s'afficha plus comme un ‚standenpartij' et qui adopta un programme réformateur basé sur les grandes encycliques sociales. Cette évolution fut encore renforcée après la Seconde Guerre mondiale et elle mena à l'établissement en 1945 d'un vrai parti démocrate chrétien: le ‚Christelijke Volkspartij'/‚Parti Social Chrétien' (C.V.P./P.S.C.)[40]. Ce parti adopta, lui aussi, une doctrine personnaliste, mais en accentuant ses aspects plus modernes (avec plus d'attention pour la dignité et l'émancipation de la personne humaine). Il est à noter que, dans le nouveau parti, l'influence du mouvement ouvrier chrétien était plus grande qu'auparavant, surtout en Flandre. Dans une perspective européenne, le C.V.P./P.S.C. allait indéniablement appartenir à l'aile gauche de la démocratie chrétienne. Le nouveau parti se profilait aussi comme un parti non confessionnel, mais conserva toutefois pendant quelques décennies encore des liens privilégiés avec l'Église catholique (plus que dans la République Fédérale allemande, par exemple). Le programme du parti (Noël 1945) accentuait l'importance de la famille dans la vie sociale, la priorité du travail sur le capital, l'instauration d'une économie de concertation et le rétablissement de l'équilibre entre le pouvoir législatif et le pouvoir exécutif.[41]

Aux Pays-Bas, le ,Katholieke Volkspartij' (K.V.P.) se substitua au R.K.S.P. en 1945. Il adopta également un programme personnaliste et s'appuya lui aussi dorénavant plus sur le mouvement ouvrier catholique. Il se situerait également dans l'aile gauche de la démocratie chrétienne européenne. A cette époque-là, le parti restait la clef de voûte du pilier catholique, qui parvint à garder son importance.[42] Le A.R.P. de son côté, traditionnellement un parti bien organisé et bien équilibré, fut peu enclin à l'innovation. Ce parti ne fonctionnait pas tellement comme le sommet d'un pilier. Il était plutôt une composante secondaire, à côté des grandes associations protestantes orthodoxes (d'après le principe de la ,soevereiniteit in eigen kring'). Au sein du parti, c'étaient les ,modérés', de tendance plutôt libérale en matière socio-économique, qui avaient le verbe haut, ce qui impliquait une attitude plus réservée à l'égard de l'interventionnisme de l'État dans la vie économique et sociale.[43]

La position de force des partis démocrates chrétiens se vit singulièrement renforcée au lendemain de la Seconde Guerre mondiale. Ce phénomène se produisit également dans d'autres pays de l'Europe occidentale, surtout en Allemagne et en Italie, et même pour un certain temps en France. En Belgique, le C.V.P./P.S.C. réussit à récupérer toute la droite socio-culturelle, y compris le Rexisme[44] et le parti nationaliste flamand d'avant-guerre.[45] Le parti obtint, entre 1946 et 1961, près de 40 % des suffrages aux élections parlementaires. Il profitait alors d'une manière maximale de la confirmation de la pilarisation, de la structuration de l'État-providence selon des formules néocorporatives et de l'instauration de l'économie de concertation.[46] Aux Pays-Bas, le K.V.P. obtint, entre 1946 et 1963, près de 31 % des suffrages. Il devint un partenaire solide et fiable dans les cabinets de coalition successifs, d'abord avec les socialistes (jusqu'en 1958) puis avec les libéraux (jusqu'en 1973).[47] Le parti contribua entre autres dans une large mesure à la construction de l'État-providence en Hollande.[48] Le A.R.P., de son côté, montrait plutôt des indices d'usure: il perdit un tiers de son électorat entre 1946 (12,9 %) et 1963 (8,7 %). Son influence politique ne fit plus bonne mesure par rapport à la position de force du K.V.P. Le C.H.U. sut maintenir une quote-part électorale de 8,5 % à cette époque-là. Au total, les partis religieux purent alors compter sur l'appui de presque la moitié du corps électoral en Hollande.[49]

6. *L'assaut contre le système pilarisé et néocorporatif et le déclin de la démocratie chrétienne*

À partir des années 1960, le système pilarisé se fissura peu à peu, avec des conséquences immédiates pour les partis démocrates chrétiens. Les structures pilarisées étaient sapées par un changement de mentalité parmi les fidèles (une plus grande tolérance et ouverture envers le monde moderne) et par la sécularisation croissante de la société. La mentalité de ghetto s'estompait graduellement parmi les catholiques et les protestants. En Hollande, ce fut surtout le pilier catholique, tellement dépendant du clergé, qui connut une implosion spectaculaire.[50] Le K.V.P. subit immédiatement le contrecoup de cette évolution. Entre 1963 et 1972, il connut une baisse électorale de 31,9 % à 17,7 %. Il n'est donc pas étonnant que ce parti chercha à se rapprocher des autres partis religieux, le A.R.P. et le C.H.U.[51] Finalement, en 1980, un parti unifié vit le jour: le ‚Christen-democratisch Appel (C.D.A.)'. Le CDA adoptait en gros les structures organisationnelles du A.R.P. Dans son programme, il associait le principe de la subsidiarité avec le principe de la ‚souveraineté dans le propre milieu'. Il attachait toujours beaucoup d'importance aux niveaux intermédiaires dans la société, bien que, dans les faits, ses relations privilégiées avec les organisations intermédiaires s'affaiblissent. Les principes de base du nouveau parti étaient la justice, la responsabilité, la solidarité et l'intendance (un aspect écologiste). Il est à noter que, sous l'influence du A.R.P. et du contexte néolibéral des années 1980, les idées économiques du C.D.A. furent corrigées un peu dans un sens plus libéral. Néanmoins, le parti se montrait toujours très critique à l'égard des vues socio-culturelles et éthiques du libéralisme, notamment en ce qui concerne la politique familiale et les questions bio-éthiques.

Dans les deux dernières décennies du 20e siècle, le CDA réussit à attirer un certain nombre d'électeurs non confessionnels et il joua encore – comme formation centriste – un rôle important dans la vie politique aux Pays-Bas. Au niveau gouvernemental, il collabora de préférence avec les partis libéraux (VVD et D'66). Finalement, en 1994, un grand bouleversement se produisit aux élections parlementaires: les démocrates chrétiens perdaient 13 % de leurs voix et, pour la première fois depuis 1918, étaient renvoyés dans l'opposition.[52] C'étaient surtout les libéraux qui profitèrent de la dépilarisation rampante et du renforcement de l'individualisme dans la société néerlandaise. Un gouvernement ‚violet' (socialiste-libéral) se mit en place et donna la priorité à des questions socio-culturelles et éthiques. Le clivage socio-culturel qui s'imposait à nouveau, convergea d'une manière frappante avec le clivage religieux traditionnel. Les libéraux lancèrent aussi une offensive contre les organisations intermédiaires et la grande influence de celles-ci sur le processus politique décisionnel.[53] Les risques de cet affaiblissement des associations et des organisations intermédiaires (la ‚civil society') allaient sauter aux yeux à l'occasion des élections de 2002.[54]

Une évolution analogue se dessina en Belgique, bien qu'elle fût freinée par la priorité accordée aux questions ‚communautaires' dans la vie politique, à partir des années 1960. Néanmoins, l'ascension de partis régionaux, aussi bien en Wallonie qu'en Flandre, porta déjà un préjudice direct à la démocratie chrétienne. Celle-ci fut aussi menacée par le processus rampant de la dépilarisation politique parmi les catholiques, dont profitaient en premier lieu les libéraux. Dans les années 1960, la quote-part électorale du C.V.P./P.S.C. diminua jusqu'à 30–35 %. En 1972, les querelles linguistiques provoquèrent une rupture entre les démocrates chrétiens flamands (C.V.P.) et francophones (P.S.C.). Dans les années 1980, l'ascension des partis écologistes engendra un affaiblissement additionnel. Alors la quote-part électorale des démocrates chrétiens baissa jusqu'à 20–25 %. Dans les années 1990 enfin, se produisit la percée d'un parti d'extrême-droite, le ‚Vlaams Blok', en Flandre, ce qui s'avéra du reste plus nuisible à la ‚Volksunie' (les nationalistes flamands) et aux socialistes qu'aux démocrates chrétiens. En conséquence, la démocratie chrétienne se retrancha dans une position de plus en plus défensive, suite à l'ascension d'abord des partis régionaux, puis des partis écologistes, enfin des formations d'extrême-droite.[55] Mais – comme en Hollande – son adversaire le plus redoutable fut le parti libéral, qui combattit avec un succès croissant la construction pilarisée et néocorporative, érigée par la démocratie chrétienne. Les libéraux profitèrent du processus de sécularisation et du renforcement de l'individualisme. Ils plaidèrent pour une nouvelle culture politique qui donnerait les coudées franches au citoyen individuel et qui mettrait fin à la domination des corps sociaux intermédiaires. Ils parvinrent à améliorer singulièrement leurs résultats électoraux: ils obtinrent 9,7 % des suffrages en 1946 et 23 % en 1999. En 1999, ils furent à même de prendre la direction d'un gouvernement ‚arc-en-ciel' (violet-vert) sans les démocrates chrétiens. Comme aux Pays-Bas, la démocratie chrétienne dut renoncer au pouvoir et redéfinir sa position.[56]

7. *Les influences internationales*

Les influences étrangères subies par les partis démocrates chrétiens en Belgique et en Hollande méritent que l'on s'y attarde un peu. Nous nous limiterons aux seuls partis catholiques. Ceux-ci subirent une influence non négligeable du Saint-Siège, qui favorisait, par exemple, le renforcement de l'antilibéralisme au 19e siècle, l'élaboration d'une doctrine sociale à partir des années 1890 et la percée de l'Action catholique pendant l'entre-deux-guerres. C'est surtout la France qui exerça une grande influence sur l'idéologie et le programme de ces partis (le catholicisme libéral, le personnalisme), alors que les idées corporatives venaient plutôt de l'Autriche et de l'Allemagne (parfois par le biais de la France). En outre, le catholicisme allemand servit de modèle pour l'organisation des mouvements populaires chrétiens à la fin du 19e siècle. Enfin, il ne faut pas négliger les influences réciproques entre les Hollandais et les Belges (surtout les Flamands), tant au niveau idéologique (par exemple les notions de ‚standsorganisatie' et ‚rentmeesterschap') qu'organisationnel. En général, les hommes politiques de ces deux petits pays – modestes mais dynamiques – avaient une grande ouverture vers le monde extérieur. Ils ont par ailleurs assez souvent joué un rôle important dans les organisations internationales catholiques (tant sociales que politiques), ce qui a facilité des échanges de vues et d'expériences.

8. Les perspectives d'avenir de la démocratie chrétienne

Il est clair que les partis démocrates chrétiens ont connu un recul sensible en Belgique et aux Pays-Bas depuis les années 1960. Ce phénomène n'eut pas d'effets immédiats au niveau gouvernemental, parce que, tant que prédominait le clivage socio-économique, les démocrates chrétiens occupaient, grâce au système électoral de la représentation proportionnelle, une position ‚centriste' dans un système multipartite. À partir du moment où le clivage socio-culturel prit à nouveau le devant, des gouvernements ‚violets' devinrent possibles (en 1994 aux Pays-Bas, en 1999 pour la Belgique).

Les partis démocrates chrétiens ont perdu graduellement des électeurs, du côté gauche (en faveur des socialistes aux Pays-Bas, des écologistes en Belgique et des partis régionaux en Wallonie), mais surtout du côté droit (en premier lieu en faveur des partis libéraux dans les deux pays et en faveur des partis régionaux ou d'extrême-droite en Flandre). Ils étaient particulièrement vulnérables du côté droit, parce qu'ils avaient, du fait de la grande influence exercée par les mouvements populaires sur leur ligne politique, plutôt un profil ‚centre-gauche'. En plus, ils prêtaient le flanc aux critiques des libéraux, parce que le système pilarisé et néocorporatiste, qu'ils avaient su imposer, ne semblait plus convenir à la conjoncture économique et politique.

On peut se demander s'il y a encore un avenir prometteur pour la démocratie chrétienne en Belgique et aux

Pays-Bas. En effet, le contexte historique de sa naissance et de son ascension a complètement disparu. Comme nous l'avons indiqué, la démocratie chrétienne vit le jour dans une conjoncture caractérisée par un réveil religieux, en opposition à une politique d'abord régaliste, puis laïcisante et libérale. Son combat contre ces tendances n'a pas été vain. Les démocrates chrétiens réussirent à endiguer l'omnipotence de l'État – par l'application du principe de la subsidiarité ou de la ‚soevereiniteit in eigen kring' – et à garantir le libre fonctionnement des Églises. Ils furent aussi à même d'asseoir, pendant une période assez longue, l'influence morale et sociale de la religion chrétienne dans la société. Toutefois, dans les dernières décennies, ils durent concéder beaucoup de terrain à cause de la sécularisation rampante qui se poursuit dans le Nord-Ouest de l'Europe. Dorénavant, les démocrates chrétiens peuvent à peine encore se profiler comme des partis ‚chrétiens'.[57] Bien qu'ils se disent toujours enclins au maintien des valeurs chrétiennes traditionnelles, ils se sentent obligés de fléchir dans beaucoup de dossiers éthiques devant l'esprit du temps.

D'un autre côté, l'individualisation qui se dessine dans la société comporte une menace sérieuse pour le personnalisme social, qui reste la doctrine de référence des démocrates chrétiens en Belgique et aux Pays-Bas. Cette individualisation mine en tout cas le genre de société que ces mêmes démocrates chrétiens ont construit d'une manière tellement réussie (la pilarisation, le néocorporatisme). C'est le libéralisme qui profite de cette évolution et qui constitue le plus grand danger pour la démocratie chrétienne dans cette partie de l'Europe. Ailleurs, le libéralisme est devenu assez souvent un courant très minoritaire, qui, dans plusieurs pays, se rapproche de plus en plus des démocrates chrétiens (de tendance centre-droite) ou des conservateurs.[58] Un tel rapprochement est inconcevable pour les démocrates chrétiens en Belgique et aux Pays-Bas, ne fût-ce que pour des raisons de stratégie électorale. Ils sont condamnés à se différencier des libéraux et à maintenir leur position centriste entre libéralisme et socialisme.

L'avenir de la démocratie chrétienne en Belgique et aux Pays-Bas dépendra donc de sa capacité à maintenir une position centriste dans le domaine socio-économique et à défendre les intérêts des groupes et des associations intermédiaires (le ‚civil society') au niveau politique. Cet avenir dépendra aussi de la mesure où les citoyens sauront encore apprécier les valeurs éthiques et sociales chrétiennes. La principale question, en effet, peut se résumer comme suit: l'insertion de la personne dans les communautés (naturelles) parviendra-t-elle à conserver sa vigueur, son existence même, au niveau des structures politiques et sociales?

Anmerkungen

[1] J. C. H. Blom/E. Lamberts (réd.), History of the Low Countries, New York-Oxford, 1999; E. H. Kossmann, The Low Countries, 1789–1940, Oxford 1978.

[2] E. Lamberts, L'influence du catholicisme politique sur la société belge (1830–1995), in: Chrétiens et sociétés, XVIe–XXe siècles (Lyon) 5 (1997), pp. 7–31; H. Bakvis, Catholic Power in the Netherlands, New York 1981.

[3] G. Guyot de Mishaegen, Le parti catholique belge de 1830 à 1884, Bruxelles 1946; A. Simon, Le parti catholique belge (1830–1945), Bruxelles 1958. Une étude plus récente: J. L. Soete, Structures et organisations de base du parti catholique en Belgique (1863–1884), Louvain-la-Neuve 1996.

[4] H. Haag, Les origines du catholicisme libéral en Belgique (1789–1839), Louvain 1950; K. van Isacker, Werkelijk en wettelijk land. De katholieke opinie tegenover de rechterzijde (1863–1884), Anvers 1955.

[5] K. van Isacker, Het Daensisme. De teleurgang van een onafhankelijke kristelijke arbeidersbeweging in Vlaanderen (1893–1914), Anvers 1959; L. Wils, Het Daensisme. De opstand van het Zuidvlaamse platteland, Louvain 1969.

[6] E. Lamberts, Kerk en liberalisme in het bisdom Gent (1821–1857).

Bijdrage tot de studie van het liberaal-katholicisme en het ultramontanisme, Louvain 1972; ID. (réd.), De kruistocht tegen het liberalisme. Facetten van het ultramontanisme in België in de 19e eeuw, Louvain 1984; J. de MAEYER, Arthur Verhaegen 1847–1917. „De rode baron", Louvain 1994; ID./L. van MOLLE (réd.), Joris Helleputte. Architect en politicus (1852–1925), Louvain 1998.

[7] E. GERARD, De Katholieke Partij in crisis. Partijpolitiek leven in België (1918–1940), Louvain 1985; W. DEWACHTER e.a. (réd.), Un parti dans l'histoire, 1945–1995. 50 ans d'action du Parti Social Chrétien, Louvain-la-Neuve 1996.

[8] E. LAMBERTS, Le KADOC à Louvain, in: Revue d'histoire ecclésiastique 85 (1990), pp. 77–79.

[9] Voir e.a. E. GERARD/P. WYNANTS (réd.), Histoire du mouvement ouvrier chrétien en Belgique, 2 t., Louvain 1994; L. van MOLLE, Chacun pour tous. Le Boerenbond belge, 1890–1990, Louvain 1990; P. HEYRMAN, Middenstandsbeweging en beleid in België, 1918–1940. Tussen vrijheid en regulering, Louvain 1998.

[10] H.J.M. WITLOX, De Katholieke Staatspartij in haar oorsprong en ontwikkeling geschetst, 3 t., Den Bosch 1919–1969; L.J. ROGIER, Katholieke herleving. Geschiedenis van katholiek Nederland sinds 1853, La Haye 1962; L. W. G. SCHOLTEN (réd.), De confessionelen. Ontstaan en ontwikkeling van hun politieke partijen, Utrecht 1968.

[11] J.A. BORNEWASSER, Katholieke Volkspartij, 1945–1980, 2 t., Nimègue, 1995–2000. Voir en outre: P. LUYKX/H. RIGHART (réd.), Van de pastorie naar het torentje. Een eeuw confessionele politiek, La Haye 1991.

[12] R. JANSSENS, De opbouw van de Antirevolutionaire Partij, 1850–1888, Hilversum 2001; J. P. STOOP, Om het volvoeren van een christelijke staatkunde. De Anti-Revolutionaire partij in het Interbellum, Hilversum 2001; G. HARINCK/R. KUIPER/P. BAK, De Antirevolutionaire Partij, 1829–1980, Hilversum 2001.

[13] H. van SPANNING, De Christelijk-Historische Unie (1908–1980). Enige hoofdlijnen uit haar geschiedenis, 2 t., Leiden 1988.

[14] H.M. ten NAPEL, „Een eigen weg". De totstandkoming van het CDA (1952–1980), Kampen 1992; K. van KERSBERGEN (réd.), Geloven in macht. De christen-democratie in Nederland, Amsterdam 1993; R. ZWART, „Gods wil in Nederland". Christelijke ideologieën en de vorming van het CDA (1880–1980), Kampen 1996; P.G.

KROEGER/J.STAM, De rogge staat er dun bij. Macht en verval van het CDA, 1974–1998, Amsterdam 1998.

15 Le K.D.C., centre de documentation catholique, est intégré dans la *Katholieke Universiteit Nijmegen*. Le centre de documentation protestant fait partie de la *Vrije Universiteit Amsterdam*.

16 J. ROEGIERS, Joséphisme et Eglise belgique, in: Tijdschrift voor de studie van de Verlichting 3 (1975), pp. 213–225; ID., De gedaantewisseling van het Zuidnederlands ultramontanisme, in: E. Lamberts, De kruistocht (cf. note 6), pp. 11–37.

17 H. HAAG (cf. not 4); A. SIMON, Aspects de l'unionisme, Wetteren 1958; ID., Rencontres mennaisiennes en Belgique, Bruxelles 1963; K. JÜRGENSEN, Lamennais und die Gestaltung des belgischen Staates. Der liberale Katholizismus in der Verfassungsbewegung des 19. Jahrhunderts, Wiesbaden 1963.

18 E. WITTE/J. CRAEYBECKX, La Belgique politique de 1830 à nos jours, Bruxelles 1987, pp. 36–40, 80–85; E. LAMBERTS, Belgium Since 1830, in: J. C. H. Blom/E. Lamberts (cf. note 1), pp. 315–323.

19 J.P. de VALK, De weg naar de vrijheden. Katholieken in de Noordelijke en Zuidelijke Nederlanden tussen contrarevolutie en constitutie (1814–1826), in: Tijdschrift voor Geschiedenis 102 (1989), pp. 564–586, J. A. BORNEWASSER, ‚Church and State. A bicentenary', in: Nederlands archief voor kerkgeschiedenis 71 (1997), pp. 211–220.

20 L. J. ROGIER (cf. note 10), pp. 7–50; J. H. WITLOX, De staatkundige emancipatie van Nederlands katholieken, 1848–1870, Bussum 1969.

21 Au cours du 19e siècle le concept „ultramontanisme" se rétrécit. Il désigna de plus en plus la tendance conservatrice parmi les catholiques, qui s'alignait sur la politique antilibérale du St-Siège. Les ultramontains souhaitaient conserver autant que possible une forme de collaboration entre l'Église et l'État. Leurs conceptions constituaient une menace pour la neutralité idéologique et donc pour le caractère libéral de l'État.

22 E. LAMBERTS/J. LORY (réd.), 1884: un tournant politique en Belgique, Bruxelles 1986.

23 Ken ENDO, The Principle of Subsidiarity: From Johannes Althusius to Jacques Delors, in: The Hokkaido Law Review 44 (1994), pp. 640–642.

24 Voir en général sur la „pilarisation": A. LIJPHART, The Politics of

Accomodation. Pluralism and Democracy in the Netherlands, Berkeley 1975; H. Post, Pillarization. An Analysis of Dutch and Belgian Society, Gower 1989; K. D. McRae (réd.), Consociational Democracy. Political Accomodation in Segmented Societies, Toronto, 1974; R. Steininger, Polarisierung und Integration. Eine vergleichende Untersuchung der strukturellen Versäulung der Gesellschaft in den Niederlanden und Österreich, Meisenheim 1975; H. Righart, De katholieke zuil in Europa. Het ontstaan van verzuiling onder katholieken in Oostenrijk, Zwitserland, België en Nederland, Meppel-Amsterdam 1986; J. Billiet (réd.), Tussen bescherming en verovering. Sociologen en historici over zuilvorming, Louvain 1988.

[25] E. H. Kossmann (cf. note 1).

[26] R. Janssens (cf. note 12).

[27] J. A. Bornewasser, De katholieke partijvorming tot de Eerste Wereldoorlog, in: L. W. G. Scholten (cf. note 10), pp. 23–40.

[28] H. von der Dunk, Conservatism in the Netherlands, in: Journal of Contemporary History 13 (1978), pp. 741–763.

[29] J. C. H. Blom, The Netherlands Since 1830, in: id./E. Lamberts (cf. note 1), pp. 404–417.

[30] L'évolution du catholicisme social en Belgique et en Hollande confirme tout à fait la thèse, développée par J. M. Mayeur, Catholicisme social et démocratie chrétienne. Principes romains, expériences françaises, Paris 1986, pp. 111–125.

[31] P. J. Williamson, Corporatism in perspective. An introductory guide to corporatist theory, Londres 1989; A. Cox/N. O'Sullivan (réd.), The corporate state: corporatism and the state tradition in Western Europe, Aldershot 1988; U. von Alemann (Hg.), Neokorporatismus, Frankfurt am Main 1981; W. Albeda/M. ten Hove, Neocorporatisme. Evolutie van een gedachte, verandering van een patroon, Kampen 1986; P. C. Schmitter, Still the Century of Corporatism?, in: P. C. Schmitter/G. Lehmbruch (éds.), Trends Towards Corporatist Intermediation, Londres 1979, p. 13; G. Lehmbruch/P. Schmitter (réd.), Patterns of Corporatist Policy Making, Londres 1982; R. Czada/M. Schmidt (Hg.), Verhandlungsdemokratie, Interessenvermittlung, Regierbarkeit, Opladen, 1993.

[32] J. D. Dengerink, Critisch-historisch onderzoek naar de sociologische ontwikkeling van het beginsel der ‚souvereiniteit in eigen kring' in de 19de en 20ste eeuw, Kampen 1948.

[33] P. Gérin, Catholicisme social et démocratie chrétienne (1884–1904), J. de Maeyer, La Ligue démocratique belge et ses antécédents, in: E. Gerard/P. Wynants (cf. note 9), t. I, pp. 64–78; Leuven 1994, t. I, pp. 64–78; t. II, pp. 36–42; H. Crijns e.a. (réd.), Tussen arbeid en kapitaal. Een eeuw katholiek en protestants sociaal denken, Aalsmeer 1990; H. de Liagre Böhl, De confessionelen en het corporatisme in Nederland, in: P. Luykx/H. Righart (cf. note 11), pp. 104–123; A. Hemerijck, The Historical Contingencies of Dutch Corporatism, Oxford 1992.

[34] E. Lamberts, De invloed van het katholicisme op het maatschappelijk leven in de beide Limburgen (1839–1989), in: Eenheid en scheiding van de beide Limburgen, Leeuwarden 1989, pp. 125–163.

[35] Cf. note 5.

[36] Les antirévolutionaires plus conservateurs, dirigés par A. F. de Savornin Lohman, quittèrent le parti en 1895 et établirent en 1908, avec quelques autres groupuscules protestants, le ‚Christelijk-Historische Unie'. Voir: H. van Spanning (cf. note 13).

[37] E. Gerard, The Catholic Party in Interwar Belgium. The Emergence of a People's Party (1918–1940), in: M. Gehler/W. Kaiser/H. Wohnout (Hg.), Christdemokratie in Europa im 20. Jahrhundert, Wien 2001, pp. 98–121.

[38] J. Roes, Ein historischer Umweg. Die Katholische Staatspartei in den Niederlanden vor dem Zweiten Weltkrieg, in: M. Gehler e.a. (cf. note 37), pp. 143–159.

[39] J. J. Woltjer, Recent verleden. De geschiedenis van Nederland in de twintigste eeuw, Amsterdam 1992, pp. 61–128; J. C. H. Blom (cf. note 29), pp. 423–435.

[40] E. Gerard, Du parti catholique au PSC/CVP, in: W. Dewachter e.a. (cf. note 7), pp. 24–30.

[41] M. van den Wijngaert/B. Henau, De „catholique" à „chrétien et populaire" (1936–1951); J. L. Jadoulle/E. Lamberts, L'évolution du programme du Parti Social Chrétien, Louvain-la-Neuve 1996, in: W. Dewachter e.a. (cf. note 7), pp. 33–48, 343–376.

[42] H. M. ten Napel, Christian Democracy in the Netherlands, in: E. Lamberts (réd.), Christian Democracy in the European Union (1945–1995), Louvain 1997, pp. 56–60; voir en outre surtout: J.A. Bornewasser (cf. note 11), t. I.

[43] G. Harinck e.a. (cf. note 12), pp. 239–255.

[44] M. CONWAY, Collaboration in Belgium. Léon Degrelle and the Rexist Movement, 1940–1944, New Haven 1993.

[45] B. de WEVER, Greep naar de macht. Vlaams-Nationalisme en Nieuwe Orde: het Vlaams Nationaal Verbond, 1933–1945, Tielt 1993.

[46] W. DEWACHTER e.a. (cf. note 7), pp. 53–134, 393–482; E. LAMBERTS, The Zenith of Christian Democracy in Belgium. The Christelijke Volkspartij/Parti Social Chrétien, 1945–1968, in: M. Gehler e.a. (cf. note 37), pp. 332–347.

[47] J. BOSMANS, Das Primat der Innenpolitik. Die niederländische Christdemokratie in der ersten Nachkriegszeit, in: M. Gehler e.a. (cf. note 37), pp. 370–384.

[48] K. van KERSBERGEN, Social capitalism. A Study of Christian Democracy and the Welfare State, Londres 1995; M. HERTOGH, ‚Geene wet, maar de Heer!' De confessionele ordening van het Nederlandse sociale zekerheidsstelsel (1870–1975), La Haye 1998.

[49] R. A. KOOLE, The Societal Position of Christian Democracy in the Netherlands, in: E. Lamberts (cf. note 42), pp. 137–153.

[50] J.A. COLEMAN, Evolution of Dutch Catholicism 1958–1974, Berkeley 1978; W. FRIJHOFF, Réflexions sur la transformation du catholicisme hollandais, 1960–1970, in: A. Dierkens (éd.), Problèmes d'histoire des religions, fasc. 3: Le libéralisme religieux, Bruxelles 1992, pp. 111–125; J. W. BECKER/R. VINK, Secularisatie in Nederland, 1966–1991. De verandering van opvattingen en enkele gedragingen, Rijswijk 1994; W. GODDIJN/J. JACOBS/G. van TILLO (réd.), Tot vrijheid geroepen. Katholieken in Nederland: 1946–2000, Baarn 1999; H. de VALK, Tra isolamento ed integrazione. Il cattolicesimo politico e sociale in Olanda (secc. XIX–XX), in: L. Vaccaro (réd.), Storia religiosa di Belgio, Olanda e Lussemburgo, t. II, pp. 530–542. Le phénomène de l'implosion du pilier catholique s'explique aussi par le fait qu'entretemps l'émancipation des catholiques avait été réalisée.

[51] Les partis confessionnels présentèrent pour la première fois un programme commun en 1970. Deux ans plus tard, ils commencèrent à préparer l'organisation d'un parti fusionné. En 1975 une fédération fut établie et en 1980 le C.D.A. vit le jour. Voir: H. M. ten NAPEL (cf. note 14).

[52] En 1956, les partis confessionnels occupaient 77 sièges (sur 150) dans la ‚Tweede Kamer'; en 1972 le nombre fut réduit à 48; entre

1986 et 1989 il monta à nouveau jusqu'à 54; en 1994 se produisit une chute libre jusqu'à 34 (même 29 en 1998). Voir: P. G. Kroeger/J. Stam (cf. note 14).

[53] H. M. ten Napel (cf. note 42), pp. 61–63; J. C. H. Blom (cf. note 29), pp. 457–458.

[54] Voir la montée spectaculaire de la liste populiste ‚Pim Fortuyn', qui obtint sur-le-champ 26 sièges. Le parti socialiste tomba de 45 à 23 sièges, le parti libéral (conservateur) de 38 à 24 sièges. Les démocrates chrétiens furent à même de renforcer à nouveau leur position (ils montèrent de 29 à 43 sièges). Le succès inattendu de la liste Fortuyn prouve que, dans une société empreinte d'individualisme, la politique est de plus en plus dominée par les médias.

[55] E. Gerard, Christian Democracy in Belgium, in: E. Lamberts (cf. note 42), pp. 73–78.

[56] E. Lamberts (cf. note 19), pp. 374–384.

[57] Un cas exemplaire: en mai 2002 le P.S.C. (Parti Social Chrétien) se transforma en Belgique en CdH (Centre démocrate humaniste).

[58] En 2002, le ‚Parti européen des libéraux, démocrates et réformateurs' (PELDR) compte 54 membres (sur 626) au Parlement européen. Plusieurs tendances libérales ont déjà des liens avec le Parti populaire européen (PPE), qui compte 232 sièges.

Christliche Demokratie in Italien

Giorgio Vecchio

1. *Die „Intransigenti" und die erste Christliche Demokratie*

Die Geschichte der italienischen Christlichen Demokratie ist weitgehend identisch mit jener der Partei der Democrazia Christiana (DC), die von 1943 bis 1994 existierte, zugleich ist sie aber auch mit jener der sogenannten „katholischen Bewegung" eng verbunden. Drei Zeitphasen können dabei unterschieden werden.[1]

In der ersten Phase war die Mehrheit der italienischen Katholiken ein unnachgiebiger Gegner des liberalen Staates, der 1870 die Stadt Rom erobert hatte und die soziale Rolle der Kirche verweigerte. Die Katholiken bildeten aber keine politische Partei, weil sie die Autorität des Staates nicht anerkannten. Papst Pius IX. verbot mit dem „non expedit" sogar den Katholiken, die lange Zeit unschlüssig waren, die Teilnahme an Wahlen. Eine Minderheit, die vom Bischof von Cremona, Geremia Bonomelli (1831–1914), geleitet wurde, träumte tatsächlich von einer *Conciliazione*, einer Versöhnung der Kirche mit dem Staat und der liberalen Gesellschaft;[2] aber die Mehrheit der italienischen Katholiken blieb dem Papst verbunden. Da diese Mehrheit überzeugt war, dass der Staat nur eine „Schöpfung des Teufels" war, erwartete sie seinen bevorstehenden Zusammenbruch. So beschränkten sich die *Intransigenti* (die Unnachgiebigen) zunächst, d. h. in den 1870er und 1880er Jahren, auf wechselseitige Absprachen mit den Liberalen, die einen sie selbst begünstigenden Wahlzensus eingeführt hatten.

Doch mussten die *Intransigenti* erfahren, dass der Staat von Jahr zu Jahr stärker wurde und dass ihre Opposition kein positives Ergebnis erreichen konnte. Die 1874 gegründete intransigente Organisation, die *Opera dei Congressi* (Kongresswerke bzw. Kongressarbeitsgemeinschaft), hatte sich vorgenommen, nur periodisch nationale Kongresse der Katholiken zusammenzurufen, die teilweise das deutsche Muster (wie z. B. die Katholikentage) imitierten. Da diese Kongresse neue Freundschaften und Bekanntschaften unter den Katholiken verschiedener Regionen schufen, entstand das Paradox, dass die Einheit des Staates indirekt gestärkt wurde.

Der venezianische Rechtsanwalt Giambattista Paganuzzi (1841–1923) wurde 1889 zum Vorsitzenden der *Opera* ernannt, die er förderte und der er neue Impulse gab. Außerdem bewirkte die Enzyklika *Rerum Novarum* (1891) von Leo XIII. zwei Jahre nach ihrem Erscheinen eine neue Begeisterung bei jenen Katholiken, die eine Erneuerung und eine Erweiterung der Aktivitäten der Intransigenten wollten, nicht zuletzt auch deshalb, weil sich der Sozialismus in Italien schnell verbreitete. Wie in Frankreich, Belgien, Deutschland und anderen Ländern wurde die *soziale Frage* ein ausschlaggebendes Element für das Schicksal des Staates, der sozialen Ordnung und Katholiken selbst. Die Unnachgiebigen schufen in den 1890er Jahren eine beachtliche sozial-katholische Bewegung. Die Zahlen sprechen für sich: die *Opera* hatte im Jahre 1897 Komitees in 189 Diözesen (von insgesamt 309 Diözesen) und in 4.036 Pfarreien. Die Zahl der Landessparkassen betrug 567, die der Arbeitergesellschaften 698; sie unterhielt 26 Tageszeitungen, 168 Zeitschriften sowie Studentenklubs an 16 Universitäten. Außerdem gab es Konsum- und Produktionsgenossenschaften, soziale Molkereien, Versicherungsgesellschaften für die Bauern und u. a. m. Darüber hinaus förderte man mehrere Kindergärten und Berufsschulen, die jedoch von einzelnen religiösen Bruderschaften abhingen.

In jener Zeit achteten die italienischen Katholiken auf die sozialen und politischen Erfahrungen ihrer Glaubensgenossen auch im Ausland. Giuseppe Toniolo (1845–1918) nahm an den Treffen der katholischen Soziologen und Denker regelmäßig teil, die in Freiburg in der Schweiz stattfanden;[3] er unterhielt auch Verbindungen zur Görresgesellschaft und deutschen Universitäten. Das gilt auch für Graf Stanislao Medolago Albani (1851–1921), ein sozialkatholischer und konservativer Denker und Organisator. Das Beispiel der Deutschen Zentrumspartei und des Volksvereins für das katholische Deutschland sowie die Erfolge der belgischen katholischen Partei, erweckten in Italien sowohl Bewunderung als auch Neid.[4]

Die innere Einheit der *Opera dei Congressi* wurde aber schwächer, weil die jüngere Generation der Katholiken den Vorstellungen der Väter nicht folgen wollte. Die jungen Menschen, die um 1870 geboren wurden, hatten keine direkte Erfahrung mehr mit dem *Ancien Régime* und dem *Kirchenstaat*; außerdem stammten sie aus bürgerlichen Familien und nicht mehr von der zum Klerikalen neigenden Aristokratie; sie besuchten die staatlichen Universitäten und sprachen von einer Konkurrenz mit dem Liberalismus bzw. mit dem Sozialismus, die die neuen und modernen Methoden der beginnenden Massengesellschaft zu benutzen wussten.

Wie in Frankreich und in Belgien begann man, über die *Christliche Demokratie* zu diskutieren. Romolo Murri (1870–1944), Luigi Sturzo (1871–1959) und viele andere Priester und Laien verlangten eine radikale Erneuerung der *Opera*, aber ihre soziale Einstellung beunruhigten nicht nur die katholische Führung und viele Bischöfe, sondern auch die liberalen politischen Behörden. Daher nutzte die Regierung die sozialen Unruhen des Jahres 1898 aus und löste mehrere katholische Organisationen auf; der kämpferische Journalist Don Davide Albertario wurde mit den sozialistischen Leitern angeklagt und verurteilt.[5]

Als die *Giovani* (die Jugendlichen) den Vorsitzenden Paganuzzi und die Führung der *Opera* scharf kritisierten, weil sie nur schwachen Protesten gegen die Angeklagten erhoben hatten, gerieten die Kongresswerke endgültig in die Krise. Unabhängig von ihr verbreiteten sich christlich-demokratischen Kreise und Klubs und begannen sich sogar politische Listen zu bilden. Nach der Meinung des Heiligen Stuhles war das aber zu viel politische Aktivität. Papst Pius X. beschloss 1904 die Auflösung der alten Organisation und verhinderte die geplante Veränderung der christlich-demokratischen Bewegung von Romolo Murri, der eine echte Partei bilden wollte.[6] Diese Wechselfälle verbanden sich mit jenen des Modernismus und der Repressionspolitik des Heiligen Stuhles: die christlich-demokratischen Kreisen wurden aufgelöst und viele jungen Priester aus dem Priesterstand traten aus.[7]

2. *„Clerico-moderatismo" und Partito Popolare*

Die katholische Bewegung wurde im Jahr 1906 radikal reorganisiert. Nach dem Modell des Volkvereins in Deutschland wollte der Papst eine *Unione Popolare* schaffen, die einen kulturellen, bildungsmäßigen und propagandistischen Auftrag hatte. Neben ihr gab es noch eine *Unione Economico-Sociale* und eine *Unione Elettorale.*

Um die sozialistische und antiklerikale Gefahr abzuwenden (man sollte sich hierbei der französischen laizistischen Gesetze von 1905 erinnern), förderte Pius X. die Wahlteilnahme der Katholiken. Die Prinzipien des Antiliberalismus und des antinationalen Protestes blieben fortbestehen, doch erlaubten der Papst und die Bischöfe die

Teilnahme an den Wahlen zumindest in den Fällen, in denen mit katholischer Unterstützung die liberalen Kandidaten die Sozialisten besiegen konnten. Zunächst in den Gemeinden und später in den politischen Wahlen von 1904, 1909 und insbesondere von 1913 begaben sich die Katholiken in die Wahllokale. Die Allianzen der Katholiken, die *clerico-moderate* genannt wurden, besaßen aber kein echtes sozialpolitisches Programm, so dass Luigi Sturzo verbittert bemerkte, diese sei nur ‚die Prostitution einer Stimme' gewesen.[8]

Diese Phase war bestimmt durch eine tiefe Furcht vor dem Sozialismus und von neuen unkritischen patriotischen Begeisterungen (1911/12: Krieg in Libyen). Doch bot sich einigen Katholiken die Gelegenheit, in Wahlen zu kandidieren, so dass sich im Parlament eine unabhängige Gruppe von ehemaligen Mitgliedern und Führern der Christlichen Demokratie bzw. der konfessionellen Organisationen bildeten. Persönlichkeiten wie Filippo Meda (1869–1939) oder Giuseppe Micheli (1874–1948) spielten immer mehr eine wichtige Rolle in Rom; so wurde Meda in dem Weltkriegsjahr 1916 Finanzminister.[9]

Auch wenn viele Katholiken und viele Pfarrer während des Ersten Weltkriegs eine pazifistische Orientierung einnahmen, war die Mehrheit der Gläubigen patriotisch gestimmt und akzeptierte den Krieg. Man erklärte dies oft damit, dass die Katholiken durchaus gute Italiener gewesen seien und dass ihre religiöse Überzeugungen kein Hindernis dargestellt hätten, um ihre nationalen Pflichten zu erfüllen. Die katholischen Zeitungen veröffentlichten mit Stolz die Namen und die Fotos der Gefallenen.

Die Katholiken fanden also in der neuen Situation der Nachkriegszeit Bedingungen vor, die es ihnen erlaubten, in der italienischen Politik ihre eigene Identität herauszubilden. Luigi Sturzo gründete im Januar 1919 die Italienische Volkspartei, *Partito Popolare Italiano* (PPI); diese hatte einen unerwarteten Erfolg und stellte ein wichtiges Beispiel einer modernen, reformistischen und demokratischen Partei dar.[10] Mit ungefähr 20 % der Stimmen in den Wahlen von November 1919 gewann die neue Partei eine Spitzenrolle in der nationalen Politik: Ihre Vertreter gehörten als Minister allen Regierungen in der Zeit von 1919–1922 an. Doch wurde die hoffnungsvolle Entwicklung jäh unterbrochen durch den *Marsch auf Rom* (Marcia su Roma) am 28. Oktober 1922 und den Sieg Mussolinis. Einige Monate blieben die *Popolari* noch in der neuen Regierung, die Mussolini gebildet hatte; aber im April 1923 gingen sie in die Opposition. Man sprach damals von einer Zusammenarbeit des *Partito Popolare* und den Sozialisten, um eine neue antifaschistische Regierung zu bilden und die Diktatur zu verhindern. Aber in September 1924 erklärte Papst Pius XI., dass diese eventuelle Allianz von der Kirche nicht erlaubt werde. Das Beispiel der Weimarer Republik galt nicht für Italien!

Die Existenz der PPI wurde mehr und mehr bedroht, auch wenn sie noch bei den Wahlen vom April 1924 9 % der Stimmen gewann. Man sollte daran erinnern, dass diese Wahlen mit einem neuen, dem Faschismus günstigen Wahlgesetz durchgeführt wurden, wobei die Behörden der Gewalt der faschistischen Kommandos keinen Einhalt gebot.

Um die Wahrheit zu sagen: der Faschismus war nur als Sprengkapsel einer inneren Krise der Partei, die früher oder später unvermeidlich zum Ausbruch kommen musste. Der Erfolg der Partei war nämlich dadurch verursacht, dass alle Strömungen des italienischen Katholizismus in ihr vertreten waren; diese hatten aber ihre politische und soziale Darstellungen bewahrt, so dass der PPI keine wirkliche Einheit besaß. Angesichts des Faschismus teilte sich die Partei schon 1923 in mehrere Gruppen, so dass in der Partei nur die wirklichen demokratischen und antifaschistischen Mitglieder (u. a. Alcide De Gasperi, Francesco Luigi

Ferrari, Attilio Piccioni, Giovanni Gronchi) blieben. Der Parteisekretär Sturzo sollte 1924 auf Befehl des Vatikan den Weg ins Exil antreten; der arme Sizilianer wohnte zunächst in London und dann in den Vereinigten Staaten, von wo er erst 1946 in seine Heimat zurückkehren durfte. Wie die anderen nichtfaschistischen Parteien wurde der *Partito Popolare* in November 1926 von der Regierung offiziell aufgelöst.

3. Die Gründung, die Entwicklung und der Untergang der Democrazia Cristiana

Die von Alcide De Gasperi eingeleitete Wiedergeburt konnte sich erst verwirklichen, als die Diktatur in Juli 1943 fiel. Die *Democrazia Cristiana* (CD), die den alten Namen der Bewegung von Murri wieder annahm – u. a. auch mit dem Ziel, sich von dem *Partito Popolare* zu unterscheiden – wurde zwischen 1942 und 1943 gegründet.[11] Die Initiative kam von den alten *Popolari* wie De Gasperi, Scelba, Spataro und anderen, die in Rom und in Mailand tätig waren. Von Beginn an wurde die DC durch verschiedene politische und kulturelle Erfahrungen geprägt; dies war nicht zuletzt eine Folge des Umstands, dass ihr gar drei Generationen der Katholiken angehörten. Neben die alten *Popolari* traten diejenigen, die sich in der *Azione Cattolica* oder in der *Università Cattolica* gesammelt hatten (z. B. Amintore Fanfani, Giuseppe Dossetti, Giorgio La Pira, Oscar L. Scalfaro, Emilio Colombo); schließlich schlossen sich auch die Vertreter der Organisation der katholischen Universitätsstudenten an (z. B. Giulio Andreotti, Aldo Moro).[12] Es gab auch die *Jugendlichen*, die in der antifaschistischen Widerstandsbewegung ihre Lebenserfahrungen gesammelt hatten (z. B. Enrico Mattei, Giovanni Marcora, Benigno Zaccagnini). Man darf nicht vergessen, dass der Widerstand in Italien pluralistisch gewesen war, auch wenn die Kommunisten eine militärische Spitzenrolle spielten. Fast überall in Nord- und Mittelitalien blieben Priester und Nonnen bei ihrem Volk, um ihm zu helfen und es zu verteidigen; viele von ihnen nahmen aktiv am Widerstand teil und halfen den Flüchtlingen oder auch den Juden.[13]

Die neue Partei hatte mit der potentiellen Konkurrenz der *Kommunist-Katholiken* (Franco Rodano, Adriano Ossicini) und der *Christlich-Sozialen Partei* (Gerardo Bruni) zu tun, aber diese politischen Kontakte wurden vom Vatikan blockiert, auch wenn die Kontaktpersonen gute Katholiken waren und aus den konfessionellen Organisationen kamen.[14] Gefährlicher waren die Sympathien, die mehrere Bischöfe, Priester und Laien für die Rechten hatten, so dass die lange Zeit die Möglichkeit bestand, eine zweite konservative katholische Partei aufzubauen. Diese rechtsorientierten Katholiken kritisierten die DC wegen ihrer republikanischen Einstellung, ihrer Zusammenarbeit mit Kommunisten und Sozialisten (bis 1947) und auch wegen ihrer Weigerung, einen klerikalen Staat zu gründen.[15] Es ist nicht möglich, die Geschichte der DC eingehender zu behandeln. Doch sollen die wichtigsten Phasen vorgestellt werden.[16]

a) 1943–1947

In der Kriegs- und Nachkriegszeit war die Partei Mitglied des CLN (Comitato di Liberazione Nazionale, d.i. Nationalbefreiungskomitee), in dem auch andere Parteien vertreten waren (Partito Comunista, Partito Socialista, Partito d'Azione, Partito Liberale und Democrazia del Lavoro). Seit Dezember 1945 leitete Alcide De Gasperi drei Koalitionsregierungen mit diesen Parteien, die den Wiederaufbau des Staates und der Wirtschaft begannen. Nach den Wahlen vom 2. Juli 1946 schien die DC die stärkste Partei

Italiens (35 %), und ihre prominentesten Vertreter in der Verfassunggebenden Versammlung (Dossetti, Moro, Costantino Mortati, La Pira) plädierten entschieden für die neue demokratische und republikanische Verfassung. Man ist nicht selten auch heute noch erstaunt darüber, dass alle politischen Kräfte die antifaschistische Allianz unterstützten, um das neue Grundgesetz zu beraten und zu verabschieden. Die Ablehnung der Faschisten und der extremistischen Rechten galt auch noch auch in den 1950er Jahren. De Gasperi betonte, dass die DC „eine Partei der Mitte war, die doch linksorientiert blieb". Die *Kommunistische Partei Italiens* (PCI) war selbstverständlich ein Feind. Aber man wusste wohl, dass die Mehrheit der kommunistischen Wähler eine katholische Bildung erhalten hatte und dass die Lebensbedingungen der Bevölkerung sehr schwer waren. Der geheime Dialog zwischen DC und PCI wurde nie unterbrochen, und das hatte u. a. den Vorteil, dass ein Bürgerkrieg während der stalinistischen Ära vermieden und die junge Demokratie gestärkt werden konnte.

Die Zusammenarbeit mit den Parteien der Linken war aber aufreibend, weil der Kalte Krieg bald einsetzte. Im Mai 1947 bildete De Gasperi eine neue Regierung – ohne Kommunisten und Sozialisten. So wurde die neue Regierungsformel des *Centrismo* geboren, der nur die DC und die kleinen Parteien der Mitte (d. h. Liberale, Republikaner und Sozialdemokraten) angehörten. Zunächst waren die Liberalen (Luigi Einaudi) die einzige Genossen der DC.

b) 1947–1953

Nach der Verabschiedung der neuen, von allen antifaschistischen Parteien unterstützten Verfassung gewann die DC die Wahlen für das erste Parlament der Republik (18.4.1948).[17] Diese Wahlen hatten vor allem deswegen historische Bedeutung, weil sie als Entscheidung zwischen

Rom und *Moskau*, also zwischen westlichen und östlichen Werten galten. Der Kalte Krieg, die Furcht vor dem Kommunismus und die beängstigenden Nachrichten von Osteuropa (z. B. über die sog. ‚schweigende Kirche' im Kommunismus) vermischten sich mit dem Streben der Kirche, der Partei zu helfen, aber diese auch zu kontrollieren. Die Wechselfälle von Prag (Februar 1948) verstärkten das Engagement der italienischen Katholiken, und die DC konnte mit 48,5 % der Stimmen ein nicht mehr wiederholtes Ergebnis erzielen. In der ersten Legislaturperiode 1948–1953 bildete De Gasperi – immer mit den kleinen Parteien der Mitte – drei Regierungen, mit denen er Italien in den Atlantikpakt führte (1949)[18] und einige wichtige soziale Reformen (u. a. die Agrarreform 1950) einleitete. Es ist bemerkenswert, dass De Gasperi immer – als Garantie gegen den Klerikalismus – die Koalition der DC mit den anderen Parteien verteidigte. Die Anwesenheit einer noch starken kommunistischen Partei, der Ausbruch des Krieges in Korea (1950), aber auch die Entwicklung der neuen politischen Parteien der Rechten (u. a. der neo-faschistische Movimento Sociale Italiano) legten es De Gasperi nahe, das Wahlgesetz zu ändern, um die DC zu fördern. Das neue Gesetz wurde tatsächlich von einer großen Mehrheit getragen, so dass die Partei bzw. die Regierungskoalition 50 % der Stimmen gewann und 65 % der Sitze im Parlament erhielt. Bei den Wahlen 1953 erreichte die Regierungskoalition jedoch nur 49 % der Stimmen. Die politische Karriere von Alcide De Gasperi ging zu Ende; er verstarb am 19. August 1954.

In jener Zeit hatte die DC jedoch weder den Willen noch die Kraft, eine echte Staatsreform zu realisieren. Da der Kalte Krieg gute Entschuldigungen anbot, vermieden die christlich-demokratischen Regierungen, die alten sozialkatholischen Forderungen konsequent umzusetzen. Die Unzufriedenheit von vielen Priestern und Teilen des italienischen Katholizismus wuchs.[19] Giuseppe Dossetti, Parteimitglied und Führer des reformerischen Flügels, verließ sogar die Politik (1951).

c) 1953–1963

Ein Jahrzehnt lang dauerte die Mittekoalition, auch wenn sie politisch schwächer wurde; so brachte es Italien gar auf elf verschiedene Regierungen, die immer von christlich-demokratischen Politikern geleitet wurden. Man sprach jedoch mehr und mehr darüber, welche Mittel es zu nutzen gelte, um eine neue Regierung zu bilden, die die Modernisierung des Staates realisieren konnte. Man darf nicht vergessen, dass die 1950er Jahre die Jahre des italienischen Wirtschaftswunders waren und dass das ganze Land einen radikalen Wechsel erfuhr, der die alten Institutionen und Gesetze rasch obsolet machte. Die sog. *apertura a sinistra* (Öffnung nach links) hatte das Ziel, eine neue Mitarbeit mit den Sozialisten aufzubauen, um die Reformen einzuleiten und gleichzeitig endlich die Kommunisten zu isolieren. Das galt besonders nach 1956 und nach der scharfen Kritik der Sozialisten gegen die UdSSR wegen der Besetzung Ungarns.

Amintore Fanfani (1908–1999) verkörperte die Politik der *apertura*: Er schien der Nachfolger von De Gasperi, weil er seit 1954 Sekretär der DC war und sich bemühte, seine Partei zur Massenpartei werden zu lassen und so der kommunistischen Konkurrenz stärker entgegentreten zu können. Fanfani führte die Partei autoritär und gab ihr eine starke Organisation; außerdem wollte er die DC sozial und finanziell unabhängig machen, so dass er das Eindringen der Partei in die wirtschaftliche Welt und in die Staatsindustrie förderte. In der Zeit 1958–1959 war Fanfani gleichzeitig Sekretär der Partei, Regierungschef und Außenminister. Gegen ihn schlossen sich alle anderen christdemokratischen Führer wie Mariano Rumor, Emilio Colombo, Aldo Moro, Antonio Segni u. a. zusammen, so dass Fanfani Anfang 1959 zurücktreten sollte. Erst 1962 konnte er wieder eine Regierung bilden, die ausdrücklich den Auftrag hatte, die *apertura a sinistra* zu verwirklichen. Die neue Politik schien in jenem Moment unvermeidbar, auch weil der neue Parteisekretär, Aldo Moro (1916–1978)[20], fast die ganze Partei überzeugt hatte, dass die Mitarbeit mit den Sozialisten für Italien keine Gefahr, sondern eine Chance darstelle. Außerdem milderten sowohl Papst Johannes XXIII. als auch Präsident John F. Kennedy den Widerstand der Kirche und der USA gegen die *apertura*. Nach den Wahlen 1963 bildete Aldo Moro die erste Regierung von *centro-sinistra;* ihr gehörten neben der DC, Sozialisten Sozialdemokraten und Republikaner an.

Trotz der großen politischen Schwierigkeiten waren diese Jahre vielleicht die besten der gesamten christlich-demokratischen Geschichte, weil die Partei viele Ideen und Kräfte verkörperte. Anfang des 1960er Jahre nahmen auch vermehrt Intellektuelle am Leben der DC Anteil, in der Hoffnung, einen Beitrag für die Reformen und die Modernisierung leisten zu können.

d) 1963–1978

Die Hoffnungen wurden rasch zu Illusionen. Das Leben der Regierungen blieb mühsam und kurz. Die Bilanz lautet: drei von Aldo Moro geführte Regierungen in der Zeit 1963–1968; sechs Regierungen in der Zeit 1968–1972 und noch fünf in den Jahren 1972–1976. Die Streitereien zwischen dem konservativen und dem reformistischen Flügel der Koalition vermischten sich mit der Drohung einzelner militärischer und rechtsradikaler Gruppierungen, die mit Teilen der Geheimdienste verbunden waren. Es ist noch nicht klar, was wirklich im Sommer 1964 passierte, als General De Lorenzo sogar einen Staatsstreichplan aufdeckte; sicher ist, dass die italienische Demokratie in Gefahr war und dass die Regierung von *centro-sinistra* von da an noch schwächer wurde. In der Legislaturperiode 1963–1968 konnte Moro nur eine wichtige Reform verabschieden, d. h. die Einführung der Regionen, deren Räte man erstmals in 1970 wählen konnte.

Dem Protest der Studenten im Schicksalsjahr 1968 folgte in Italien der nicht minder harte Protest der Industriearbeiter im Herbst 1969. In gleichen Jahr setzte in Italien auch der der Terrorismus ein und man begann, die Opfer zu zählen, die von den neofaschistischen Extremisten getötet wurden: sechzehn in Mailand am 12. Dezember 1969, vier weitere in Mailand am 17. Mai 1973, acht in Brescia am 28. Mai 1974, zwölf im Zug Rom–München am 4. August 1974, 85 im Bahnhof von Bologna am 2. August 1980; weitere Opfer sollten noch folgen. Anfang der 1970er Jahre wurden auch die Roten Brigaden und viele andere linksorientierte terroristische Organisationen aktiv, so dass eine Serie von Attentaten gegen Richter, Polizisten, Journalisten, Industriekapitäne u. a. begann.

Der soziale Protest, die Furcht vor dem Terrorismus, die weltweite wirtschaftliche Krise (1973 u. a. Jom-Kippur-Krieg und Erdölkrise) sowie die starke Inflation verschlimmerten die innenpolitische Lage. Außerdem wollte Fanfani, der wieder Sekretär der DC geworden war, die Partei in einen neuen Wahlkampf engagieren. Es ging um das Volksreferendum, das die Katholische Kirche gefordert hatte, um das staatliche Ehescheidungsgesetz abzuschaffen. Das Ergebnis vom 12.5.1974 war aber ein Schock für die Kirche und die Partei, weil sich 59,3 % der Wählern für die Beibehaltung der Ehescheidung äußersten. Italien war kein katholisches Land mehr! Der Erfolg des Referendums war für die Parteien der Linken Ansporn weiterzumachen, so dass die Regionalwahlen 1975 der DC eine Niederlage bereiteten. Die DC erhielt noch 35 % der Stimmen, aber die Kommunisten erreichten nun 33 %, weil es ihre Partei vermochte, die Interessen der Bevölkerung und insbesondere der bürgerlichen und intellektuellen Schichten an einen politischen Wechsel auf sich zu lenken.

Im selben Jahre 1975 ernannte die DC einen neuen Sekretär in der Hoffnung, in den Wahlen von 1976 mehr Erfolge zu erzielen. Benigno Zaccagnini (1912–1989) schien der richtige Mann für dieses Amt, und er verstand es tatsächlich, die Partei in Begeisterung zu versetzen. Die DC erreichte 38,7 %, die PCI 34,4 %. Das Wahlergebnis zwang beide Parteien zusammenzuarbeiten, so dass Giulio Andreotti eine Regierung lediglich aus christlich-demokratischen Ministern bildete, die aber im Parlament durch die Stimmenthaltung der Kommunisten und Sozialisten toleriert wurde. Diese Zusammenarbeit sollte von der Parole der ‚solidarietà nazionale' begleitet sein, die den Notzustand Italiens bekämpfen und gegen den schwarzen und roten Terrorismus einen Damm bilden sollte. Der Dialog zwischen der DC und der von Enrico Berlinguer geführten Kommunisten wurde christdemokratischerseits von Aldo Moro verkörpert; dies war vor allem der Grund für das von den Roten Brigaden begangene Attentat. Gegen diese Politik kämpften die Roten Brigaden hart. Am 16.3.1978 entführten sie Aldo Moro, der damals auch der Präsident der DC war. Seine Leiche wurde am 9. Mai 1978 in Rom neben der Zentrale der DC und der PCI gefunden.

e) 1978–1994

Der Mord an Aldo Moro verursachte eine rasche Kursänderung der italienischen Politik. Man muss hinzufügen, dass jene Jahre weltweit viele Änderungen brachten: Zu erwähnen sind u. a. der Beginn des Pontifikats von Johannes Paul II. (seit 1978), die Verschlechterung der Beziehungen zwischen West und Ost infolge der Installierung der sowjetischen SS-20-Raketen und den daraufhin einsetzenden Diskussionen über die Stationierung von amerikanischen Mittelstreckenwaffen in Westeuropa. Die Zusammenarbeit von DC und PCI geriet in eine Krise, weswegen der neue sozialistische Sekretär Bettino Craxi eine „vorurteilslose Politik" begann, um das Übergewicht der Christlichen Demokraten gegenüber den Kommunisten zu verringern. In November 1980 beschloss die PCI eine neue Politik der „Alternative", die gegen die DC gerichtet war.

Die Machtlosigkeit der DC schien im Jahre 1981 ein neues Stadium zu erreichen, als von dem Republikaner Giovanni Spadolini eine neue Regierung gebildet wurde. Nach 36 Jahren verloren die Christdemokraten die Leitung der Exekutive. Diese Regierung des *Pentapartito*, d. h. die Allianz der fünf Parteien (nämlich der Republikaner, der DC, der Sozialisten, Sozialdemokraten und Liberalen) bestimmte mehr als ein Jahrzehnt die Politik Italiens. Von 1981 bis 1992 brachte man es auf zehn Pentapartito-Regierungen, in denen Bettino Craxi, Giulio Andreotti und Arnaldo Forlani eine Spitzenrolle innehatten. Die wachsende Korruption der DC und ihre Unfähigkeit, sich zu reformieren, führten dazu, dass die Partei zu Grunde ging. Nach dem Fall der Berliner Mauer und dem Zusammenbruch des kommunistischen Systems in den Jahren 1989/90 konnte eine Politik nicht mehr überleben, die sich in den Augen der Bevölkerung fast nur noch von Schmiergeldern und Privatinteressen genährt hatte, auch weil die Kosten, die besonders in Norditalien verursacht wurden, für die Partei erdrückend waren. Die Wahlen von 1992 waren ein Schock: Die DC verlor fast 5 % und erreichte nur 29,7 %; gleichzeitig gewann die von Umberto Bossi geführte *Lega Lombarda* 9,2 % der Stimmen. Das gesamte politische System Italiens wurde völlig durcheinander gebracht, so dass man begann, einen neuen Anfang zu planen. Das Wahlergebnis hatte die Richter in Mailand (u. a. Antonio Di Pietro) und anderen Städten, die seit Jahren vergeblich gegen die politische Korruption Untersuchungen anstellten, darin bestärkt, diese Ermittlungen fortzusetzen. Das war die Periode der „Mani pulite", der Sauberen Hände, die die Regierung der Fünf-Parteien-Koalition praktisch enthauptete. Von der öffentlichen Meinung unter Druck gesetzte, versuchten die Parteien, eine politische Lösung zu finden, so dass sie ein neues Mehrheitswahlgesetz verabschiedeten.[21]

f) 1994–2002: Die Diaspora

Die DC, bzw. ein Teil von ihr, ging im Januar 1994 in der neuen *Partito Popolare Italiano* auf, in dem Mino Martinazzoli der erste Sekretär wurde. In die Partei traten auch Andreotti, De Mita, Scalfaro und Mancino ein. Im Gegensatz dazu bildete die rechte Flügel der DC um Pier Ferdinando Casini und Clemente Mastella das neue *Centro Cristiano Democratico* (CCD); einige linksorientierte Katholiken, u. a. Ermanno Gorrieri und Pierre Carniti, gründeten die Gruppe *Cristiano-sociali*, die in den *Partito Democratico della Sinistra* (die ehemaligen Kommunisten) eintrat. Die Wahlen 1994 bescherten aber Berlusconi und der Forza Italia den Sieg, die einen großen Teil der christlich-demokratischen Wählerschaft gewann. Der PPI erhielt nur 11,1 %.

Die Diaspora-Geschichte der italienischen Katholiken verkomplizierte sich immer mehr. 1995 spaltete sich der *Partito Popolare*, weil die Mehrheit der Partei der Entscheidung des neuen Sekretärs, Rocco Buttiglione, widersprach, der mit Berlusconi für die Regionalwahlen eine Allianz bilden wollte. Buttiglione verließ die Partei und gründete die *Cristiano Democratici Uniti* (CDU).

In den wichtigen politischen Wahlen 1996 wurde das von Romano Prodi geleitete Lager vom PPI unterstützt, während CCD und CDU für die Mitte-Rechts-Richtung von Berlusconi votierten. Später spalteten sich diese beide Parteien, so dass Clemente Mastella sich nach Mitte-Links bewegte (1998/99).

Nach dem Ende seiner Regierungszeit gründete Romano Prodi 1999 eine eigene Partei, die *Democratici*, die das Ziel hatte, die Gemäßigten im Mitte-Links-Lager wieder zusammenzuführen. In der Tat wurde die neue Partei der *Margherita* 2001 unter der Führung des ehemaligen Radikalen Francesco Rutelli geboren, wobei sich der *Partito Popolare* und die *Democratici* vereinigten.

CCD, CDU und die Bewegung von *Democrazia Europea* um Sergio D'Antoni vereinigten sich am Ende 2002 zur *Unione Democratico Cristiana* (UDC), als deren Sekretär Marco Follini gewählt wurde.

4. Christlich-demokratische Ideen

Die DC, die sich aus mehreren Gruppen und politischen Strömungen zusammensetzte, konnte sich das Erbe der katholischen Sozialbewegung zunutze machen. Wenn wir ihre Geschichte betrachten, können wir einige Grundsätze feststellen, die sie politisch und kulturell kennzeichnen.

Es sollen hier nur einige Aspekte erörtert werden:

1. Die den katholischen Laien von der kirchlichen Hierarchie gewährte politische Autonomie. Diese von Luigi Sturzo vorgeschlagene Neuheit wurde von weiten Kreisen der Kirche bekämpft, so dass selbst De Gasperi über längere Zeit geheim gebliebene Gespräche mit Papst Pius XII. und den Bischöfen geführt haben soll. Tatsächlich hatte Sturzo – besonders in seinen berühmten Reden 1905 und 1919–1922 – erklärt, dass die politische Tätigkeit der Katholiken nicht vom gemeinsamen Glauben, sondern von einem gemeinsamen politischen Programm geprägt sein solle. De Gasperi wollte seinerseits lieber einen liberaldemokratischen als einen klerikalen Staat errichten. Man muss heute erkennen, dass die arg kritisierten Politiker der DC auf diesem Boden eine klarere Priorität für ei-

nen Laienstaat hatten, als ihre Nachfolger der Rechten und auch der Linken.

2. Der Begriff eines „begrenzten" Staates, der die Rechte der Gesellschaft, die Autonomie der sozialen Körperschaften (die Familie, die Gesellschaften, die freie Vereine, vor allem die Kirche usw.), die freie Initiative der Gemeinden und der Regionen respektieren soll. Um die Wahrheit zu sagen, war die tägliche Politik der DC in dieser Hinsicht nicht besonders konsequent, weil die Partei vom Kalten Krieg und vom Erbe des zentralisierten Staates beeinflusst wurde. Infolgedessen war die Kontinuität mit dem liberalen und faschistischen Staat nach 1945 stärker, als die Anstrengungen, einen echten demokratischen und modernen Staat zu konstruieren.

3. Die Bedeutung der internationalen und europäischen Verbindungen. Es ist überraschend, schon am Ende des 18. Jahrhunderts die Intensität dieser Verbindungen zu merken. Die Zeitungen gaben – wie schon erwähnt – Parolen aus wie „Freiheit wie in Belgien" oder „Germania doceat" (Deutschland lehre), weil das Beispiel von der Zentrumspartei und dem Volksverein sehr bewundert wurde. Ende der 1920er und Anfang der 1930er Jahre waren Luigi Sturzo und Francesco Luigi Ferrari die Vorkämpfer der sog. *Weißen Internationale,* die rein demokratisch sein sollte.[22] Nach dem Zweiten Weltkrieg spielte Alcide De Gasperi eine entscheidende Rolle für die europäische Einheit. Er stammte vom habsburgischen Trentino und war Abgeordneter in Wien gewesen.[23] Er war überzeugt, dass man die alten Vorurteile beseitigen musste, um ein neues, gemeinsames, demokratisches Europa zu gründen. Er wiederholte oft Sätze wie die folgenden: „Wir müssen für die europäische Jugend etwas tun ... Wir sollen für Europa nicht nur gemeinsame Verwaltungen, sondern auch einen oberen politischen Willen bzw. eine größere Zusammenfassung bilden ... Unser Ziel soll klar, bestimmt und garantiert

sein ...".[24] Seiner Meinung nach sollte das *Europa der Sechs* nur der Kern eines weiteren Europas sein. Im Jahr 1952 sprach De Gasperi schon von einem Zollverein, einer gemeinsamen Bank, einer einzigen Währung für Europa und natürlich von einem europäischen Heer. Der Grundstein des ganzen Gebäudes sollte die Idee sein, dass jeder Mensch eine Person ist. De Gasperi war außerdem völlig davon überzeugt, dass auch England und Russland Europa waren. Man sollte noch hinzufügen, dass De Gasperi dachte, dass die europäische Einheit eine Zusammenfassung der liberalen, sozialistischen und christlichen Ideen sein sollte, auch wenn er selbst natürlich die Relevanz der christlichen Kultur betonte.

5. Voraussetzungen und Bedingungen für die Erfolge

Warum konnte die DC lange so große Erfolge erreichen? Die Forscher haben bis heute eine lange Liste von Gründen aufgestellt, so dass man eine befriedigende Darstellung der neuesten italienischen Geschichte besitzt. Hier sollen aber nur einige Punkte angeführt werden:

1. Der kalte Krieg und die Furcht vor dem Kommunismus. Besonders in den entscheidenden Wahlen von 1948 konnte die DC nicht nur den katholischen Teil der Italiener erreichen. Diese Situation dauerte längere Zeit an, mindestens bis in die 1970er Jahre.

2. Die Unterstützung der Kirche, die die DC primär als Mittel ansah, um den Staat zu beeinflussen, eine vollkatholische Gesellschaft zu schaffen und einen vom Glauben inspirierten katholischen Staat zu schaffen. Es ist kein Geheimnis für die Historiker, dass mehrere Bischöfe und Pfarrer von einer Regierung träumten wie jener von Francisco Franco in Spanien. Der Säkularisationsprozess und das II. Vatikanische Konzil (1962–1965) änderten dies, aber

die Unterstützung der DC durch die Kirche blieb bis zum Untergang der Partei fast unverändert bestehen. Papst Paul VI. engagierte sich in der schwierigen Lage der 1960er und 1970er Jahre, um die Einheit der Partei zu bewahren. Übrigens hatte Monsignor Montini schon vor seiner Erhebung zum Papst eine wichtige Verbindungsrolle zwischen DC und Vatikan gespielt.

3. Die Fähigkeit der christlich-demokratischen Regierung, einen „gemischten" Staat zu begreifen und zu realisieren. Die Besonderheit der italienischen Zeitgeschichte besteht u. a. darin, dass der Nachkriegswiederaufbau und die ökonomische Entwicklung vom starken Beitrag des Staates und der Staatsindustrie geprägt waren. Das Symbol dieses Prozesses war sicher Enrico Mattei (1906–1962), der christlich-demokratische Leiter der Erdölgesellschaft AGIP und Gründer des staatlichen Energiekonzerns ENI. In den 1950er Jahren verkörperte Mattei die Bestrebungen Italiens, eine echte Unabhängigkeit in der Erdölversorgung zu erlangen, auch wenn dies zu schweren Konflikten mit den großen amerikanischen Konzernen führte, so dass das Flugzeugunglück von 1962, bei dem Mattei den Tod fand, immer mehr als Attentat betrachtet wird. Die Modernisierung der italienischen Ökonomie wurde sicher von wichtigen Struktur- und Sozialreformen erleichtert, u. a. der schon zitierten Agrarreform von 1950. Dank der Hilfe der mächtigen Organisation der Landwirte (*Coltivatori Diretti*, mit Paolo Bonomi), hatte die DC so die Möglichkeit eine treue Wählerschaft zu gewinnen und zu festigen.

4. Die Fähigkeit der Partei, fast alle Schichten der Bevölkerung und fast alle sozialen Interessen zu vertreten, auch wenn das einen politischen Immobilismus mit sich brachte. Die Bemühungen, den sozialen Frieden zu sichern und die kommunistische Kraft zu mindern, hatten aber fatale Folgen, weil die Partei unbestreitbar dauerhafte Kontakte zur Mafia unterhielt.

Alle diese Aspekte müssen aber historisch noch besser aufgearbeitet werden. Hier soll bemerkt werden, dass man endlich beginnt zu verstehen, dass man der *Democrazia Cristiana* angesichts ihrer Komplexität nur durch ein Gesamturteil gerecht werden kann, das nicht nur von ihrem unrühmlichen Ende abhängt.

Anmerkungen

1 A. Canavero: I cattolici nella società italiana. Dalla metà dell'800 al Concilio Vaticano II, Brescia 1991, bietet eine gute Zusammenfassung der wichtigsten Ereignissen. Vgl. auch Dizionario del movimento cattolico in Italia, 1860–1980, a cura di F. Traniello/G. Campanini, 5 Bde., Casale Monferrato 1981–1985; Dizionario del movimento cattolico in Italia. Aggiornamento 1980–1985, a cura di F. Traniello/G. Campanini, Genova 1997. Eine Bibliographie: Archivio per la storia del movimento sociale cattolico in Italia, Mezzo secolo di ricerca storiografica sul movimento cattolico in Italia dal 1861 al 1945: contributo a una bibliografia, hg. v. Eleonora Fumasi, Brescia 1995.

2 O. Confessore, I cattolici e la ‚fede nella libertà'. «Annali Cattolici», «Rivista Universale», «Rassegna Nazionale», Rom 1989.

3 D. Sorrentino, Giuseppe Toniolo. Una biografia, Edizioni Paoline, Cinisello Balsamo (Mailand)1988.

4 G. Vecchio, Alla ricerca del partito. Cultura politica ed esperienze dei cattolici italiani nel primo Novecento, Brescia 1987 (Beiträge zum deutschen Beispiel, die Bildung von De Gasperi, die Beziehungen der italienischen Katholiken zu Europa).

5 A. Canavero, Albertario e „L'Osservatore Cattolico", Rom 1988.

6 M. Guasco, Romolo Murri. Tra la «Cultura sociale» e «Il Domani d'Italia» (1898–1906), Rom 1988; L. Bedeschi, Murri, Sturzo, De Gasperi. Ricostruzione storica ed epistolario (1898–1906), Cinisello Balsamo (Mailand) 1994; D. Saresella, Romolo Murri e il movimento socialista (1891–1907), Urbino 1994.

7 P. Scoppola, Crisi modernista e rinnovamento cattolico in Italia, Bologna 1961; L. Bedeschi, Il modernismo italiano. Voci e volti, Cinisello Balsamo (Mailand) 1995; Il modernismo tra cristianità e secolarizzazione, hg. von A. Botti/R. Cerrato, Urbino 2000.

8 G. De Rosa, Luigi Sturzo, Turin 1977, S. 131. Vgl. auch F. Malgeri,

Luigi Sturzo, Cinisello Balsamo (Mailand) 1993; Universalità e cultura nel pensiero di Luigi Sturzo, Soveria Mannelli (Catanzaro) 2001; Sergio Belardinelli, Die politische Philosophie des christlichen Personalismus (Jacques Maritain und Luigi Sturzo), in: Karl Graf Ballestrem/Henning Ottmann (Hg.): Politische Philosophie des 20. Jahrhunderts, München 1990, S. 243–262.

[9] G. Formigoni, I cattolici deputati (1904–1918). Tradizione e riforme, Rom 1988; Filippo Meda tra economia, società e politica, hg. von G. Formigoni, Mailand 1991; Giuseppe Micheli nella storia d'Italia e nella storia di Parma, hg. von G. Vecchio/M. Truffelli, Rom 2002.

[10] G. De Rosa, Il Partito Popolare Italiano, Rom-Bari 1966; Cristiani in politica. I programmi dei movimenti cattolici democratici, hg. v. Bartolo Gariglio, Mailand 1987.

[11] Vgl. A. Giovagnoli, La cultura democristiana. Tra Chiesa cattolica e identità italiana, Rom-Bari 1991; A. Giovagnoli, Il partito italiano. La democrazia cristiana dal 1942 al 1994, Rom-Bari 1996; F. Malgeri, La stagione del centrismo. Politica e società nell'Italia del secondo dopoguerra (1945–1960), Soveria Mannelli (Catanzaro) 2002; A. Parisella, Cattolici e Democrazia Cristiana nell'Italia repubblicana. Analisi di un consenso politico, Rom 2001; G. Vecchio, Der Beitrag der Christlichen Demokraten zum politischen Wiederaufbau Italiens (1945–1954), in: Christliche Demokratie in Europa. Grundlagen und Entwicklungen seit dem 19. Jahrhundert, hg. v. W. Becker/R. Morsey, Köln 1988, S. 235–267; vgl. ferner Robert Leonardi/Douglas A. Wertman, Italian Christian Democracy. The Politics of Dominance, Basingstoke 1989; Rudolf Lill/Stephan Wegener, Die Democrazia cristiana Italiens und die Südtiroler Volkspartei, in: Hans-Joachim Veen (Hg.), Christlich-demokratische und konservative Parteien in Westeuropa, Bd. 3, Paderborn 1991, S. 15–203; Carlo Marsala, Die DCU und die Democrazia Cristiana Italiana, 1949–1969. Eine schwierige Beziehung, in: Historisch-Politische Mitteilungen 3 (1996), S. 145–162.

[12] R. Moro, La formazione della classe dirigente cattolica (1929–1937), Bologna 1979

[13] Vgl. Cattolici, Chiesa e Resistenza, hg. von G. De Rosa, Bologna 1997. Dieses Buch bietet neue historiographische Perspektiven an.

[14] A. Parisella, Christian Movements and Parties of the Left in Italy (1938–1958), in: Left Catholicism, 1943–1955. Catholics and

Society in Western Europe at the Point of Liberation, ed. by G.-R. Horn/E. Gerard, Leuven 2001, S. 142–173.

[15] A. RICCARDI, Il ‚partito romano' nel secondo dopoguerra (1945–1953), Brescia 1983; R. SANI, Da De Gasperi a Fanfani. La „Civiltà Cattolica" e il mondo cattolico italiano nel secondo dopoguerra (1945–1962), Brescia 1986.

[16] Eine Beschreibung der italienischen Zeitgeschichte: Storia dell'Italia contemporanea. Dalla crisi del fascismo alla crisi della repubblica (1939–1998), hg. von G. VECCHIO, Bologna, 1999. Eine wichtige Interpretation: P. SCOPPOLA, La Repubblica dei partiti. Evoluzione e crisi di un sistema politico, 1945–1996, Bologna [2]1997.

[17] M. CASELLA, 18 aprile 1948. La mobilitazione delle organizzazioni cattoliche, Galatina (Lecce) 1992

[18] G. FORMIGONI, La Democrazia cristiana e l'alleanza occidentale (1943–1953), Bologna 1996.

[19] G. VECCHIO, „Left Catholicism" and the Experiences „on the Frontier" of the Church and Italian Society (1939–1958), in: G.-R. Horn/E. Gerard (wie Anm. 14), S. 174–195.

[20] G. FORMIGONI, Aldo Moro, Mailand 1997.

[21] Vgl. auch Carlo MARSALA, Der Untergang der Democrazia Cristiana, in: Bernd Rill (Hg.), Italien im Aufbruch. Eine Zwischenbilanz, München 2003, S. 7–18.

[22] M. PAPINI, Il coraggio della democrazia. Sturzo e l'Internazionale Popolare tra le due guerre, Rom 1995.

[23] De Gasperi e il Trentino tra la fine dell'800 e il primo dopoguerra, hg. von A. Canavero/A. Moioli, Trient 1985; A. CANAVERO, Alcide De Gasperi, Mailand 1997. Vgl. auch M. R. De GASPERI, De Gasperi uomo solo, Mailand 1964; P. SCOPPOLA, La proposta politica di De Gasperi, Bologna 1977.

[24] De Gasperi e l'Europa. Scritti e discorsi, hg. von M. R. De Gasperi, Brescia 1979, S. 119–120ff.

Christliche Demokratie in Österreich

Ernst Bruckmüller

1. Zur Lage der Forschung

Der Forschungsstand zur Geschichte der christlichen Demokratie, also der Christlichsozialen Partei bis 1933 und der Österreichischen Volkspartei (ÖVP, seit 1945), war lange Zeit relativ bescheiden. Für die Zeit der späten Habsburgermonarchie verfügen wir allerdings über die beiden grundlegenden Werke von John Boyer, welche die Entstehung und den Aufstieg der Wiener Christlichsozialen sowie ihre Leistungen an der Macht zum Inhalt haben.[1] Diese beiden Bände sind jedoch in der österreichischen Diskussion bisher nicht wirklich rezipiert worden. Eine kenntnis- und detailreiche Information für die (Wiener) Frühzeit bietet auch die Dissertation von Reinhold Knoll.[2] Neben dieser umfangreichen Arbeit ist ein kurzer, aber gehaltvoller Aufsatz von Erika Weinzierl heranzuziehen.[3] Die hier begonnene Untersuchung über die Bedeutung einiger Aristokraten für die Entwicklung der politischen Organisation der österreichischen Katholiken wurde von dem belgischen Wissenschaftler Emiel Lamberts weitergeführt, der dabei die internationale Rolle Gustav von Blomes und Anton von Pergens hervorhob.[4] Das autobiographische Werk Friedrich Funders, des einflussreichsten Journalisten der neuen Partei, ist nach wie vor von Bedeutung.[5] Für die Geschichte der ÖVP existiert seit längerem eine gediegene Darstellung von Ludwig Reichhold, der aus der christlichen Arbeiterbewegung kam und auch eine gute Monographie über diesen wichtigen Teilbereich der christlichen Demokratie verfasst hat.[6] Sehr viel schlechter ist die Forschungssituation über die Zwischenkriegszeit; aus dieser Zeit gibt es nur noch einige Aufsätze. Anton Staudinger, der am meisten über diesen Zeitraum gearbeitet hat, hat leider bisher keine gedruckte Monographie vorgelegt. Seine Arbeiten sind überdies nicht frei von der Tendenz, die Geschichte der Christlichsozialen dominant unter dem Aspekt der Vorbereitung des sogenannten „Austrofaschismus" zu sehen.[7] Deutlich weniger einseitig, wenngleich keinesfalls unkritisch ist der informative Überblicksartikel von Helmut Wohnout in der Edition „Christdemokratie in Europa im 20. Jahrhundert".[8]

Dagegen hat sich die Forschungslage für die Zweite Republik in den 1990er Jahren deutlich verbessert. Zu verweisen ist zunächst auf den umfangreichen Band „Volkspartei – Anspruch und Realität" aus dem Jahre 1995.[9] Zwei Zentren einschlägiger Forschungen haben sich in Österreich herausgebildet. Zum einen Salzburg mit seinem Forschungsschwerpunkt Zeitgeschichte, wo die Historiker Ernst Hanisch[10], Robert Kriechbaumer[11] und Franz Schausberger[12] (derzeit Landeshauptmann von Salzburg) ein starkes Interesse an der Entwicklung der christlichen Demokratie haben; zum anderen Wien mit dem Karl von Vogelsang-Institut im Nahbereich der Politischen Akademie der ÖVP, unter der Leitung von Helmut Wohnout.[13] Das Institut gibt regelmäßige Publikationen heraus (früher die Zeitschrift „Christliche Demokratie", jetzt die „Jahrbücher")[14]; es beherbergt außerdem auch ein ausgezeichnetes, einschlägiges Archiv sowie eine gute Bibliothek zur Thematik. Beide Institutionen pflegen die Zusammenarbeit und unterhalten Kontakte zu den einschlägigen Forschern in Wien, Innsbruck, Graz, Klagenfurt und in anderen Städten, wie Alfred Ableitinger, Dieter A. Binder (zugleich Leiter des wissenschaftlichen Beirates des Karl von Vogelsang-Instituts), Maximilian Liebmann, Gerhard Hartmann, Werner Drobesch,

Klaus Plitzner, Michael Gehler, Friedrich Steinkellner, Andreas Khol, Peter A. Ulram, Fritz Plasser, Wolfgang C. Müller, Roland Widder, Roman Sandgruber, Michael Dippelreiter.[15] In den letzten etwa zwei Jahrzehnten ist also in die Erforschung der Geschichte der Christlichen Demokratie in Österreich eine neue Dynamik gekommen. Die Mitherausgabe von Michael Gehler und Helmut Wohnout (gemeinsam mit Wolfram Kaiser) an dem informativen Band „Christdemokratie in Europa" (2001) vermag diese positive Entwicklung ein wenig zu illustrieren.[16]

2. Katholische Sozialreform, Antisemitismus und Karl Lueger – die verschiedenen Wurzeln der Christlichsozialen Partei[17]

Der Katholizismus Österreichs war lange Zeit beherrscht von einer ausschließlich an der Monarchie des Hauses Österreich orientierten Vorstellung, in der politische Selbsttätigkeit der Katholiken ebenso wenig erwünscht wie vorstellbar schien. Diese Sichtweise trat in zwei Färbungen auf: einer *josephinischen,* in der die Bischöfe in erster Linie als treue Diener des Staates zu fungieren hatten, und einer *konkordatären,* nach der die Kirche nicht nur selbständig dem Staat gegenübertreten sollte, sondern auch bestimmte Bereiche wie Bildung, Erziehung und Ehewesen unbeeinflusst vom Staat gegenüber den Katholiken selbständig leiten sollte. Die konkordatäre Strömung resultiert letztlich aus der antijosephinisch-romantischen Tradition, die mit Namen wie Friedrich Wilhelm Schlegel, Clemens Maria Hofbauer u. a. verbunden ist und der auch Othmar Rauscher entstammte, Erzieher des jungen Prinzen Franz Joseph und späterer Konkordats-Erzbischof von Wien. Die josephinisch-liberale Strömung im österreichischen Klerus wurde insbesondere von den Äbten der großen Klöster getragen.[18]

Das Konkordat von 1855 war den seit den Verfassungen von 1861 und 1867 die Innenpolitik beherrschenden Liberalen bis zu seiner Einschränkung (Maigesetze 1868, Schulgesetz 1869) und Kündigung (1870, gänzliche Aufhebung 1874) ein schmerzlicher Dorn im Auge.[19] Da die Verfassungen von 1861 und 1867 letztlich Kompromisse waren, die die starke Position des Kaisers nur wenig schwächten, wurde das Konkordat heftig kritisiert, womit aber die kaiserliche Dominanz gemeint war.[20] Der Kampf gegen das Konkordat war daher ein politisches Hauptziel der Liberalen. In dieser Situation der Dominanz des antikirchlichen deutschösterreichischen Liberalismus mussten die Katholiken Österreichs schließlich erkennen, dass die traditionelle Verbindung von Thron und Altar nicht mehr zur Vertretung der katholischen Interessen ausreichte. Der Katholizismus musste jetzt auch parlamentarisch auftreten, in den Landtagen ebenso wie im Wiener Zentralparlament, dem Reichsrat, in dem die kirchlich-konservativ orientierten Kräfte zunächst nur eine sehr bescheidene Rolle spielten. Im Abgeordnetenhaus waren einige Vertreter des Hochadels und der Bauernschaft vertreten, im Herrenhaus, dem österreichischen Oberhaus, die Bischöfe. Niemand wäre damals, wie Peter Pulzer sagte, auf die Idee gekommen, dass ausgerechnet christlich-soziale oder christlich-demokratische Parteien die politische Landschaft Europas im 20. Jahrhundert so stark prägen würden![21] Dieser schwache katholische Konservativismus gewann erst an Schlagkraft, als sich in den 1870er Jahren, aufbauend auf einem seit etwa 1869/70 neu entstandenen Netz von katholischen politischen Vereinen (Landesvereine, sowie Regional- und Lokalvereine, sogenannte Kasinos) eine neue Rechtspartei bildete, eine Verbindung von antizentralistischen und prononciert katholisch-konservativen Kräften – der sog. Hohenwart-Club, der föderalistisch-konservative Kräfte der deutsch-österreichischen Alpenländer mit verschiedenen slawischen Abgeordneten vereinigte, von denen die Slowenen die beständigste Gruppe waren.[22] Durch die Koalition des Hohenwart-Clubs mit den Polen und Alttschechen gelangte dieser sogenannte „Eiserne Ring" ab 1879 und bis 1895 in eine parlamentarische Mehrheitsposition, die man aber nicht mit einer Mehrheit für katholische Positionen verwechseln darf (Alttschechen und Polen hatten föderalistische, aber nicht unbedingt klerikale Interessen).[23] Immerhin traten hier intensiver katholische und auch schon katholisch-sozial orientierte Persönlichkeiten auf, wie etwa Prinz Aloys Liechtenstein, später Vorsitzender der Christlichsozialen Partei. Unter dieser politischen Konstellation wurden die ersten sozialpolitischen Gesetze Österreichs verabschiedet.[24] Gleichzeitig wurde durch die Organisation von Katholikentagen (1877, 1889, 1892, 1896, 1905, 1907, 1910), an deren Zustandekommen vor allem Anton Graf Pergen ein Hauptverdienst zukommt, erstmals auch ein Diskussionsforum zwischen den verschiedenen politischen und nichtpolitischen Organisationen untereinander und mit den Bischöfen geschaffen.[25] Die Katholikentage wurden zum organisatorischen Ausgangspunkt des politischen Katholizismus in Österreich.[26]

Intensiviert wurde die Verbreitung christlich-sozialer (aber nicht unbedingt christdemokratischer!) Vorstellungen in Österreich insbesondere durch den Vogelsang-Kreis. Der aus Mecklenburg stammende Konvertit und Publizist Karl von Vogelsang (1818–1880) sah in einer ständisch gegliederten Gesellschaft mit stark herabgesetzter sozialer Dynamik und monarchischer Spitze die einzige Alternative zur liberal-individualistischen Gesellschaft, die früher oder später zur Revolution und zum totalen Chaos führen musste. Wenn man einen philosophischen Ausgangspunkt bei Vogelsang sucht, dann war dies die Scholastik, die strenge Rückwendung zu einer Theologie des Mittelalters und der Väter. Im Mittelpunkt standen Thomas von Aquin und das Zinsverbot. Vogelsang erscheint diesbezüglich ebenso radikal wie isoliert. Für die praktische Politik der Christlichsozialen erwies sich dies rasch als völlig irrelevant. Allerdings war Vogelsang bis zu seinem Unfalltod im Jahre 1890 der wichtigste Publizist des entstehenden politischen Katholizismus und der bedeutendste publizistische Vertreter einer katholischen Sozialreform.[27]

Nach der Emanzipation des Prinzen Alfred Liechtenstein und einiger anderer Politiker aus den Alpenländern vom Hohenwart-Klub (um 1883) entstand allmählich ein alpenländischer katholisch-deutscher Jung-Konservativismus (die „schärfere Tonart", 1895 Katholische Volkspartei), der sich später den Wiener Christlichsozialen annäherte. In Tirol führte dieser Prozess zu massiven Auseinandersetzungen zwischen dem Bischof von Brixen, Simon Aichner, und den Altkonservativen einerseits und jüngeren Kräften, wie dem rührigen Abgeordneten Franz von Zallinger und dem Theologen Ämilian Schöpfer, andererseits; im frühen 20. Jahrhundert wurden diese Auseinandersetzungen durch den großen Wahlsieg der Christlichsozialen 1907 entschieden, doch wurden die Konflikte dadurch nicht beendet.[28] In Oberösterreich und Salzburg dagegen blieben die verschiedenen Strömungen des Konservativismus dominant; diese waren in Salzburg (Brüder Lienbacher) auf Grund eines stärkeren Konkurrenzdruckes der Schönerianer eher deutschnational gefärbt (Deutschkonservative, neben den älteren und stärker gebliebenen Katholisch-Konservativen). In Oberösterreich hingegen zeigten sich diese Strömungen auf Grund der hier besonders hervorstechenden Identifizierung des katholischen Vereinswesens mit der politischen Organisation (katholischer Volksverein 1869, dessen Spitze war gleichzeitig die Parteileitung der Konservativen – und nach ihrer Fusion bis 1933 – auch der Christlichsozialen Partei) als traditionell konservative, stark bäuerlich geprägte Massenorganisation.[29]

Die Christlichsozialen waren eine ganz und gar neue Partei, in der sich der antisemitische Protest der Wiener Handwerker und Gewerbetreibenden, die Programmatik und Pädagogik Vogelsangs und die charismatische Führungspersönlichkeit des aus der liberalen Demokratie kommenden Karl Lueger um 1887/88 vereinigt hatten. Die zunächst auf Wien beschränkte Parteibildung entstand in einem langwierigen Prozess. Seit den späteren 1870er Jahren kann man das Entstehen und Anwachsen von Vereinen beobachten, die den Protest von Kleingewerbe und Kleinhandwerk gegen die Auswüchse des modernen Kapitalismus auf den simplen Nenner des Antisemitismus brachten.[30] Es gab personelle Querbeziehungen zwischen dieser Bewegung und Karl von Vogelsang, etwa in der Person des „Mechanikers" Ernest Schneider, der Vogelsang für dessen sozialkritische Publikationen, vor allem für die „Monatsschrift für christliche Sozialreform"[31], mit Material versorgte. Vogelsang stand gleichzeitig, auch als Redakteur des katholisch-konservativen „Vaterland", mit einer Reihe von Aristokraten in Verbindung, von denen einige sehr an einer neuen sozialen Orientierung der katholischen Kirche und des Katholizismus interessiert waren. U. a. waren dies die Grafen Egbert Belcredi, Franz Kuefstein, Julius Falkenhayn, Gustav Blome und Prinz Aloys Liechtenstein. Sie unterstützten Vogelsang und spielten – trotz ihrer geringen Zahl – eine bedeutende Rolle bei der Entwicklung der katholischen Soziallehre und des politischen Katholizismus.[32] Vogelsang und die Sozialaristokraten waren – auch wenn einige als Abgeordnete tätig waren – keine politischen Organisatoren.

Der überragende politische Kopf im Wien jener Zeit war Karl Lueger (1844–1910). Der Jurist war schon früh im weiten Rahmen des deutsch-österreichischen Liberalismus als „Demokrat" politisch tätig geworden und kämpfte gegen die dort nicht selten zu beobachtende Korruption. Er bildete, etwa im Wiener Gemeinderat und im niederösterreichischen Landtag, seit 1885 auch im Staatsparlament, dem „Reichsrat", eine kleine Fraktion. Seine Anziehungskraft als liberaler „Saubermann" blieb auf eine kleine regionale Gruppierung in Wien beschränkt. Von 1886 an näherte er sich der christlichen Sozialreform wie auch den Antisemiten. Einer der größeren antisemitischen Vereine, der „Christlichsoziale Verein", sollte der neuen Partei schließlich auch den Namen geben. Dabei ist auch die Rolle junger Geistlicher besonders beachtlich: „Energized by strong Anti-Semitic and economic protest rhetoric and supported by sympathetic lower clerics with a keen sense for the benefit of social as well as confessional protests, a coalition of ill-tempered *bürgerlich* social groups came together in Vienna in the early 1890s and, under the enigmatic title of the ‚Christian Social Party', won control of the city government of Vienna in 1895 – 1896."[33] In diesem antisemitischen Sammelbecken der „Vereinigten Christen" – eigentlich einer Koalition von verschiedenen Strömungen – spielte zunächst auch der Führer der deutschnationalen Rassenantisemiten, Georg von Schönerer, eine Rolle.[34] Noch war unentschieden, wer endgültig die Führung dieser Gruppierung übernehmen sollte. Als sich Schönerer durch einen handgreiflichen Überfall auf eine Zeitungsredaktion und das anschließende Gerichtsverfahren (und seine Verurteilung) 1888 selbst für einige Jahre aus dem politischen Verkehr brachte, beeilte sich Lueger, die jetzt „vaterlos" gewordene Gefolgschaft Schönerers für sich zu gewinnen. Nun begannen die ersten Wahlerfolge. 1895 eroberte Lueger mit dieser sehr inhomogenen Gruppierung, zu der sich nun auch schon Teile des arrivierteren Bürgertums (Hausbesitzer, Beamte, Lehrer) gesellten, die Mehrheit im Wiener Gemeinderat, 1896 auch den niederösterreichischen Landtag. Auch im Westen, so in Vorarlberg und Tirol, errangen die Christlichsozialen große Erfolge. Hier hatten sie sich aus der „schärferen Tonart" des traditionellen Konservativismus herausentwickelt. Bei den ersten Reichsratswahlen nach dem allgemeinen (Männer-)Wahlrecht 1907 wurden die Christlichsozialen, die jetzt mit den alpenländischen Konservativen gemeinsam mit 96 von 516 Abgeordneten den größten Klub im Abgeordnetenhaus des Reichsrates bildeten, zur stärksten Partei (nicht nur) der deutschsprachigen Bevölkerung des alten Österreich.

Die Partei war inzwischen bürgerlich und bäuerlich geworden. Die Eroberung des Wiener Gemeinderates war nur durch die Gewinnung der Hausbesitzer sowie von Beamtenkreisen möglich gewesen. Lueger nannte seine Fraktion im Rathaus auch konsequent „Bürgerklub". Als zusätzliche Basisorganisation schuf er eine „Bürgervereinigung".[35] Der christlichsoziale Parlamentsklub von 1907 umfasste zahlreiche Bauern, Geistliche, verschiedene bürgerliche Gruppen, jedoch nur wenige Arbeiter.[36]

Die Partei sah sich zwar als „christliche" Partei, war aber alles andere als klerikal. Das Verhältnis zum Episkopat war zunächst äußerst kühl. Nur den Klerus „vom Pfarrer abwärts" schätzten die Exponenten der jungen Partei.[37] Dennoch – oder gerade deshalb – ging mit dem politischen Aufstieg der Christlichsozialen Partei eine deutliche Renaissance des Wiener Katholizismus Hand in Hand. Große Wallfahrten nach Mariazell und intensive seelsorgliche Anstrengungen, getragen von Jesuiten (wie P. Heinrich Abel),[38] sowie eine erhebliche Verdichtung des katholischen Vereinswesen[39] sind Ausdruck dieser Entwicklung.

1910 starb Bürgermeister Karl Lueger, dessen Leistungen in der Führung der Wiener Stadtverwaltung legendär geworden sind.[40] In den Reichsratswahlen von 1911 gingen die meisten Wiener Mandate verloren, die Mehrheit im Wiener Gemeinderat verblieb auf Grund des eingeschränkten Wahlrechts bis 1918. Nach der Wahlniederlage folgte eine massive Auseinandersetzung innerhalb der Partei, die zur Trennung von den deutschnationalen und rassenantisemitischen Gefolgsleuten führte.[41] Erst seit 1911 waren die Christlichsozialen tatsächlich zu einer katholischen, freilich auch stark agrarisch orientierten Partei geworden. In Wien blieben sie von da an in der Minderheit.

Nach Vogelsangs Tod (1890) wurde Franz M. Schindler der führende Kopf des österreichischen Sozialkatholizismus und der führende Programmatiker der jungen Christlichsozialen Partei. Schindler war Moraltheologe und organisierte – zunächst gemeinsam mit Vogelsang – die berühmten „Enten-Abende" (nach dem Hotel „Zur Ente" in Wien), auf denen die Eliten der neuen Partei mit katholischem Gedankengut ebenso wie mit der Gedankenwelt der katholischen Sozialreformer Deutschlands vertraut gemacht wurden. Lueger hatte allerdings kein ausgeprägtes Interesse an Programmatik. Schindlers seit 1891 verfasste Parteiprogramme sind daher nicht so sehr als verbindliche Zielformulierungen für die Parteieliten zu lesen, sondern vielmehr als Darstellungen nach außen, für die Wähler, vor allem aber auch für die Kirche. Immerhin hatten konservative kirchliche Kreise im Einverständnis mit der Regierung in Rom 1895 gegen die Christlichsozialen interveniert. Sie wiesen auf den tendenziell brutalen Antisemitismus hin. Schindler verteidigte die neue Partei, indem er darauf hinwies, dass einige ihrer Anhänger aus dem glaubenslosen Liberalismus gekommen seien und noch nicht gänzlich von den milden Lehren der Kirche geprägt seien. Da der liberale Kapitalismus in Österreich vor allem von Juden getragen würde, nannten sich einige der Anhänger eben „Antisemiten", ohne aber damit wirklich bösartige Absichten zu verbinden.[42] Im Hinblick auf die *soziale Frage* berief sich Schindler zwar immer wieder auf Vogelsang, vertrat aber in der Tat andere, eigentlich liberalere Konzepte. Er wiederholte weder die Vogelsang'sche Forderung nach einem absoluten Zinsverbot, noch forderte er die Ersetzung des Lohnvertrages durch einen Gesellschaftsvertrag (eine zentrale Idee Vogelsangs zur Entproletarisierung des Proletariats). Das sogenannte „erste Parteiprogramm der Christlichsozialen" von 1891 enthielt auch kein Wort über das Miteigentum der Arbeiter an den Unternehmungen. In seinem zusammenfassenden Lehrbuch „Die soziale Frage der Gegenwart, vom Standpunkte des Christentums beleuchtet" hat er die „Organisation der Volksstände" (in Berufsgenossenschaften) zwar ausführlich behandelt, sie aber nicht als Organe gesehen, die künftighin die bestehenden gesetzgebenden Organe ersetzen würden, sondern diesen „eine wohltätige Stütze und Entlastung" bieten sollten.[43] So ist eigentlich Schindler viel mehr als Vogelsang der geistige Vater des österreichischen „Kammerstaates", wobei er keine geschlossene Theorie der christlichen Demokratie (oder der Christlichsozialen) oder einer nach den Prinzipien des Christentums organisierten Gesellschaft entwickelte.

Darin folgte ihm im Prinzip auch sein bedeutender Schüler Ignaz Seipel.[44] Seipel hatte schon 1907 in seiner Habilitationsschrift über die wirtschaftsethischen Lehren der Kirchenväter bemerkt, dass es keine Wirtschaftstheorie der Kirche gebe. 1913 ging er noch einen deutlichen Schritt weiter: „Es gibt keine kirchliche Norm für die Wissenschaft, keine kirchlichen Literatur- und Kunstgesetze, kein politisches, soziales oder Wirtschaftsprogramm der Kirche als einzig und allein jene Normen, jenes Programm, das in der Geltendmachung des christlichen Sittengesetzes auf allen diesen Gebieten des menschlichen Kulturlebens besteht."[45]

3. Die Christlichsozialen in der Ersten Republik 1918–1933

Ignaz Seipel (1876–1932) wurde 1909 Professor für Moraltheologie in Salzburg, 1917 folgte er seinem Lehrer Schindler auf der Lehrkanzel der Wiener Universität nach. 1916 erschien sein wichtiges Buch „Nation und Staat“. Im Herbst 1918 war er Minister im letzten kaiserlichen Kabinett Lammasch. Im November 1918 nahm er Einfluss auf die Verzichtserklärung des letzten Kaisers Karl (11. November 1918) und ermunterte durch eine Artikelserie in der „Reichspost“ die Christlichsozialen, an der Gestaltung der neuen Republik mitzuwirken.[46] Er stand also schon im Mittelpunkt der Politik. Nominell übernahm er 1921 die Obmannschaft der Partei und den Parlamentsklub. 1922–1924 und 1926–1929 war er auch Bundeskanzler. Nach seinem Rücktritt gab er auch die Obmannstelle (1930) und den Klub ab. Seipel war zweifellos die dominante Erscheinung der Christlichsozialen Partei. Er wurde daher auch zur zentralen Feindfigur der traditionell betont antikirchlichen Sozialdemokraten. In den Hassliedern der linken Jugendorganisationen wurde empfohlen, Herrn Seipel „an die Gaslatern“ zu hängen. 1924 verübte ein Sozialdemokrat ein Attentat auf Seipel, dessen Gesundheit seither geschwächt war.[47] Um den Priester im Politiker zu treffen, riefen die Sozialdemokraten zum Kirchenaustritt auf.[48]

Die Durchsetzung von zentralen Forderungen des politischen Katholizismus, etwa die Einführung der konfessionellen Schule, war auf Grund der politischen Konstellation von vornherein unmöglich: Die Christlichsozialen verfügten auch nach ihren Wahlsiegen von 1920 und 1923 nur über eine relative Mehrheit und waren auf Koalitionen mit den traditionell antiklerikalen, deutschnational-liberalen „Großdeutschen“ angewiesen (1918–1920 hatten sie mit dem Sozialdemokraten koaliert). Es war daher nicht mehr möglich, als die Stellungen, die die Kirche nun einmal innehatte, nach Möglichkeit zu verteidigen. Seipels Plan einer „Sanierung der Seelen“ musste daher Wunsch bleiben.[49] In der Wirtschafts- und Sozialpolitik versuchten die Christlichsozialen, die die starke Welle an sozialpolitischen Maßnahmen 1918–1920 mitgetragen hatten, zunächst die galoppierende Inflation einzudämmen, was Seipel im August 1922 mit Hilfe des Völkerbundes gelang.[50] Danach dominierte eine traditionelle liberale Wirtschaftspolitik, die von der Vorstellung ausging, der Markt würde schon wieder seine Funktion übernehmen, wenn nur die Währung stabilisiert wäre. Die einzige Ausnahme bildete die Landwirtschaft, die – nach den Erfahrungen der Hungerjahre in und nach dem Krieg – kräftig gefördert wurde.[51]

Welches waren die politischen Erfolge der Christlichsozialen? Sie dominierten ständig die meisten Bundesländer (nicht Wien, Kärnten und das Burgenland), auf Staatsebene wurden sie 1920, 1923 und 1927 (relativ) stärkste, 1919 und 1930 nur zweitstärkste Partei. Den größten Wahlerfolg mit 1.490.870 Stimmen (45 %) erzielten sie 1923, als man mit der propagandistischen Hervorhebung des „Sanierers" Ignaz Seipel argumentieren konnte.[52]

Tab. 1: Wahlergebnisse in der Ersten Republik (Nationalratswahlen)[53] (M. = Mandate)

Partei	*1919*		*1920*		*1923*		*1927*		*1930*	
	M.	%	M.	%	M.	%	M.	%	M.	%
CSP	69	36	85	42	82	45	(73)		66	36
SDAP	72	41	69	36	68	40	71	42	72	41
Großdeutsche	27	21	28	17	15	13	(12)	–	(10)	
Einheitsliste (Schoberblock)							85	48	19	12
Landbund							9	6	(9)	
Andere	2	2	1	5					8	6
Summe	170		183		165		165		165	

Als dauerhaftes zentrales Problem stellte sich in der Ersten Republik die Frage nach der Demokratie dar. Die österreichischen Christlichsozialen waren zu keinem Zeitpunkt

Christdemokraten gewesen, wenn man darunter die Forderung nach einer völligen Demokratisierung des Staatswesens versteht. Sie waren zutiefst der Monarchie und dem Gedanken einer Vorrangposition für die Deutschen in diesem Staat verbunden gewesen. Wie aber sollten sie sich jetzt im und zum neuen demokratischen Staat verhalten? Ernst Hanisch sieht eine besonders tiefgreifende „Fragmentierungslinie Staat – Kirche".[54] Die Christlichsozialen übernahmen für die Kirche die Schutzfunktion des Monarchen und forderten eine Rechristianisierung der Gesellschaft samt konfessioneller Schule, Schutz der katholischen Ehe usw. Die Sozialdemokraten waren entschieden dagegen. Das Verhältnis Kirche – Staat betraf also die weltanschaulichen Kernfragen schlechthin. Da alle religiösen Fragen, aber auch die Fragen der Organisation des Religiösen, zugleich die Intimsphäre des Menschen berührten, mobilisierten diese politischen Streitfragen ungeheure Emotionen. Der Stil der politischen Auseinandersetzung radikalisierte sich. Während die Christlichsozialen die Rolle des politischen Schutzschildes für die katholische Kirche übernahmen, besorgte diese die wichtigen Integrationsfunktionen für die Partei. Es waren kirchlich-katholische Organisationen, die die Basisorganisationen für die Partei darstellten und so ein eigenes organisatorisches Gerüst für die Partei entbehrlich machten. Der Klerus war ein wichtiger Teil der Parteielite (Prälat Johann Nepomuk Hauser, Landeshauptmann von Oberösterreich, zeitweilig Klubobmann im Parlament; Prälat Ignaz Seipel), die katholische Presse fungierte gleichzeitig als Parteipresse.[55] Die Demokratie war kein zentraler Wert an sich.[56] Sie wurde akzeptiert, solange sie die Rahmenbedingungen für eine Regierungsposition der Partei bot. Als ab 1932 infolge des Aufstiegs der Nationalsozialisten Neuwahlen für das Parlament die Position der Christlichsozialen gefährdeten, traten latente autoritäre Tendenzen in den Vordergrund. Bis 1927 wurden sie überwiegend von der Angst vor einer allfälligen Machtübernahme seitens der teilweise bolschewistisch eingeschätzten Sozialdemokratie genährt, der man mit Hilfe der Heimwehren, paramilitärischer Verbände mit antiparlamentarischen und zuletzt faschistischen Zielsetzungen begegnen wollte. Als die auf der Mehrheit von einem Mandat beruhende Regierung Dollfuß 1932 mittels des aus dem Kriege stammenden Ermächtigungsgesetzes von 1917 (es gab der Regierung Vollmachten für Kriegszeiten, wurde aber nach 1918 niemals außer Kraft gesetzt[57]) bemüht war, die Verluste der insolvent gewordenen Creditanstalt abzudecken, hatte sie ein Instrument gefunden, das es ihr zunehmend erlaubte, Maßnahmen ohne parlamentarische Zustimmung durchzusetzen.[58] Die Rücktritte der drei Parlamentspräsidenten am 4. März 1933 waren für Bundeskanzler Dollfuß und (unabhängig davon) einer einflussreichen Führungsgruppe der Christlichsozialen ein geeigneter Anlass, zumindest bis auf weiteres ohne Parlament zu regieren.[59] Aus dieser Regierungsdiktatur entwickelte sich eine neue Herrschaftsform, der „autoritäre Ständestaat“.

Welche Interessen vertraten die Christlichsozialen in gesellschaftlicher Hinsicht? Bis 1918 wurden die Interessen der Bauern dominant von den Christlichsozialen (und Konservativen), aber auch von der deutschnational-liberalen Deutschen Agrarpartei vertreten, die Interessen von Handwerk und Gewerbe teils von den Christlichsozialen (in Wien), teils von liberal-deutschnationalen Parteien. Die Industrie unterhielt bis 1918 zu den Christlichsozialen nur wenige Kontakte. Auf Grund der Stärke der Sozialdemokratie und der Schwäche der (liberal-deutschnationalen) „Großdeutschen“ übernahmen seither die Christlichsozialen nicht nur die Interessenvertretung von Bauern, Kleingewerbe und Handwerk, sondern partiell auch die der Industrie und der Großbanken. Die Großindustrie finanzierte mit ihren Beiträgen beide bürgerlichen Parteien; 30 % ihrer

Beiträge flossen zu den Großdeutschen, 70 % zu den Christlichsozialen.[60] Innerhalb der Partei blieb der 1919 gegründete Reichsbauernbund (als Dachverband der selbständigen katholischen Landesbauernbünde) die größte und mächtigste Organisation. Kriegs- und Nachkriegsinflation und die schwere Nahrungsmittelknappheit hatten den Bauern genützt, was ihren Einfluss in der unmittelbaren Nachkriegszeit erklärt. Das hinderte aber nicht, dass es auch zwischen verschiedenen Gruppen von Agrariern, vor allem zwischen den wohlhabenden Getreidebauern Ober- und Niederösterreichs („Körndlbauern") und den Viehwirtschaft treibenden Alpenbauern („Hörndlbauern") immer wieder zu Interessenkollisionen kam. Die Subventionen für die Landwirtschaft wurden ebenso kritisiert wie der Kurs der Regierung Dollfuß, die zunehmend den heimischen Markt für die österreichische Bauernschaft reservieren wollte.[61] Im Grunde waren die Christlichsozialen eine Partei der bäuerlichen und gewerblichen Selbständigen und des öffentlichen Dienstes, nur ein geringer Anteil an Lohnempfängern findet sich unter ihren Wählern, Funktionären oder Abgeordneten.[62]

Ständische Vorstellungen waren in der Partei stets mehr oder weniger kräftig vertreten. Auf der ideellen Basis eines allgemeinen christlichen Solidarismus wurde bereits im Wahlprogramm von 1919 eine Ausgestaltung der Interessenvertretungen gefordert. Richard Schmitz erläuterte diese Forderung dahingehend, dass man alle Stände von den Berufsgenossenschaften an bis hinauf zu den Ständekammern durchorganisieren müsse.[63] Auch die Organisation der Christlichsozialen Partei verwirklichte zumindest ansatzweise schon früh ein korporatives, ständisches Modell. Sie verstand sich als „Volkspartei" mit dem Anspruch, alle „Stände" der Gesellschaft zu vertreten.[64] Die mächtigste Organisation, die selbst teils innerhalb der Partei stand, teils selbständig handelte, war der Reichsbauernbund.[65] Er dominierte, mit Ausnahme Kärntens, die regionalen Landwirtschaftskammern. Ebenfalls fest organisiert war die christliche Arbeiterbewegung. Auch sie hatte ein ständisches Gesellschaftsbild, das Karl Lugmayer folgendermaßen beschrieb: „Die Gleichheit des Berufes verbindet die Menschen zu Standesgruppen. Die Berufsstände bilden die nächst höhere Gemeinschaft (über der Familie, d.V.). Für ihren Kreis kommt ihnen entsprechende gesetzgebende, verwaltende und rechtsprechende Hoheit zu ..."[66] Eine entsprechende Organisation für die gewerbliche Wirtschaft fehlte allerdings. Erst 1932 hat Julius Raab die Umwandlung des „deutsch-österreichischen Gewerbebundes" in eine „selbständige Standesorganisation im Rahmen der Christlich-Sozialen Partei" erreicht.[67]

Die Partei mit ihrem ständischen Gesellschaftsbild suchte Legitimität bei den angesprochenen Schichten durch starke, hochorganisierte Standesorganisationen zu gewinnen. Im übrigen ersetzten zahlreiche und höchst verschiedenartige katholische Vereine einen selbständigen organisatorischen Unterbau der Partei.[68]

Katholische Kirche und Christlichsoziale Partei befanden sich während der Ersten Republik ständig unter mehrfachem Druck:

– Die Partei musste auf Grund ihrer langjährigen Regierungsposition (1918–1920 als Juniorpartner in einer Koalition mit den Sozialdemokraten, 1920–1933 und faktisch bis 1938 als erste Regierungspartei) gegenüber ihren sozial sehr unterschiedlichen Wählergruppen die Verantwortung für die ökonomisch unerfreulichen Folgen der langfristigen Umstellung der Wirtschaft, der Währungssanierung (1922), internationaler Kontrolle als Folge der Genfer Protokolle, der Bankenzusammenbrüche, der Weltwirtschaftskrise ab 1929 und neuerlicher internationaler Finanzkontrolle ab 1932 übernehmen, was den Rückgang an Wählerstimmen bei den Parlamentswahlen 1927 und 1930 und bei den

Landtagswahlen 1932 (Wien, Niederösterreich, Salzburg) erklärt. Die finanzielle Bewegungsfreiheit der Regierungen war fast durchweg überaus eingeengt. Daneben erschwerten Bankenskandale im Nahbereich von christlichsozialen Landesparteien die finanzielle Lage und unterhöhlten das Vertrauen in die Partei.[69]

– Sie war andererseits das Schutzschild der Kirche gegen die Forderungen der massiv antiklerikal auftretenden Sozialdemokratie nach völliger Trennung von Staat und Kirche, nach obligatorischer Zivilehe, Abschaffung der katholischen Privatschulen und des Religionsunterrichtes usw. Auch in diesem Bereich hatte sie sehr wenig Handlungsspielraum. Die enge Bindung an die Meinung der Bischöfe erschwerte die Situation, da auch die Koalitionspartner der Christlichsozialen antiklerikal orientiert waren. So gelang es nur äußerst schwer, in heiklen Fragen wie z. B. bei den Schulgesetzen zu Kompromissen zu kommen.[70]

– Die Kirche wiederum verband sich umso enger mit der Christlichsozialen Partei, je schärfer die Angriffe aus der Sozialdemokratie auf die Kirche wurden.

– Diese enge Bindung erschwerte die Pastoral in antiklerikalen Milieus im Allgemeinen und in der Arbeiterschaft im Besonderen, was von einigen Mitgliedern des Klerus als schweres Problem empfunden wurde.[71]

– Diese Aporien reduzierten sukzessive die Zustimmung zur parlamentarischen Demokratie sowohl in der Partei wie in der Kirche.[72] Letztlich unterstützte die Kirche nicht nur die Christlichsozialen bis 1933, sondern dann auch das autoritäre Regierungsmodell durch den Rückzug aller Priester aus parlamentarischen Gremien.[73]

Die auf die demokratische Periode folgende Regierungsdiktatur wurde in der Verfassung vom 1. Mai 1934 mit ständischen Organisationen verbrämt, deren Mitglieder jedoch nicht gewählt, sondern von der Regierung ernannt wurden.[74] Fast genau die Hälfte dieser Funktionäre waren ehemalige Christlichsoziale, die andere Hälfte wurde von den Heimwehren gestellt. Faktisch waren es daher ehemalige Christlichsoziale, die den sogenannten „Ständestaat" emotional und organisatorisch mittrugen, auch wenn sich Engelbert Dollfuß (bei einem nationalsozialistischen Putschversuch am 25. Juli 1934 ermordet) und sein Nachfolger Kurt Schuschnigg deutlich von der Christlichsozialen Partei distanzierten.[75]

Diese Phase der österreichischen Geschichte (1933/38) ist für die Geschichte der (ehemaligen) Christlichsozialen und der späteren ÖVP weniger bedeutsam als ihr Ende. Der Sturz der Regierung Schuschnigg am 11. März 1938 erfolgte durch die Kombination des starken und ständig wachsenden Druckes durch das Deutsche Reich und der putschartigen Mobilisierung der österreichischen Nationalsozialisten. Am 12. März folgte der Einmarsch der Deutschen Wehrmacht und am 13. März das Anschlussgesetz. Dieses Ende bedeutete für eine beträchtliche Anzahl ehemaliger christlichsozialer Politiker und Beamter, die den „Ständestaat" mitgetragen hatten, Entfernung von ihren Positionen, Verhaftung, nicht selten KZ-Haft, in manchen Fällen auch den Tod. Mit dem sogenannten „Prominententransport" wurden am 1. April 1938 spätere Spitzenpolitiker der ÖVP wie Leopold Figl, Alfons Gorbach, Felix Hurdes, Ferdinand Graf und Fritz Bock nach Dachau verbracht.[76]

Als die Überlebenden dieser Gruppierung nach dem 12. April 1945 daran gingen, die Republik Österreich wieder aufzubauen, taten sie dies in der Überzeugung, dass sie Hitlers Opfer waren. In der Tat: Der spätere Bundeskanzler Leopold Figl, der spätere Unterrichtsminister Felix Hurdes, der Gründer des ÖAAB, Lois Weinberger, waren erst am 6. April 1945 aus dem Wiener Gefangenenhaus entlassen worden, wo sie auf Prozess und Hinrichtung gewartet hatten. Figl war vorher schon von 1938 bis 1943 in Dachau inhaftiert.

Der Opfer-Mythos der Zweiten Republik hatte also nicht nur die Moskauer Deklaration von 1943 zur (eher fragwürdigen allgemeinen) Basis, sondern auch die persönliche Erfahrung zahlreicher Mitglieder der alten christlichen und christlich-sozialen Eliten des Landes. Diesbezüglich gibt es auch einen wichtigen Unterschied zum Deutschen Reich, wo 1932/32 gerade die konservativen Eliten Hitler nach der für die NSDAP verlorenen zweiten Wahl 1932 an die Macht gebracht haben. Dieser Unterschied ist zu betonen, auch wenn diese Eliten in Deutschland bald ihren großen Irrtum erkennen mussten und der Widerstand, der später auch aus dem katholischen Lager gespeist wurde (Jakob Kaiser, Eugen Gerstenmaier u. a.), zu würdigen ist. Die Gruppierungen der politisch vom NS-Regime Verfolgten in Österreich hatten daher auch keinerlei Bewusstsein irgendeiner Mittäterschaft an den Verbrechen des Dritten Reiches (was übrigens auch ein Grund für die nur sehr langsam erfolgte Überprüfung und In-Frage-Stellung des traditionellen christlich-sozialen Antisemitismus gewesen sein dürfte). Dass sich dahinter zahlreiche andere Österreicher versteckten, die sehr viel weniger Grund für diese Haltung hatten, bleibt hiervon unberührt; doch ändert dies nichts an der Lebenserfahrung der ÖVP-Gründer als tatsächlicher Opfer Hitlers.

4. Die Österreichische Volkspartei seit 1945

Die Österreichische Volkspartei wurde auf der Basis von Vorgesprächen, die schon zwischen 1940 und 1944 geführt worden waren und bei denen auch schon der neue Parteiname vielfach genannt worden war, am 17. April 1945 im Wiener Schottenstift gegründet (Wien befand sich spätestens seit 12. April in der Hand der Roten Armee). Parteiobmann wurde nominell der alte christliche Arbeiterführer Leopold Kunschak, dem der ehemalige Unterrichtsminister

Hans Pernter als geschäftsführender Obmann zur Seite gestellt wurde; Generalsekretär wurde Felix Hurdes. Im Parteivorstand waren ferner Lois Weinberger (für die Arbeitnehmer), Leopold Figl (für die Bauern), Julius Raab (für das Gewerbe) und Raoul Bumballa (Mitglied der Widerstandsbewegung 05, Vertreter der Liberalen) vertreten. Schon vor der Parteigründung hatten sich die drei wichtigsten Teilorganisationen konstituiert: Der Bauernbund unter Figl, der Österreichische Arbeiter- und Angestelltenbund unter Weinberger und Hurdes sowie faktisch auch schon die Wirtschaftsorganisation unter Raab (später: Wirtschaftsbund).[77] Die Reichweite der politischen Möglichkeiten war damals auf das von den Sowjets eroberte Gebiet Ost-Österreichs beschränkt, von Kriegsende bis zum Herbst auf die sowjetische Besatzungszone (Burgenland, Niederösterreich, ein Teil Oberösterreichs, vor dem Eintreffen der westlichen Besatzungstruppen ganz Wien). Innerhalb der Partei verschob sich das Gewicht bald zugunsten des Bauernbundes und damit Figls, der am 23. September Obmann der erst jetzt österreichweit agierenden Partei wurde, in der nun auch die westlichen Bundesländer stärker vertreten waren, die auch in die – zunächst nur von den Sowjets anerkannte – Bundesregierung eintraten.

Bei den ersten demokratischen Wahlen am 25. November 1945 erhielt die ÖVP die absolute Mehrheit (85 von 163 Mandaten). Leopold Figl wurde Bundeskanzler; er stand aber einer Konzentrationsregierung (gemeinsam mit SPÖ und KPÖ, die 1947 ausgeschieden) vor, die in ihrer Bewegungsfreiheit durch den Alliierten Rat der vier Besatzungsmächte noch immer sehr eingeschränkt war, aus der 1947 die Kommunisten ausschieden. Die Ära der großen Koalition, die bis 1966 dauern sollte, begann.[78]

Programmatisch hatte sich gegenüber der Christlichsozialen Partei einiges geändert. Die neue Volkspartei wusste sich zwar christlichen Werten und der katholischen Kirche eng verbunden, verzichtete aber auf das „C" im Parteinamen, obgleich das erste Programm von 1945 und das Programm des Österreichischen Arbeiter- und Angestelltenbunds (ÖAAB) von 1946 stark an der katholischen Soziallehre des 19. und frühen 20. Jahrhunderts orientiert blieben. Sie verstand sich nicht mehr als „politische Organisation des Kirchenvolkes", sondern als antimarxistische Sammelbewegung, die sich zudem als *die* österreichisch-nationale Integrationspartei präsentierte.[79] Es ging ihr auch um die Gewinnung von kirchenfernen Gruppierungen; außerdem musste man auch berücksichtigen, dass der Führer der liberalen Bauernschaft, Vinzenz Schumy, darauf verzichtet hatte, den deutschnational-liberalen „Landbund" wiederzubeleben, und so seine Gefolgschaft in den ÖVP-Bauernbund eingebracht hatte.[80]

Die erhebliche Rolle, die die Theoretiker der christlichen Arbeiterbewegung in der Programmdiskussion spielten, zeigt sich darin, dass aus der christlichen Soziallehre nicht nur Begriffe wie Personalismus, Solidarismus, die Betonung der Menschenwürde sowie der Ehe und Familie übernommen wurden, sondern auch mehr oder weniger umfangreiche Verstaatlichungsforderungen abgeleitet wurden und der Planung im Wirtschaftsablauf eine bedeutende Rolle zu zugemessen wurde.[81]

Stark wurde die nunmehr unumstrittene demokratische Haltung betont. Auch sollten jetzt nicht mehr ständische Ideen und ständische Repräsentationsformen den Parlamentarismus ersetzen oder ergänzen. Solche Ideen lebten aber weiter in den Organisationsformen der Partei. Deutlich wird auch das (vor-sozialpartnerschaftliche) Bestreben, offizielle, d. h. öffentlich-rechtliche Vertretungskörperschaften für möglichst viele Berufsgruppen bei möglichst hochgradiger Zentralisation (wieder) einzuführen.[82] Gleichzeitig sollte über hochorganisierte, berufsständisch orientierte Teilorganisationen der Partei Vertretungskompetenz für große Bevölkerungsgruppen angestrebt werden. Die Teilorganisationen sollten in den öffentlich-rechtlichen Körperschaften (Kammern) über Wahlen ein möglichst hohes Maß demokratisch legitimierter Einflussmöglichkeiten erhalten. Die bündische Konzeption der ÖVP sah vor, dass sich die Partei im wesentlichen konstituiert durch wirtschaftliche Interessenverbände („Sozial- oder Berufsstände" repräsentierend), die zugleich politische Interessenverbände sind; ergänzt werden sollten diese durch „naturständische" Organisationen (Frauen, Junge, Alte). Die Forschung hat schon in den 1960er Jahren die auffälligen Unterschiede zu vergleichbaren Parteien im Westen Europas hervorgehoben. Diese Eingliederung wirtschaftlich-politischer Interessenverbände ist sonst nirgends zu beobachten; dies gilt erst recht für das Organisationsprinzip, wonach die Partei aus solchen Vereinigungsformen besteht.[83] Die drei Bünde Bauernbund, Wirtschaftsbund, Österreichischer Arbeiter- und Angestelltenbund (ÖAAB) bildeten das Gerüst der Partei. Sie boten, neben den starken Landesorganisationen, auch die jeweilige Hausmacht für einzelne Politiker: Leopold Figl wurde mit dem Bauernbund identifiziert, Lois Weinberger mit dem ÖAAB, Julius Raab mit dem Wirtschaftsbund.[84] Verbunden wurden die drei Hauptorganisationen durch die Programmatik des „Solidarismus". Dieser sollte durch eine Sozialpolitik umgesetzt werden, in der neben Verstaatlichung und Werkgenossenschaftsgesetz die Idee des Wohnungs-(Stockwerk-)Eigentums forciert wurde, ferner der Gedanke der Familienförderung und eines neuen Landarbeiterrechtes. Wirklich revolutionär war die Idee der Gemeinschaftsrente (entwickelt von dem Vorarlberger ÖVP-Abgeordneten Pius Fink), die sich freilich nicht durchsetzen konnte.[85]

Um 1950 setzte eine Bewegung nach rechts ein. Das Programm „Alles für Österreich" von 1952 öffnete sich dem Wirtschaftsliberalismus, der 1945 noch ignoriert worden war. Führende junge Intellektuelle wie Wolfgang Schmitz warfen der katholischen Publizistik vor, dass sie zwar die Leistungen des Sozialismus für soziale Gerechtigkeit anerkannte, nicht aber die Leistungen des Liberalismus „für ein anderes, ebenso christliches Gut, die persönliche Freiheit" sehen wollte.[86] Bis zum Grundsatzprogramm von 1958 „Was wir wollen" erfolgte schließlich die totale Rezeption der sozialen Marktwirtschaft deutscher Prägung. Dies zeigt sich in Formulierungen, die fast ohne Abwandlungen von Wilhelm Röpke übernommen wurden.[87]

Wodurch unterschied sich – abgesehen von der zunächst sehr planungsfreundlichen Programmatik und von der jetzt auch formal durchgeführten „ständischen" Gliederung der Partei – die Österreichische Volkspartei nach 1945 von ihrer christlichsozialen Vorgängerpartei?

Die parlamentarische Demokratie stellte kein Problem mehr dar. Von autoritären Gelüsten waren die Parteieliten geheilt.

An die Stelle der Konfrontation war die Kooperation getreten. Große Koalitionen (1945–1966 unter Führung der ÖVP, 1987–2000 unter Führung der SPÖ) dominierten die Zweite Republik.

Die katholische Kirche verzichtete auf die enge Bindung an eine Partei, und die ÖVP verstand sich nicht mehr so sehr – wie die Christlichsozialen vor 1933 – als weltlicher Arm der Kirche – auch wenn man auf beiden Seiten selbstverständlich davon ausging, dass die ÖVP die Partei der Katholiken sei. Das bedeutete auf beiden Seiten mehr Bewegungsfreiheit, brachte auch einige Konflikte mit sich. So waren etwa die Bischöfe keineswegs darüber erfreut, dass die ÖVP eine eigene Jugendorganisation aufbaute, und in schweren Konfliktsituationen stellte sich die ÖVP – wie z. B. in der Abtreibungsfrage zur Zeit der SPÖ-Alleinregierung unter Kreisky – doch immer wieder auf die kirchliche Linie.[88]

An die Stelle der ständigen materiellen Knappheitssituation der Ersten Republik trat in der Zweiten ab 1953 eine

Konsolidierung und eine Phase hohen wirtschaftlichen Wachstums, was den Gestaltungs- und Verteilungsspielraum der Politik beträchtlich erhöhte.

Ähnlich wie in der Zwischenkriegszeit stellte die ÖVP nach 1945 25 Jahre lang die Bundeskanzler: Leopold Figl (1945–1953), Julius Raab (1953–1959), Alfons Gorbach (1959–1964), Josef Klaus (1964–1970, davon 1966–1970 Alleinregierung). Dann folgten die für die Partei wenig erfreulichen Jahre der Alleinregierung der SPÖ unter Bruno Kreisky (1970–1983) und der kleinen Koalition SPÖ und FPÖ (1983–1986). Von 1987–2000 war die ÖVP in große Koalitionen als Juniorpartner eingebunden. Die wenig glanzvolle Rolle des Vizekanzlers (1987–2000) wurde nacheinander von den Parteiobleuten Alois Mock, Josef Riegler, Erhard Busek und Wolfgang Schüssel wahrgenommen. Obleute der Oppositionsperiode von 1970–1986 waren Hermann Withalm, Karl Schleinzer, Josef Taus und Alois Mock. Erst im Jahre 2000 wurde mit Wolfgang Schüssel wieder ein ÖVP-Chef Bundeskanzler, als Regierungschef einer kleinen Koalition mit der ÖVP.

Tab. 2: Wahlergebnisse in der Zweiten Republik (Nationalrat) (M. = Mandate)

Partei	*1945*		*1949*		*1953*		*1956*	
	M.	%	M.	%	M.	%	M.	%
ÖVP	85	50	77	44	74	41	82	46
SPÖ	76	45	67	39	73	42	74	43
KPÖ	4	5	5	5	4	5	3	4
VdU seit 1956 FPÖ	–	–	16	12	14	11	6	7
Summe	165		165		165		165	

Partei	1959		1962		1966		1970	
	M.	%	M.	%	M.	%	M.	%
ÖVP	79	44	81	45	85	48	78	45
SPÖ	78	45	76	44	74	43	81	48
FPÖ	8	8	8	7	6	5	6	6
Sonstige		3		3		3		1
Summe	165		165		165		165	

Partei	1971		1975		1979		1983	
	M.	%	M.	%	M.	%	M.	%
ÖVP	80	43	80	43	77	42	81	43
SPÖ	93	50	93	50	95	51	90	48
FPÖ	10	5	10	5	11	6	12	5
Summe	183		183		183		183	

Partei	1986		1990		1994		1995	
	M.	%	M.	%	M.	%	M.	%
ÖVP	77	41	60	32	52	28	53	28
SPÖ	80	43	80	43	65	35	71	38
FPÖ	18	10	33	17	42	23	40	22
Grüne	8	5	10	5	13	7	9	5
Liberale					11	6	10	6
Summe	183		183		183		183	

Partei	1999		2002	
	M.	%	M.	%
ÖVP	52	27	79	42
SPÖ	65	33	69	37
FPÖ	52	27	18	10
Grüne	14	7	17	9
Summe	183		183	

Nach den Wahlniederlagen von 1970 und 1971 eröffnete sich für die ÖVP die Notwendigkeit, ihren Standpunkt in einer veränderten politischen Landschaft neu zu definieren. Das war nicht einfach. Infolge ihrer katholischen Wurzeln linker und rechter Prägung konnte die ÖVP lange Zeit nichts mit dem individualistischen Liberalismus des späten 20. Jahrhunderts anfangen. Dagegen konnte sie aus dem links-korporatistischen Erbe relativ problemlos Forderungen aus dem Umfeld der 1968er Bewegung aufgreifen und teilweise sogar umsetzen (wie z. B. 1969 die Drittelparität in den Studienkommissionen durch Unterrichtsminister Alois Mock)[89].

Das Salzburger Programm 1972 blieb der solidaristischen Denkweise älterer Programme verhaftet. Im Begriff der Partnerschaft lebte der Solidarismus der Programme nach 1945 weiter. Diese *Partnerschaft* sollte auf verschiedenen Ebenen zum Tragen kommen – in der Familie, im Betrieb (innerbetriebliche – als Alternative zu der von der SPÖ vorgeschlagenen überbetrieblichen – Mitbestimmung) sowie auf staatlicher Ebene. Der Begriff *Partnerschaft* hat allerdings in der ÖVP-Tradition eine Veränderung erfahren: Obwohl die Entproletarisierung über Mitbeteiligung der Arbeiter am (Ertrag des) Betrieb(es) zum Altbestand der christlichen Soziallehre zählt, stand in der ÖVP-Praxis nach 1945 – von wenigen Ausnahmen abgesehen – die Erfassung und Kooperation von *Ständen* im Vordergrund, d. h. von Großgruppen, deren Spitzenvertreter kooperieren sollten. Hierbei wird ideell die Partnerschaft sozial stark nach „unten" erweitert.[90]

Die Wahlniederlage 1979 führte in der ÖVP zu einer neuerlichen Reformdiskussion. Josef Taus wünschte die Umwandlung der Teilorganisationen in *Arbeitsgemeinschaften*, also deren faktische Auflösung.[91] Wohl war es nach dem Scheitern von Josef Taus Alois Mock gelungen, den Einfluss der Bünde etwas zu reduzieren, doch geschah dies um den Preis einer erhöhten Selbständigkeit der Landesorganisationen. Die ÖVP der späten 1980er und der 1990er Jahre bestand faktisch aus 16 Bünden: den drei traditionellen, sozial- bzw. berufsständischen Bünden, den drei „naturständischen" Organisationen (Frauenbewegung, Junge ÖVP, Seniorenbund) sowie den neun Landesorganisationen und der Bundes-ÖVP.[92]

Die katastrophale Wahl vom 7. Oktober 1990, bei der die ÖVP auf ein knappes Drittel der Wählerschaft zurückfiel, bestätigte einen Prozess, der sich seit 1987 schon in verschienenen Regionalwahlen geäußert hatte. Die wissenschaftlichen Untersuchungen der Niederlage bei der Nationalratswahl 1990 ergaben, dass die relativ größte Gruppe von ÖVP-Wählern nicht mehr aus den traditionellen Wählerschichten (bürgerlich–urban und bürgerlich-ländlich) stammten, die in einem der drei Bünde organisiert waren, sondern aus der marktwirtschaftlich leistungsorientierten Mittelschicht. Diese Gruppe ist durch geringe Parteibindungen, wenig Loyalitäten zu Institutionen, hohe politische Mobilität und geringe langfristige Organisierbarkeit in Parteiorganisationen gekennzeichnet. Am solidaristischen Modell der ÖVP in den 1940er und 1950er Jahren und der ÖVP des Salzburger Programmes haben diese Wähler offenkundig wenig Gefallen gefunden.[93]

Oppositionszeiten dienen zumeist programmatischen Diskussionen und Erneuerungen. Auf das Salzburger Programm 1972 folgte 1989 die „ökosoziale Marktwirtschaft", die der kompetente Agrar- und Umweltpolitiker Josef Riegler, beraten von dem Nationalökonomen Karl Aiginger, entwarf und mit großem Einsatz vertrat und vertritt.[94] „Der Einbau ökologischer Elemente in unser Wirtschaftssystem ist wahrscheinlich die größte Herausforderung, der es sich in den nächsten Jahrzehnten stellen muss. Gelingt es nicht, diese Herausforderung zu bewältigen, dann verliert das marktwirtschaftliche System die Akzeptanz bei den nächsten Generationen", formulierte Aiginger. Riegler hatte sich schon seit 1973 mit der damals noch jungen Umweltthematik befasst. Als Umweltlandesrat in der Steiermark lernte er den Umgang mit dieser Problematik von der praktischen Seite her kennen. Schließlich formulierte er als Landwirtschaftsminister 1987 die „ökosoziale Agrarpolitik", aus der das Programm der „ökosozialen Marktwirtschaft" wurde, das auf dem Parteitag 1989 mit großer Mehrheit beschlossen wurde.[95] Im Rahmen der „Round Table Europe" – eine Initiative Rieglers (die „runden Tische" fanden auf dem Donauschiff „Mozart" 1990 und 1991 statt) – wurde die „ökosoziale Marktwirtschaft" auch den christlich-demokratischen Parteien Europas präsentiert. Der Umweltgedanke fand dabei Eingang in die Abschlusserklärung der Delegiertenversammlung.[96] Doch ist die Ökologisierung der Politik ein schwieriger und langwieriger Prozess.

1995 gab sich die ÖVP ein neues, das „Wiener Programm". Neben den traditionellen Schlagworten wie Subsidiarität, Föderalismus, Solidarismus, Sozialpartnerschaft und nunmehr auch der ökosozialen Marktwirtschaft gibt es zwei neue programmatische Schwerpunkte: Erstmals in ihrer Geschichte bezeichnet sich die ÖVP als „christdemokratische Partei"; und erstmals beansprucht sie, der eigentliche Erbe des Liberalismus zu sein. Mit der Betonung von Freiheit, Verantwortung, Gerechtigkeit, Leistung und Toleranz werden klassische liberale Positionen bezogen. Ob diese Wendung auf die verhältnismäßig intensive EDU-Mitarbeit zurückzuführen oder eine späte Rezeption der CDU-Programmatik ist, muss hier offen bleiben.[97]

Das eigentliche Parteiprogramm bestand dagegen seit 1945 primär im Appell an den antisozialistischen Affekt. Die verbreitete Angst vor dem Kommunismus sollte die Wähler auch von der SPÖ fernhalten, was eigentlich nie so recht gelang, weil Österreichs Sozialisten sehr glaubwürdig ihre antikommunistische Einstellung vermitteln konnten. Dennoch versuchte man in Wahlkämpfen immer wieder, SPÖ und KPÖ miteinander zu verbinden (die „Rote Katze"). Diese scharfe Abgrenzung von den Linksparteien hat allerdings nicht verhindert, dass es zu gemeinsamen Entscheidungen von ÖVP und SPÖ kam, die zweifellos dazu beigetragen haben, dass Österreich insgesamt einen stärkeren sozialistischen Charakter bekam als andere Staaten des Westens. Dies gilt vor allem für die Verstaatlichungsgesetze von 1946 und 1947. In den Augen der ÖVP waren diese zwar nur ein Abwehrmittel gegenüber dem Zugriff der Besatzungsmächte auf das sogenannte „Deutsche Eigentum"; in den Augen der SPÖ handelte es sich bei den verstaatlichten Betrieben (Großbanken, Grundstoffindustrie und Energiegewinnung) jedoch um den Kernbereich einer auszubauenden öffentlichen Wirtschaft, eines sozialistischen Sektors. Dieser Eindruck wurde durch die straffe Personalpolitik noch verstärkt, die die SPÖ seit 1949 durch ihren Minister Waldbrunner („Königreich Waldbrunnner") betrieb. Schließlich kam es zu einem Kompromiss: Die verstaatlichte Industrie verzichtete auf die Expansion in den Bereich der Endfertigung und versprach die Lieferung von Vorprodukten zu günstigen Preisen – wozu sie übrigens durch ihre starke Exportorientierung ohnehin gezwungen war. Dafür drängte die ÖVP lange Zeit hindurch nicht mehr auf Privatisierungen, die nur vereinzelt – wenngleich meist vergeblich – versucht wurden (So sind „Volksaktien" ein typischer Versuch der Eigentumsstreuung gemäß christlich-sozialer Programmtradition, nach dem Staatsvertrag).[98] Die Personalpolitik hatte auf Bedürfnisse der ÖVP Rücksicht zu nehmen, d. h. die hohen Positionen wurden in der Regel paritätisch besetzt, während die Belegschaften zu Hochburgen der Sozialisten wurden.

Der Antisozialismus verlor seit den späten 1960er Jahren zusehends an Anziehungskraft. Bruno Kreiskys groß-

und bildungsbürgerliche Attitüden ließen für die traditionelle bürgerliche Angst vor links wenig Raum. Die seit den 1980er Jahren neu entstandene diffuse, kaum artikulierte Anti-Links Bewegung kam nur anfangs der ÖVP zugute, seit 1986 aber der Haider-FPÖ. Sie war stark emotional, wenig argumentativ begründet. Dies scheint mir das Hauptmotiv für das Wechseln von ÖVP-Wählern zur FPÖ gewesen zu sein. Die Parteispitze aber hat erst mit dem Koalitionswechsel 2000 auf diese Basisbewegung reagiert und damit prompt Erfolge erzielt.

Von 1970 bis 1986 befand sich die ÖVP in Opposition. Erst 1983 erzielte sie wieder ein respektables Wahlergebnis, das sie freilich 1986 nicht wiederholen konnte. Obwohl sie wieder Regierungspartei war, erfolgte jetzt ein rascher Abstieg, der bis 1994 dramatisch verlief und dann in eine Stagnation bei 27 % der Wählerstimmen mündete (Wahlen von 1994, 1995, 1999). Worauf kann die Krise der ÖVP in den 1990er Jahren zurückgeführt werden?

– Strukturelle Gründe: Die ÖVP war als Kanzlerpartei konzipiert, sie konnte die Oppositionsrolle nur schwer durchstehen (Länderinteressen, Landwirtschaft u. a.).

– Gesellschaftliche Gründe: Die dominanten Bünde der ÖVP, die mit Bauern, gewerblichen Selbständigen und öffentlich Bediensteten schrumpfende oder stagnierende Teilbereiche der österreichischen Gesellschaft repräsentierten, entsprachen schon seit den 1970er Jahren nur mehr zum Teil der gesellschaftlichen Realität.

– Entwicklung in Kirche und Religion: Die rasch fortschreitende Säkularisierung und der Rückgang an Kirchenbindung traf die ÖVP hart. Der Schwenk der SPÖ, die erstmals 1957 die prinzipielle Gültigkeit des Dollfuß-Konkordates von 1934 anerkannte, von einer radikal antikirchlichen zu einer verbindlichen politischen Gestik gegenüber der Kirche hat das innenpolitische Klima erleichtert, der ÖVP wohl geschadet.

– Personelle Gründe: Der Person Bruno Kreiskys in den 1970er Jahren hatte die ÖVP ebensowenig entgegenzusetzen wie der Person Jörg Haiders in den 1990er Jahren. Beide zapften das Wählerreservoir der ÖVP an.

– Ideologische Gründe: Der von den Achtundsechzigern geprägte Zeitgeist wandelte sich unmerklich in einen neuen, radikalen Liberalismus, für den die ÖVP mit ihren doch stets auf gesellschaftlichen Ausgleich bedachten Anschauungen nichts bot.

– Organisatorische Gründe: Die ÖVP war stets nicht nur eine Bünde-Partei mit traditional-ständischer Organisation, sondern auch eine Länderpartei; jede einzelne Landespartei suchte in den Wahlbewegungen stets die Distanz zu Wien und nützte die Identifikation von Land und (ÖVP-)Landeshauptmann, spielt also das Landesbewusstsein gekonnt gegen den Bund aus. Diese Tendenz wird nur durch erfolgreiche Parteichefs, die zugleich Bundeskanzler sind (und das immer nur zeitweilig), gebändigt, ist aber für Parteichefs in der Opposition oder in der unerfreulichen Position eines Vizekanzlers kaum zu bewältigen. Bekannt waren etwa die ausgezeichneten Kontakte des Tiroler ÖVP-Landeshauptmannes Wallnöfer zum SPÖ-Bundeskanzler Bruno Kreisky (1970–1983). Diese stimmten alle tirolerischen Probleme direkt miteinander ab, so dass die Bundes-ÖVP nur mehr die jeweiligen Ergebnisse zur Kenntnis nehmen konnte.[99] Ebenso erwähnenswert ist die im Grunde seit 1918 dauernde Freude der steiermärkischen ÖVP nicht nur an ihrer Eigenständigkeit, sondern auch an Intrigen gegen den jeweiligen Parteichef, die dann zumeist als Reform der Partei ausgegeben wurden.[100] Auf diese Weise wurde 1959 die Ablösung Julius Raabs eingeleitet (ihm folgte der Steirer Alfons Gorbach nach, der trotz seiner sympathischen und integren Persönlichkeit nur geringe Erfolge erzielen konnte) und 1980 die von Alois Mock betrieben (dem der kluge und sympathische Steirer Josef Riegler folgte, der ebenso erfolglos wie Gorbach agierte).

Während die Wahlergebnisse der 1990er Jahre die mangelnde Fähigkeit der ÖVP zur Überwindung jener Probleme zum Ausdruck brachten, den Vizekanzler-Malus in einer Koalition mit der herrschenden SPÖ und eine gewisse Wehrlosigkeit gegen den Rechtspopulismus der Haider-FPÖ offenbarten, zeigte die Nationalratswahl vom 24. November 2002 eine neue Attraktivität der ÖVP mit 42 % Stimmenanteil (SPÖ: 37 %; FPÖ: 10 %; Grüne: 9 %). Dieser Erfolg dürfte wohl mit dem Kanzlerbonus von Wolfgang Schüssel zusammenhängen, aber auch mit der Selbstzerstörung der FPÖ Haiders, die sich offensichtlich nicht zwischen den beiden Rollen als Regierungs- und Oppositionspartei entscheiden konnte und schließlich 600.000 Stimmen an die ÖVP abgab. Dazu musste allerdings auch die ÖVP selbst Änderungen herbeiführen. Es mag manche Akteure des politischen Lebens betrüben, dass die Bedeutung der Bünde und der Landesorganisationen abgenommen hat. Der Wahlsieg Wolfgang Schüssels wurde überdies weder durch Verweise auf irgendwelche Programme oder gar auf den „Solidarismus", noch durch eine Betonung des „hohen C" errungen.

5. Verbindungslinien, wechselseitige Einfluss- und Austauschverhältnisse, internationale Organisationen

Die Vorbilder der ÖVP im Gründungsjahr 1945 konnten noch nicht in Deutschland liegen. Man definierte sich eher als „österreichische Labourparty" bzw. orientierte sich typologisch neben Labour an der ungarischen Kleinlandwirtepartei. Daneben interessierte die französische Analog-Partei, der MRP.[101] Erst später erlangten die deutschen Schwesterparteien eine stärkere programmatische

Anziehungskraft. Ihr Modell der „sozialen Marktwirtschaft" hatte jedoch einige Mühe, sich durchzusetzen. Das hängt wohl mit der unterschiedlichen wirtschaftlichen Ausgangslage zusammen – vor allem mit der zunächst noch viel stärker bäuerlich und kleingewerblich geprägten Struktur der österreichischen Partei. Fassen wir thesenhaft zusammen:

– Die deutschen Schwesterparteien waren von vornherein – und blieben es auch stets – wesentlich wirtschaftsliberaler orientiert als die ÖVP, in der wirtschaftsliberale Strömungen um 2000 zwar erheblich stärker zur Geltung kommen als noch in den 1970er Jahren, dabei aber nach wie vor mit anderen Traditionen zu kämpfen haben (Christliche Gewerkschafter).

– Auf Grund des unterschiedlichen Organisationsmodells sind die ÖVP-Bünde sehr viel stärker als analoge Formen partieller Interessenvertretung in Deutschland.

– Seit die ÖVP 1970 in Opposition ging, wandte sie ihr Interesse erheblich stärker als früher der Institutionalisierung internationaler Kontakte zu. Diese hatten schon früher eine Rolle gespielt. So war es im Vorfeld der Südtirol-Lösung von 1969 zu Kontakten zwischen Politikern der DC und der ÖVP gekommen.[102]

Schon 1947 war die ÖVP Gründungsmitglied der Nouvelles Équipes Internationales (NEI; 1965 umbenannt in Union der Europäischen Christdemokraten).[103] Die Nouvelles Équipes litten darunter, dass der französische MRP nicht als Partei Mitglied war, obwohl Paris Standort der NEI war.[104] Der in den NEI sehr aktive ÖVP-Generalsekretär Felix Hurdes fand die lockere Struktur der NEI ganz und gar unzureichend und forderte mehrfach eine bessere Organisationsform; so sollten die Franzosen und Belgier auch formal beitreten. Es erschien insbesondere den Vertretern der deutschsprachigen Parteien (ÖVP, CDU, CSU, SKVP) als Manko, dass über den Standort Paris die Franzosen die

NEI kontrollierten, ohne selbst voll drinnen zu stehen.[105] Hurdes und der Schweizer Vertreter Martin Rosenberg versuchten daher 1949, die Verlegung des Sekretariats in die Schweiz und die Nominierung Rosenbergs als Generalsekretär durchzusetzen.[106] Daneben existierte von 1947 bis 1955 als informeller Zirkel, dessen Existenz der Öffentlichkeit verborgen blieb, der Genfer Kreis – ein geschlossener Personenkreis, der vertrauliche Besprechungen abhielt. Seine Bedeutung wird von manchen Forschern als hoch angesehen.[107] Das starke Engagement Hurdes' in den NEI dürfte als Indiz für sein Machtlosigkeit innerhalb der Partei (vor allem gegenüber dem starken Mann Julius Raab) gelten.[108] Erst 1965 wurde die straffer organisierte EUCD als Nachfolgeorganisation gegründet. Inzwischen hatte jedoch die ÖVP in der NEI an Einfluss verloren, weil nach den Römischen Verträgen die Parteien innerhalb der EWG an Gewicht gewannen und die Schweizer und Österreicher an Bedeutung einbüßten.

Die Konstruktion EUCD war nicht befriedigend, ihre Bedeutung ging nach 1976 zurück. Da die neue Europäische Volkspartei (EVP) 1976 Parteien der Nichtmitglieder der EWG aussperrte, entstand 1978 die EDU (Europäische Demokratische Union), in der die ÖVP sogleich mitarbeitete, nach einigen Streitigkeiten innerhalb der Partei. „Die EDU bot für Österreich ein ideales Instrument zur Zeit der Opposition, ein noch wichtigeres Instrument zu dem Augenblick, da der Vorsitzende der EDU, Dr. Alois Mock, Vizekanzler und Außenminister wurde."[109]

War bis in die zweite Hälfte der 1980er Jahre die Parteiaußenpolitik der ÖVP ausschließlich nach Westen gerichtet, und hier wieder an den unmittelbaren Nachbarstaaten Deutschland, Schweiz, Italien (und Südtirol) orientiert, so änderte sich dies jetzt: Insbesondere Erhard Busek knüpfte als Wiener Parteiobmann zahlreiche Kontakte zu kommunistischen Ländern. Er bereiste vor allem Polen, aber auch andere Gebiete des „realen Sozialismus", wobei er die Möglichkeiten nutzte, die die Schlussakte von Helsinki II 1975 in bescheidenem Rahmen geboten hatten. Das waren freilich weniger Parteienkontakte, als vielmehr Kontakte zu Einzelpersönlichkeiten, die in die damaligen politischen Systeme in der Regel nicht eingebunden waren. Sein „Projekt Mitteleuropa"[110] sollte sich nach dem Fall des Eisernen Vorhanges in die Chance verwandeln, an der demokratischen Entwicklung des Donauraumes aktiv mitzugestalten. 1990 und 1991 trafen sich auf der „Mozart" die politischen Führer des Westens mit vielen Parteiführern aus den Transformationsländern (unter Vorsitz von Riegler und Busek).[111] Als Wissenschaftsminister unterstützte Busek massiv alle Initiativen, die gegenseitige Kenntnisse und wissenschaftliche Kooperationen fördern sollten. Dennoch verschwand die Mitteleuropa-Initiative merkwürdig rasch aus der Arbeit der ÖVP, wobei das Missfallen von CDU und CSU an solchen Kontakten zweifellos ins Gewicht fiel.[112]

Dass Österreich nach 1995 unter ÖVP-Außenministern eine partiell sogar unfreundliche Politik gegenüber einigen EU-Beitrittsländern betrieb, ist vor diesem Hintergrund nur schwer zu erklären. Es ist zu vermuten, dass die ÖVP gezwungen war, auf die von anderer Seite verursachten Reizthemen (Beneš-Dekrete und das Atomkraftwerk Temelin in der Tschechischen Republik, die Avnoj-Gesetze in Slowenien) zu reagieren, wobei es ihr – wohlwollend ausgedrückt – nur schwer gelang, gegen eine breite, radikalisierte veröffentlichte Meinung mäßigend zu wirken und die allesoder-nichts-Haltung, die sogar im Falle Temelin eine breite Parlamentsmehrheit fand, wieder zu korrigieren (was Wolfgang Schüssel im Falle Temelins mit dem sogenannten „Melker Prozess" auch einigermaßen gelungen ist).

6. *Versuch eines Resumées: Christlichsoziale und ÖVP – christlich-demokratische Parteien?*

Abschließend soll die Frage nach dem christlich-demokratischen Charakter der ÖVP behandelt werden. Verglichen mit den älteren Katholisch-Konservativen waren die Christlichsozialen der 1890er Jahre ziemlich demokratisch: Sie forderten eine Ausweitung des Wahlrechtes und wirkten am allgemeinen Männerwahlrecht von 1906 kräftig mit (was ihnen auch eine günstige Wahlkreiseinteilung brachte).[113] Im Land Niederösterreich und für die Gemeinde Wien haben sie das Wahlrecht sehr weitgehend, wenn auch nicht zur Gänze demokratisiert.[114] Man wird vielleicht in einer Beurteilung nicht fehl gehen, dass die Demokratie als Ausdruck des Strebens nach politischer Gleichberechtigung der Klientel der Christlichsozialen (innerhalb einer noch keineswegs demokratischen Gesellschaft) zu interpretieren ist – der Klientel der Bauern, der Kleingewerbetreibenden und Handwerker, der kleinen Beamten und Lehrer. Die (politische) Emanzipation der arbeitenden Schichten wurde zwar von der christlichen Arbeiterbewegung unter Leopold Kunschak, aber nicht unbedingt von den Granden der Partei verfochten, jedoch schließlich akzeptiert. Die Ausweitung des Wahlrechtes diente auch keineswegs einem grundsätzlichen Wandel des politischen Systems, sie wirkte jedoch recht gut als Waffe gegen den Liberalismus, der sich seiner numerischen Schwäche bewusst und daher nicht unbedingt für eine rasche Ausweitung der politischen Beteiligung war.

Mit dem Zerfall der Monarchie erhielt die Demokratie eine neue Bedeutung: Sie wurde ab 1918 zum zentralen Kennzeichen des politischen Systems. Zum lebhaften Missfallen nicht weniger christlich-sozialer Politiker gab es keinen Monarchen mehr. Seipel riet zur Akzeptanz der demokratischen Republik und zu ihrer aktiven Mitgestaltung. Diesen Weg ging die Partei auch. Solange sie politisch erfolgreich war, gab es auch kaum Probleme mit der Demokratie, obgleich die Option für ein Ständeparlament mit reduziertem demokratischen Potential stets offen gehalten wurde. Es ist bezeichnend, dass die Demokratiekritik sehr stark von den Wiener Christlichsozialen betrieben wurde, die innerhalb der Stadt (die gleichzeitig ein Bundesland war) sozusagen zur ewigen Opposition verdammt schienen und angesichts der großen Volkstümlichkeit der sozialdemokratischen Stadtregierung keinerlei Erfolgsaussichten hatten. Demokratiekritik kam auch von Ignaz Seipel, erstmals deutlich 1927, als es eine Wahlniederlage gab. Die Demokratieskepsis wuchs in dem Maße, als im Kampf gegen die Weltwirtschaftskrise der Bevölkerung neue Belastungen auferlegt werden mussten und dafür Parlament und Demokratie verantwortlich gemacht wurden. Ein autoritärer Führungsstil hätte in solch schwierigen Situationen doch manches erleichtern können! Es war wohl diese innerparteiliche Stimmung, die erheblich zum Missverständnis beitrug, dass *Quadragesimo anno* (1931) eine ständisch legitimierte, autoritäre Regierung als optimale Verwirklichung der katholischen Soziallehre nahe lege. Dagegen war der Drang zur Diktatur in den Bundesländern, in denen die Christlichsozialen nach wie vor mit großen Mehrheiten regierten, deutlich weniger stark.

Anders war die Situation nach 1945. Erst jetzt war die Demokratie erstrebenswert geworden, und insofern war die neue Volkspartei viel mehr christdemokratisch als die alten Christlichsozialen. Das ständische Element blieb anderswo erhalten – in der Parteigliederung und in der Sozialpartnerschaft, dieser eigentümlichen Verwirklichung (christlicher?) klassenharmonischer Vorstellungen auf dem Gebiet der Wirtschafts- und Sozialpolitik. Das „hohe C" hatte man aus dem Parteinamen verbannt, in der durchaus zutreffenden Einschätzung, dass man ein möglichst großes

Potential von nicht bewusst katholischen Menschen gewinnen musste, um der starken Sozialistischen Partei gewachsen zu sein. Dieses Potential war oft antiklerikal, deutschnational-liberal geprägt. Eine zu offene Bindung an das Christliche schien daher nicht erwünscht. Dennoch blieb die ÖVP nicht nur programmatisch, sondern vor allem auch in der Herkunft ihrer Eliten in hohem Maße katholisch geprägt: Spitzenfunktionäre waren noch immer primär in Verbindungen des Cartellverbandes katholischer farbentragender Studentenverbindungen sozialisiert worden (z. B. Leopold Figl, Julius Raab, Josef Klaus, Alois Mock, in der jetzigen Politikergeneration Herwig van Staa, Franz Schausberger u. a.) oder in der nach 1945 neu ins Leben gerufenen katholischen Hochschuljugend (etwa Erhard Busek, Wolfgang Schüssel, Josef Krainer jun., Josef Riegler u. a.). Diese Elitenrekrutierung musste notwendig auf das Denken und die Vorstellungen dieser Menschen abfärben, ganz abgesehen davon, dass auch auf der unteren Ebene der lokalen Organisation noch lange eine enge Verbindung zwischen katholischer Organisation und den Organisationen der ÖVP (insbesondere Bauernbund) überaus wirksam blieb – trotz der hochoffiziellen und nicht immer konfliktfrei bewältigten Trennung der Kirche von der Politik.

Es ist eigentümlich, dass erst in den 1990er Jahren, in einer schon stark säkularisierten Gesellschaft, das „hohe C" für die ÖVP reklamiert wurde. Andererseits wird das christliche oder christlichsoziale Erbe der ÖVP von der politischen Konkurrenz eher hämisch zitiert, wenn die ÖVP als Regierungspartei einige der erfreulichen und bequemen Bestandteile österreichischer Sozialpolitik zu reduzieren oder wenigstens abzuändern gezwungen ist (Österreich ist bekanntlich das Land mit dem frühesten Pensions-Antrittsalter in Europa). Dennoch sind die seit 1945 wirksamen solidaristischen Grundprinzipien in der ÖVP lebendig und haben sich in der deutlichen Verbesserung der

Karenzregeln für Mütter auch erst jüngst (2001) niedergeschlagen. Gleichzeitig ist Andreas Khol bei der Bestimmung von Zielsetzungen der Politik deutlich von der alten Vorstellung abgewichen, dass der praktische Solidarismus weitestgehend über staatliche Regelungen organisiert werden müsse.[115]

Es gibt in dieser Hinsicht grundsätzlich einen großen Spielraum für eine neue Selbständigkeit der Bürgergesellschaft. Eine inzwischen reich gewordene Gesellschaft kann in ihren besser gestellten Segmenten mehr Eigenvorsorge und mehr Engagement für Mitmenschen entwickeln. Man darf darüber aber nicht vergessen, was schon Karl von Vogelsang vertreten hat: Almosen sind keine Lösung gesellschaftlicher Probleme.[116] Es geht vielmehr um die Wiederherstellung der vollen Würde des Menschen, die aber nur in Selbstständigkeit und Eigenverantwortung möglich ist. Gerade um diese zu sichern, wird eine gewisse staatliche Sozialpolitik notwendig bleiben. Insofern bleibt das „hohe C" Anregung und Herausforderung für die Österreichische Volkspartei.

Anmerkungen

1 John Boyer, Culture and Political Crisis in Vienna. Christian Socialism in Power 1897–1918, Chicago 1995; Ders., Political Radicalism in Late Imperial Vienna. Origins of the Christian Social Movement 1848–1897, Chicago (¹1981) Chicago ²1995. – Eine ausführliche Würdigung schrieb Gerald Stourzh, John Boyers Werk über die Frühgeschichte der Christlichsozialen, in: Demokratie und Geschichte 1 (1997), S. 149–154. Eine Übersetzung ins Deutsche wäre notwendig.

2 Reinhold Knoll, Zur Tradition der christlichsozialen Partei. Ihre Früh- und Entwicklungsgeschichte bis zu den Reichsratswahlen 1907, Wien 1973.

3 Aus den Anfängen der christlichsozialen Bewegung in Österreich. Nach der Korrespondenz des Grafen Anton Pergen, in: Mitteilungen des Österreichischen Staatsarchivs 14 (1961), S.

465–486, wieder in: Erika WEINZIERL, Ecclesia semper reformanda. Beiträge zur österreichischen Kirchengeschichte im 19. und 20. Jahrhundert, Wien 1985, S. 107–128; eine kurze Einführung in die Thematik und eine Auswahl von Dokumenten bietet Norbert KACZMAREK: Österreich, in: Dokumente zur Christlichen Demokratie. Deutschland, Österreich, Schweiz, hg. von der Politischen Akademie Eichholz der Konrad-Adenauer-Stiftung, Eichholz 1969, S. 367–497.

[4] Emiel LAMBERTS, The Leading Role of Austrian Catholic Conservatives in the „Black International" (1870–1878), in: Wiener Zeitschrift zur Geschichte der Neuzeit 1 (2002), S. 39–54.

[5] Friedrich FUNDER, Vom Gestern ins Heute. Aus dem Kaiserreich in die Republik, Wien [3]1971; DERS., Als Österreich den Sturm bestand. Aus der Ersten in die Zweite Republik, Wien [3]1957.

[6] Ludwig REICHHOLD, Geschichte der ÖVP, Graz 1975; DERS., Geschichte der christlichen Gewerkschaften Österreichs, Wien 1987.

[7] Anton STAUDINGER, Christlichsoziale Partei, in: E. Weinzierl/ Kurt Skalnik (Hg.), Österreich 1918–1938. Geschichte der Ersten Republik, Bd. 1., Graz 1983, S. 249–276; A. STAUDINGER/Wolfgang C. MÜLLER/Barbara STEININGER, Die Christlichsoziale Partei, in: Emmerich Tálos/Herbert Dachs/Ernst Hanisch/A. Staudinger (Hg.), Handbuch des politischen Systems Österreichs. Erste Republik 1918–1933, Wien 1995, S. 160–176. Ebd. S. 314 sind auch die übrigen Aufsätze Staudingers über die Christlichsoziale Partei angegeben.

[8] Helmut WOHNOUT, Bürgerliche Regierungspartei und weltlicher Arm der katholischen Kirche. Die Christlichsozialen in Österreich 1918–1934, in: Michael Gehler/Wolfram Kaiser/Helmut Wohnout (Hg.), Christdemokratie in Europa im 20. Jahrhundert, Wien 2001, S. 181–207.

[9] Robert KRIECHBAUMER/Franz SCHAUSBERGER (Hg.), Volkspartei – Anspruch und Realität. Die Geschichte der ÖVP seit 1945, Wien 1995.

[10] Ernst HANISCH, Konservatives und revolutionäres Denken. Deutsche Sozialkatholiken und Sozialisten im 19. Jahrhundert, Salzburg 1975; DERS., Die Ideologie des politischen Katholizismus in Österreich 1918–1938, Wien 1977; DERS., Demokratieverständnis, parlamentarische Haltung und nationale Frage bei den österreichischen Christlichsozialen, in: Anna M. Drabek/Richard Ge-

org Plaschka/Helmut Rumpler (Hg.), Das Parteiwesen Österreichs und Ungarns in der Zwischenkriegszeit, Wien 1990, S. 73–86; DERS., Die christlich-soziale Partei für das Land Salzburg 1918–1934, in: Mitteilungen der Gesellschaft für Salzburger Landeskunde 124 (1985), S. 477–496 (Auswahl).

[11] Neben dem oben genannten Werk (wie Anm. 9) vgl. R. KRIECHBAUMER, Parteiprogramme im Widerstreit der Interessen. Die Programmdiskussionen und die Programme von ÖVP und SPÖ 1945–1986, Wien 1990; DERS., Von der Illegalität zur Legalität. Die ÖVP im Jahr 1945. Politische und geistesgeschichtliche Aspekte des Entstehens der Zweiten Republik, Wien 1985; DERS., Alfons Gorbach. Ein Mann des Ausgleichs, Wien 1987; DERS., Zwischen Land und Bund. Die Salzburger ÖVP in der Ära Lechner, Salzburg 1988.

[12] Franz SCHAUSBERGER, Letzte Chance für die Demokratie. Die Bildung der Regierung Dollfuß I im Mai 1932, Wien 1993; DERS., Ins Parlament, um es zu zerstören. Das „parlamentarische" Agi(ti)eren der Nationalsozialisten in den Landtagen von Wien, Niederösterreich, Salzburg und Vorarlberg nach den Landtagswahlen 1932, Wien 1995.

[13] Die bisher einzige Studie über die quasi-„ständischen", gesetzesberatenden Organe des sogenannten Ständestaates stammt von Helmut WOHNOUT, Regierungsdiktatur oder Ständeparlament? Gesetzgebung im autoritären Österreich, Wien 1993.

[14] Die Christliche Demokratie. Vierteljahresschrift für Zeitgeschichte, Sozial-, Kultur- und Wirtschaftsgeschichte erschien 1983–1996; ihr folgte 1997 Demokratie und Geschichte. Jahrbuch des Karl von Vogelsang-Instituts zur Erforschung der Geschichte der christlichen Demokratie in Österreich; bisher sind fünf Bände erschienen.

[15] Sie sind im Mitarbeiterverzeichnis bei R. KRIECHBAUMER/F. SCHAUSBERGER (wie Anm. 9) aufgeführt.

[16] M. GEHLER/W. KAISER/H. WOHNOUT (wie Anm. 8).

[17] Die Passage über die Christlichsozialen vor 1914 basiert primär auf BOYER, Political radicalism (wie Anm. 1) und R. KNOLL (wie Anm. 2). Vgl. auch: Ernst BRUCKMÜLLER, Die Entwicklung der Christlichsozialen Partei bis zum Ersten Weltkrieg, in: Christliche Demokratie 9 (1991/92), S. 343–368.

[18] Insbesondere die Äbte des Wiener Schottenklosters und der Benediktinerabtei Melk sind hier zu nennen. Vgl. E. BRUCKMÜLLER:

Die öffentliche Funktion des Stiftes, in: 900 Jahre Benediktiner in Melk, Melk 1989, S. 372–378, hier: 378.

[19] Zu den österreichischen Konkordaten vgl. E. WEINZIERL, Die österreichischen Konkordate von 1855 und 1933, Wien 1960.

[20] Karl VOCELKA, Verfassung oder Konkordat? Der publizistische und politische Kampf der österreichischen Liberalen um die Religionsgesetze des Jahres 1868, Wien 1978.

[21] Peter PULZER, Nationalism and Internationalism in European Christian Democracy, in: M. Gehler/W. Kaiser/H. Wohnout (wie Anm. 8), S. 60–76, hier 60.

[22] E. BRUCKMÜLLER, Hohenwart und die Slowenen. Anmerkungen zu einer politischen Beziehung, in: Melikov zbornik. Slovenci v zgodovini in njihovi srednjeevropski sosedje (Festschrift für V. Melik, Die Slowenen in der Geschichte und ihre mitteleuropäischen Nachbarn), hg. von V. Rajšp/R. Bratož/J. Cvirn/J. Fischer/W. Lukan/B. Marušič, Ljubljana 2001, S. 621–634.

[23] Vgl. Lothar HÖBELT, Parteien und Fraktionen im cisleithanischen Reichsrat, in: H. Rumpler/P. Urbanitsch (Hg.), Die Habsburgermonarchie 1848–1918, Wien 2000, S. 895–1006, hier: 928–941.

[24] Sonntagsruhe, Nachtarbeitsverbot für Frauen und Kinder, Unfallversicherungs- und Krankenversicherungspflicht, beruhend auf der Basis längere Vorarbeiten der vorausgegangenen liberalen Regierungen, vgl. Kurt EBERT, Die Anfänge der modernen Sozialgesetzgebung in Österreich. Die Taaffesche Sozialgesetzgebung für die Arbeiter im Rahmen der Gewerbeordnungsreform 1879–1885, Wien 1975. – Eine durchaus eigenständige Leistung der Parlamentsmehrheit gegen die Intentionen der Regierung war die erste Novelle des Gewerbegesetzes 1883, die primär mit dem Namen des um die katholischen Sozialreform hoch verdienten Grafen Egbert Belcredi zusammenhängt. Vgl. dazu Berthold SUTTER, Probleme einer österreichischen Parlamentsgeschichte 1848–1918, in: H. Rumpler/P. Urbanitsch (Hg.), Die Habsburgermonarchie 1848–1918, Wien 2000, S. 541–568, hier: 550.

[25] Zu Pergen vgl. neben E. LAMBERTS (wie Anm. 4), E. WEINZIERL (wie Anm. 3). Zu den Katholikentagen vgl. Maximilian LIEBMANN, Katholikentage, in: Katholisches Soziallexikon, hg v. Alfred Klose/Wolfgang Mantl/Valentin Zsifkovits, Innsbruck ^{2}1980, Sp. 1290–1292.

[26] Alfred CELERIN, Die österreichischen Katholikentage des 19. Jahrhunderts, Diss. phil. Wien 1955.

[27] Zu Vogelsang noch immer unentbehrlich Wiard KLOPP, Die socialen Lehren des Freiherrn Carl von Vogelsang, St. Pölten 1894; DERS., Leben und Wirken des Sozialpolitikers Karl Freiherrn von Vogelsang, Wien 1930. Ausführlich und kenntnisreich R. KNOLL (wie Anm. 2), ferner Erwin BADER, Die geistige Grundlegung der christlichen Sozialreform. Karl von Vogelsang (1818–1890), Wien 1990.

[28] Vgl. Josef GELMI, Kirchengeschichte Tirols, Innsbruck 1986, S. 195–199; Richard SCHOBER, Das Verhältnis der Katholisch-Konservativen zu den Christlichsozialen in Tirol bis zu den Reichsratswahlen von 1907, in: Tiroler Heimat 38 (1974), S. 139–173 und 39 (1975), S. 155–193. – Der bekannte Südtiroler Publizist Claus GATTERER, Schöne Welt – böse Leut. Kindheit in Südtirol, Wien ^{2}1989, schildert in seiner autobiographischen Erzählung, wie – schon unter italienischer Herrschaft – in den 1920er Jahren, als die traditionelle politische Einstellung der deutschsprachigen Bevölkerung in Südtirol bereits völlig irrelevant geworden war, die gegenseitigen Beschuldigungen und Verdächtigungen zwischen Konservativen und Christlichsozialen weitergingen.

[29] Zu Salzburg vgl. Hanns HAAS, Salzburg in der Habsburgermonarchie, in: Heinz Dopsch/Hans Spatzenegger (Hg.), Geschichte Salzburgs, Stadt und Land, Bd. II/2, Salzburg 1988, S. 819ff. (Katholisch-politischer Volksverein von Salzburg 1870) und S. 918ff. (Der Weg zur deutschkonservativen Mittelpartei). Zu Oberösterreich vgl. Harry SLAPNICKA, Christlichsoziale in Oberösterreich. Vom Katholikenverein 1848 bis zum Ende der Christlichsozialen 1934, Linz 1984.

[30] Zum antisemitischen „Reformverein" vgl. J. BOYER, Radicalism (wie Anm. 1) S. 90ff.; Michael WLADIKA, Der österreichische Reformverein. Die Entstehung des völkischen Antisemitismus, in: Wiener Geschichtsblätter 55 (2000), S. 1–37.

[31] Dieses Organ, das unter verschiedenen Namen geführt und nach Vogelsangs Tod von dessen Tochter weitergeführt wurde, hat als erstes relativ ausführliche Reportagen und wissenschaftliche Untersuchungen über die soziale Frage in Österreich publiziert. Zu den Namen dieser Zeitschrift vgl. R. KNOLL (wie Anm. 2) S. 247.

[32] Zu den Sozialaristokraten vgl. R. KNOLL (wie Anm. 2), S. 111ff.; ferner August M. KNOLL: Der soziale Gedanke im modernen Katholizismus. Von der Romantik bis Rerum novarum, Wien 1932.

[33] John BOYER, Catholics, Christians and the Challenges of Demo-

cracy: The Heritage of the Nineteenth Century, in: M. Gehler/W. Kaiser/H. Wohnout (wie Anm. 8), S. 23–59, hier: 38.

34 R. KNOLL (wie Anm. 2), S. 175f.

35 Friedrich ROSMANITH, Die Wiener Bürgervereinigung ab 1900, Diplomarbeit (Ms.) Wien 1989.

36 R. KNOLL (wie Anm. 2), S. 248ff.

37 EBD., S. 178f.

38 FUNDER, Vom Gestern ins Heute (wie Anm. 5), S. 86ff.

39 Walter SAUER, Katholisches Vereinswesen in Wien. Zur Geschichte des christlichsozial-konservativen Lagers vor 1914, Salzburg 1980, S. 41ff.

40 Johannes HAWLIK, Der Bürgerkaiser. Karl Lueger und seine Zeit, Wien 1985.

41 FUNDER, Vom Gestern ins Heute (wie Anm. 5), S. 352ff.

42 FUNDER, Vom Gestern ins Heute (wie Anm. 5), S. 107; Norbert MIKO, Zur Mission des Kardinals Schönborn, des Bischofs Bauer und des Paters Albert Maria Weiss OP im Jahre 1895, in: Römische historische Mitteilungen 5 (1961/62), S. 181–224.

43 Franz M. SCHINDLER, Die soziale Frage der Gegenwart vom Standpunkte des Christentums beleuchtet, Wien [2]1906, S. 54–58. Über Schindler ausführlich, neben R. KNOLL (wie Anm. 2), F. FUNDER, Aufbruch zur christlichen Sozialreform, Wien 1953; zum „Schindler-Programm" von 1891 vgl. Österreichische Parteiprogramme 1868–1966, hg. von Klaus BERCHTOLD, München 1967, S. 165ff.

44 Klemens von KLEMPERER, Ignaz Seipel. Staatsmann einer Krisenzeit, Graz 1976; F. RENNHOFER, Ignaz Seipel, Mensch und Staatsmann. Eine biographische Dokumentation, Wien 1978.

45 Zit. nach Maximilian LIEBMANN, Ignaz Seipel – Mensch, Christ, Priester, in: Christliche Demokratie 3 (1985), S. 201–210, hier: 203.

46 E. WEINZIERL, Kirche und Politik, in: Dies./Skalnik (wie Anm. 7) S. 437–596, hier: 457, verweist auf K. v. KLEMPERER (wie Anm. 44), S. 89f., sowie Stefan VEROSTA, Ignaz Seipels Weg von der Monarchie zur Republik, in: Die österreichische Verfassung 1918–1938, Wien 1980, S. 13, 52.

47 Gerhard BOTZ, Gewalt in der Politik. Attentate, Zusammenstöße, Putschversuche, Unruhen in Österreich 1918–1938, München [2]1983. Das Attentat vom 1.6.1924 (EBD., S. 126ff.) und die Hassorgien gegen Seipel (EBD., S. 121) werden eigentümlicherweise we-

der bei A. STAUDINGER, Christlichsoziale Partei (wie Anm. 7), noch bei E. WEINZIERL, (wie Anm. 46), erwähnt, obgleich es auf der Hand liegt, dass diese Traumatisierung seinen Antimarxismus massiv verstärken musste. Vgl. auch Dieter A. BINDER, Zum Antiklerikalismus in der Ersten Republik, in: Christliche Demokratie 9 (1991/92), S. 369–389.

48 Nach E. WEINZIERL (wie Anm. 46), S. 458f. erfolgten seit 1919 jährlich etwa 6.000–8.000, 1923 sogar 22.000, 1927 fast 29.000 Austritte.

49 H. WOHNOUT, (wie Anm. 8), S. 189.

50 Seipels Sanierungsprogramm bleibt bis heute kontrovers. Unbestritten ist ihre Notwendigkeit, denn die österreichische Krone war bis zum Sommer 1922 auf ein Vierzehntausendstel ihres Wertes gefallen. Die massive mit den Völkerbundkrediten verbundene internationale Kontrolle und die teilweise Ausschaltung der parlamentarischen Kontrolle des Finanzsektors erfuhren heftige Kritik. Eine ausführliche und ausgewogene Darstellung bei Eduard MÄRZ, Österreichische Bankenpolitik in der Zeit der großen Wende 1913–1923. Am Beispiel der Creditanstalt für Handel und Gewerbe, Wien 1981, S. 487ff.

51 Peter MEIHSL, Die Landwirtschaft im Wandel der politischen und ökonomischen Faktoren, in: W. Weber (Hg.), Österreichs Wirtschaftsstruktur gestern – heute – morgen, Bd. 2, Berlin 1961, S. 551–838.

52 E. HANISCH, Demokratieverständnis (wie Anm. 10), S. 83.

53 Nach Herbert DACHS, Das Parteiensystem, in: E. Tálos/H. Dachs/E. Hanisch/A. Staudinger (wie Anm. 7) S. 150.

54 E. HANISCH, Demokratieverständnis (wie Anm. 10), S. 73–86.

55 EBD., S. 79; E. WEINZIERL (wie Anm. 46), S. 451.

56 Vgl. Alfred DIAMANT, Die österreichischen Katholiken und die Erste Republik. Demokratie, Kapitalismus und soziale Ordnung 1918–1934. Aus dem Amerikanischen ([1]1960) von Norbert Leser, Wien o. J.

57 Klaus BERCHTOLD, Verfassungsgeschichte der Republik Österreich, Bd. I: 1918–1933. Fünfzehn Jahre Verfassungskampf, Wien 1998, S. 684.

58 Zur Krise der Creditanstalt und ihren politischen Implikationen vgl. Dieter STIEFEL, Die große Krise in einem kleinen Land. Österreichische Finanz- und Wirtschaftspolitik 1929–1938, Wien 1988;

ferner Peter HUEMER, Sektionschef Robert Hecht und die Zerstörung der Demokratie in Österreich, Wien 1975. – Dollfuß, der ursprünglich als Bauernbunddemokrat eingeschätzt wurde, geriet anlässlich einer Parlamentsdebatte am 21.10.1932 in eine heftige persönliche Kontroverse mit Otto Bauer, dem rhetorisch glänzenden Führer der Sozialdemokratie, wobei Bauer Dollfuß als jemanden bezeichnete, der wöchentlich seine Gesinnung wechsle, während Dollfuß Bauer einen „Bolschewiken" nannte. – Vielleicht resultiert die Unfähigkeit zur Kooperation mit der Sozialdemokratie aus dieser Konfrontation. Vgl. Gordon SHEPHERD, Engelbert Dollfuß, Graz 1961, S. 128; K. BERCHTOLD (wie Anm. 57), S. 689.

59 A. STAUDINGER (wie Anm. 7), S. 268.

60 E. HANISCH, Demokratieverständnis (wie Anm. 10), S. 80; A. STAUDINGER (wie Anm. 7), S. 267.

61 E. HANISCH, Die Politik und die Landwirtschaft, in: Franz Ledermüller (Hg.), Geschichte der österreichischen Land- und Forstwirtschaft im 20. Jahrhundert. Politik – Gesellschaft – Wirtschaft, Wien 2002, S. 15–190, hier: 114. Vgl. ferner James William MILLER, Engelbert Dollfuß als Agrarfachmann. Eine Analyse bäuerlicher Führungsbegriffe und österreichischer Agrarpolitik 1918–1934, Wien 1989.

62 E. HANISCH, Demokratieverständnis (wie Anm. 10), S., 84.

63 Zit. nach Alfred KLOSE, Geistige Grundlagen der Sozialpartnerschaft im katholischen Sozialdenken, in: Gerald Stourzh/Margarete Grandner (Hg.), Historische Wurzeln der Sozialpartnerschaft, Wien 1986, S. 53–68, hier: S. 56.

64 Zu den lange nachwirkenden ständischen Traditionen vgl. allgemein E. BRUCKMÜLLER, Die ständische Tradition. ÖVP und Neokorporatismus, in: Robert Kriechbaumer/Franz Schausberger (wie Anm. 9), S. 281–316.

65 Bedauerlicherweise fehlt eine zeitgemäße Monographie über den Reichsbauernbund. Einiges Material in: Felix Kern, Oberösterreichischer Bauern- und Kleinhäuslerbund, 2. Bd., Ried 1956; ferner Günther R. BURKERT-DOTTOLO, Das Land geprägt. Die Geschichte der steirischen Bauern und ihrer politischen Vertretung, Graz 1999; Christine DEMUTH/Therese KRAUS, Bauern im Aufbruch. Gegenwart und Geschichte des Niederösterreichischen Bauernbundes, St. Pölten 1996; E. BRUCKMÜLLER, Interessenvertretung der Bauern, in: E. Tálos/H. Dachs/E. Hanisch/A. Staudinger (wie Anm. 7), S. 353–370.

[66] Ludwig Reichhold, Gewerkschaften (wie Anm. 6), S. 312 (aus dem Linzer Programm 1923 der christlichen Arbeiterschaft Österreichs); Anton Pelinka, Stand oder Klasse? Die Christliche Arbeiterbewegung Österreichs 1933–1938, Wien 1972, S. 241.

[67] Michael Dippelreiter, Julius Raab und der Gewerbebund, in: Alois Brusatti/Gottfried Heindl (Hg.), Julius Raab. Eine Biographie in Einzeldarstellungen, Linz 1986/87, S. 98.

[68] Eine zusammenfassende Darstellung der Binnenstruktur des katholischen Lagers liegt noch nicht vor. Für Wien vgl. Walter Sauer, Katholisches Vereinswesen in Wien. Zur Geschichte des christlichsozial-konservativen Lagers vor 1914, Salzburg 1980. Für Oberösterreich Harry Slapnicka, Christlichsoziale in Oberösterreich. Vom Katholikenverein 1848 bis zum Ende der Christlichsozialen 1934, Linz 1984. E. Weinzierl (wie Anm. 46), S. 437–496, zitiert eine Untersuchung von Ferdinand Klostermann, die versucht, für diese Zeit einen Überblick über das katholische Vereinswesen zu geben. Breit ausgemalt ist der vor allem in den öffentlichen Auftritten der einzelnen Organisationen immer wieder betonte Zusammenhang aller katholischer Vereine in Felix Kern, (wie Anm. 65), in der farbenfrohen Schilderung großer „Bauerntage". – Für Salzburg: E. Hanisch, Die Christlich-soziale Partei für das Land Salzburg 1918–1934, in: Mitteilungen der Gesellschaft für Salzburger Landeskunde 124 (1985), S. 477–496; für Tirol: Benedikt Erhard, Bauernstand und Politik. Zur Geschichte des Tiroler Bauernbundes. Wien 1981; für Kärnten vgl. Werner Drobesch, Vereine und Verbände in Kärnten (1848–1938). Vom Gemeinnützig-Geselligen zur Ideologisierung der Massen, Klagenfurt 1991, S. 142ff., 182ff.

[69] Charlotte Natmessnig/Fritz Weber, Die österreichischen Provinzbanken in den 1920er Jahren. Zwischen politischer Instrumentalisierung und öffentlicher Konkursversicherung, in: Richard Tilly (Hg.), Bankenkrisen in Mitteleuropa im 19. und 20. Jahrhundert, Stuttgart 2000, S. 101–142.

[70] Dazu E. Weinzierl (wie Anm. 46).

[71] Ebd., S. 445 und 461.

[72] Wie stark die antidemokratischen Affekte ab etwa 1930 wurden, zeigt u. a. die kritiklose Bewunderung der deutschen Präsidialkabinette Brüning und Papen in der katholischen Presse Österreichs, vgl. H. Wohnout, (wie Anm. 8), S. 203, unter Verweis auf Barbara Haider, „Die Diktatur der Vernunft". Die Präsidialkabinette Brü-

ning und das christlichsoziale Lager in Österreich, in: Demokratie und Geschichte 2 (1998), S. 194–227, hier: 220.

[73] E. Weinzierl (wie Anm. 46), S. 443.

[74] H. Wohnout, Regierungsdiktatur oder Ständeparlament? Gesetzgebung im autoritären Österreich, Wien 1993.

[75] Dazu informativ Gerhard Melinz, Die Christlichsoziale Partei Wiens. Von der Majorität zur Minorität und „Kerntruppe" der Vaterländischen Front, in: Wiener Geschichtsblätter 49 (1994), S. 1–14, hier: 10ff.; ferner A. Staudinger (wie Anm. 7), S. 271ff. – Dollfuß legte dem Parteiobmann Karl Vaugoin am 20.9.1933 das Ausscheiden aus der Regierung nahe, wegen der Befreiung von allen Merkmalen des parlamentarischen Systems.

[76] Die Liste des Dachau-Transportes, der außerdem Mitglieder der Opposition (Kommunisten und revolutionäre Sozialisten) und der jüdischen Gemeinde umfasste, abgedruckt u. a. in Felix Czeike (Hg.), Wien 1938 (Forschungen und Beiträge zur Wiener Stadtgeschichte 2), Wien 1978, S. 15ff, als Anhang an einen kurzen Beitrag des prominenten ÖVP-Politikers und Mitleidenden des Dachau-Transportes, Fritz Bock (S. 11ff).

[77] R. Kriechbaumer, Volkspartei (wie Anm. 9), S. 11–104, hier: 18f.

[78] Ebd., S. 27ff.

[79] R. Kriechbaumer, Programme und Programmdiskussionen. In: Kriechbaumer/Schausberger, (wie Anm. 9), S. 103–136, hier: 108ff.

[80] R. Kriechbaumer, Volkspartei (wie Anm. 9), S. 20.

[81] Ebd., S. 108.

[82] Das führt nach Theodor Pütz, Die Bedeutung der Wirtschaftsverbände für die Gestaltung der österreichischen Wirtschaftspolitik, in: Ders. (Hg.), Verbände und Wirtschaftspolitik in Österreich, Berlin 1966, S.135–236, hier: 163 zu einer „praktisch vollständigen Organisation der Wirtschaftsgesellschaft in Wirtschaftsverbänden".

[83] Th. Pütz (wie Anm. 82), S. 142f.

[84] L. Reichhold, Geschichte der ÖVP (wie Anm. 6), S. 61.

[85] E. Bruckmüller/Roman Sandgruber/Hannes Stekl, Soziale Sicherheit im Nachziehverfahren, Salzburg 1978, S. 99, 162.

[86] Nach R. Kriechbaumer, Programme (wie Anm. 9), S. 103–137, hier: 113. Vgl. ferner Wolfgang Schmitz, „Meine Ideen waren durch das Denken in Ordnungen geprägt", in: Demokratie und Geschichte 3 (1999), S. 63–97, hier: 78f.

[87] R. KRIECHBAUMER, Programme (wie Anm. 9), S. 116.

[88] Franz LEITNER, Kirche und Parteien in Österreich nach 1945. Ihr Verhältnis unter dem Gesichtspunkt der Äquidistanzdiskussion, Paderborn 1988; Maximilian LIEBMANN, Die ÖVP im Spiegel der Bischofskonferenzakten von 1945 bis zur staatlichen Anerkennung des Konkordates, in: R. Kriechbaumer/F. Schausberger (wie Anm. 9), S. 253–280.

[89] Das neue Gesetz über technische Studienrichtungen aus dem Jahre 1969, unter dem Bundeskanzler Josef Klaus und dem Unterrichts- (und späteren Außen-)minister Alois Mock beschlossen, sah erstmals, wenn auch zeitlich beschränkt, Studienkommissionen in drittelparitätischer Zusammensetzung und mit Gruppenveto vor. Helmut ENGELBRECHT, Geschichte des österreichischen Bildungswesens. Erziehung und Unterricht auf dem Boden Österreichs, Bd. 5: Von 1918 bis zur Gegenwart, Wien 1988, S. 523, Anm. 8.

[90] R. KRIECHBAUMER, Programme, (wie Anm. 9), S. 122.

[91] F. Leitner (wie Anm. 88), S. 43.

[92] Wolfgang C. MÜLLER, Die Österreichische Volkspartei, in: H. Dachs/P. Gerlich/H. Gottweis/F. Horner/H. Kramer/V. Lauber/W. C. Müller/E. Tálos (Hg.), Handbuch des politischen Systems Österreichs, Wien ^{2}1992, S. 227–246, hier: 234ff.

[93] Alfred STIRNEMANN, Zwischen Zielguppen- und Kommunikationsproblemen: Die Parteireform der ÖVP 1991, in: A. Khol/G. Ofner/A. Stirnemann, Österreichisches Jahrbuch für Politik '92, Wien 1993, S. 669ff., hier: S.681.

[94] R. KRIECHBAUMER, Programme (wie Anm. 9), S. 103–136, hier: 129f.

[95] Josef RIEGLER/Anton MOSER, Ökosoziale Marktwirtschaft. Denken und Handeln in Kreisläufen, Graz ^{2}1997, S. 9ff.

[96] J. RIEGLER (Ed.), 1st Round Table Europe. Vienna, MS Mozart, 11–12 January 1990, Wien 1990, S. 14ff., 61.

[97] R. KRIECHBAUMER, Programme (wie Anm. 9), S. 133f.

[98] Edmond LANGER, Die Verstaatlichungen in Österreich, Wien 1966.

[99] M. GEHLER, Die Volkspartei in Tirol 1945–1994, in: R. Kriechbaumer/F. Schausberger (wie Anm. 9), S. 645–700, hier: 675.

[100] Es ist bemerkenswert, dass als Ersatz für den Bundeskanzler Engelbert Dollfuß, der beim Nazi-Putsch am 27.7.1934 ermordet wur-

de, der frühere steirische Landeshauptmann und Chef der christlichsozialen Landespartei, Rintelen, vorgesehen war. Er hatte sich inzwischen dem Nationalsozialismus zugewendet. Vgl. Anton RINTELEN, Erinnerungen an Österreichs Weg, München [2]1941, S. 305ff. – Über die steirischen „Reformbewegung" innerhalb der Bundespartei und gegen verschiedene Bundesparteileute vgl. Dieter A. BINDER, Steirische oder Österreichische Volkspartei, in: R. Kriechbaumer/F. Schausberger (wie Anm. 9), S. 559–600, hier: 589f., 598.

[101] Dieter A. BINDER, Von der „Rettung des christlichen Abendlandes" und „Europa in uns". Die Österreichische Volkspartei nach 1945, in: M. Gehler/W. Kaiser/H. Wohnout (wie Anm. 8), S. 399–424, hier: 399.

[102] Im November 1967 erhielt ÖVP-Generalsekretär Hermann Withalm als Ehrengast auf dem Parteitag der DC in Mailand von Ministerpräsident Aldo Moro den Entwurf des Operationskalenders für die Durchführung des Südtirol-Pakets ausgehändigt. Vgl. Rolf STEININGER, Südtirol zwischen Diplomatie und Terror 1947–1969, Bd. 3, Bozen 1999, S. 749.

[103] M. GEHLER/W. KAISER, Transnationale Parteienkooperation der europäischen Christdemokraten: Nouvelles Équipes Internationales und Genfer Kreis 1947 bis 1965, in: Demokratie und Geschichte 4 (2000), S. 105–135.

[104] W. KAISER, Deutschland exkulpieren und Europa aufbauen. Parteienkooperation der europäischen Christdemokraten in den Nouvelles Équipes Internationales 1947–1965, in: M. Gehler/W. Kaiser/H. Wohnout (wie Anm. 8), S. 695–719, hier: 699ff. Die Franzosen (und die Belgier) entsandten zwar eine „Équipe", die aber nicht mit dem MRP identisch sein durfte. Alle übrigen Länder waren auch offiziell durch ihre christdemokratischen Parteien vertreten. Bei Belgiern und Franzosen stand die Angst dahinter, durch eine formelle Vereinigung mit konservativeren Parteien sich dem Vorwurf der Teilnahme an einer „schwarzen Internationale" auszusetzen.

[105] W. KAISER (wie Anm. 104), S. 701.

[106] EBD., S. 702.

[107] M. GEHLER, Begegnungsort des Kalten Krieges. Der „Genfer Kreis" und die geheimen Absprachen westeuropäischer Christdemokraten 1947–1955, in: M. Gehler/W. Kaiser/H. Wohnout (wie Anm. 8), S. 642–694.

[108] M. GEHLER, „Politisch unabhängig", aber „ideologisch eindeutig europäisch". Die ÖVP, die Vereinigung christlicher Volksparteien (NEI) und die Anfänge der europäischen Integration 1947–1960, in: M. Gehler/Rolf Steininger (Hg.), Österreich und die europäische Integration 1945–1993. Aspekte einer wechselvollen Entwicklung, Wien 1993, S. 291–326.

[109] A. KHOL, Die internationale Parteienzusammenarbeit: Die Beziehungen der Österreichischen Volkspartei zu ihren Schwesterparteien und ihre Mitarbeit in transnationalen Parteienzusammenschlüssen, in: R. Kriechbaumer/ F. Schausberger (wie Anm. 9), S. 367–400.

[110] Erhard BUSEK/Emil BRIX, Projekt Mitteleuropa, Wien 1986. Vgl. Martin DAVID, Für Demokratie und Freiheit. Mitteleuropakonzepte der ÖVP im internationalen Kontext, in: Demokratie und Geschichte 4 (2000), S. 136–156.

[111] Josef RIEGLER (wie Anm. 96).

[112] Alois MOCK, „ ...die Interessen unseres Landes vertreten", in: Demokratie und Geschichte 4 (2001), S. 39–64, 53. – Auch A. KHOL, Mitteleuropa – Gefahren eines politischen Begriffs, in: A. Khol/G. Ofner/A. Stirnemann, Österreichisches Jahrbuch für Politik, Wien 1986, S. 137–143, hier: 138ff., war gegen ein Mitteleuropa-Konzept, das Deutschland ausschloss.

[113] Zum Wahlrecht vgl. William A. JENKS, The Austrian Electoral Reform of 1907. New of 1907, New York 1950; Vasili MELIK, Wahlen im alten Österreich am Beispiel der Kronländer mit slowenischsprachiger Bevölkerung, Wien 1997, S. 36ff.; Lothar HÖBELT, Parteien und Fraktionen im cisleithanischen Reichsrat, in: Helmut Rumpler/Peter Urbanitsch (Hg.), Verfassung und Parlamentarismus (Die Habsburgermonarchie, Bd. 7), Wien 2000, S. 895–1006, 971ff.

[114] Maren SELIGER/Karl UCAKAR, Wahlrecht und Wählerverhalten in Wien 1848–1932, Wien 1984, S. 50f., mit leicht überzogener Polemik gegen die in Wien und Niederösterreich herrschenden Christlichsozialen – so demokratisch wie das Wiener Gemeindewahlrecht bzw. das Wahlrecht der Wiener zum Niederösterreichischen Landtag war im gleichen Zeithorizont wahrscheinlich sonst keines in der Habsburgermonarchie! Vgl. MELIK, (wie Anm. 113), S. 15 (im niederösterreichischen Landtag stimmten die Wahlberechtigten von Wien in der Allgemeinen Kurie, nicht mehr in der

Städtekurie; für Wien galt also auch bei Landtagswahlen schon das allgemeine Wahlrecht).

[115] Andreas KHOL, Durchbruch zur Bürgergesellschaft, Wien 1999.

[116] Wiard KLOPP, Die socialen Lehren des Freiherrn von Vogelsang, St. Pölten 1894, S. 216. Dazu E. BRUCKMÜLLER, Die „soziale Frage" zur Zeit Karl von Vogelsangs: Definitionsversuche – Lösungsvorschläge – Entwicklungen, in: Christliche Demokratie 4 (1986), S. 233, 244.

Christliche Demokratie in Polen

Aniela Dylus

1. Vorgeschichte

Nach der Wende in Polen mussten diejenigen Politiker, die den christlich-demokratischen Ideen verbunden waren, nicht am Nullpunkt anfangen. Sie konnten nämlich an das Ideengut der christlich-demokratischen Parteien vor dem Kriege anknüpfen. Die bedeutendste von ihnen war die Arbeitspartei (Stronnictwo Pracy) sowie die 1918 gegründete Christliche Demokratie (ChD, Chrzescijańska Demokracja) mit dem oberschlesischen Politiker Wojciech Korfanty, einem Anhänger der katholischen Soziallehre an der Spitze.[1] Zwar waren in der politischen Szene der Zweiten Republik diese Parteien nicht ganz unbedeutend, doch schon damals konnte von ihrer Stabilität keine Rede sein. Ihre Geschichte – wie auch die der anderen damaligen Parteien – ist von Zersplitterungen und Bündnissen, Teilungen und Allianzen gekennzeichnet.[2]

Mehrere Gründe spielten dabei eine Rolle. Nach dem Ersten Weltkrieg konnte man im Prozess des Wiederaufbaus der unabhängigen Staatlichkeit nur in den ehemaligen preußischen Gebieten Schlesiens und der Gegend um Posen an einer christdemokratischen Tradition der Zentrumspartei anknüpfen. Auf jeden Fall ist die Entstehungsphase der christlich-demokratischen Bewegungen in Europa für Polen eigentlich keine Erfolgsgeschichte. Auch späteren Versuchen, die diese Entwicklung nachholen wollten, waren keine großen Erfolge vergönnt.

Immerhin, als am 12. Februar 1989 die *Arbeitspartei* reaktiviert wurde, haben sich einige ihrer führenden Neugründer direkt auf die alte christdemokratische Partei berufen. Es gab sogar ältere Politiker, wie z. B. Władysław Siła-Nowicki, die 43 Jahre zuvor noch in der alten Partei tätig waren (die *Arbeitspartei* wurde erst am 18. Juli 1946 aufgelöst). Diese Kontinuität war ein unüberschätzbarer Vorteil, aber es waren auch gewisse Gefahren damit verbunden. Die schwerwiegendste Gefahr sollte sich schon schnell zeigen. Man versuchte nämlich, die vor 43 Jahren aufgegebenen Ideen wieder aufzugreifen, so als ob sich in der Zwischenzeit nichts geändert hätte. Doch wurde schnell erkannt, dass dieses Programm nicht mehr zeitgemäß war, so dass eine Wiederbelebung der Partei abgelehnt wurde.

2. Der mühsame Entstehungsprozess des demokratischen Parteiensystems Polens

Dreizehn Jahre nach der Wende muss man leider rechts von kommunistischen Gruppen das Fehlen moderner, stabiler Parteien feststellen. Die Zusammenarbeit der unterschiedlichen politischen Kräfte, denen am normalen Funktionieren des Staates gelegen ist, lässt zu wünschen übrig. Die Verteilung der Mandate im jetzigen Sejm zeigt unzweideutig die Schwäche der bürgerlichen Parteien:[3]

216 Mandate besitzen die *Demokratische Linksallianz* (SLD), ein Bündnis linker Parteien, und die *Union der Arbeit* (UP). Auf die *Polnische Bauernpartei* (PSL) entfallen 42 Mandate; diese beiden postkommunistischen Gruppierungen bilden gegenwärtig die Regierungskoalition.

Die *Selbstverteidigungspartei* (Samoobrona), eine extreme, populistische, antieuropäische Bauernpartei hat 53 Sitze. *Recht und Gerechtigkeit* (PiS), die derzeit den Christdemokraten am nächsten steht, hat 44 Sitze. Auf die *Bürgerplattform* (PO), die vor allem liberale, aber auch konservative und christdemokratische Elemente in ihrem Programm aufführt, kommen 65 Mandate. Die beiden letzten Parteien bilden eigentlich eine bürgerliche Opposition; dazu zählen die *Liga der Polnischen Familien* (LPR), eine extreme, nationalkatholische, populistische, antieuropäische Partei, die mit dem religiösen Sender, Radio Maryja, verbunden ist; sie kommt auf 38, die Deutsche Minderheit auf 2 Mandate.

Daneben gibt es verschiedene politische Gruppierungen, die nicht im Parlament vertreten sind. Symptomatisch für die Instabilität der politischen Szene in Polen ist das Schicksal der *Freiheitsunion* (UW). Diese Partei, mit Persönlichkeiten wie Tadeusz Mazowiecki, Hanna Suchocka, Leszek Balcerowicz, Bronisław Geremek, die noch unlängst mit 10–15 % Wählerstimmen rechnen konnte, schien noch vor kurzem einen festen Platz in der Parteienlandschaft zu haben. Dank ihrer politischen Kultur und ihres ausgewogenen, die Rechtsstaatlichkeit fördernden Verhaltens hatte sie zunächst einen guten Ruf in der Bevölkerung. Doch in den letzten Parlamentswahlen vom September 2001 konnte sie die 5 %-Hürde nicht überwinden. Verantwortlich für die Niederlage war die Zerstrittenheit dieser Partei, in der die christlichen und laizistischen, liberalen und sozialdemokratischen Strömungen nicht zusammengeführt werden konnten. Sie ist aus der Öffentlichkeit fast verschwunden.

Die verschiedenen Parteien lassen sich in Polen schwer nach Kriterien wie Linke und Rechte, oder Sozialdemokraten – Christdemokraten – Liberale – Konservative ordnen. Stanisław Lem, ein bekannter polnischer Science-Fiction-Schriftsteller, hat sich vor kurzem darüber beklagt, dass es unterschiedliche Auslegungen von Demokratie in den sog. Transformationsländern wie Polen, Ungarn oder Tschechien gibt, Interpretationen, die die partikuläre oder gar die scheinbare Demokratie nicht ausschließen. Demokratie setzt eine vitale Zivilgesellschaft voraus; diese muss ihre Werte soweit internalisiert haben, dass gewisse Verhaltensweisen ausgeschlossen sind. Leider herrschen in dieser Hinsicht in Polen beträchtliche Unklarheiten. Lem geht in seiner Analyse noch weiter und ist der Meinung, dass es weder eine Rechte, noch eine Linke, noch eine Mitte gebe. Was wir haben, erinnere ihn vielmehr an einen Gemüsesalat, in dem manche Farben zu erkennen sind. Er selbst wisse nicht, warum die polnische Gesellschaft so schwermütig geworden sei.[4]

Für die Zerrissenheit der politischen Eliten spielt immer noch das Verhältnis zur Vergangenheit die wesentliche Rolle, weniger jedenfalls als die Frage schlüssiger Parteiprogramme. Insofern ist die Spaltung der Parteien in Postkommunisten und Nachfolgeparteien der *Solidarność* weiterhin erkennbar. Natürlich werden im Laufe der Zeit die scharfen Gegensätze, die aus der jüngsten Geschichte herrühren, immer mehr verschwinden. Schon jetzt, vor allem auf der Selbstverwaltungsebene, kommt es öfters vor, dass die noch vor kurzem konträren Gruppierungen aus taktischen Gründen – oder, was seltener ist, zum Wohl der lokalen Gemeinschaft – Bündnisse schließen. Zwar bilden auch die Postkommunisten alles andere als einen einheitlichen Block. Sie treten jedoch in der Öffentlichkeit friedlich und geschlossen auf; Konflikte werden nicht auf dem offenen Markt ausgetragen. Ihre Gegner machen es umgekehrt.

Die zwischen 1989 und 1993 ausgetragenen inneren Konflikte an der Spitze des Solidaritäts-Lagers wurden als Machtkämpfe der einstigen Streiter gegen den Kommunismus in der Umbruchphase nach dem Systemwechsel interpretiert.[5] Der Höhepunkt dieses Konflikts war 1991, als Lech Wałęsa den „Krieg an der Spitze" eröffnete. Ein Ergebnis dieser schweren Auseinandersetzungen war leicht vorauszusehen. In den Jahren 1990–1995 spaltete sich der Solidarność-Block in über 260 politische Parteien und Gruppierungen auf. Doch betraf diese Zersplitterung keineswegs nur das rechte Parteienspektrum; denn schon im Herbst 1992 waren in Polen rund 500 Parteien registriert.[6] In der ersten Legislaturperiode 1991–1993 waren im Sejm nicht weniger als 29 Parteien und Gruppierungen vertreten. Erst das Wahlgesetz vom Mai 1993 hat diese verhängnisvollen Entwicklungen gestoppt. Als Voraussetzung für die Wahl ins Parlament wurde die 5 %-Hürde für Parteien und die 8 %-Hürde für Parteibündnisse eingeführt.

Die weithin beklagte Politikverdrossenheit ist auch in Polen spürbar. Die ständige Diffamierung des politischen Gegners in den Wahlkampagnen und die undurchsichtigen Machtspiele an der Spitze der Parteien trugen zu einem erheblichen Vertrauensschwund bei den politischen Eliten bei. Ohne Zweifel gehen vom Verhalten der Eliten und der Parteienkonstellationen destabilisierende Wirkungen auf die junge Demokratie aus. Die „ungastliche politische Bühne" (Paweł Śpiewak), die die Bürger kaum zu politischer Teilnahme einlädt, gibt wiederum Anlass, sich von „denen da oben" zu distanzieren. Diese Haltungen sind auch bei engagierten Christen und den neuen christlich-demokratisch geprägten Institutionen feststellbar.

3. *Die bunte Parteienlandschaft der christlich-demokratischen Parteien*

Aus den genannten Gründen (große Hektik des parteipolitischen Entstehungsprozesses, unscharfe programmatische Konturen u. a. m.) fällt es schwer, die christlich-demokratischen Gruppierungen in Polen genauer zu charakterisieren (vgl. Tabelle 1).

– Die *Christliche Demokratie – Arbeitspartei* (ChD/SP) wird zwar weithin als „Mutter" der polnischen „Chadecja", der *Christlichen Demokratie* angesehen, doch spielt sie heute keine große Rolle mehr.

– Die *Christlich-Nationale Vereinigung* (ZChN) ist zwar keine typische christlich-demokratische Partei, doch enthalten ihre Programme christlich-demokratische Elemente. Die Partei bemüht sich, die drei großen politischen Ideenkreise Polens, den Gedanken der Nation und ihrer Unabhängigkeit mit der christlich-demokratischen Idee zusammenzufügen. Bei den Transformationsprozessen der letzten Jahre hat die Partei Verdienste errungen. Nach der Niederlage des Wahlbündnisses *Solidarność* bei den Parlamentswahlen im September 2001 ist sie jedoch aus der Öffentlichkeit verschwunden.

– Die *Verständigung der Polnischen Christdemokraten* (PPChD) hat sich von Anfang an als moderne *Christliche Demokratie* definiert. Im Vergleich zu den anderen Parteien mit christlich-demokratischem Anspruch betont sie am stärksten die liberalen Elemente in ihrem Wirtschaftsprogramm. Sie beteiligte sich an Initiativen, die die Einigung der polnischen „Chadecja" zum Ziel hatten (der sog. St. Katharina Konvent; AWS).

– Die *Partei der Polnischen Demokratie* (Stronnictwo Demokracji Polskiej; vorher: Polnisches Forum der Christlichen Demokratie) versteht sich als Plattform der politischen Aktivitäten des ehemaligen Pax-Vereins, einer katholischen Laienorganisation zwischen 1947 und 1989. Trotz ausgezeichneter organisatorischer Infrastruktur, ist sie ohne politische Bedeutung.[7]

– Die *Verständigung Zentrum* (PC) wurde 1990 gegründet; sie ist das Produkt des „Krieges an der Spitze" innerhalb des Solidaritäts-Lagers. Die PC, seit ihrer Gründung von Lech Wałęsa unterstützt, wurde zutreffend mit der Christlichen Demokratie identifiziert. Eine Monographie über politische Eliten, die unmittelbar nach der Wende erschien, charakterisierte diese Partei als „polnische Chadecja".[8] Ihr Vorsitzender, Jarosław Kaczyński, versteht sie als Synthese von konservativ-liberalen und christlich-demokratischen Elementen. Nach den personellen Konflikten an ihrer Spitze (Streit zwischen Lech Wałęsa und anderen Spitzenvertretern) und nach mehreren Abspaltungen verlor die Partei beträchtlich an Bedeutung. Seit 1997 ist sie Teil des Wahlbündnisses *Solidarność*; Jarosław Kaczyński schloss sich *Wiederaufbau Polen*, der nationalistisch orientierten Partei von Jan Olszewski an. Im Jahre 2000 schlossen sich Teile der PC mit der *Verständigung der Polnischen Christdemokraten* zusammen, doch löste sich die *Verständigung Zentrum* kurz danach auf.

– Ein Fiasko erlebte auch die 1997 gegründete *Christliche Demokratie der III. Republik* (ChD III RP), die ebenfalls mit Lech Wałęsa verbunden war. Die Partei ist bis heute ohne Bedeutung.

– Dagegen vermochte die Wahlaktion *Solidarność*, sich einen festen Platz im politischen Spektrum zu sichern. Vor den Wahlen 1997 ist es ihr gelungen, ein Bündnis von fast vierzig, zumeist gemäßigt-konservativen politischen Gruppierungen unter der Führung der Gewerkschaft *Solidarność* zu Stande zu bringen. Doch schon unmittelbar nach den gewonnenen Parlamentswahlen im September 1997 brach die Wahlaktion auseinander. Auf Grund von Meinungsunterschieden schied die Freiheitsunion nach zweieinhalb Jahren aus der Regierungskoalition aus. Die verschiedenen Richtungen der Partei vermochten sich nicht mehr auf ein gemeinsames Programm festzulegen. Der mit Radio „Maryja", einem religiös-traditionalistischen Sender verbundene extrem rechte Flügel des Wahlbündnisses *Solidarność* agitierte gar mit nationalistischen Parolen; er verließ mit seinen ca. 20 Abgeordneten als erster das Wahlbündnis. Weitere Austritte, Abspaltungen und Neugründungen höhlten die christlich-demokratischen Solidaritätsidee vollends aus, so dass schließlich auch die Gewerkschaft *Solidarność* das Bündnis verließ. Immerhin vermochte die von der Wahlaktion getragene Regierung die vierjährige Amtsperiode durchzuhalten. Nach den verlorenen Wahlen vom September 2001 hat sich die *Wahlaktion Solidarność* aufgelöst.

– Ein Teil der *Wahlaktion Solidarność* war die *Soziale Bewegung – Wahlaktion Solidarność* (RS/AWS). Auch sie kehrte nicht mehr ins Parlament zurück. Diese Bewegung steht so sehr im Schatten der vorherigen Regierung, dass sie für deren Fehler einstehen muss.

– Die im April 2001 gegründete Partei *Recht und Gerechtigkeit* (PiS) ist ein neuer Stern am parteipolitischen Himmel. Zur Zeit ist sie die einzige dezidiert christlich-demokratische Gruppierung, die im Sejm vertreten ist. Ihr Vorsitzender, Lech Kaczyński, hat ihr Verhältnis zur christlich-demokratischen Tradition einmal auf die ironische Formel gebracht: „Wir sind eine christlich-demokratische Partei; aber wir sind keine Chadecja." Vielleicht hat Kaczyński hinsichtlich der Chadecja, der herkömmlichen Christlichen Demokratie, negative Assoziationen. Erstaunlicherweise erlangte die Partei bei den Wählern politisches Vertrauen. Schon ein halbes Jahr nach ihrer Gründung gewann sie bei den Parlamentswahlen im September 2001 44 Mandate. Dieser rasche Erfolg zeigt, dass die polnischen Wähler nicht so sehr auf Parteien fixiert, sondern eher personenorientiert sind. Der Zuspruch zur PiS beruht daher vor allem auf der Person an ihrer Spitze, dem sehr populärer Politiker und ehemaligen Justizminister der Regierung Buzek, Lech Kaczyński. Er hat sich dank konsequenter Sorge um die innere Sicherheit der Bürger und einer restriktiven Rechtspolitik großes Ansehen erworben. Zutreffend wird die Partei manchmal als „Partei eines Themas: Sicherheit der Bürger" bezeichnet. Dieses Beispiel zeigt, welche Rolle in den postkommunistischen Ländern das Bedürfnis nach Sicherheit spielt. Gute Perspektiven für die Partei ergeben sich nicht zuletzt angesichts ihrer programmatischen Zusammenarbeit mit der *Bürger-Plattform*. Allerdings waren in den Selbstverwaltungswahlkomitees vor den Wahlen im Oktober 2002 auch kompromittierte Kandidaten, was für eine Partei, die mit Parolen wie „Transparenz" und „Kampf der Korruption" wirbt, gefährlich werden kann. Die künftige Entwicklung der Partei ist daher schwer vorauszusehen.

4. Die polnische „Chadecja" als Verschmelzung christlicher und polnischer Ideen

Die polnischen Christlichen Demokraten sind keine programmatisch homogene Gruppierung. Jede Gruppierung versucht, ihr Programm besonders zu akzentuieren; dennoch sind auch gewisse Übereinstimmungen festzustellen. Diese beziehen sich sowohl auf das spezifisch *Christliche*, als auch auf das spezifisch *Polnische*.

Ein Kanon von Grundanschauungen und Grundwerten ist den christlich-demokratischen Parteien und Gruppierungen gemeinsam. Zu diesem Wertekanon gehören:
- Das personalistische Menschenbild;
- die Hochschätzung der Arbeit und des Privateigentums; beide werden als sozialethische Kategorien betrachtet;
- die Hervorhebung der Rolle der Familie und kleineren Gemeinschaften;
- der Vorrang des Naturrechts vor dem positiven Recht;
- die Orientierung des politischen und sozialen Engagements an ethischen Prinzipien;
- die Ablehnung des politischen Radikalismus bei gleichzeitiger Betonung der gesellschaftlichen Solidarität.

Diese programmatischen Grundsätze sind allgemeiner Natur und finden als politische und soziale Orientierungsmarken breite Akzeptanz. Kontroversen treten angesichts der Frage auf, was in konkreten Situationen politischer Willensbildung und Entscheidungen aus den Grundwerten zu folgern ist.

Richard von Weizsäcker hat zum Christentum als Orientierung christlich-demokratischer Programmatik bemerkt: „Wir leiten aus christlichem Glauben kein bestimmtes Programm ab. Das kann man gar nicht. Es gibt in unserem Land keine christliche Politik im Gegensatz zu einer unchristlichen Konkurrenz. Christlicher Glaube gibt uns aber das Verständnis vom Menschen, auf dem unsere Politik aufbaut."[9] Eine solche deutliche Stellungnahme ist den Christlichen Demokraten Polens fremd. Das Christliche in den Parteiprogrammen bezieht sich hier zumeist unvermittelt auf die katholische Soziallehre oder auf theologische und kirchliche Texte. In den Programmen der polnischen christlich-demokratischen Parteien finden sich mitunter ganze Passagen der päpstlichen Sozialenzykliken. Von daher ist es verständlich, dass in den politikwissenschaftlichen Lehrbüchern die Christliche Demokratie als diejenige parteipolitische Formation dargestellt wird, die „die Soziallehre der Kirche als Basis ihrer Programme betrachtet".[10]

Die polnischen Christlichen Demokraten betonen vor allem Werte wie Unabhängigkeit, Souveränität, Patriotismus und verbinden diese mit einem starken Antikommunismus. Eine solche Auffassung findet sich z. B. im Programm der *Verständigung Zentrum*. Allerdings riefen die antikommunistische Haltung und das Bestreben, das öffentliche Leben strikt nach christlichen Werten zu ordnen, auch Gegenreaktionen hervor. Vielfach wurde deswegen den christlich-demokratischen Parteien Fundamentalismus vorgeworfen.

So stehen mehr oder weniger radikalen, kirchentreuen Politikern und Parteianhängern, die die Erhaltung und Erneuerung christlicher Werte in der Öffentlichkeit fordern, ein breites Spektrum von Politikern gegenüber, die die strikte Trennung von Kirche und Staat fordern und die Orientierung der Politik am christlichen Ideengut ablehnen.

Daneben gibt es Antikommunisten und Postkommunisten, während den nationalistisch orientierten Kräften, die vorgeben, das „wahre Polen" zu vertreten, die Kosmopoliten gegenüberstehen.

Von einem Fundamentalismus in der Politik kann man sprechen, wenn vier Faktoren feststellbar sind: 1) Die Fundamentalisten berufen sich auf nationale, religiöse oder sonstige sittliche Werte (wie Freiheit, Gleichheit). 2) Sie artikulieren eine Vision der Wirklichkeit mit zwei Gruppierungen: „wir" und „die anderen". 3) Diese Dichotomie soll die komplexe und differenzierte Wirklichkeit, die viele nach der Wende als chaotisch und bedrohlich erleben, auf ein einfaches gedankliches Grundmuster reduzieren und dadurch Halt und Stabilität versprechen. 4) Es gibt folglich kaum noch Möglichkeiten, von diesen Zerrbildern abzurücken und Kompromisse zu schließen.

Es wäre ungerecht, die Christliche Demokratie für die vielen Schattierungen fundamentalistischer Haltungen in Polen verantwortlich zu machen. Doch ist andererseits nicht zu leugnen, dass in genannten Parteien mit christlicher Programmatik fundamentalistische Züge anzutreffen sind.

Die entschiedene Ablehnung des extremen Etatismus sowie Liberalismus in sozialwirtschaftlichen Programmen ist kein spezifisch polnisches Kennzeichen christlich-demokratischer Politik, sondern ein Grundzug aller christlich-demokratischen Parteien in Europa. In Polen aber sind die Forderungen nach umfänglichen sozialen Begleitmaßnahmen des Transformationsprozesses seitens des Staates deutlich zu hören. Diesbezügliche Erwartungen richten sich vor allem auf eine entsprechende Familienpolitik; diese soll den vor allem die Familien betreffenden negativen Begleiterscheinungen der notwendigen Wirtschaftsreformen entgegenwirken.

Der etatistische Standpunkt der polnischen Christdemokraten in der Außenpolitik wurde wiederholt unterstrichen. Er umfasst folgende Prioritäten: Schutz der polnischen Souveränität, Garantie der Sicherheit des Staates und Stärkung seiner internationalen Position. Daher wurde auch die Einbindung Polens in die Nordatlantische Verteidigungsorganisation mit Begeisterung unterstützt. Wesentlich vorsichtiger dagegen verhält man sich gegenüber dem europäischen Integrationsprozess. Der Beitritt Polens zur EU dürfe die kulturelle und nationale Identität nicht antasten. Die polnischen Christdemokraten glauben, dass Charles de Gaulles Formel vom „Europa der Vaterländer" auch die Erwartungen Polens in dieser Hinsicht am besten ausdrückt. Auf Grund der wirtschaftlichen Ungleichheit sollte man im übrigen sehr vorsichtig mit der Gründung sog. Euroregionen sein. Erst nach dem EU-Beitritt dürften solche regionalen Struktur für Polen spruchreif werden.

Gegenüber den nationalen Minderheiten wird die Einhaltung internationaler Gesetze und Konventionen sowie des Gegenseitigkeitsprinzips verlangt. Einzelne parteipolitische Gruppierungen verkennen offenbar die Rechtslage, wenn sie z. B. dieselben Rechte, die die Deutschen in Polen besitzen, auch für die polnische Minderheit in Deutschland beanspruchen. Mit Recht verlangen die Christlichen Demokraten jedoch mehr Aufmerksamkeit für die polnischen Minderheiten in den Ländern der ehemaligen Sowjetunion.

Die geringe Resonanz christlich-demokratischer Programmatik in der Gesellschaft ist vor allem auf die Zersplitterung dieser Formationen zurückzuführen. Es ist nicht ganz von der Hand zu weisen, dass die erwähnten ständigen Streitigkeiten und Reibereien Ausdruck des „spezifisch Polnischen" sind.

5. Bewertung und Perspektiven

Es mag erstaunen, dass sich in Polen, in dem das Christentum so tief im Volke verankert ist, nach der Wende die christlich-demokratischen Ideen kaum durchgesetzt haben. Die Misere der Parteien, die sich auf christlich-demokratische Werte berufen, kommt nicht von ungefähr. Mehrere Faktoren sind zu nennen. Alle nach der Wende in Polen durchgeführten Wahlen und Referenden zeigen, dass die Wählerschaft gespalten ist. Ungefähr die Hälfte nimmt überhaupt nicht am politischen Leben teil. Die andere Hälfte ist wiederum gespalten – grob gesagt – in Anhänger der Postkommunisten auf der einen und Anhänger der Postsolidarität auf der anderen Seite. Die ersteren sind treue, disziplinierte Wähler einer bestimmten, stabilen Formation. Die letzteren dagegen – meistens dem christlichem Ideengut verbunden – unterstützen verschiedene Parteien und vertreten verschiedene Richtungen.

Die Abneigung der polnischen Christen gegen eine einheitliche christliche Parteiformation ist vor allem auf binnenpolitische Probleme zurückzuführen. Nach jahrzehntelanger atheistischer Propaganda und der Verbannung des Christentums aus der Öffentlichkeit scheint auch heute noch jede Präsenz der Christen als Christen in Politik und Öffentlichkeit ebenso als etwas Außergewöhnliches, wie die friedliche Zusammenarbeit von Kirche und Staat.

Heute sind die Kirchen und die Religionsausübung frei, aber das christlich-demokratische Gedankengut als Leitidee des Politischen und des Kulturellen hat in Polen noch nicht die gewünschte Resonanz. Der laizistischen Linken ist es sogar gelungen, erfolgreich Propaganda zu treiben mit dem Schlagwort: „die Schwarzen haben die Roten ersetzt". Andererseits ist nicht zu übersehen, dass die Kirche vielfach direkt Einfluss auf die Politik genommen hat oder nehmen wollte. Zu diesem Eindruck trugen nicht zuletzt auch die Vertreter national-katholischer Parteien bei, die die kirchliche Autorität instrumentalisierten und für ihre spezifischen politischen Interessen einspannen wollten.

So fehlt der Christlichen Demokratie in Polen vor allem der Rückhalt des vorpolitischen Raums, der das wichtigste Rekrutierungsfeld des politischen Nachwuchses und der Wählerschaft der Schwesterparteien in Westeuropa war. Entsprechend vermögen die christlichen Parteigruppierungen Polens auch kaum, die jüngeren und mittleren Altersjahrgänge anzusprechen. Man bezeichnet sie wegen ihrer Überalterung auch als „Sofa-Parteien". Wegen ihres geringen gesellschaftlichen Rückhalts vermögen die christlichen Parteien auch nicht, die Interessenvermittlung zwischen Gesellschaft und Staat, zwischen Bevölkerung und Regierung zu leisten. Angesichts der ständigen Streitigkeiten dieser Parteiformationen hat der Papst einmal bemerkt, dass hier eine alte polnische Untugend zum Vorschein komme, nämlich ein übertriebener Individualismus, der zur Aufspaltung des sozio-politischen Bereichs führe.[11]

Die Gründe des Misserfolges christlich-demokratischer Parteien bedürfen noch einer Ergänzung. Zum einen hängen die christlichen Parteien Polens noch einer antiquierten Form des Patriotismus an, der die Religion eng mit der Nation verbindet und sich mitunter pathetisch und heroisch präsentiert. Eine Programmatik und ein Verhalten gemäß dem Motto „Gott – Ehre – Vaterland" hat heute unter den Jugendlichen kaum Anhänger; es geht zwangsläufig an den Problemen und Erwartungen der Menschen vorbei.

Ein weiterer Grund des Misserfolges der Christlichen Demokratie dürfte die Art und Weise der „Übersetzung" von Prinzipien der christlichen Sozialethik auf die Parteiprogramme und die Tagespolitik sein. Solche Forderungen der katholischen Soziallehre wie „Vorrang der Arbeit vor dem Kapital", „Familienlohn", „breite Streuung des Privateigentums" u. a. wurden bisher nicht als langfristige Ziele der Ordnungspolitik dargestellt, sondern als hier und jetzt zu realisierende Aufgaben. Im übrigen stimmten diese unrealistischen sozialen Forderungen mit denen der sozialistischen Linken überein. In vielen wirtschaftlichen Fragen haben christliche Abgeordnete denn auch mit der Linken gestimmt. So ist es kein Wunder, dass die Christlichen Demokraten in Wirtschaftskreisen keinen guten Ruf haben.

Auch wenn katholische bzw. christlich-demokratische Parteien gegenwärtig keine großen Erfolge zu verzeichnen haben, wäre es falsch zu behaupten, dass christliche Werte überhaupt keinen Einfluss auf die Parteiprogramme und die Politik hätten und dass für überzeugte Katholiken oder Protestanten kein Platz in der Politik sei.

Im übrigen wird man nicht sagen können, dass – auch wenn es Ausnahmen gibt (z. B. *Demokratischen Linksallianz* und *Arbeitsunion*) – die politischen Parteien in Polen antichristlich, antikirchlich oder laizistisch eingestellt wären (vgl. zur religiösen Einstellung polnischer Eliten in Politik und Wirtschaft Tabelle 2).[12]

Die Ergebnisse anderer Untersuchungen sind nicht weniger interessant (vgl. Tabelle 3). Sie zeigen die religiösen Einstellungen der Mitglieder verschiedener Parteien. Die Untersuchungen wurden 1991–1993 unter Delegierten auf Parteikongressen durchgeführt. Die meisten hier aufgeführten Parteien existieren nicht mehr. Doch berührt dies nicht den Umstand, dass diejenigen polnischen Katholiken, die sich politisch engagieren möchten, nicht unbedingt in einer „katholischen" oder „christlichen" Partei tätig sein wollen. Dies scheint auch den Einschätzungen der polnischen Bischofkonferenz zu entsprechen. Ihr ehemaliger Generalsekretär, Bischof Tadeusz Pieronek, äußerte sich diesbezüglich unmissverständlich: Die katholische Kirche in Polen braucht keine besondere katholische Partei, sie braucht vielmehr Parteien von Katholiken, die im politischen Leben christlich handeln.[13]

Doch das politische Engagement wird seitens der organisierten Katholiken kaum wahrgenommen oder angestrebt. Zwar sind viele neuentstandene katholische Bewegungen und Verbände religiös sehr aktiv, doch ihre Anhänger weigern sich aus den bekannten Gründen, am politischen Leben teilzunehmen. Nur in seltenen Fällen sind engagierte Christen fähig und willens, ihren religiösen Eifer in gesellschaftlich-politische Verantwortung umzusetzen. Die frommen „Sonntagskatholiken" wollen zumeist mit der „schmutzigen Politik" nichts zu tun haben. Der Weg zu größerer politischer Verantwortung der Christen in Polen ist noch weit.

Tab. 1: Die christlich-demokratischen Parteien in Polen nach 1989

Namen	*Entstehung*	*Führende Personen*	*Anwesenheit auf der politischen Szene*	*Bedeutung heute*
SP/ ChDPS ChD/SP	12.02.1989	Władysław Siła-Nowicki	Sejm der X. Kadenz: 1 Mandat; Sejm der I. Kadenz: 5 Mandate	Ohne größere Bedeutung; später: Zusammenarbeit mit dem PiS
ZChN	Oktober 1989	Władysław Chrzanowski, Ryszard Czarnecki, Marian Piłka, Jerzy Kropiwnicki	– als Teil der Katholischen Wahlaktion/ 1991–93: 49 Mandate; – 1992–93: Mitregierung mit der Freiheitsunion; – 1997–2001: Teil der AWS	zur Zeit ohne größere Bedeutung

Namen	*Entstehung*	*Führende Personen*	*Anwesenheit auf der politischen Szene*	*Bedeutung heute*
PChD/ PPChD	13.12.1993 2000	Paweł Łączkowski, Janusz Steinhoff	Sejm der I. Kadenz: 4 Mandate; ab 1997 Teil AWS	Ohne größere Bedeutung
Polnisches Forum Christlicher Demokratie/ Partei der Polnischen Demokratie	1991 1993			Ohne Bedeutung
PC	1990	Jarosław Kaczyński	Sejm der I. Kadenz: 44 Mandate; ab 1997 Teil der AWS	2001: Auflösung
ChD III RP	1997	Lech Wałęsa		Ohne Bedeutung
AWS	1997	Marian Krzaklewski	1997–99: Mitregierung mit der Freiheitsunion; 1999–2001: Regierung	
Gesellschaftliche Bewegung/ AWS	2001	Jerzy Buzek		Ohne Bedeutung
PiS	April 2001	Lech Kaczyński, Jarosław Kaczyński	ab 2001: 44 Mandate	Keimzelle der stabilen Christlichen Demokratie?

Tab. 2: Die Einstellung zur Religion politischer Eliten in Prozent

	Die Nomenklatur aus dem Jahre 1988	*Die neue politische Elite*	*Der staatliche Handel*	*Der private Handel*
Die Zahl der Befragten N	856	375	218	316
Katholisch Erzogene	96,4	94,4	98,6	94,6
Die heutige religiöse Selbsteinschätzung				
Ungläubig	36,8	17,4	8,3	14,5
Katholisch	61,1	81,6	90,8	82,4
Andere Konfessionszugehörigkeit	2,1	1,0	0,9	3,1
Teilnahme an der Sonntagsmesse mindesten ein Mal pro Woche (sog. dominicantes)	15,3	38,7	34,8	26,3

Quelle: E. Wnuk-Lipiński, Demokratyczna rekonstrukcja. Z socjologii radykalnej zmiany społecznej (Die demokratische Rekonstruktion. Die Soziologie einer radikalen gesellschaftlichen Wende), Warszawa 1996, S. 163.

Tab. 3: Die religiösen Einstellungen und Praktiken der Vertreter verschiedener Parteien

	PC		UD		KLD		ZChN	SdRP
Parteikongresse:	I	II	I	II	II	III	III	II
	März 91	Juni 92	Mai 91	April 93	Mai 91	Feb. 92	Feb. 93	März 93
tief Gläubige	27	24	13	10	9	10	56	23
Gläubige	59	72	59	60	68	62	44	23
Unentschiedene	3	3	12	12	7	13	0	13
Ungläubige	7	1	11	11	10	9	0	38
entschieden Ungläubige	0	0	4	4	2	4	0	25
regelmäßig Praktizierende	56	55	40	35	40	30	87	3
unregelmäßig Praktizierende	29	37	32	29	29	30	8	10
nur selten Praktizierende	4	4	13	14	21	17	1	15
nicht Praktizierende	6	2	12	20	9	20	0	66

Quelle: M. Grabowska, T. Szawiel, Anatomia elit politycznych. Partie polityczne w postkomunistycznej Polsce (Eine Anatomie der politischen Eliten. Die politischen Parteien im postkommunistischen Polen), Warszawa 1993, S. 41, 46.

Anmerkungen

1 Zu ihm ausführlich Guido HITZE, Carl Ulitzka (1873–1953) oder Oberschlesien zwischen den Weltkriegen, Düsseldorf 2002, S. 256ff., u.ö.

2 Eine kurze Übersicht in: Werner ALLEMEYER, Christliche Demokratie in Europa und Lateinamerika. Geschichte, Strukturen, Programme, Bonn 1964, S. 186ff.

3 Stimmenanteile bei der polnischen Parlamentswahl vom 23.9.2001 in Prozent (d.i. die 4. Wahl seit 1989; Wahlbeteiligung 46,3 %) betrug: UW 3,1 %; AWSP 5,6 %; LPR 7,87 %; PSL 8,98 %; PiS 9,5 %; Samoobrona 10,2 %; PO 12,68 %; SLD/UP 41,04 %; andere Parteien 1,03 %.

4 Vgl. S. LEM, Stanie na głowie (Der Kopfstand), in: „Tygodnik Powszechny" vom 6.10.2002.

5 Vgl. E. WNUK-LIPIŃSKI, Demokratyczna rekonstrukcja. Z socjologii radykalnej zmiany społecznej (Die demokratische Rekonstruktion. Die Soziologie einer radikalen gesellschaftlichen Wende), Warszawa 1996, S. 202.

6 Vgl. M. GRABOWSKA/T. SZAWIEL, Anatomia elit politycznych. Partie polityczne w postkomunistycznej Polsce (Eine Anatomie der politischen Eliten. Die politischen Parteien im postkommunistischen Polen), Warszawa 1993, S. 169.

7 Zu dessen Geschichte vgl. A. MICEWSKI, Współrządzić czy nie kłamać? Pax i Znak w Polsce, 1945–1976, Paris 1978; deutsche Übersetzung von Wolfgang Grycz: Katholische Gruppierungen in Polen. PAX und ZNAK 1945–1976, München 1978.

8 Bei M. GRABOWSKA/T. SZAWIEL (wie Anm. 6), S. 49–60, heißt es im III. Kapitel „Die Verständigung Zentrum – die polnische Chadecja".

9 Vgl. R. VON WEIZSÄCKER, Die deutsche Geschichte geht weiter (poln.: Historia Niemiec toczy się dalej), Berlin 1983, S. 113.

10 K. WOJTASZCZYK, Wiedza o społeczeństwie. Zarys wykładu (Das Wissen über die Gesellschaft. Ein Umriss der Vorlesung), Warszawa 2000, S. 326.

11 Vgl. „Wo sind wir vom Evangelium abgewichen?" Eine Gewissenserforschung für die Welt an der Schwelle zum Jahr 2000, in: L'Osservatore Romano. Wochenausgabe in deutscher Sprache, Nr. 45 (1993).

12 Die entsprechenden Untersuchungen wurden zwar schon 1993

durchgeführt, aber spätere Umfragen bestätigen, dass die religiösen Einstellungen sich seitdem nicht wesentlich verändert haben.

[13] Vgl. den Bericht mit den übersetzten Äußerungen von W. Grycz, Polens katholische Laien – dienstbare Geister oder Partner?, in: Ost-West Informationsdienst des katholischen Arbeitskreises für zeitgeschichtliche Fragen, Nr. 186 (1996), S. 58–71.

Christliche Demokratie in Ungarn

Gábor Erdödy und Csaba Fazekas

1. Die Anfänge und ihr europäischer Hintergrund

Die Wurzeln der Christlichen Demokratie reichen zurück bis zur Französischen Revolution und zur industriellen Revolution mit der sog. Industrie- und Arbeiterfrage. Als selbständige Verbände entstanden die ersten christlichen Parteien im 19. Jahrhundert; ihre moderne Ausprägung erfuhren sie dann zur Zeit des Zweiten Weltkrieges, um das moralisch-politische Vakuum auf der Basis christlich-demokratischer und ethischer Werte auszufüllen. Bis heute bilden sie einen unentbehrlichen Faktor demokratischer Stabilität. Der Ausdruck *démocratie chrétienne* wurde zuerst von Monsignore Lamourette, dem Bischof von Lyon, am 21. November 1791 gebraucht. Einen bewussten politischen Inhalt bekam der Begriff aber erst in der Periode 1830–1848, als der bretonische Priester Hugues Robert Félicité de Lamennais (1782–1854) seine Forderung erhob, dass die Erneuerung der Kirche nur auf der Grundlage der bürgerlichen Reformen erreicht werden könnte.

Das erste Programm des liberalen Katholizismus, das zur Vorgeschichte der Christlichen Demokratie von heute zu zählen ist, wurde von dem Belgier A. Potter in der zweiten Hälfte der 1820er Jahre angesichts des Bündnisses von belgischen Katholiken und Liberalen entworfen; die erste Synthese christlicher und liberaler Grundwerte, die die Freiheit der belgischen katholischen Kirche als organischen Bestandteil der umfänglicheren liberalen Freiheitsbestrebungen deklarierte, entstand in der belgischen Verfassung von 1831.[1] Bei der Formierung des liberalen Katholizismus spielte Kardinal Engelbert Streckx von Mechelen eine bestimmende Rolle; er erkannte, dass die katholische Erneuerung nur durch die Integration liberaler Elemente eine wirkliche Chance haben würde, Einfluss auf die Gesellschaft auszuüben.

Der liberale Katholizismus des Vormärz reagierte auf die Herausforderungen der Epoche flexibel, indem er vermochte, eine politische Antwort auf die demokratischen Bestrebungen der Amerikanischen und der Französischen Revolution, eine soziale Antwort auf die Verbreitung der Säkularisation und eine wirtschaftliche Antwort auf die einsetzende industrielle Revolution zu geben. Der liberale Katholizismus unterstrich damit, dass der Liberalismus keineswegs mit Antiklerikalismus identifiziert werden dürfe, dass die liberalen Grundwerte unvereinbar mit dem Katholizismus seien; angesichts seiner besonderen sozialen Sensibilität hat er aber die Auswüchse des ungezügelten, sog. Manchesterliberalismus kritisiert und ein Alternativkonzept entwickelt. Die Haltung der liberalen Katholiken, den Vorgängern der Christlichen Demokratie, hat Théophile Foisset, der Freund und Biograph Henri Lacordaires, plastisch[2] in seinen Erinnerungen beschrieben: „Vor allem war ich ein Katholik und blieb Katholik auch immer in voller Bedeutung des Begriffs. Da ich aber auch ein ehrlicher Liberaler war, glaubte ich der Kirche besser dienen zu können, wenn ich meinen Freiheitsideen treu blieb."

2. Der ungarische Vormärz

Vor 1848, als sich die liberale Richtung des politischen Katholizismus des Westens als eine – wenn auch sehr kritische – Alternative der bürgerlichen Entwicklung formierte, spielte die katholische Kirche in Mitteleuropa und in Ungarn eine bestimmende Rolle; zweifellos waren die kirchlichen Interessen damals mit denen des Feudalismus verbunden. Die Anregung zur gesellschaftlichen Erneuerung konnte somit zunächst nur Aufgabe säkularer Kreise sein.

Die öffentliche Meinung der 1830 einsetzenden Phase der ungarischen Reformzeit wurde neben einzelnen westlichen Vertretern durch die Werke von Vincenzo Gioberti und Cesare Balbo geprägt. Die Wahl von Papst Pius IX. (1846–1878), der zunächst als liberal eingeschätzt wurde, wurde begeistert aufgenommen und mit großen Erwartungen verknüpft. Neben den Ideen von Gioberti und Cesare gewannen auch Reformwerke anderer Kreise und Personen Einfluss auf die öffentliche Meinung. Dazu zählen die Vorstellungen von Klemens Maria Hofbauer (1751–1820) in Wien, der die katholische Erneuerung mit Ideen der Romantik (u. a. Friedrich Schlegel) verknüpfte, die Schule von Bernhard Bolzano, der die religiöse Toleranz mit der Forderung der Gleichheit und der Freiheit verband, ferner die Ideen reformkatholischen Zentrums der Diözese Leitmeritz in Böhmen, welches auf der Basis der christlichen Dogmen bemüht war, die Grundprinzipien der Aufklärung für das katholische Leben fruchtbar zu machen.

Die Vertreter des christlich-liberalen politischen Gedankenguts, die in ihren kirchenpolitischen Debatten in den ständischen Landtagen mit ihren Kontrahenten um Fragen wie die gemischtkonfessionellen Eheschließungen und der Säkularisierung des kirchlichen Vermögens stritten, waren außerordentlich gebildete Persönlichkeiten. Einer ihrer wichtigsten Vertreter ist József Eötvös (1813–1871), der anlässlich seines Frankreichbesuches Hugues Robert Félicité de Lamennais und seinen Kreis kennen lernte.[3] Als Antwort auf die liberale Offensive entwickelte sich nach 1844 wie ein Selbstschutzreflex die kirchlich-politische Bewegung, die als Vorläufer des ungarischen politischen Katholizismus anzusehen ist. Deren Vertreter gaben ihre bis dahin geübte Passivität auf und wirkten mit den neokonservativen Laien im öffentlichen Leben zusammen. Gemäß dem Motto „Verteidigung des Christentums" organisierten sie sich auf der Basis traditionalistischer Prinzipien und formulierten die Grundlagen eines katholischen Programms neuer Art. Der liberale Katholizismus, welcher die bürgerliche Umwälzung bejahte und in diesen Veränderungen auch Impulse für die kirchliche Erneuerung erhoffte, war im Vormärz praktisch noch nicht aktiv. So stand z. B. der Domkapitular von Raab (Győr), Károly Wurda, der bereits 1843 im ständischen Landtag mit seiner Forderung „freie Kirche im freien Staat" eine Formel vorwegnahm, die ab 1848 vom niederen Klerus vertreten wurde, noch ziemlich einsam da.

3. Die Phase der bürgerlichen Umwälzungen (1848/49)

Das Jahr 1848 bedeutete auch für den liberalen Katholizismus Europas einen Meilenstein. Als Ergebnis der Bemühungen von Lamennais, Boucher und Lacordaire trat der demokratische und soziale Katholizismus auf die politische Bühne mit seinen Bestrebungen nach einer Synthese zwischen christlicher und sozialer Demokratie;[4] diese Forderungen intendierten den Aufbau einer demokratischen Gesellschaft auf der Grundlage des Christentums. Auch in Mitteleuropa erwachten große Hoffnungen, dass das in der Region vor allem von Eötvös und Gioberti vertretene Wertesystem verwirklicht werden könne.

In diesem Geiste sind auch in Ungarn wichtige Gesetze eingeführt worden, wie z. B. die Trennung von Staat und Kirche, die Gleichberechtigung der Konfessionen, wodurch die katholische Kirche ihre feudalistischen Privilegien als Staatsreligion verloren hat. Am 18. März 1848 haben so die Domherren und auch die Bischöfe auf den Zehnten verzichtet – ohne eine Entschädigung, als Zeichen ihres „patriotischen Opfers". Auf diese Geste reagierte die liberale Regierung, indem sie die staatliche Unterstützung bestimmter kirchlicher Gemeinwohlaktivitäten und eine angemessene Entschädigung der Kirche gemäß einer Initiative von Lajos Kossuth gesetzlich garantierte.

Der ungarische hohe Klerus hat die historische Wende zur Kenntnis genommen und suchte nach einer möglichen Annäherung an die neuen Verhältnissen. Die nationale Verpflichtung der Kirche betonten auch die Bischöfe János Scitovszky von Pécs (Fünfkirchen) und József Lonovics von Csanád, als sie unmissverständlich deklarierten, dass die katholische Kirche zur Kooperation bereit sei, die Voraussetzungen zur staatlichen Konsolidierung und zum friedlichen Zusammenleben zu sichern. Die Akzeptanz eines Minimums an liberalen Grundsätzen angesichts der bürgerlichen Umwälzungen bedeutete aber nicht, dass man allen Konfrontationen mit der Batthyány-Regierung unbedingt aus dem Weg gehen wollte.

Die Bischofskonferenz stellte am 6. April 1848 in Preßburg fest: Die katholische Kirche will ihre Aufgabe unabhängig von allen staatlichen Eingriffen erledigen und setzt dabei auf die Freiheit, kirchliche Schulen zu gründen, ihre Stiftungen und ihr Vermögen autonom zu verwalten und die nationale Synode beizubehalten. Wegen ihrer Angst vor der Säkularisation und der Kontrolle des liberalen Staates setzte sie eine katholische Autonomiebewegung in Gang, unter Einbeziehung der Laien, aber ohne den Wunsch, die innere Demokratisierung der Hierarchie anzustreben. Mit der Absicht, Einbußen möglichst gering zu halten, trat die Kirche weiterhin entschlossen gegen alle liberalen Versuche auf, so z. B. beim Schulgesetzentwurf von József Eötvös.

Parallel zu den Initiativen des hohen Klerus machten sich im Frühjahr und im Sommer 1848 auch im niederen Klerus Bestrebungen nach Selbständigkeit bemerkbar.

Durch Beratungen, Presseartikel, Flugblätter und sonstige Aktivitäten entfaltete sich die demokratische Alternative der katholischen autonomen Bewegung zu einem Zeitpunkt, als die Neuorganisation der Kirche auf der Basis der Gemeindearbeit, umfangreicher Reformen im Geiste der christlichen Caritas und der vollständigen inneren Gleichheit sowie die Bewegung zur Einführung der „Messe in der Volkssprache" einsetzte. Der radikale niedere Klerus verwarf die Position des hohen Klerus und lehnte auch die Kompromisslösungen der Regierung ab; der niedere Klerus forderte in der parlamentarischen Debatte über den Schulgesetzentwurf von Eötvös die Abschaffung des kirchlichen Monopols, die Gründung staatlich finanzierter und kontrollierter „Gemeinschaftsschulen" (unter Beteiligung verschiedener Konfessionen) und die totale Trennung von Staat und Kirche.

Das Jahr 1849 ist auch der Beginn der Tätigkeit des größten ungarischen Vertreters des liberalen Katholizismus, des Bischofs und Ministers der Szemere-Regierung, Mihály Horváth. Am 15. Juni verkündete er programmatisch „die allgemeine Erneuerung und Wiedergeburt der Kirche". Er kritisierte, dass die Bischöfe zu stark auf das Haus Habsburg konzentriert seien und betrieb den Ausbau staatlicher Unterstützungen des Priestertums; er regte die Aufhebung des Zölibats an und rief den Kongress der katholischen Kirche in Ungarn für den 20. August zusammen. Doch kam diese Versammlung nicht mehr zustande, was für die politische und kirchliche Entwicklung Ungarns äußerst folgenreich war.

4. Die Phase des Neo-Absolutismus

Wie in den anderen Ländern Europas war auch in Ungarn die Folgezeit zutiefst geprägt von den konservativ-konterrevolutionären Kräften und ihren restaurativen Staats- und Rechtsideen. Parallel dazu setzte sich in der katholischen Kirche die ultramontan-integralistische Richtung durch, die – anders als die Christlichen Demokraten es vorhatten – ein Bündnis von Thron und Altar anstrebten. Diese Kräfte waren von einem militanten Antiliberalismus geprägt. Der Bewegungsspielraum Ungarns und der Völker der Habsburger Monarchie war durch das Konkordat von 1855 bestimmt. Einige Verfechter des liberalen Katholizismus versuchten, sich trotz der äußerst ungünstigen Verhältnisse gegen diese breite konservative Front in Staat und Kirche zu stellen. Dazu zählten der Wiener Domprediger Johann Emmanuel Veith und der Philosoph Anton Günther, ferner die Vertreter des böhmischen demokratischen Reformkatholizismus, Náhlovsky und Havlicek, die die liberalen Katholiken Ungarns stützen wollten; doch sahen sie sich schließlich vor die Alternative gestellt, sehr zurückhaltend zu wirken oder zu emigrieren.

In dieser Phase des Neo-Absolutismus vertieften sich auch die Beziehungen zwischen Eötvös und dem Franzosen Charles de Montalembert, von dessen Gedankengut die christlich-liberale Bewegung Eötvös' beeinflusst ist. Diese Theorie bemühte sich, religiös-philosophische und kirchenpolitische Ideen einerseits sowie moralphilosophische und staatstheoretische Grundsätze andererseits zu verbinden. Diese Synthese war getragen vom moralischen Impetus des Evangeliums und bemühte sich gleichzeitig, den historisch-zivilisatorischen Erfordernissen der Gegenwart Rechnung zu tragen. Eötvös war der führende ungarische Denker des liberalen Katholizismus. Die internationale Ausstrahlung seiner wissenschaftlichen Arbeiten war bedeutsam;[5] vor allem französische und deutsche Zeitgenossen schätzten seine Werke.

Die ungarische öffentliche Meinung verfolgte in jener Phase die politisch-kirchlichen und sozialethischen Entwicklungen des Westens mit großer Aufmerksamkeit. Prägend waren die Informationen über den internationalen Katholikenkongress 1863 in Mechelen. Die Vorträge und Diskussionen der von Kardinal Streckx organisierten Veranstaltung haben unterstrichen, dass der Katholizismus mit den *Grundprinzipien Freiheit, Fortschritt, Demokratie und liberalen Grundsätzen* vereinbart werden kann und muss: Jede Verkürzung und Unterdrückung der bürgerlichen Freiheit, so bekundeten die Kongressteilnehmer, richtet sich auch gegen die Kirche selbst. So ließ Eötvös schon 1864 die Dokumentation mit den Reden von Montalembert u. a.[6] unter dem Titel *Freie Kirche im freien Staat* in ungarischer Sprache verbreiten. Durch die Überzeugung und die Hoffnung geleitet, dass Montalemberts christlich-liberale Ideen einmal die Ideen aller Katholiken werden, hat Eötvös in seiner Einführung an die ungarischen Leser betont: „Endlich muss die Form gefunden werden, die den unsinnigen Kampf abschließen kann, der das Christentum und die Freiheit einander gegenüberstellt. Die Festigung der Kirche hängt von dem Verhältnis ab, in dem die Interessen der Kirche und der Freiheit zusammenfallen."

Große Bedeutung hat man in Ungarn auch dem 1864 erschienenen Werk des Mainzer Bischofs, Wilhelm Emmanuel von Ketteler *Die Arbeiterfrage und das Christentum* beigemessen.[7] Aber nur wenige haben die Konsequenzen gezogen, im Interesse des Zurückdrängens des Marxismus soziale Initiativen einzuleiten und – anders als die sozialistische Arbeiterbewegung – das Bündnis von bürgerlichem Staat und christlichen Sozialideen auf den Weg zu bringen.

5. Die Phase des Dualismus

Der politische Katholizismus verstand sich in Ungarn weder in der Phase nach 1849 noch nach 1867 als eine positive Alternative zur bürgerlichen Umwälzung. Die österreichisch-ungarische Regierung hat zwar eine Reihe liberaler Gesetze eingeleitet, die privilegierte Position der intransigenten katholischen Kirche blieb jedoch davon unberührt. Die Versuche, die Autonomiebestrebung wieder aufzugreifen, ist – trotz der Unterstützung durch Primas János Simor – am Widerstand des Vatikans gescheitert. Die gleichzeitig betriebene „dualistische Politik" hat sich von der Tradition Eötvös' wie auch von der Theorie des zeitgenössischen westlichen christlichen Liberalismus entfernt. Sein Programm fiel dem Kompromiss zum Opfer, und nur wenige – wie z. B. Daniel Irányi – bemühten sich, an den Vorstellungen Eötvös' zu orientieren. Zwar haben sie durch die Einführung der liberalen kirchenpolitischen Reformen 1894/95 (sie betrafen die obligatorische bürgerliche Eheschließung und die Anerkennung der jüdischen Konfession) kleine Erfolge erzielt, doch entfaltete sich gleichzeitig eine starke Gegenoffensive traditionalistischer Kreise.

Das letzte Drittel des 19. Jahrhunderts war in Mitteleuropa durch wachsende gesellschaftliche Dynamik und die extremen Widersprüche der industriellen Revolution gekennzeichnet. Der klassische Liberalismus, der sog. Manchesterliberalismus, konnte auf die neuen Herausforderungen keine ausreichende Antwort geben. Die Enttäuschten engagierten sich angesichts der politischen Differenzierungen in radikal-antiliberalen sozialistischen Bewegungen. Während im Westen die christlich-demokratischen und christlich-sozialen Vorstellungen von Männern wie Lamennais, Montalembert und Wilhelm Emmanuel Ketteler Verbreitung fanden, hat sich der betont konservative politische Katholizismus in Ungarn zeitgemäßen Ideen verschlossen und auf antiquierte Ordnungsideen zurückgezogen.

So ist es auch verständlich, dass ähnliche Reaktionen der ungarischen Öffentlichkeit auf die Sozialenzyklika *Rerum novarum* (1891) und das *Ralliement* von Leo XIII. 1892 folgten;[8] im ungarischen Katholizismus gab es zu jener Zeit zwar eine Vielzahl christlich-sozialer Kreise, doch hatten diese zumeist nur regionale Bedeutung; ihre Programme waren uneinheitlich und widersprüchlich.

6. Der christliche Sozialismus um die Jahrhundertwende

Die Geschichte der Christlichen Demokratie im Ungarn des 20. Jahrhunderts beginnt mit der Entstehung erster selbständiger katholischer Organisationen, der die Gründung der *Volkspartei* unter der Führung von Nándor Zichy 1895 folgt. Die neuen christlich-sozialen Formationen sahen ihre programmatischen Hauptpunkte zum einen in der Ablehnung der kirchenpolitischen Gesetze, die das Verhältnis von Kirche und Staates neu regelten, zum andern in einer politisch-gesellschaftlichen Beteiligung der katholischen Kirche als Gegengewicht zum Liberalismus. Ihre Beteiligung an der Regierung 1906 mag erklären, dass diese Kreise ihre Beziehungen zu anderen ungarischen und ausländischen christlich-demokratischen und christlich-sozialen Bewegungen, die sich nach der Veröffentlichung des *Rerum novarum* gebildet hatten, abgebrochen haben.[9]

Zu dieser Zeit war in Ungarn die Zahl der Persönlichkeiten, die die Interessen der Kirche mit demokratischen und sozialen Programmen verknüpfte, recht gering. Solche Ideen und Bewegungen vermochten erst wesentlich später Wirkung zu entfalten. Ihr bedeutendster Vertreter, Prälat Sándor Giesswein (1856–1923), nahm 1899 an dem Wiener christlich-sozialen Kurs teil.[10] Der ungarische Klerus, der überwiegend dem Hochadel entstammte, betrachtete den Auftritt Giessweins ebenso misstrauisch, wie die Proklamationen der sozialen bzw. reformkatholischen Ideen von Bischof Prohászka. In seiner Programmrede anlässlich der Gründung der *Ungarischen Christlich Sozialen Partei* im Jahre 1910 skizzierte er – als erster in Ungarn – die moderne Christliche Demokratie als eine die Verbürgerlichung bejahende soziale, keineswegs konservative Programmatik. Aus seiner demokratischen Gesinnung und tiefen Gläubigkeit heraus entwickelte er in den Kriegsjahren seine Auffassungen zur Nationalitätenfrage und zum Pazifismus – Vorstellungen, die seinerzeit in Ungarn als Ausnahme galten. Innerhalb des kämpferischen bzw. integralistischen Katholizismus hat er damit Zorn und Empörung ausgelöst. Beim Ausbruch der bürgerlichen demokratischen Revolution 1918 begrüßten Giesswein, Prohászka und die Christlichen Sozialisten den Untergang des alten Systems, in der Hoffnung, dass sich die christliche Politik künftig auch in Ungarn statt einem ultramontanen Konservativismus den modernen Ideen der Christlichen Demokratie zuwenden möge. Seit dem Staatsstreich im März 1919 wurden allerdings alle Formen von Religion sowie christlicher Glaubens- und Sozialideen verfolgt, so dass diese vielversprechende christlich-politische Initiative im Keim erstickt wurde.

7. Antiliberale und antidemokratische Ideen im Sinne traditioneller Religiosität (1920–1944)

Das mit dem Namen des Reichsverwesers Miklós Horthy (1868–1957) verbundene Regime in Ungarn (von 1920–1944) verurteilte entschieden die kommunistischen Umsturzversuche von 1919, ebenso auch die Oktoberrevolution von 1918 und die vorangegangene liberale Periode.[11] Das geistesgeschichtliche Signum dieser Epoche wird angesichts der weitgehenden Interessengleichheit von ungarischem Staat und den Kirchen treffend als *christlich-national* gekennzeichnet. Die Vorstellungen der politischen Elite wurden weitgehend durch das Friedensdiktat von Trianon geprägt, das große Teile Ungarns, d. h. die Hälfte der ungarischen Bevölkerung und zwei Drittel des Territoriums den Nachbarstaaten zugesprochen hat. Viele waren der Meinung, dass für diese Tragödie, die die Seele des ungarischen Volkes tief verletzte, *fremdländische Mächte oder Ideen* verantwortlich gewesen seien und dass diese tiefe Wunde nur durch die traditionelle Religion und eine öffentlichkeitswirksame Kirche geheilt werden könne.

Vor allem wollte man enge Beziehungen zur römisch-katholischen Kirche pflegen. Diese Annäherung war von gegenseitigem Interesse getragen: die führenden kirchlichen Persönlichkeiten erhofften sich davon die Wiederherstellung des Ansehens der Kirche, Horthy hingegen benötigte für seinen Rückhalt in der Bevölkerung das moralische Gewicht des Katholizismus.

Nach den Worten des Erzbischofs von Esztergom (Gran), János Csernoch, kann das Verhältnis von Staat und Kirche in dem von Umbrüchen bestimmten Ungarn der Zwischenkriegszeit kaum treffender als ein Zusammenwirken von *Körper und Seele* charakterisiert werden. Der Staat übertrug zahlreiche politisch-kulturelle Aufgaben direkt an die Kirche, die ihren Großgrundbesitz behielt und im Schulsystem praktisch eine Monopolstellung innehatte. Die Stellung des Christentums bzw. der Kirche ist einerseits gekennzeichnet durch einen Integralismus, der große Teile des öffentlichen Lebens der Zuständigkeit der Kirche übertrug; andererseits ist die kirchliche Position gekennzeichnet durch Abgrenzung gegenüber unliebsamen Strömungen und Entwicklungen. So wurden die linken sozialistischen Bewegungen ebenso verworfen wie die westlichen liberalen Ideen. Unterstützt wurden hingegen agrarisch-organische Ideen, begleitet von einem mäßigen Antisemitismus. Am Christentum schätzte man demnach nicht seine universalistischen Werte, vielmehr vertrat man eine spezifisch ungarisch-regionale Variante von Katholizität.

Nach 1920 konnten sich die verschiedenen politischen Alternativen ausschließlich im Rahmen christlich-nationaler oder nationalistischer Ideologien entfalten; entsprechend verengte sich der Spielraum für eine genuin christlich-demokratische Politik radikal. Anders als in Österreich, das in vielerlei Hinsicht ähnliche innenpolitische Umbrüche erlebte, konnte der politische Katholizismus in Ungarn mit seiner Synthese von christlichen und nationalen Ideen nicht zum stabilisierenden Faktor des politischen Systems werden. Wie vor 1918, wo das Katholische als die konservative Alternative zum liberalen Staat angesehen wurde, wurde auch im Horthy-Regime der politische Handlungsrahmen vom Staat und der mit ihm verbundenen Kirchenführung streng reglementiert. Somit blieb für die christlich-politischen Kräfte nur die Wahl zwischen einer wie auch immer auszufüllenden Oppositionsrolle oder der Unterordnung unter das konservative Regime. Horthy verkündete Ende 1919: „Wir können unsere tausendjährige Heimat nur dann vor dem Verderben retten, wenn sich alle ungarischen Christen in einer Partei versammeln."

Angesichts des steigernden Drucks sahen sich Prälat Giesswein und seine Anhänger gezwungen, sich trotz ihrer christlich-sozialistischen Bestrebungen dem Regime anzuschließen und ihre Selbständigkeit aufzugeben. Der im Jahre 1921 zum Ministerpräsidenten gewählte István Bethlen, der nie den Gedanken an eine christlich-demokratische Politik verschwendete, entschied sich für eine ganz und gar der autoritären Staatsgewalt unterworfenen Regierungspartei, die sich auf die Mitwirkung des hohen Klerus stützen konnte.

In dieser Form der christlichen Einheitspartei gab es keinen Raum für die christlich-soziale Programmatik, wie es sich die Christlichen Sozialisten um Prälat Giesswein vorgestellt hatten; vielmehr verstärkten sich gar noch der Antiliberalismus und der Antisemitismus. Die Bewegung des Christlichen Sozialismus, die sich in Ungarn – ähnlich wie auch in Deutschland nach 1918 – nicht als eine Version des Sozialismus verstand, sondern eine sozialreformerische Richtung der christlichen Soziallehre verkörperte, konnte angesichts der herrschenden Verhältnisse nur vereinzelte Erfolge in der gewerkschaftlichen Organisation erreichen. Ihr Gegenpart, die mit der Regierung Bethlen kooperierende christdemokratische, konservativ-klerikale Bewegung des politischen Katholizismus hatte entsprechend keine Gemeinsamkeiten mit der deutschen Zentrumspartei oder der Partito Popolare Italiano.[12] Ideologie der Partei wurden von dem Parlamentsabgeordneten János Láng konzipiert. In seinem im Jahre 1924 veröffentlichten Programm der *Christlichen Demokratie* wurden denn sämtliche Werte und Grundsätze der bürgerlichen Gesellschaft und des liberalen Staates des 19. Jahrhunderts abgelehnt. Láng vertrat die Ansicht: „Ich fordere das demokratische Wahlrecht, aber nur für das dafür reife und damit vertraute Volk, die Freiheitsrechte, aber nur für diejenigen, die vor dem Recht, dem Gesetz und der Gerechtigkeit darauf Anspruch erheben dürfen."

Die christlich-traditionalistische Partei war nicht fähig, die durch die wirtschaftliche Krise verursachten Probleme nach 1931 zu lösen. Aus der Sicht ihrer Anhänger gab es nur zwei: eine konservativ-legitimistische katholische Bewegung unter der Führung von József Mindszenty (1892–1975, der spätere Primas von Ungarn und Kardinal hieß ursprünglich Pehm) oder eine moderne christlichen Demokratie. In den 1930er Jahren gab es eine kleine Gruppe katholischer Intellektueller, die den Rechtskurs des Horthy-Regimes kritisierte und eine ungarische Beteiligung am Zweiten Weltkrieg ablehnte.

Bei einer Zusammenkunft 1943 in Győr (Raab) verwiesen József Pállfy und István Barankovics auf den sozialreformerischen und vor allem den demokratischen sowie neoliberalen Charakter der Christlichen Demokratie und gründeten 1944 die *Christliche Demokratische Volkspartei.* Sie war antifaschistisch eingestellt und lehnte entsprechend auch das Erbe des Horthy-Regimes ab.

8. Demokratie und modernisierende Bestrebungen von István Barankovics (1944–1949)

Seit 1944 trat mit István Barankovics (1906–1974) eine Persönlichkeit von europäischem Format auf. Mit seiner Begabung und seiner politischen Bestimmtheit gab er der aufkeimenden ungarischen christlich-demokratischen Bewegung ein eigenes Profil und ein klar konturiertes Programm. Seine Partei, die *Demokratische Volkspartei,* wollte statt des Autoritätsstrebens und der Scheinheiligkeit des Horthy-Systems ein modernes, demokratisch-bürgerliches Ungarn schaffen.[13] Das Konzept Barankovics' sah keine exklusive Beteiligung der katholischen Kirche und des hohen Klerus mehr vor, sondern baute auf die breite Mitwirkung der katholischen Gläubigen und stellte die christliche Soziallehre ins Zentrum seiner Bestrebungen. Im Gegensatz zu Mindszenty sah Barankovics in den 1945 eingeführten Reformen unerlässliche Voraussetzungen der Demokratisierung des Landes. Sein 1947 veröffentlichtes Programm zeichnete sich durch eine mutige Haltung gegenüber dem bolschewistischen Staatsapparat und seiner Ideologie aus. Barankovics, der sich zu den Menschen- und Freiheitsrechten, besonders zur Glaubensfreiheit bekannte, vereinigte die traditionellen Grundprinzipien der christlichen Staats-

und Soziallehre mit Forderungen nach gesellschaftlicher Modernisierung.

Im Marxismus sah er seinen größten Gegner. In seinen Vorstellungen vom gesellschaftlichen Zusammenleben vereinten sich staatsbürgerliche Ideen mit den vom christlichen Menschenbild geprägten Grundsätzen personaler Würde und Rechte des Menschen, die dem Menschen nicht vom Staate verliehen werden, sondern auf dem theologischen Gedanken der Geschöpflichkeit und Ebenbildlichkeit Gottes des Menschen beruhen. Entsprechend ist der Staat zur Achtung und Sicherung dieser Fundamentalgüter verpflichtet. Als sein politisches Ideal bezeichnete Barankovics die „Demokratie auf der Grundlage von Freiheit und Gleichheit", die sich in den Selbstverwaltungen und in der parlamentarischen Staatsform verwirklicht. Sein Denken und Handeln ist gekennzeichnet durch eine exzeptionelle Sensibilität; diese widmete sich der Unterstützung des kleinen Mannes, den Arbeitern im Dienste von Großgrundbesitzern und Kapitaleignern. Schließlich zeichnet sich das Programm aus durch Toleranz gegenüber den nationalen Minderheiten sowie Garantien für die Beibehaltung der Volkssprache und die Anerkennung und Sicherung kultureller Autonomie.

Die politische Größe Barankovics' zeigte sich in seiner mit Energie geführten Parteienorganisation wie auch in der erfolgreichen Verbreitung der christlich-demokratischen Programmideen. Mit Mut und Zähigkeit setzte er sich für seine christlich-humanen Ziele ein; das zeigte sich z. B., als er – anders als die Vertreter der kleinen Landwirte – deren Zusammenarbeit mit den Kommunisten ablehnte, trotz der auf ungarischem Boden stationierten sowjetischen Armee. Doch musste dann angesichts des immer größer werdenden Drucks der Kommunistischen Diktatur emigrieren.

Bis zu seinem Tod im Jahre 1974 schrieb Barankovics mehrere Essays über die ungarische christliche Demokratie, die in ihren grundsätzlichen Betrachtungen auch heute noch aktuell sind. Besondere Anliegen waren ihm die Neuordnung des Verhältnisses von Staat und Kirche sowie die universelle Botschaft des II. Vatikanischen Konzils.

9. Überleben und Neubeginn in der kommunistischen Epoche

Die Bedingungen für die Kirchen und die christlich-demokratischen Ideen wurden nach 1949 immer ungünstiger. Die Kommunisten haben vor allem die Grundstrukturen der Kirchen gezielt zerstört und versucht, alle Formen christlicher Werte und religiöser Betätigungen zu vernichten und das Christentum massiv zu unterdrücken. In mutigen Kirchengemeinden entstanden jedoch *kleine Kreise der Freiheit*; diese versuchten, durch die Pflege der christlichen Tradition die Idee einer humanen und gerechten Existenz des Menschen zu bewahren und nach Maßen zu fördern.

Der Neubeginn der öffentlichen Tätigkeit der Christen und der Kirchen nach dem Zusammenbruch des kommunistischen Systems bedeutete eine beispiellose Herausforderung. Die Hauptakzente der christlich-demokratischen und -sozialen Aktivitäten wurden auf die soziale Sicherung, die Erziehung und auf die Förderung der Kultur und Schule gelegt. Auf diese Weise sollten traditionelle christliche Ideen bewahrt und unter den veränderten Bedingungen erneuert und verbreitet werden. Die Gesellschaft setzte große Hoffnungen auf die Kirche. Von ihr erwartete man, dass sie der in ihrer Seele tief verwundeten Nation ihr Selbstbewusstsein und ihre Menschlichkeit und Würde zurückgibt. Die Erfüllung dieser Erwartungen waren jedoch für die Kirchen dadurch erschwert, dass sie sich selbst nach den Jahrzehnten der Unterdrückung in der Diktatur in einem schwierigen Zustand befanden.

Um die hehren christlichen Ziele verwirklichen zu können, hielt die neue demokratische ungarische Regierung im Jahre 1990 „die vollständige Wiederherstellung der Voraussetzungen zur Funktionsfähigkeit der Kirche, die Sicherung ihrer wirtschaftlichen Autonomie" für nötig und zeigte sich entschlossen, den ungarischen Kirchen diejenige historische Rolle wieder zuzuweisen, welche sie während der letzten 1000 Jahren gespielt haben. Diese Konzeption geht davon aus, dass die Kirchen unentbehrliche Träger und Vermittler der Werte sind, auf denen die neu orientierende Gesellschaft und die sich erneuernde christlich-demokratische Politik basiert.

10. József Antalls liberale christlich-demokratische Ideen und die Strategie der Wiedergeburt

Die historische Erneuerung von Kirche, Staat und Nation bildete den Kernpunkt der Politik und Programmatik von József Antall. Seine Vorstellungen basieren auf den geistigen Grundlagen der modernen Christlichen Demokratie und auf dem liberalen und nationalen Erbe. In seinen Reden und Schriften entfaltet er die Grundelemente der modernen ungarischen Christlichen Demokratie, die den Kern seiner politischen Philosophie darstellt. Seine kirchenpolitischen Vorstellungen hat er in immer neuen historischen Entwürfen entfaltet. Er betonte: „In der Christlichen Demokratie bedeutet das demokratische Prinzip das gleiche wie in den plebejisch-patriotischen und in den national-liberalen Ideen. Besondere Bedeutung verleiht es aber dadurch, dass es hier um diejenigen grundbestimmenden ethischen Werte und Universalität geht, die die Völker Europas verbinden" und die Nationen ausgleichen. Diese christlichen Ideen haben Antall und seine Programmatik bestimmt, als er sich konsequent auch von solchen christlichen Bewegungen distanzierte, die sich demokratischen Auffassungen widersetzten. Als wichtigsten Grundsatz des Christentums forderte er die kompromisslose Distanzierung von jeder Form von Antisemitismus.

Eine besonders große Aufgabe und Verantwortung hat er seit dem Systemwechsel in der Zusammenarbeit mit den Protestanten gesehen. Antall betonte, dass der Protestantismus mit seiner Hervorbringung universeller Werte, ähnlich wie der Katholizismus, bei der Gestaltung des Vereinten Europa, aber auch in der Bewahrung und Förderung der ungarischen nationalen Kultur und Identität und insgesamt hinsichtlich der europäischen und christlichen Grundwerte historisch mitbestimmend gewesen sei. Die einzigartige Symbiose von ungarischem Protestantismus und Katholizismus sah er für die aktuellen Entwicklungen als hoch bedeutsam an; dadurch habe die ungarische christliche Mentalität eine spezifisch puritanisch-ökumenische Prägung erhalten.

In einer Rede am 12. Oktober 1991 betonte er mit Blick auf die Geschichte, dass nationaler Liberalismus und Christliche Demokratie keine miteinander unvereinbaren politischen Ideenkreise und Bewegungen seien. Die Geschichte habe hinlänglich gezeigt, dass „das Christentum, das Europäertum, die liberale Denkweise und das soziale Empfinden Prinzipien sind, die einander nicht ausschließen, sondern einander bedingen, so dass die modernen christlich-demokratischen Parteien von heute in ihrer Programmatik die christlichen, die wertkonservativen, die sozialen und die liberalen Elemente enthielten". Für nicht weniger wichtig hielt er den Umstand, dass der nationale Liberalismus weitgehend unser nationales politisches Erbe sei. Und Antall folgerte: „Wir können uns ruhig liberale Christliche Demokraten nennen, weil wir nur eine solche Christliche Demokratie akzeptieren können, die all diejenigen Werte annimmt, die wir auch als liberale Werte ansehen."

Es ist Antalls große historische Leistung, dass er sich sowohl auf die universellen christlich-demokratischen wie auch auf die ungarischen national-liberalen und spezifisch föderalen verfassungsrechtlichen Traditionen stützte und sie zu einer Synthese formte. Auf dieser Grundlage leitete er zahlreiche Entwicklungen ein; so kam es zur Neugestaltung kirchlicher Verhältnisse und staatskirchenrechtlicher Regelungen auf verschiedenen Ebenen sowie zu – in den mitteleuropäischen Transformationsländern beispiellosen – erfolgreichen politischen und wirtschaftlichen Reformen, die sich nicht zuletzt auch durch ein pragmatisches Verhalten des Staates auszeichneten. Antall hat damit die wichtigsten Grundlagen zum Systemwechsel geschaffen; dies gelang ihm mittels langfristiger Perspektiven, politischer Visionen und Normen, die der Funktionsfähigkeit der neuen Ordnung dienlich waren. Auf der Grundlage der abendländischen, christlich-jüdischen Wertegemeinschaft und der ungarischen national-liberalen Traditionen hat er ein kohärentes pragmatisches Konzept entwickelt, dem man Zukunft bescheinigen muss.

József Antall hat erkannt, dass eine angemessene Regelung des Verhältnisses von Staat und Kirche der Grundstein einer funktionsfähigen Demokratie ist. Dementsprechend hat er die Neuordnung der Beziehungen zwischen Staat und Kirche auf der Basis moderner christlich-demokratischer und liberaler Prinzipien vorgenommen. Wegen seines frühen Todes konnte er sein Werk nicht vollenden. Seinen Nachfolgern ist es aufgetragen, die Arbeit fortzusetzen.[14]

Anmerkungen

1 Vgl. Kurt Jürgensen, Lamennais und die Gestaltung des belgischen Staates. Der liberale Katholizismus in der Verfassungsbewegung des 19. Jahrhunderts, Wiesbaden 1963, S. 106ff, 159ff.

2 Vgl. Théophile Foisset, Vie du R. P. Lacordaire, 2 Bde., Paris 1870.

3 Vgl. auch Gábor Gángó, Joseph Freiherr Eötvös in Bayern. Okto-

ber 1848 – Dezember 1950, in: Ungarn-Jahrbuch 24 (1998/99), S. 205–222.

4 Diese Synthese ist gut herausgearbeitet bei Andreas VERHÜLSDONK, Religion und Gesellschaft. Félicité Lamennais, Frankfurt am Main 1991.

5 Vgl.William JUHASZ, The Development of Catholicism in Hungary in Modern Times, in: Church and Society. Catholic Social and Political Thought and Movements 1789–1950, ed. by Joseph N. Moody, New York 1953, S. 659–719.

6 Französische Erstveröffentlichung: Charles DE MONTALEMBERT, L'église libre dans l'état libre. Discours prononcés au Congrès catholique de malines (Extrait du Journal de Bruxelles des 25 et 26 août 1863), Paris 1863; deutsch: Die freie Kirche im freien Staat, Brixen 1864; zur Bedeutung der frühen Christlichen Demokratie in Frankreich vgl. Hans Maier, Revolution und Kirche. Zur Frühgeschichte der Christlichen Demokratie ([1]1959), Freiburg i.Br. [5]1988.

7 Mainz [1]1864.

8 In der Enzyklika Notre consolation (1892) empfiehlt Papst Leo XIII. den französischen Katholiken, die republikanische Ordnung anzunehmen; vgl. hierzu den Beitrag von Rudolf UERTZ in diesem Band.

9 Zur Bedeutung von Rerum novarum für die christlich-demokratische und soziale Bewegung vgl. Hans MAIER, „Rerum novarum" und die Entstehung christlich-demokratischer Bewegungen in Europa, in: Kirchliche Zeitgeschichte 5 (1992), S. 289–305.

10 Zu Giesswein vgl. Ilona REINERTH-TÁRNOKY, Prälat Sándor Giesswein. Christlicher Sozialismus und Demokratie in Ungarn zu Beginn des 20. Jahrhunderts, in: Ungarn-Jahrbuch 23 (1997), S. 205–286 (Teil I), 24 (1998/99), S. 105–163 (Teil II).

11 Zu Horthy vgl. Csaba FAZEKAS, Collaborating with Horthy. Political Catholicism and Christian Political Organiszations in Hungary 1918–1944, in: M. Gehler /W. Kaiser/H. Wohnout, Christdemokratie in Europa im 20. Jahrhundert. Christian Democracy in 20th Century Europe. La Démocratie Chrétienne en europa au XXe siècle, Wien 2001, S. 224–249, hier S. 228ff., 236f., 240ff.

12 Vgl. C. FAZEKAS (wie Anm. 11), S. 235 f.

13 Vgl. J. GERGELY, Christdemokratie in Ungarn 1944–1949, in: M. Gehler/W. Kaiser/H. Wohnout (wie Anm. 11), S. 464–482.

14 Weitere Literatur zum Thema: Gábriel ADRIÁNYI, Fünfzig Jahre

ungarischer Kirchengeschichte 1895–1945, Mainz 1974; DERS., Geschichte der Kirche in Osteuropa im 20. Jahrhundert, Paderborn 1992; József ANTALL, Modell és valóság II. Politikai beszédek Magyarországon 1989–1993 (Modell und Wirklichkeit II. Politische Reden in Ungarn 1989–1993), Budapest 1994; István BARANKOVICS, A katolikus hit és egyház helyzete Magyarországon (Die Lage der katholischen Kirche und des Glaubens in Ungarn), New York 1964; Hedwig BUBNÓ, (Rezension): Az egyház szerepe a 18–19 századi társadalmi modernizációban a Pannón-térségben (Die Rolle der Kirche bei der sozialen Modernisierung im 18. und 19. Jahrhundert im pannonischen Raum), in: Egyháztörténeti Szemle 2 (2001); László CSORBA, A vallásalap „jogi természete". Az egyházi vagyon problémája a polgári átalakulás korának Magyarországán 1782–1918 („Die juristische Natur" des Religionsfonds. Die Problematik kirchlichen Vermögens im Ungarn des Zeitalters bürgerlicher Umwälzung 1782–1918), Budapest, 1999; DERS., Az első népképviseleti országgyűlés állásfoglalása a művelődés-és egyházpolitikai kérdésekben (Die Stellungnahme des ersten repräsentativen Parlaments zu kultur- und kirchenpolitischen Fragen), in: A magyar országgyűlés 1848/49 – ben, hg. von György Szabad (Das ungarische Parlament 1848/49), Budapest 1998; István ELMER (Hg.), A haza, az egyház és a trón érdekében. A magyar katolikus egyház 1848–1849 – ben (Im Interesse der Heimat, der Kirche und des Throns. Die ungarische katholische Kirche 1848–1849), Budapest 1999; Gábor ERDŐDY, József Antall und die Entfaltung der Demokratie Anfang der 90er Jahre, in: Neubeginn und Kontinuität (Deutsch-ungarische diplomatische Beziehungen 1990–2002), Budapest 2002; DERS., Wechselseitige Erwartungen und bestehende Voraussetzungen am Beispiel des Verhältnisses von Staat und Kirche in Ungarn 1990–1998 (erscheint demnächst in den Veröffentlichungen des Leutherheider Forums, Krefeld); Csaba FAZEKAS, A katolikus egyház közéleti tevékenységének reformkori történetéhez. Esettanulmány: Katolikus politikai program 1846 – ból. (Zur Geschichte der öffentlichen Tätigkeit der katholischen Kirche im Vormärz. Fallstudie: Katholisches politisches Programm von 1846), in: Sarnyai Csaba Máté (Hg.), Állam és egyház a polgári átalakulás korában Magyarországon, 1848–1918 (Staat und Kirche in der Epoche der bürgerlichen Umwälzung in Ungarn 1848–1918), Budapest 2001, S. 29–45; DERS., A politikai katolicizmus fogalmáról és a reformkori politikai katolicizmusról (Über den Begriff des politischen Katholizismus und über den politischen Katholizismus der Vormärz), Miskolc 2002; József GALÁNTAI, Egyház és politika 1890–1918 (Kirche und Politik 1890–1918), Budapest 1960; Jenő GERGELY, A katolikus egyház története Magyarországon 1919–1945 (Die Geschichte der katholischen Kirche in Ungarn 1919–1945), Budapest 1997; DERS., A politikai katolicizmus Masgyarországon 1890–1950 (Der politische Katholizismus in Ungarn 1890–1950), Budapest 1977; DERS., A keresztényszocializmus Magyarországon 1924–1944 (Der Christsozialismus in Ungarn 1924–1944), Budapest 1994; Mihály HORVÁTH, Polgárosodás, liberalizmus, függetlenségi harc, Szerk. Lajos Pál (Verbürgerlichung, Liberalismus, Unabhängigkeitskampf), Budapest 1986; Lajos IZSÁK, A Political History of Hungary 1944–1990, Budapest 2002; László KATUS, Liberális katolikusok és katolikus liberálisok Nyugat-Európában a 19. század derekán (Liberale Katholiken und katholische Liberale in West-Europa in der Mitte des 19. Jahrhunderts), in: S. C. Máté (vgl. oben); Zoltán K. KOVÁCS (Hg.), Barankovics István öröksége. A modern magyar kereszténydemokrácia atyja (Das Erbe von István Barankovics. Der Vater der modernen ungarischen Christlichen Demokratie), Budapest 1997; Ignác ROMSICS, Gróf Bethlen István politikai pályája 1901–1921 (Die politische Laufbahn von Graf István Bethlen 1901–1921), Budapest 1987; Gábor SALACZ, A magyar katolikus egyház tizenhét esztendeje 1948–1964. (Siebzehn Jahre der ungarischen katholischen Kirche 1948–1964), München 1988; Péter ZAKAR, Forradalom az egyházban? A radikális papság 1848–1849 – ben (Revolution in der Kirche? Der radikale Klerus in 1848–1849), in: S. C. Máté (vgl. oben).

Christliche Demokratie in Tschechien

Petr Fiala

Im Folgenden sollen die Geschichte und Gegenwart der christlichen beziehungsweise christlich-demokratischen Politik und der christlichen politischen Parteien in den tschechischen Ländern vorgestellt werden. Zuvor ist daran zu erinnern, dass die Tschechische Republik zu den Ländern mit der niedrigsten Religiosität gehört, und dass nicht nur die Stufe der Säkularisierung der Gesellschaft, sondern auch das, was man als ihre Atheisierung bezeichnen kann, hier ein sehr hohes Ausmaß erreicht hat. Was die Stufe der Säkularisierung der tschechischen Gesellschaft betrifft, erreicht die Zahl der Menschen ohne Konfession 70 %, nach einigen Forschungen auch weit darüber hinaus.[1] Die niedrige Stufe der Religiosität und die verhältnismäßig hohe Stufe der Atheisierung haben einen direkten Einfluss auf die gesamtgesellschaftliche Atmosphäre und auf die politische Kultur, was die relativ geringe Resonanz von christlichen politischen Parteien erklärt.[2]

Vor diesen politisch-kulturellen und Ideendeterminanten sollen vier Problembereiche angesprochen werden, wobei im Prinzip einer chronologische Linie gefolgt wird:

1. die Formierung und Konstituierung der christlichen bzw. – gemäß den tschechischen Bedingungen – katholischen politischen Parteien und Bewegungen seit den 1890er Jahren bis zum Jahre 1989;
2. die Gestaltung der tschechischen christlich-demokratischen Politik unter den Bedingungen einer demokratischen Gesellschaft;
3. die Entwicklung der für lange Zeit einzigen relevanten

tschechischen christlichen Partei und zugleich auch der einzigen christlich-demokratischen Bewegung in der tschechischen politischen Szene, die Christliche und Demokratische Union/Tschechoslowakische Volkspartei (KDU/ČSL);

4. die Beantwortung der Frage, welchen Typus christlich-demokratischer Partei die KDU/ČSL im europäischen Kontext darstellt und welches ihre Funktionen und Möglichkeiten im Rahmen des tschechischen politischen Systems sind.

Die Institutionalisierung der politischen und sozialen Dimension des Christentums

Die Religion, im Falle Böhmens und Mährens vorwiegend der Katholizismus, gehört ohne Zweifel zu den Schlüsselphänomenen, die eine konstitutive Bedeutung für die Bildung des modernen gesellschaftlich-politischen Klimas hatten, sei es in Österreich-Ungarn oder später in der Tschechoslowakischen Republik und anderen mitteleuropäischen Ländern. Für das Verständnis der politischen und sozialen Dimension der Religion und insbesondere der Entstehung und Entwicklung von christlichen gesellschaftlichen Organisationen und politischen Parteien liefert vor allem die Theorie der „politisch-kulturellen Säulen" wertvolle Anstöße.[3]

Die Theorie der Säulen tauchte zum ersten Mal in der niederländischen Soziologie auf, im Werk von J. P. Kruijt, der unter dem Begriff „Säule" die gesellschaftlich-politischen „Lager der Katholiken, Kalvinisten und Sozialisten verstand, die ihre Anhänger in einer politischen Partei, aber auch in verschiedensten Interessenorganisationen versammeln, diese durch die eigene Presse und die eigenen Massenmedien beeinflussen und sie auf diese Weise nicht nur von anderen ‚Säulen', sondern auch von der bürgerlich-liberalen säkularisierten Kultur isolieren".[4] Diese „vertikale Integration" kann man auch als einen „segmentierten Pluralismus" bezeichnen, wie Lorwin ausführt,[5] und es entspricht ihr auch die sogenannte Theorie „cleavages", die in den Arbeiten von Stein Rokkan formuliert wurde[6] oder die Konzeption der sozial moralischen Milieus von M. R. Lepsius.[7]

Um mit der „Säulenkonzeption" für den Fall der böhmischen Länder und überhaupt des mitteleuropäischen Raumes methodologisch korrekt arbeiten zu können, müssen wir einen anderen, heute bereits ein wenig archaisch klingenden Begriff „Lager" zur Hilfe nehmen. Der österreichische Historiker Hans Righart definiert zum Beispiel für Österreich – im Anschluss an Adam Wandruszka[8] – drei relevante politische Lager, wobei neben dem *sozialistischen* und *nationalen* eine wichtige Stelle gerade dem *katholischen Lager* gehört. Die Theorie der „Lager" wird eben durch die sogenannte „Säulen"-Auffassung ergänzt. Diese setzt die Existenz einiger mehr oder weniger abgetrennten weltanschaulich oder religiös definierten Komplexe von politischen und sozialen Organisationen im Rahmen eines politischen Systems voraus.[9] Dabei ist der Terminus *Lager* nicht mit dem komplexeren Begriff der *Säule* identisch. So gab es z. B. nach Rudolf Steininger in Österreich drei Lager, aber nur zwei „Säulen", *die katholische* und die *sozialistische,* weil der Nationalismus eine hohe Stufe von Integration vermissen ließ.[10] Im Falle des Katholizismus und Sozialismus ist jedoch diese Säulendefinition mit Rücksicht auf ihre charakteristischen Züge gültig, wie z. B. eine starke innere Integration und die Bemühung, die gesamten gesellschaftlichen Aktivitäten mit dem Ziel der Beeinflussung aller Lebensbereiche zu organisieren. Righart verweist auf die Tatsache, dass es zwischen beiden „Säulen" bestimmte Unterschiede gab. Zum bedeutendsten Unterschied wurde das Faktum, dass die katholische (christliche) Säule sich quer durch die soziale Struktur und die Klassenstruktur der Gesellschaft erstreckte und sozial gesehen eine sehr heterogene Zusammensetzung hatte, während die sozialistische, getreu ihrer Ideologie, mit einer Klasse verbunden und sozial homogen war.[11]

Die Ursachen des Prozesses der „Versäulung" im Rahmen des Katholizismus wird vor allem als defensive Reaktionen auf gewisse Aspekte des Modernisierungsprozesses betrachtet, der Ende des 19. und Anfang des 20. Jahrhunderts verlief. Righart erwähnt in diesem Zusammenhang vor allem (a) die strukturelle Differenzierung, unter der man besonders die Herausbildung einer differenzierten Struktur von Berufen mit vielen Subkategorien verstehen soll, und (b) die soziokulturelle Desintegration, die durch die Migration und Übersiedlung von umfangreichen Bevölkerungsgruppen in die Städte hervorgerufen wurde, was Ursache für eine Abschwächung der sozialen Kontrolle von seiten der Kirche war und die Bedingungen für die Seelsorge geändert hatte. Die Lösung dieser Problematik war nach Righart gerade jene „Versäulung", die im Prinzip mit Hilfe moderner Mittel verlief, wie beispielsweise die Herausbildung verschiedener Organisationen, Propaganda usw. waren. Im Falle der Formierung einer katholischen Säule wird oft auf ihren abwehrenden und reaktiven Charakter hingewiesen: Wenn ein konfessionsmäßig neutraler Arbeitgeberverband entstand, wurde ein konfessioneller Verband katholischer Arbeitgeber gegründet, als Reaktion auf die sozialistischen Gewerkschaften wurde die katholische Arbeiterbewegung gegründet usw.[12]

Es wäre jedoch falsch, die Herausbildung einer politischen Säulenkultur des Katholizismus nur als eine Art konservative Reaktion auf den Modernisierungsprozess zu interpretieren. Die „Versäulung" diente zwar einem „traditionellen Ziel", also der Erhaltung des Glaubens in einer säkularisierten Gesellschaft, und sie war sicherlich eine Art Abwehr der fortschreitenden Säkularisierung; aber sie bediente sich zu diesem Zweck moderner Mittel. Man kann sie also als *„partielle Modernisierung"*[13] oder als *„Instrumentalisierung des Modernen zu Gunsten der Tradition"*[14] bezeichnen. Diese These bestätigen auch die Gegner dieses Prozesses, zu denen in Österreich-Ungarn anfangs vor allem die Bischöfe und die konservativen Politiker gehörten. Ihre Haltung beginnt sich erst nach der Veröffentlichung der Enzyklika *Rerum novarum* (1891) zu ändern.

Den Prozess der Herausbildung der katholischen politischen Säulenkultur kann man in sechs Punkten zusammenfassen:

1. Es existiert ein chronologischer Zusammenhang zwischen dem Prozess der strukturellen Differenzierung und der sozial kulturellen Desintegrierung einerseits und dem Prozess einer „Versäulung" bei den Katholiken andererseits.
2. Dieser Prozess beginnt dort, wo die Modernisierungstendenzen am stärksten waren.
3. Die Herausbildung von christlich-sozialen Organisationen in den niedereren Mittelschichten (unter den Arbeitern und Bauern) hatte einen reaktiven Charakter.[15]
4. In diesem Prozess hatte der niedere Klerus die zentrale Position inne, dessen Rolle sozial integrierend war und dessen Teilnahme vor allem mit der Notwendigkeit einer Seelsorge begründet und motiviert wurde.
5. Dieser gesamte Prozess gewann bald einen ausgeprägten politischen Charakter.
6. Der erwähnte Prozess hatte anfangs entschiedene Gegner in den Reihen des Episkopats und unter den katholischen konservativen Politikern.

Bereits Mitte der 1890er Jahre wird jedoch ihr Widerstand schwächer und der Streit wurde zu Gunsten der christlichsozialen Bewegung entschieden. Wichtige Faktoren dieses Sieges waren nicht nur die mit der Enzyklika *Rerum novarum* zusammenhängenden Impulse, sondern auch die starken politischen Machtpositionen, die die Christlich-Sozialen gewonnen haben und nicht zuletzt auch der Modernisierungsprozess selbst, der stufenweise auch die katholisch-konservativen Kreise erreicht hatte.[16]

Wenn wir die gesamtösterreichischen Tendenzen mit der konkreten Situation in Böhmen, Mähren und in der Slowakei vergleichen, stellen wir fest, dass man den Katholizismus auch hier als ein bedeutungsvolles gesellschaftlich-politisches Lager und eine ideologisch-soziale politische Subkultur interpretieren kann, gegebenenfalls als eine komplexe politische Säulenkultur im oben erwähnten Sinne.

Die Applikation der Hypothese über den Säulencharakter der politischen Kultur führte für die Situation in den tschechischen Ländern z. B. der Historiker Jiří Malíř bei seiner Auslegung der Entstehung und Entwicklung von Systemen der tschechischen und deutschen politischen Parteien in Mähren in der Zeit der habsburgischen Monarchie durch. (Mähren stellte damals eines der Länder Österreich-Ungarns, mit seinem eigenen funktionellen Landestag und mit autonomen parteilich-politischen Systemen.) Malíř weist darauf hin, dass man „für einen wesentlichen Charakterzug der politischen Parteilichkeit in der habsburgischen Monarchie in den neuesten Forschungen ein ungewöhnlich intensives Durchwachsen von politischen Parteien und ihren Organisationen mit den unpolitischen Sphären des öffentlichen und privaten Lebens hält".[17] Dieser Versäulungsprozess erzeugte „relativ geschlossene soziale und kulturelle Milieus" mit einer engen Bindung an ein bestimmtes politisches Lager und auch mit einem eigenen System von „unpolitischen gewerkschaftlichen, beruflichen, jugendlichen Organisationen, sowie Studenten-,

Frauen- und Genossenschaftsorganisationen, die parallel, aber völlig unabhängig von ähnlichen Organisationen anderer politischer Lager waren". Der starke Einfluss dieser Lager im mährischen Milieu, besonders des liberalen, katholischen und sozialdemokratischen Lagers, durchdrang das „tägliche Leben jedes Einzelnen".[18] Malíř betont, dass dieser Prozess der gegenseitigen Durchdringung von einzelnen politischen Parteien und der Gesellschaft sowie die Herausbildung von politischen Lagern einen langfristigen Charakter hatte und sich regional nach den einzelnen Ländern der habsburgischen Monarchie differenzierte. Für den Fall der tschechischen Länder bedeutet dies selbstverständlich eine spezifische (wenn auch in mancher Hinsicht analoge) Entwicklung in Böhmen und Mähren.

Ein weiterer Punkt, der uns hier weiter beschäftigen wird, ist die Tatsache, dass die Identifizierung mit dem Katholizismus (oder auf der anderen Seite mit der sozialistischen Ideologie) *nicht dazu führte*, das nationale Prinzip zu überwinden. Wenn sich die tschechische und deutsche Gesellschaft innerhalb Böhmens und Mährens innerlich in zwei abgeschlossene soziale und politische Milieus teilen konnten, dann hat die Kraft der Ideen, die dieses *sozialmoralische Milieu* hervorgebracht haben,[19] nicht das nationale Problem überwinden können, und trotz weniger Annäherungen kam es z. B. in Böhmen und Mähren zu keiner Vereinigung tschechischer und deutscher Christen (oder Katholiken) in einer gemeinsamen politischen Partei oder zur Bildung gemeinsamer katholischer Vereine usw.

Der Formation des Katholizismus als einer „Säule" mit der gesamten unentbehrlichen, komplexen politischen und sozialen Struktur entsprachen in den tschechischen Ländern analoge Tendenzen bei anderen Ideenströmen, wobei auch hier – ebenso wie bei deren Realisierung in Form einer politischen Partei – der *Versäulungs*prozess in Erscheinung trat. Es ist jedoch anzunehmen, dass man auf Grund der bisher durchgeführten historischen Forschungen im Falle Böhmens und Mährens bloß von zwei Säulen, meistens drei politischen Säulensubkulturen sprechen kann, wobei die Frage bleibt, inwieweit man neben der *sozialistischen* und *katholischen* tatsächlich auch die national-liberale oder agrarische Bewegung für eine „Säule" halten kann. Malíř arbeitet z. B. im Falle Mährens lieber mit fünf politischen Lagern, wenn er neben den ursprünglichen drei (dem national-liberalen, dem katholischen und sozial demokratischen) auch noch das agrarische und national soziale definiert.[20] Die Theorie der politischen Lager ist für die Beschreibung des politischen Katholizismus ebenfalls von Bedeutung. Sie zeigt nämlich, dass sich der politische und soziale Katholizismus nicht nur gegenüber einer ähnlichen sozialistischen Säulensubkultur abgegrenzte, sondern auch auf der politischen Ebene einigen anderen politischen Konzeptionen standhalten musste. Deren Ideen hatten zwar keine hohe Integrationsfähigkeit, wie etwa beim Katholizismus und Sozialismus, doch hatten sie es dennoch vermocht, mit dem Katholizismus politisch erfolgreich zu konkurrieren.

Die Entstehung der christlichen politischen Parteien

Die Entstehung christlicher politischer Parteien in Böhmen, Mähren und Schlesien gegen Ende des 19. Jahrhunderts (diese waren damals weitgehend autonome Länder mit selbständigen parteipolitischen Systemen) ist eng mit der Herausbildung von katholischen Vereinen und Interessenorganisationen infolge der Veröffentlichung der Enzyklika *Rerum novarum* verbunden.[21] Die Aktivität dieser christlichen Interessenorganisationen politisierte sich stufenweise und führte zum Bedürfnis, ein eigenes politisches Subjekt zu bilden, das die katholischen Interessen auf parlamentarischer Ebene wirkungsvoll verteidigen könnte. Schon die Tatsache, dass sich die christlich-politischen Parteien in verschiedenen katholischen Vereinen formierten, die zudem meist noch standesmäßig orientiert waren (z. B. der Verein der Katholischen Tschechischen Bauern), deutet an, dass dieser Prozess keinesfalls einfach war, sondern vielmehr einen *pluralistischen Charakter* hatte. Dies ist ein wichtiger Punkt der Betrachtung. Oft geht man nämlich von der Überzeugung aus, dass der Katholizismus in den tschechischen Ländern auf dem politischen Gebiet eine einheitliche politische Kraft darstelle, die gegen die säkularisierten liberalen und sozialistischen Kräfte in der Gesellschaft gerichtet sei. Diese These ist allerdings im Licht der historischen Tatsachen nicht haltbar, was man bereits an der Art und Weise demonstrieren kann, wie sich in Böhmen und Mähren die politischen Parteien formiert haben.

In Böhmen wurde die erste christliche Partei schon im Jahre 1894 in Litomyšl unter dem Namen *Christlich-soziale Partei für Böhmen und Mähren* gegründet, aber ihre Wirkung in Mähren war minimal.[22] Bereits fünf Jahre später spaltete sich diese Partei in die *Christlich-soziale Partei* und die *Christlich-soziale Volkspartei, die* sogenannten christlichen Demokraten. Beide Parteien konnten sich vor den Reichswahlen im Jahre 1906 noch zur *Partei des katholischen Volkes* zu vereinigen, teilten sich aber nach 1911 in drei eigenständige Organisationen.[23] Neben den christlich-sozialen Parteien existierte in Böhmen noch vor 1879 die *Nationale katholische Partei im Königreich Böhmen*. Infolge der inneren Uneinigkeiten gab es in Böhmen zeitweise drei bis vier tschechische katholische Parteien, zu denen selbstverständlich auch die deutsche *Christlich-soziale Partei* gerechnet werden muss,[24] die allerdings im Subsystem der deutschen Parteien in Böhmen sehr schwach war.[25]

Die Situation in Mähren war einigermaßen übersichtlicher, auch wenn es hier mehrere katholische Parteien gab. Im Rahmen der tschechischen Gesellschaft Mährens wurde im Jahre 1896 durch das Selbständigwerden und die Trennung des katholischen Stromes von der mährischen nationalen Partei die *Katholische nationale Partei in Mähren* gegründet, die schon bei der Landtagswahl 1896 ihre ersten Erfolge erzielen konnte.[26] Die Konzentration auf die konservativen Bauern und die Gewerbetreibenden in Stadt und Land in Mähren, die „in den katholischen politischen Vereinen erfasst wurden", entsprach jedoch keineswegs dem Gesamtkatholizismus, zumal sich schon Katholiken zu Beginn der 1890er Jahre der sozialen Arbeit unter den Arbeitern und ärmeren Bauern gewidmet hatten. Aus dieser christlich-sozialen Bewegung formierte sich im Jahre 1899 die *Christlich-soziale Partei* mit Jan Šrámek an der Spitze.[27] Beide katholische Parteien blieben während der österreichisch-ungarischen Monarchie selbstständig, obwohl sie im Unterschied zu den christlichen Parteien Böhmens eng zusammenarbeiteten. Diese Zusammenarbeit – der mährische katholische Teil wird manchmal als *Doppelpartei* bezeichnet – führte zweifellos zu Erfolgen bei den Wahlen (bei den mährischen Landtagswahlen 1906 z. B. wurden die Katholiken stärkste Partei im Rahmen der tschechischen Vertretung im Landtag).[28] Auch die deutsche Bevölkerung Mährens hatte ihre christlich-soziale Partei, die *Christlichsoziale Partei Mährens*, die sich 1907 mit der *Katholischen Volkspartei* zusammenschloss; aber auch in Mähren konnte unter der deutschen Bevölkerung das katholische bzw. christlich-soziale Lager keine solche Stellung erreichen, wie sie die christlichen Parteien innerhalb der tschechischen Gesellschaft innehatten.[29]

Vom Ende des 19. Jahrhunderts bis ca. 1920 gab es also im böhmischen Katholizismus einige tschechische Parteien, die nicht unbedingt immer miteinander zusammenarbeiteten (besonders in Böhmen), und deutsche christliche Parteien, die auf demselben Gebiet tätig, jedoch von dem tschechischen Gegenüber völlig getrennt waren.[30] Der politische Katholizismus erwies sich also in seinen Anfängen recht *heterogen*; er war in der Gründungsphase der Parteien und Verbände *pluralistisch*, die Tendenzen zur Vereinigung und Zusammenarbeit der christlichen Parteien waren sehr schwach und konnten die inneren Differenzen auf Dauer nicht überwinden. Man kann also sagen, dass sich in den tschechischen Ländern zwar eine deutliche katholische politisch-kulturelle Säule herausgebildet hatte (bzw. zwei, weil mit unterschiedlicher nationaler Ausprägung), die mehr oder weniger klar gegenüber anderen politischen Lagern bzw. Säulen abgegrenzt war, die jedoch innerlich uneinheitlich war. Diese Situation änderte sich erst in der neuen Tschechoslowakischen Republik nach 1918.

Der politische Katholizismus in der Tschechoslowakischen Republik

Die Katholiken, insbesondere in Tschechien, begannen in der neuen Republik in sehr ungünstiger Position. Sie wurden nicht als ein integrierter Bestandteil des neuen Staates und der tschechischen Gesellschaft angesehen, sondern sie wurden in mancher Hinsicht für ein fremdes Element gehalten. Auf die Gründe dafür kann hier nicht eingegangen werden; verwiesen sei lediglich auf die engen Kontakte der katholischen Kirche zum österreichischen Staat, der später von den liberalen und linksorientierten Kreisen zu einer großen Kampagne gegen die Katholiken missbraucht wurde.[31]

Im Januar 1919 wurde die *Tschechoslowakische Volkspartei* durch die Vereinigung von böhmischen katholischen Parteien mit den – seit September 1918 vereinigten – mährischen katholischen Parteien gegründet. Die Situation des politischen Katholizismus in der Zeit der ersten Tschechoslowakischen Republik wird bei uns in der Regel unter der

Perspektive der einheitlichen, tschechischen christlichen bzw. katholischen Plattform gesehen. Man darf jedoch nicht übersehen, dass sich die oben beschriebene Heterogenität des tschechischen katholischen Lagers auch in der neuen Volkspartei bemerkbar machen musste. Die Tatsache, dass die Volkspartei ungeachtet dieser heute kaum mehr bekannten inneren Spannungen im Prinzip eine einheitliche Partei blieb, muss man vor allem auf die antiklerikalen Stimmung der Tschechoslowakischen Republik in den 1920er Jahren sowie die Persönlichkeit des Parteivorsitzenden, Jan Šrámek, zurückführen. Šrámeks Fähigkeiten ist es zu verdanken, dass die Volkspartei bald eine bessere Stellung innerhalb der neuen tschechischen Machtelite zu erreichen vermochte. Die Geschichte der Volkspartei kann hier nicht eingehender behandelt werden. Es soll lediglich angemerkt werden, dass die Tschechoslowakische Volkspartei unter Šrámeks Führung schrittweise zu einer *staatstragenden* Partei wurde, die Ende der 1930er Jahre zu den Pfeilern der Ersten Republik gehörte. Wie öfters bemerkt wurde, war der Preis für diesen zweifellosen Erfolg nicht gering: „Der tschechische Katholizismus identifizierte sich auf diese Weise mit den tschechischen nationalen Zielen und verlor den Kontakt mit dem politischen slowakischen und deutschen Katholizismus."[32] In der Tat kam es zu keiner engeren Zusammenarbeit zwischen den tschechischen, slowakischen und deutschen Katholiken im politischen Bereich, und im katholischen Milieu war den gemeinsamen konfessionellen und moralischen Zielen die nationale Identifizierung übergeordnet.

Die Tschechoslowakische Volkspartei war in der Tat nie eine tschechoslowakische Partei, sondern lediglich die politische Repräsentantin der tschechischen Katholiken in den Gebieten Böhmens und Mährens.[33] Zu Beginn der Tschechoslowakischen Republik formierte sich in der Slowakei *Hlinkas Slowakische Volkspartei*[34] (HSL'S; diese

Partei war in Österreich-Ungarn nie ganz unabhängig von der Slowakischen Nationalen Partei), in der nationalistische und autonomistische Tendenzen überwogen, die ein viel stärkeres (trennendes) Motiv waren, als ihre katholische Orientierung, die an sich zu einer Zusammenarbeit mit der tschechischen Volkspartei hätte führen können. Die deutsche Bevölkerung hatte auch ihre *Deutsche Christlich-soziale Volkspartei,*[35] die zu den sogenannten aktivistischen Parteien gehörte und deren Repräsentant, Robert Meyr-Harting, in den 1920er Jahren mehreren tschechoslowakischen Regierungen angehörte.[36]

Die Bewertung der christlichen Parteien innerhalb des politischen Systems Österreich-Ungarns und der Tschechoslowakischen Republik sowie der *Säulenstruktur* des politischen Katholizismus ist kompliziert und muss stets im Kontext der Zeit gesehen werden. Den allgemeinen Rahmen stellten die Emanzipierungsbemühungen der mittleren und später auch der niedereren Schichten der Gesellschaft in der zweiten Hälfte des 19. und Anfang des 20. Jahrhunderts dar, die u. a. auch in einem gewaltigen Vereinsleben und im christlichen bzw. katholischen Parteienwesen offenbar wurden. Die Katholiken, die in vielerlei Hinsicht den Folgen der gesellschaftlichen Modernisierung standhalten mussten, haben wohl im politischen und sozialen Katholizismus, also in der Bildung eigener Vereine, Interessenvereinigungen und später auch politischer Parteien eine wirkungsvolle Form von Selbstorganisation gefunden. Diese ermöglichte es ihnen, auch unter den neuen Bedingungen eine bedeutende politische Kraft zu bleiben. Andererseits respektierte der politische Katholizismus die nationale Teilung der Gesellschaft in die tschechische, deutsche, slowakische und ungarische Gesellschaft, und es gibt nur wenige Beispiele dafür, dass die christlichen Parteien ihrem christlich-universalistischen Glauben gemäß zu Bindegliedern geworden sind.

Die Tschechoslowakische Volkspartei in der Zeit der kommunistischen Diktatur

Das politische Geschick des Führungskreises der Tschechoslowakischen Volkspartei und ihre Haltung gegenüber dem Nationalsozialismus brachten dem Vorsitzenden der Volkspartei, Jan Sramek, den Vorsitz in der Londoner Exilregierung während des Zweiten Weltkrieges ein; vor allem bedeuteten sie für die Volkspartei, dass sie auch in dem gewaltsam reduzierten parteipolitischen Spektrum der Tschechoslowakei nach 1945 erhalten blieb, als einzige nicht sozialistische Partei in den tschechischen Ländern. Sie hatte eine bedeutende Aufgabe in dem quasidemokratischen politischen System, das bis zum kommunistischen Umsturz im Februar 1948 bestand.[37] Bei den einzigen, teilweise freien Wahlen im Mai 1946 erreichte die Tschechoslowakische Volkspartei ihren größten Wahlerfolg, als sie 20 % der Wahlstimmen gewann (während der Zeit der Ersten Republik verlor die Volkspartei zwar langsam, aber kontinuierlich ihre Wählerbasis: 1920 erreichte sie 11,3 %, 1935 nur 7,5 %). Diesen Wahlerfolg kann man jedoch weder mit den Wahlergebnissen der freien Wahlen in der Zwischenkriegszeit noch mit jenen des Jahres 1989 vergleichen, weil 1945–1948 in den tschechischen Ländern nur noch vier Parteien existierten.[38]

Die realistische Haltung und die taktischen Fähigkeiten der Tschechoslowakischen Volkspartei, die in einem eigenartigen Widerspruch zu ihrer programmatisch-prinzipienhaften Festigkeit stand, wie sie die christliche Programmatik auszeichnet, ermöglichten es dieser christlichen Partei auch, die Zeit der kommunistischen Diktatur 1948–1989 zu überleben, in der sie die in der Verfassung definierte, Gewalt erzwungene „führende Rolle" der kommunistischen Partei akzeptieren musste.[39] Ihre Existenz war mehr oder weniger formell; man kann hier eigentlich nicht von einer selbständigen politischen Partei sprechen, weil z. B. kein demokratischer Parteienwettbewerb zugelassen war, vielmehr die Organisation ihres innerparteilichen Lebens und ihre Personalpolitik ganz von den Entscheidungen der KPČ abhängig waren.

Christlich-demokratischen Politik nach dem November 1989

Die problematische Vergangenheit der Volkspartei als „christlicher" Trabant der KPČ, gilt als Hauptgrund dafür, dass das Subsystem christlicher politischer Parteien nach dem November 1989 nicht wieder aufgebaut wurde und dass es – unmittelbar nach dem Sturz des totalitären Regimes – zu einer erneuten Spaltung der „christlichen Politik" gekommen war. Die ČSL bekam mit der *Christlich-Demokratischen Partei* (KDS) einen Konkurrenten; die Partei war – als Reaktion auf die Novemberereignisse – bereits am 3. Dezember 1989 gegründet worden.[40] Die KDS war vor allem ein Versuch katholischer Intellektueller aus dem Dissidentenmilieu, eine moderne christliche Partei zu gründen – ohne das bedrückende Erbe einer kommunistischen Vergangenheit, aber auch ohne die Residuen eines politischen Katholizismus der Vorkriegszeit.[41] Die Tatsache, dass die Unterschiede zwischen den beiden christlichen Parteien größer waren als ihre gemeinsame Inspiration durch das Christentum, zeigte sich auch darin, dass sie – unter dem Namen *Christliche und Demokratische Union* (KDU) – bei den Parlamentswahlen 1990 gemeinsam kandidiert haben. Später hat die KDS ausschließlich mit der *Bürgerlichen Demokratischen Partei* (ODS) Koalitionen gebildet und im März 1992 ihrem Namen ČSL die ursprüngliche Bezeichnung der christlichen Koalition beigefügt, wodurch die komplizierte Bezeichnung KDU/ČSL entstanden ist.[42] Die Christlich-Demokratische Partei, die an der rechtsorientierten Regierung von Václav Klaus seit 1992 teilnahm, war nicht lange in der politischen Szene tätig. In Anbetracht der geringen Unterstützung von Seiten der Wähler vereinigte sie sich 1996 mit der konservativ-liberalen ODS.[43]

Anfang der 1990er Jahre hat sich hier also wieder ein plurales Modell entwickelt, das Erinnerungen wachrief an die Zeit der *Versäulung* der christlichen Parteien um die Jahrhundertwende. Im Unterschied zu der damaligen Situation existierten nun aber die gesellschaftlichen und politisch-kulturellen Bedingungen einer geschlossenen katholischen Subkultur nicht mehr; und auch das christlichsoziale und sozialethische Milieu war bedeutend vermindert oder existierte gar nicht mehr. Dies hatte für die christlichen Parteien, die sich von denen Ende der 1920er Jahre beträchtlich unterschieden, zwei Folgen: 1) Die Vereinheitlichung der christlichen Politik, die schließlich zu einer einzigen, explizit christlichen politischen Partei führte, erfolgte sehr rasch; 2) die christlichen Parteien bildeten keine Gesamtpartei. So kam es im Jahre 1996 zur Repräsentanz eines einzigen, christlich-demokratischen Blocks in der tschechischen Politik, zur KDU/ČSL.

Transformation der KDU/ČSL und ihrer Rolle im tschechischen politischen System

Ein Spezifikum der Volkspartei innerhalb des neuen parteipolitischen Systems ist die Tatsache, dass sie sich hinsichtlich ihrer Struktur, aber auch ihrer Organisation und ihrer Ideen über mehr als ein Jahrhundert lang mehr oder weniger kontinuierlich entwickelt hat.[44] Einige Konfliktlinien der Gegenwart zeigen Ähnlichkeiten mit denen der 1920er und 1930er Jahre. Hierzu gehören vor allem die Differenz zwischen dem mährischen und dem tschechischen Teil der Volkspartei sowie der Streit zwischen den konservativeren christlich-demokratischen Orientierungen der Volkspartei und den Verfechtern der christlich-sozialen Ideen, ein Spannungselement, das bereits bei der Entstehung der ČSL im Jahre 1919 beobachtet werden konnte. Genauso kann man die Spannung zwischen den Anhängern einer geschlosseneren, deutlicher religiös definierten christlichen Partei mit traditionellerem Zuschnitt erkennen, und einem Teil der Partei, der es für nötig hält, sich programmatisch zu öffnen und den zeitlichen Veränderungen stärker anzupassen. Diese Konfliktlinien gewinnen selbstverständlich zu unterschiedlichen Zeiten unterschiedliche Formen, und ihre Akzentuierungen verschieben sich; aber latent sind diese Grundformen innerhalb der KDU/ČSL ständig präsent, und in Momenten der Unsicherheit gewinnen sie verstärkt an Bedeutung.

Diese Spannung innerhalb der Partei war in verborgener Form auch während der gesamten 1990er Jahre vorhanden, und neben einigen personellen Differenzen äußerte sie sich z. B. in der Frage, ob die Zusammenarbeit mit den konservativ-liberalen Parteien oder mit der Sozialdemokratie anzustreben sei. Selbst der Parteiname wurde zum Streitobjekt, da die einen mehr auf eine moderne europäische Christliche Demokratie abzielten, die anderen dagegen an einer festen Verbindung mit der eigenen, manchmal problematischen Vergangenheit festhielten, zu der auch das – von Anfang an unwahre – Adjektiv „tschechoslowakisch" gehörte.

Noch Mitte der 1990er Jahre zeigten sich in der KDU/ČSL problematische, regressive Tendenzen, z. B. bei der sozialen Zusammensetzung der Wählerbasis; so gab es ein Übergewicht von Wählern mit vorwiegend niedrigerem Ausbildungsniveau, einem höheren Altersdurchschnitt, aus überwiegend ländlichen Gegenden mit hohem Anteil von Landwirtschaft. Es bestand daher längerfristig die Gefahr, dass die Partei ihre Parlamentssitze verliert. Doch die Entwicklung der Mitglieder- und Wählerstruktur der KDU/ČSL hat sich seit Mitte der 1990er Jahre deutlich gebessert. Der Volkspartei ist es gelungen, auch in den Städten festere Position zu gewinnen, außerdem hat sie auch höhere Anteile von Wählern der mittleren Generation gewonnen; zudem zeigt sich die Berufsstruktur der Wähler differenzierter. Zur Zeit scheint die Existenz der Partei im Parlament nicht bedroht zu sein. Die gezeigten Entwicklungen belegen vielmehr die Anpassungsfähigkeit der Partei an die sich verändernden sozialen Bedingungen.

Auf der anderen Seite hat die KDU/ČSL aber nie bedeutendere Erfolge bei entscheidenden Wahlen erzielen können. Es besteht kein Zweifel, dass die Partei in der Kommunal- und Regionalpolitik sehr stark ist (was die Unterschiede zwischen den Kommunalwahlen und den Wahlen zum nationalen Parlament zeigen, die maximal 10,6 % betragen) und dass sie beim Zwei-Runden-Wahlgang im Mehrheitswahlsystem mit ihren Kandidaten bei den Senatswahlen relativ erfolgreich ist. Wenn wir uns jedoch die Ergebnisse der wichtigsten Wahlen betrachten (die Parlamentswahlen für die Abgeordnetenkammer), dann stellen wir fest, dass hier die Volkspartei nie mehr als 10 % gewonnen hat (1990: 8,4 %; 1992: 6,3 %; 1996: 8,1 %; 1998: 9,0 %; 2002: 14,27 % für die Koalition mit der US/DEU, ein selbstständiger Wahlstimmengewinn wäre vermutlich auch diesmal nicht höher als 9–10 %) – entgegen den optimistischeren Progrosen von Meinungsforschungsinstituten. So zeigt die Volkspartei wiederholt eine gewisse Disproportion zwischen ihrer beabsichtigten Rolle innerhalb der tschechischen politischen Szene und der realen Unterstützung, die sie von ihren Wählern bekommt.

Der Transformationsprozess der Partei von einer geschlossenen konfessionellen Gruppierung zu einer moderneren christlich-demokratischen Volkspartei und die Suche nach ihrer Rolle im tschechischen parteipolitischen Spektrum sind eng mit der Person des bedeutendsten Politikers der KDU/ČSL nach November 1989 verbunden, Josef Lux, der als ein weitgehend unbekannter Politiker im September 1990 Vorsitzender der Partei geworden ist. Lux ist es nach seiner überraschenden Wahl in die Spitze der Partei gelungen, verschiedene Strömungen innerhalb der Volkspartei zusammenzuführen und die Partei aus der drohenden Isolierung herauszuführen, nachdem sie sich – nach den Novemberereignissen 1989 mit dem kompromittierten Josef Bartončík an der Spitze – nur zögerlich mit ihrer Vergangenheit auseinandersetzte. Dank der Politik ihres Vorsitzenden Josef Lux ist es der ČSL – vor allem in der ersten Hälfte der 1990er Jahre – stufenweise gelungen, sich als eine christliche Partei im rechten Teil des parteipolitischen Spektrums zu profilieren. Die KDU/ČSL war so bis zum Jahre 1997 in rechtsorientierten Regierungen vertreten und versuchte allmählich, sich statt der konfessionellen Prägung zu einer moderneren, christlich-demokratischen Partei zu entwickeln.

Bei dieser Entwicklung spielte Josef Lux mit seinen wichtigen Initiativen und seiner Integrationsfähigkeit eine wichtige Rolle wobei er wesentlich die inneren Verhältnisse in der KDU/ČSL bestimmt hat. Spätestens seit der zweiten Hälfte des Jahres 1996 hat Lux jedoch begonnen, das politische Profil der Partei mehr in die Mitte zu verschieben, höchstwahrscheinlich mit dem Ziel, ihr Koalitionspotential gegenüber den Sozialdemokraten zu vergrößern und die Partei zu einem entscheidenden politischen Faktor zu machen. Die Partei sollte dabei so stark sein, dass man ohne sie weder eine Rechts-Mitte-Regierung noch eine Links-Mitte-Regierung bilden konnte, was die politische Bedeutung der Volkspartei innerhalb jeder potentiellen Koalition stärken könnte. Diese Verschiebung, die in der politischen Rhetorik der Partei ihren Ausdruck fand, beeinflusste auch das innerparteiliche Leben der KDU/ČSL; denn sie ermöglichte eine deutlichere Profilierung des Flügels, der in jenen Parteien einen natürlicheren Verbündeten sah, die einen stärkeren Akzent auf die soziale Fragen legten, als es z. B. bei den konservativ-liberalen Parteien des Typus ODS der Fall war. Zugleich öffnete sich die Partei auch Politikern, die einer traditionellen Vorstellung der Volkspartei widersprachen. Dies gilt z. B. für Persönlichkeiten mit sozial-liberaler oder sozial-ökologischer Einstellung, die in der ersten Hälfte der 1990er Jahre in der KDU/ČSL nicht denkbar waren. Diese Tendenzen wurden durch die immer bedeutendere politische Rolle verstärkt, die Josef Lux und schließlich auch die ganze Volkspartei in der Zeit der Regierungskrise 1997 und 1998 spielten. Die KDU/ČSL hat 1997 entscheidend zum Fall der zweiten Rechts-Regierung von Václav Klaus und zur Bildung der Regierung von Josef Tošovský beigetragen, die zur Hälfte eine Beamtenregierung war und zum Katalysator der Entstehung des Oppositionsvertrags zwischen der ČSSD und ODS nach den Wahlen 1998 geworden war. Josef Lux spielte ein sehr riskantes politisches Spiel, das der realen politischen Kraft der KDU/ČSL nicht entsprach; die negativen Konsequenzen dieser Politik zeigten sich bei den Wahlen 1998 und der anschließenden Regierungsbildung. Das vorzeitige Ausscheiden von Lux aus der Politik infolge einer schweren Erkrankung und sein früher Tod 1999 haben es verhindert, dass die KDU/ČSL aus dieser Situation hinausfinden konnte.[45]

Die Volkspartei fehlten während dieser komplizierten Phase, in der sie viele Veränderungen durchgemacht hat und ihre Position im Rahmen des parteipolitischen Spektrums verschob und schließlich erstmals in die Opposition geriet, eine starke Führungspersönlichkeit. Nach einigen inneren Streitigkeiten und einem Experiment mit der Bildung einer breiteren politischen Gruppierung von kleineren Parteien, der sogenannten Viererkoalition zwischen 1998–2002, die jedoch 2001–2002 von der KDU/ČSL stufenweise wieder zerschlagen wurde, setzte sich unter dem Vorsitzenden Cyril Svoboda eine Parteiströmung durch, die die Zusammenarbeit mit den Sozialdemokraten befürwortete; die KDU/ČSL trat nach den Wahlen 2002 in die Links-Regierung von Regierungschef Vladimír Špidla ein. Angesichts der Verteilung der politischen Kräfte (die Christlichen Demokraten stellen in dieser Regierung bloß drei von insgesamt siebzehn Ministern, von denen elf Sozialdemokraten sind), ist allerdings die Möglichkeit der KDU/ČSL, eine christlich-demokratische Politik durchzusetzen, gering.

Christliche Demokratie. Aber welche?

Diese Entwicklung der Politik von KDU/ČSL ruft Fragen zu den weiteren Zielen dieser Partei und ihrer politischen Profilierung hervor. Die von den führenden Vertretern dieser Partei aufgestellte Behauptung, dass die KDU/ČSL auf dem Weg zu einer modernen europäischen christlichen Partei sei, ist zweifelhaft. Die Frage ist nämlich längst nicht mehr, ob die KDU/ČSL eine christlich-demokratische Partei werden soll (dieses Problem wurde Mitte der 1990er Jahre gelöst), sondern welchen Typus christlich-demokratischer Partei sie darstellt oder werden will.[46] Die Bemühung um Eingliederung in die europäische christliche Demokratie ist bei der KDU/ČSL praktisch in allen Programmdokumenten erkennbar, die die Partei seit der zweiten Hälfte der 1990er Jahre veröffentlicht hat. Diese Dokumente spiegeln die Anstrengungen wider, den Charakter einer traditionalistischen konfessionellen Partei zu überwinden und sich zur modernen christlichen Demokratie hinzubewegen. Dies äußert sich u. a. darin, dass andere westeuropäische christlich-demokratische Parteien bedeutende Impulsgeber für die Parteiprogrammatik sind, vor allem die CDU Deutschlands. Die KDU/ČSL hat weitgehend die Programmatik der deutschen Christlichen Demokraten übernommen und war bemüht, aufgrund dieser Inspiration ihre Parteipolitik bzw. ihre politische Rhetorik zu gestalten. Dieser Prozess ist jedoch keineswegs einfach, und der Weg von der Aufnahme dieser Dokumente bis zur wirklichen Akzeptanz durch die Mitgliederbasis wird noch lang dauern. Als gutes Beispiel für die Spannung zwischen den Programmaussagen der Partei und der Haltung der Mitgliederbasis kann die Ansicht der Parteimitglieder zur europäischen Integration sein. Ihrer Programmatik gemäß ist die KDU/ČSL die Partei mit der stärksten proeuropäischen Ausrichtung in Tschechien (bereits seit 1997 bekennt sie sich zur Idee einer europäischen Verfassung etc.), was man eben mit der Inspiration ihrer Programmdokumente durch die deutschen Christlichen Demokraten erklären kann. Nach mehreren Umfrageergebnissen ist allerdings unter den Anhängern der KDU/ČSL die proeuropäische Orientierung (gemessen z. B. an der Abstimmung über ein hypothetisches Referendum über den Beitritt der ČR zur EU) viel geringer als etwa bei den Anhängern der ODS (im Jahre 2000 waren nach Ergebnissen von Sofres Factum 88 % der ODS-Anhänger für den Beitritt der EU, von den Anhängern der Union der Freiheit waren es 86 %, bei der ČSSD 66 %, bei der KDU/ČSL lediglich 62 %). Man könnte noch mehrere Beispiele ähnlicher Differenzen zwischen der Programmatik und den realen politischen Einstellung der Mitgliederbasis nennen.[47]

Mitte der 1990er Jahre schien die KDU/ČSL auf Positionen von christlich-demokratischer Politik zuzusteuern, wie sie bei den deutschen und österreichischen christlichen Parteien zu finden sind, die man gegenwärtig für bedeutende konservativ-liberale politische Kräfte im rechten mittleren Spektrum halten kann. Die tschechische Volkspartei war allerdings von Anfang an in einer anderen Lage, weil sie hinsichtlich der historischen, sozialen und politisch-kulturellen Faktoren nie eine dominierende Rolle im rechten Teil des politischen Spektrums spielen konnte, so wie es seit langem ihren Schwesterparteien in den deutschsprachigen Ländern gelingt. Nachdem die KDU zu bestehen aufgehört hat, sprach manches dafür, dass sich die KDU/ČSL auf die Rolle einer Repräsentantin des christlich-demokratischen Stromes im Rahmen der tschechischen Rechten beschränken könnte. Diese Position – falls sie je wirklich zutraf – begann die Volkspartei um die Jahreswende 1996/97 aufzugeben. Die Tendenz, innerhalb eines imaginären politischen Spektrums eine näher der Mitte gelegene Position einzunehmen, zu einer Privatpartei zu werden und so über die Möglichkeit zu verfügen, sowohl ein natürlicher Teil einer Rechts-Mitte-Regierungskoalition, als auch – vielleicht noch eher – einer Links-Mitte-Regierungskoalition zu sein, bringt jedoch die Volkspartei weiter vom deutschen Modell der christlichen Demokratie weg und rückt sie näher zu einem anderen Typ von christlich-demokratischer Partei, wie wir ihn z. B. in Belgien oder den Niederlanden kennen. Ein Annäherung an die Mitte zeigen auch Umfragen zur politischen Orientierung der KDU/ČSL-Anhänger. So werden z. B. nach Umfrageergebnissen, die die Rechts- bis Linksorientierung der Bürger auf einer Sieben-Punkte-Skala festzustellen versuchen, wobei Punkt vier die politische Mitte bedeutet, bei den KDU/ČSL-Wählern langfristig Indexwerte von ungefähr 4,5 festgestellt (zum Vergleich ODS: 5,5; US: 5,1; ČSSD: 3,5; KSČM: 2,3; Quelle: Sofres-Factum). Daraus ergibt sich, dass sich die Anhänger der KDU/ČSL mit einer sehr schwachen rechten Mitte identifizieren, aber der gedachten Mitte des politischen Spektrums von allen anderen rechtsorientierten Parteien am nächsten stehen. (Wenn wir dabei in Betracht ziehen, dass generell eher eine Rechtsorientierung überwiegt und dass der Gesamtindex langfristig höher als vier ist, dann sind die Anhänger der KDU/ČSL von allen tschechischen Parlamentsparteien der faktischen Mitte-Orientierung am nächsten.) Zudem ist es offensichtlich, dass sie in diesem Schema einen Platz genau in der Mitte zwischen dem von den Anhängern der Parteien ODS und ČSSD ausgewiesenen Index einnehmen, also jener Parteien, die die Hauptpole des tschechischen parteipolitischen Systems darstellen. Auch das bekräftigt indirekt die Tatsache, dass die Position in der Mitte des politischen Spektrums heutzutage keine taktische Angelegenheit der Führung der Volkspartei mehr ist, sondern dass sie anscheinend den Vorstellungen ihrer Wähler- und Mitgliederbasis entspricht.

Angesichts dieser Tatsachen muss man zugeben, dass die KDU/ČSL nicht mehr als ein natürlicher, obwohl ab und zu unzuverlässiger Teil der tschechischen Rechten zu verstehen ist, wie manche Betrachter noch nach den Wahlen von 1998 dachten. Die KDU/ČSL hat sich aus verschiedenen Gründen verändert oder sie hat eher ihre Position im Rahmen des tschechischen parteipolitischen Spektrums modifiziert und stellt heute dessen Mitte dar. Gleichzeitig hat sich im Verlauf der 1990er Jahre bestätigt, dass die obere Grenze von Wahlgewinnen, die eine christliche Partei im tschechischen Milieu erwerben kann, unterhalb der Grenze von 10 % liegt. Diese Faktoren bestimmen und limitieren die reale wie auch die potentielle Bedeutung der christlich-demokratischen Politik in der Tschechischen Republik. Nur bei deren Berücksichtigung ist es möglich, die politischen Schritte der Volkspartei und ihre innere Entwicklung richtig zu interpretieren und ihren weiteren politischen Weg genauer vorherzusagen.

Anmerkungen

[1] J. Spousta, Česká církev očima sociologických výzkumù, in: J. Hanuš (Hg.), Náboženství v době společenských změn, Brünn 1999; S. 77; M. Tomka/P. M. Zulehner (Hg.), Religion in den Reformländern Ost(Mittel)Europas, Ostfildern 1999.

[2] Vgl. P. Fiala, Die katholische Kirche und die tschechische Gesellschaft im postkommunistischen Transformationsprozess, in: K. Kowalczyk/K. Kubaj/R. Wróblewski (Hg.), Miedzy komunizmem a integracja. Spoleczenstwa i Kościoly Europy Środkowej, Tuchow 2001, S. 119–132; Ders., Die katholische Kirche im postkommunistischen Transformationsprozess der Tschechischen Republik, in: Ost-Dokumentation. Bildungs-, Wissenschafts- und Kulturpolitik in Mittel- und Osteuropa 13 (1999), S. 9–20; Ders./J. Hanuš, A special case of secularisation, in: The Month: A Review of Christian Thought and World Affairs, 34 (2001), S. 95–102.

[3] P. Fiala, Katolicismus a politika, Brünn 1995, S. 171–185.

[4] J. P. Kruijt, Verzuiling, Zaandijk 1959.

[5] G. Lembruch, Konkordanzdemokratie. in: D. Nohlen (Hg.), Pipers Wörterbuch zur Politik. Bd. 2: Westliche Industriegesellschaften, hg. von M.G. Schmidt, München 1983, S. 200ff.

[6] Vgl. S. M. Lipset/S. Rokkan (Hg.), Party Systems and Voter Alignments, New York 1967.

[7] M. R. Lepsius, 1966, Parteiensystem und Sozialstruktur. Zum Problem der Demokratisierung der deutschen Gesellschaft, in: W. Abel (Hg.), Wirtschaft, Geschichte und Wirtschaftsgeschichte, Stuttgart 1966, S. 371–393.

[8] Vgl. A. Wandruzska, Österreichs politische Struktur. Die Entwicklung der Parteien und politischen Bewegungen. in: H. Benedikt (Hg.), Geschichte der Republik Österreich, München 1954, S. 285–295.

[9] Vgl. H. Righart, Das Entstehen der katholischen Versäulung in Österreich 1887–1907, in: Zeitgeschichte 11 (1983/84), S. 69–82.

[10] Vgl. R. Steininger, Polarisierung und Integration. Eine vergleichende Untersuchung der strukturellen Versäulung der Gesellschaft in den Niederlanden und in Österreich, Meisenheim 1975.

[11] Vgl. H. Righart (wie Anm. 9), S. 69.

[12] Vgl. Ebd., S. 71.

[13] Vgl. Ebd., S. 72.

[14] Vgl. H.-U. Wehler, Modernisierungstheorie und Geschichte, Göttingen 1975.

[15] E. Hanisch, Ambivalenzen der Modernisierung. Die Formierung der politischen Lager in den „Alpenländern", in: H. Rumpler (Hg.), Innere Staatsbildung und gesellschaftliche Modernisierung in Österreich und Deutschland 1876/71–1914, Wien 1991, S. 177f.

[16] Vgl. H. Righart (wie Anm. 9), S. 84.

[17] J. Malíř, Politické strany na Moravě v období habsburské monarchie (Pokus o srovnání systému českých a německých stran na Moravě), in: Politické strany a spolky na jižní Moravě, XXII. Mikulovské sympozium 1992, Brünn 1993, S. 11–34.

[18] Ebd., S. 11f.

[19] Vgl. K. Rohe, Wahlen und Wählertraditionen in Deutschland, Frankfurt am Main 1992, S. 19.

[20] J. Malíř (wie Anm. 17), S. 13.

[21] Vgl. K. A. Huber, Die Enzyklika „Rerum novarum" und die Genesis der christlichsozialen Volkspartein in der Tschechoslowakei, in: K. Bosl (Hg.), Die Erste Tschechoslowakische Republik als multinationaler Parteienstaat, München 1979, S. 241–257.

[22] Vgl. O. Urban, Česká společnost 1848–1918, Prag 1982.

[23] Von diesen war die Tschechische Christlich-Soziale Partei die stärkste, ihr folgten an Einfluss die bald aufgelöste Konservative Volkspartei und die katholische nationale Partei, deren Überreste bis zum Jahre 1918 Bestand hatten.

[24] Das einzige Mandat im Reichsrat gewann sie 1911.

[25] J. Pecháček, Die Rolle des politischen Katholizismus in der ČSR, in: K. Bosl (wie Anm. 21), S. 261.

[26] Vgl. P. Fiala, Zastoupení českých politických stran na moravském zemském sněmu na konci 19. Století, in: Časopis Matice moravské 107 (1988), S. 61–83.

[27] F. Kraváček, Ke vzniku křesťanskosociální strany na Moravě. in: Příspěvky k dějinám dělnického hnutí na Moravě, Prag 1960, S. 7–27, hier S. 7.

[28] Vgl. P. Fiala, Sociální skladba české politické reprazentace na Moravě na počátku 20. Století, in: Časopis Matice moravské 106 (1987), S. 52–72.

[29] J. Malíř, Od spolkul° k moderním politickým stranám, Brünn 1996, S. 276.

[30] H. Schütz, Die Deutsche christlichsoziale Volkspartei in der Ersten Tschechoslowakischen Republik, in: K. Bosl (wie Anm. 21), S. 271–290.

[31] Formal haben sich zwar mehr als 80 % der Bevölkerung zum Katholizismus gemeldet, aber die Massenaustritte aus der katholischen Kirche, die Gründung der Tschechoslowakischen Hussitischen Kirche im Januar 1920 und vor allem die gesamte Stimmung, die zutreffend mit der Losung „weg von Rom" ausgedrückt wurde, schufen kein günstiges Milieu für die Katholiken. Auch die Beziehung der Kirche zum Staat hat sich nicht gut entwickelt; nach der Abschaffung einiger kirchlicher Feiertage und nach den offiziellen staatlichen Gedenkfeiern aus Anlass des Todestages von Johannes Hus wurde 1925 der päpstliche Nuntius aus Prag abberufen und erst 1927–1928 die diplomatischen Beziehungen zum Päpstlichen Stuhl wieder geordnet. Der Modus vivendi aus dem Jahre 1928 regelte dann die Bedingungen der Ernennung von Bischöfen und der Bestimmung von Diözesangrenzen, die den neuen politischen Verhältnissen entsprachen. Eine wirkliche Verbesserung der Beziehungen zwischen dem Staat und der Kirche zeigte sich erst bei den Feierlichkeiten aus Anlass des Millenniums des Heiligen Wenzeslaus 1929 und bei der gesamtstaatlichen Tagung der Katholiken 1935. Ein Ausdruck der Beziehung der Katholiken zum tschechoslowakischen Staat war dann die Unterstützung der katholischen Parteien bei der Wahl von Edvard Beneš zum Präsidenten der Tschechoslowakei im Dezember 1935 (vgl. J. Kadlec, Přehled českých církevních dějin, Teil 2, Prag 1991).

[32] F. G. Camphell, Die Tschechische Volkspartei und die deutschen Christlichsozialen, in: K. Bosl (wie Anm. 21), S. 303.

[33] Die bis heute übliche Bezeichnung „tschechoslowakisch" signalisiert nicht nur die keineswegs selbstverständliche Identifizierung der Katholiken mit der Tschechoslowakischen Republik, sondern sie läßt auch die Interpretation zu, dass hier auch die Idee des Tschechoslowakismus akzeptiert wird.

[34] Vgl. den Beitrag von Imrich Sklenka in diesem Band.

[35] M. Trapl, Politické strany v Československu v letech 1918–1938, in: Politické strany a spolky na jižní Moravě. XXII. Mikulovské sympozium 1992, Brünn 1993, S. 35–56, hier S. 47.

[36] A. Klimek, Boj o Hrad, Bd. 2: Kdo po Masarykovi? Prag 1998, S. 526. Die Aufzählung endet jedoch bei weitem nicht mit den selb-

ständigen tschechischen, slowakischen und deutschen christlichen Parteien, die zwar manchmal zusammengearbeitet hatten, oft aber den anders orientierten Parteien mit ihrer nationalen Gemeinschaftsidee näher standen. Weiter gab es hier die Ungarisch-deutsche christlich-soziale Partei, die später als Ungarische christlich-soziale Partei tätig war. Auf dem Gebiet der Tschechoslowakei wirkten auch eine christliche Partei der polnischen Minderheit, die *Verband der schlesischen Katholiken* hieß, und die agrarisch orientierte griechisch-katholische Partei der Karpatenukrainer (ihre Zeitschrift hieß *Chliborob*, Der Landwirt); es würden sich sicher noch weitere kleinere christliche Parteiformationen finden lassen.

[37] Dies war eine völlig neue Situation, weil es zur Vertreibung der deutschen und teilweise auch ungarischen Bevölkerung kam, und die Zahl der Parteien mit Gewalt reduziert wurde.

[38] Neben der Tschechoslowakischen Volkspartei waren dies die Kommunistische Partei der Tschechoslowakei, die Tschechoslowakische soziale Demokratie und die Tschechoslowakische national-sozialistische Partei. Die Agrarier, die bedeutendste Partei der Rechten (die stärkste Partei in der Ersten Republik), wurde aufgelöst. In der Slowakei wurden neben der Kommunistischen Partei nur noch die Demokratische Partei (die später liquidiert wurde) und zwei kleinere Parteien zugelassen (die Partei der Freiheit, Strana slobody, und die Partei der Arbeit, Strana práce). In dieser Situation stellte die Tschechoslowakische Volkspartei nicht nur die einzige christliche Partei, sondern auch die einzige Variante der sozialistischen und kommunistischen Parteien dar; allerdings war sie in dieser Situation nicht die entscheidende oppositionelle Kraft gegen die Expansion der Kommunisten: diese Rolle überließ sie der Tschechoslowakischen national-sozialistischen Partei.

[39] Vgl. Christiane BRENNER, Der verpasste Weg in die Opposition? Die Tschechoslowakische Volkspartei nach 1945, in: M. Gehler/W. Kaiser/H. Wohnout, Christdemokratie in Europa im 20. Jahrhundert, Wien 2001, S. 509–536.

[40] Vgl. P. FIALA/M. MAREŠ/P. PŠEJA, Formation of the System of Political Parties in the Czech Republic 1989–1992, Warschau 2001, S. 145–162.

[41] P. FIALA, Christian Politics in the Czech Lands: The Past, the Present, and the Parties (Politologické studie, SPFFBU T 1, 1997),

Brünn 1997, S. 7–28, hier S. 20ff.; DERS., Katolicismus a politika, Brünn 1995, S. 236.

[42] Der Differenzierungsprozess der christlichen Kräfte in der tschechischen Politik setzte sich dann mit der Abspaltung der Gruppe um den ehemaligen Vorsitzenden der ČSL, Josef Bartončík, fort, die Mitte 1992 ihre eigene Partei unter dem Namen Křesťansko-sociální unie (KSU) gebildet hatte. Diese hat jedoch nicht einmal regionalen Einfluss gewinnen können und war völlig bedeutungslos; Ende 1995 schloss sie sich der Tschechisch-Mährischen Union der Mitte (ČMUS) an.

[43] Vgl. P. FIALA/M. MAREŠ/P. PŠEJA (wie Anm. 40). Die christlichen Demokraten hatten zwar hinsichtlich der Bedeutung der Partei, der taktischen Fähigkeiten von Václav Benda und der Wahlkoalition mit der ODS eine bedeutende Vertretung in der Regierung und im Parlament inne, aber ihre Wählerunterstützung betrug nur 0,5–1 %. Im Dezember 1993 wurde V. Benda, der es nicht vermochte, die Partei ausreichend in den Massenmedien zu präsentieren und ihr dadurch die Wählergunst zu sichern, durch Ivan Pilip als Parteivorsitzender der KDS abgelöst, der damals Stellvertreter des Ministers für Unterricht und Bildung war. Doch auch er konnte die Zahl der Parteimitglieder und -anhänger nicht vermehren und die Chancen der KDS bei den folgenden Parlamentswahlen verbessern. Diese Tatsache führte stufenweise zu Erwägungen, dass die selbständige Existenz der KDS rechtzeitig zu beenden und in einer ausreichenden Zeitvoreilung noch vor den Wahlen eine andere Lösung zu finden ist. Im Laufe des Jahres 1995 hat Ivan Pilip mit Václav Klaus einen Integrationsvertrag unterschrieben, der nach dramatischen Verhandlungen auch vom Kongress der KDS am 18.11.1995 bestätigt wurde. In diesem Vertrag wurde unter anderem auch vereinbart, dass schon der Wahlkampf für die Parlamentswahlen 1996 gemeinsam unter dem Namen ODS geführt werden soll; zugleich wurden auch die Bedingungen für die Vertretung der KDS-Mitglieder auf den Kandidatenlisten festgelegt. Die Tätigkeit der KDS wurde am 31.3.1996 bei der Wahlkonferenz der ODS eingestellt. Ein vom Vizevorsitzenden des Abgeordnetenhauses PČR, Pavel Tollner, geführter Teil der Partei, der mit der Integration in die ODS nicht einverstanden war, wechselte zur KDU/ČSL über, nachdem sich zuvor schon der Abgeordnetenklub der KDS abgespalten hatte.

[44] Vgl. P. FIALA, Politické strany a stranicko-politické systémy v Československu. K otázce kontinuity a diskontinuity v kon-

textu „tranzitologického" výzkumu, in: Politologický časopis 1 (2001), S. 30–39.

[45] Vgl. P. Fiala, KDU/ČSL: hledání v období změn, in: Proglas 5–6 (2001), S. 10–14.

[46] Vgl. P. Fiala/M. Strmiska, Spřízněny volbou? Křesťansko-demokratické a křesťansko-nacionální strany v postkomunistických pluralismech, in: Politologický časopis 3 (2001), S. 279–286.

[47] Vgl. P. Fiala (wie Anm. 45). – Weitere Literatur zum Thema: P. Fiala/J. Hanuš, The Czech Catholic Church in a democratic society (1989–1999), in: The Month: A Review of Christian Thought and World Affairs, 31 (1999), S. 282–288; P. Fiala /M. Mareš/P. Pšeja, Development of Political Parties and the Party System, in: J. Večerník/P. Matějů (Hg.), Ten Years of Rebuilding Capitalism: Czech Society after 1989, Prag 1999, S. 273–294; F. J. Hajek, Catholics and Politics in Czechoslovakia, 1918–1929: Jan Šrámek and the Peoples Party, Ann Arbor (Michigan) 1975; M. Trapl, Politika českého katolicismu na Moravě 1918–38, Prag 1968; Ders., Politický katolicismus a Čs. strana lidová, Prag 1990.

Christliche Demokratie in der Slowakei

Imrich Sklenka

Die Phase nach Rerum novarum

Die slowakische Nation befand sich bis 1918 auf dem Gebiet des Königreichs Ungarn. Im Jahre 1895 hat Ferdinand (Nándor) Graf Zichy auf einer Versammlung der ungarischen Katholiken in Belgrad (Beograd) die *Katholische Volkspartei* gegründet; die Gründung war die Reaktion auf die antikirchliche Haltung des damaligen Hofs. Dieser wollte eine scharfe Trennung von Kirche und Staat, wodurch der Einfluss der Kirche und des Christentums zurückgedrängt werden sollte. Die Katholische Volkspartei setzte sich u. a. ein für soziale Reformen und die Wirksamkeit christlich-moralischer Prinzipien im öffentlichen Leben. Die Katholische Volkspartei wurde in ihren Zielen von der *Slowakischen Nationalen Partei* und ihrem Führer, Graf Zichy, unterstützt. Durch diese Parteienverbindung konnte der politische Katholizismus vier Abgeordnete ins Parlament entsenden, was einem Viertel der Sitze der Slowakischen Nationalen Partei entsprach. Diese Abordnung der Katholiken und die Repräsentation von Mitgliedern der Katholischen Volkspartei war sehr wichtig in einem Land, in dem ca. drei Viertel der Bevölkerung katholisch, der Rest protestantisch war.

Das Programm der Katholischen Volkspartei war in hohem Maße durch die Sozialenzyklika *Rerum novarum* Leos XIII. (1891) beeinflusst. Die programmatischen Schwerpunkte der Partei betrafen weniger die Fragen der ungarischen Nation und innenpolitische Fragen des Habsburger Reiches, als vielmehr die sozialen Probleme und Ungleichgewichte infolge der wirtschaftlichen Entwicklungen in Handel, Handwerk und in den Unternehmen. So forderte man die bessere Berücksichtigung der sozialen Interessen der Arbeiter, den Schutz der Handwerksbetriebe sowie der kleinen und mittleren Unternehmen. Man wollte die Sicherung eines Existenzminimums für die Arbeiter und ihre Familie. Zugleich legte man Wert auf gute Beziehungen zwischen den Angehörigen der verschiedenen Nationalitäten und unterstützte das Einvernehmen zwischen den verschieden gesellschaftlichen Gruppen und Ständen. Ein weiteres Anliegen der Katholischen Volkspartei waren der Erhalt des christlichen Charakters der Gesellschaft und die Pflege religiösen Brauchtums.

Die Sozialenzyklika war vor allem eine Reaktion der Kirche auf die Doktrin des Sozialismus und dessen Versuch, die soziale Frage durch radikale gesellschaftlich-politische Eingriffe in die Eigentumsverteilung und die Produktionsbedingungen zu lösen. *Rerum novarum* bevorzugte einen anderen Weg; das Dokument kritisierte neben der sozialen Ungerechtigkeit der sozialistischen Agitation und Bewegung auch deren atheistische, materialistische und antikirchliche Haltung. Den Hintergrund der Enzyklika bildeten die christlichen Sozialideen, die ihren Ursprung im mittelalterlichen organisch-ständischen Prinzip hatten.[1] Zugleich aber verband das Rundschreiben die herkömmlichen Gerechtigkeitsforderungen des Christentums mit sozialen und arbeitspolitischen Reformideen.

Die slowakische Minderheit fühlte sich von der nationalen und innenpolitischen Programmatik der Katholischen Volkspartei nicht angesprochen; die diesbezüglichen Forderungen der Partei schienen die Lebenswirklichkeit eines Großteils der Bevölkerung zu ignorieren. Nach der Ausrufung der Tschechoslowakischen Republik im November/Dezember 1918 kam es daher zur Gründung der *Christli-*

chen Slowakischen Volkspartei (Krest'anská slovenská l'udová strana), die sich besonders den nationalen Interessen der Bevölkerung verschrieben hat.

Zum ihrem ersten Vorsitzenden wurde Andrej Hlinka (1864–1938) bestimmt, der fast für ein halbes Jahrhundert als Politiker und Staatsmann der wichtigste Vertreter der slowakischen katholischen Interessen in der slowakischen Politik war. Er war die treibende Kraft der Partei. Der 1864 als Sohn eines Kleinbauern geborene Hlinka wurde 1889 zum Priester geweiht. Schon als junger Mann widmete er sich den Interessen und Geschicken der katholischen Bevölkerung und der nationalen Bewegung. 1897 hat er die Volkszeitung „L'udove Noviny" gegründet. 1901 schloss er sich vorübergehend der unbedeutenden, aber traditionsreichen, vor allem von protestantischen Honoratioren und Intellektuellen beherrschten *Slowakischen Nationalpartei* an. 1905 gab er den Anstoß zur Gründung einer katholisch-konservativen Partei, der *Slowakischen Volkspartei* (L'udová strana). Aufgrund seiner politischen Tätigkeit und seinem Übereifer wurde er zeitweilig von seinem Bischof suspendiert und von den staatlichen Behörden wegen angeblicher „regierungsfeindlicher Tätigkeit" zu zwei Jahren Gefängnis verurteilt.[2]

In der Slowakei entwickelte sich die katholische Geistlichkeit zum einem wichtigen Träger des Nationalbewusstseins. Andrej Hlinka hat so sein Leben dem slowakischen Katholizismus und – was damals ein und dasselbe war – dem katholischen Slowakentum gewidmet. Für die katholischen Slowaken war Hlinka bereit, mit der ungarischen, später auch mit der tschechischen beziehungsweise der tschechoslowakischen Führungsspitze hart zu ringen. Im ungarischen Kontext waren es die slowakischen Interessen, im tschechoslowakischen Kontext die katholischen Interessen, die es zu verteidigen galt.

Im Prager Lebensstil sah der Geistliche vor allem die

Gefahr der modernen Liberalität und des modernen Atheismus. Hlinka warnte daher die jungen Leute vor dem Studium in Prag, weil er fürchtete, dass sie dort ihre Seele verlieren könnten. Das katholische Budapest stand ihm in dieser Hinsicht sehr viel näher. So war er z. B. auch sehr reserviert gegenüber den gebildeten Slowaken, die sich um die Zeitschrift *Hlas,* zu der auch der erste tschechoslowakische Präsident Tomáš Garrigue Masaryk gehörte, gruppierten. Diese Zeitschrift verteidigte die Idee der einheitlichen tschechoslowakischen Nation, zu der sich auch viele bedeutende Slowaken geäußert haben, u. a. Vavro Srobar, Pavol Blaho, Milan Hodza, Bohdan Pavlu, Milan Rastislav Stefanik, Igor Hrusovsky.

Dennoch hat sich Hlinka im Jahre 1918 für die Gründung des tschechoslowakischen Staates eingesetzt. Seine Motive hierfür sind jedoch nicht umfassend geklärt. Vielleicht hoffte er, dass er mit der Unterstützung der Tschechen zum Bischof ernannt werde und dadurch auch seinen politischen Einfluss verstärken könne; doch erreichte er dieses Ziel nicht. Schließlich wurde die Slowakische Nationalversammlung im Jahre 1918 aufgelöst, die kirchlichen Schulen wurden verstaatlicht und das Gefühl, dass die Slowaken wieder zu kurz gekommen sind, hat sich in der Bevölkerung noch vertieft. Hlinka wollte seine Entscheidung korrigieren. Im Jahre 1919 beabsichtigte er, an der Pariser Friedenskonferenz teilnehmen; er sollte illegal durch Polen fahren und auf der Konferenz das Recht der Slowaken auf Selbstbestimmung und Autonomie fordern.[3] Durch Dr. Edvard Beneš (1884–1948) wurde seine Teilnahme an der Konferenz verhindert; bei seiner Rückkehr in die Slowakei wurde Hlinka sogar verhaftet. Von der Absitzung einer Haftstrafe war er nur durch die Wahl zum Parlamentsabgeordneten suspendiert. Das hat ihn tief getroffen.

Die aus dem Priesterrat katholischer Geistlicher 1918 hervorgegangene Christliche Slowakische Volkspartei nahm nach 1925 den Namen ihres Gründers an und firmierte unter dem Namen *Hlinkas Slowakische Volkspartei* (Hlinkova slovenská l'udová strana, abgekürzt slowakisch: HSL'S). „Die Volkspartei, die zwanzig Jahre lang das politische Leben der Ersten Republik entscheidend beeinflusste und zwischen 1939 und 1944 der allein ausschlaggebende innenpolitische Faktor im ‚Schutzstaat Slowakei' war, begann also auf Initiative des niederen Klerus als Interessenvertretung des slowakischen Katholizismus. Der bis kurz vor seinem Tode am 16. August 1938 mit unbestrittener Autorität agierende, ehrgeizige und selbstbewusste Hlinka wurde der Exponent einer Richtung, die mit der Forderung nach Anerkennung der Slowaken als einer eigenständigen, von den Tschechen ethnisch, sprachlich und kulturell deutlich abgehobenen Nation das Programm einer Autonomie-Gewährung für das ‚Land Slowakei', einer stärkeren Berücksichtigung der slowakischen Interessen in der Tschechoslowakischen Innenpolitik und einer größeren Rücksichtnahme auf kirchliche Belange verband."[4]

Slowakische und christlich-kirchliche Interessen waren in Hlinkas Denken eng verbunden. So kamen z. B. in die weniger entwickelte, noch nicht so sehr säkularisierte Slowakei viele Lehrer aus der Tschechei; Hlinka hatte Angst, dass diese Lehrer die slowakische Jugend durch ihren Atheismus und Individualismus negativ beeinflussen. Diese Verbindung von christlich-konservativen und nationalen Gedanken wiederum hat die Slowakische Volkspartei traumatisiert und ihre innere demokratische Entwicklung sehr gebremst.

Die Phase nach Quadragesimo anno

Vor allem die junge Generation suchte in der *Volkspartei* Halt und Orientierung. Man suchte Schutz vor äußeren Bedrohungen, zugleich aber hoffte man auf eine innere Neugestaltung des Gemeinwesens angesichts zunehmender innerer Spannungen. Eine wichtige Orientierung bot dabei die Enzyklika *Quadragesimo anno (Über die gesellschaftliche Ordnung)* Papst Pius XI. (1931). Ein zentrales Anliegen des päpstlichen Rundschreibens war die Neuregelung des Verhältnisses zwischen Arbeitgebern und Arbeitnehmern. Aber die Enzyklika blieb nicht dabei stehen; vielmehr suchte sie eine umfängliche Neuordnung der Gesellschaft herbeizuführen. Wohl hat die Enzyklika das Subsidiaritätsprinzip ins Zentrum gerückt; zugleich aber fordert das Dokument – gewissermaßen als Anwendung des Subsidiaritätsprinzips – die Errichtung einer berufsständischen Ordnung. Nicht in allen katholischen Kreisen ist die zentrale Forderung von *Quadragesimo anno*, die berufsständisch-korporative Ordnung im Sinne der Ständestaatsidee verstanden worden.[5] In beträchtlichem Maße hängt die Interpretation wohl von den jeweiligen wirtschaftlich-technischen und soziologisch-kulturellen Bedingungen, wie z. B. dem Stand der Industrialisierung ab. In etlichen Teilen Europas, insbesondere in den südlichen Ländern, jedoch auch in Mittelosteuropa wurden die Ordnungsideen der Enzyklika im Sinne einer ständestaatlichen Ordnung verstanden, die mit demokratischen und damit auch christlich-demokratischen Vorstellungen unvereinbar ist.

Diese Zielsetzung einer umfassenden Neuordnung nach ständestaatlichem Vorbild, wobei die Stände nicht als autonome wirtschaftlich-soziale Einrichtungen verstanden wurden, sondern der Lenkung eines autoritären Staates unterstanden, ist im Kontext der komplizierten gesamteuropäischen politischen Entwicklung jener Jahre zu sehen. In der Slowakei jedenfalls haben sich alle politischen Parteien zusammengeschlossen und unter die Führung der Hlinka-Partei begeben. Im Jahre 1938 erfolgte dann in der Slowakischen Republik die Überführung des Gemeinwesens in einen Ständestaat.[6] Ob dabei von der Führungsspitze wie auch seitens der Bevölkerung – gewissermaßen als ein Fernziel – an eine spätere Demokratisierung der politischen und gesellschaftlichen Willensbildung gedacht war, bleibt eine offene Frage. Jedenfalls sahen sich die verantwortlichen Vertreter der katholischen Hlinka-Partei bei der Errichtung des Ständestaates durch die Enzyklika *Quadragesimo anno* voll bestärkt. Erst in der jüngeren kirchlichen Soziallehre, d. h. seit der Enzyklika *Mater et magistra (Über die gesellschaftlichen Entwicklungen)* Johannes' XXIII. (1961), wird die Idee der berufsständischen Ordnung als Element der katholischen Soziallehre fallengelassen.[7]

Der slowakische nationale Sozialismus

Worauf beruhte die Ideologie des ersten slowakischen Staates?[8] Štefan Polakovič (1912–1999), einer der Ideologen der HSĽ'S,[9] kommt in seinem Buch *Der slowakische nationale Sozialismus*[10] nur am Rande auf die päpstlichen Enzykliken zu sprechen, obwohl er Priester war und die Problematik genau kannte. Die Ständeidee im Kontext der Enzyklika wird von ihm gar nicht erwähnt. Offenbar sieht Polakovič keine direkten Verbindungen zwischen den berufsständischen Forderungen der Enzyklika und der tatsächlichen Errichtung des slowakischen Ständestaats. Demnach beruht dieser für ihn mehr auf inneren Entwicklungen und Zwangslagen. Die Änderung der Verfassung, die Auflösung des Parlament und dessen Ersetzung durch die höchste Kammer der Interessenverbände, die in der neuen Ordnung zu einer Ständeversammlung geworden war und ohne demokratische Legitimation fungierte, sollte nach dieser Ideologie als sog. *dritter Weg* zwischen den beiden Polen extremer Kapitalismus und Kommunismus einen Ausweg aus sozialer und politischer Krise bieten.

Hlinka verstand es, der Volkspartei seinen persönlichen Stempel aufzudrücken. So formte er in kurzer Zeit aus einer katholischen Honoratiorenvereinigung eine echte Volkspartei (1920: 11.930; 1935: 36.501 Mitglieder). Zwischen 1920 und 1935 konnte diese ihren Stimmenanteil verdoppeln, erreichte aber nie mehr als 32 % der in der Slowakei abgegebenen Wählerstimmen.[11] Doch war er überwiegend Parteipraktiker und -taktiker und überließ die theoretische Arbeit seinen Vertrauten. So formulierte – neben Vojtech Tuka[12] – vor allem Jozef Tiso (1887–1947), seit 1919 in der Slowakischen Volkspartei tätig und wie Hlinka Priester, die Ideologie und Programmatik der HSL'S.[13] Nachdem Hlinka die Zügel langsam aus der Hand glitten, setze sich der separatistische Kurs vollends durch. Sein Nachfolger wurde Jozef Tiso, seit 1930 Stellvertretender Vorsitzender der Partei.[14] Nach dem Münchener Abkommen wird er erster Ministerpräsident der autonomen Slowakei, die unter der Vorherrschaft des nationalsozialistischen Deutschlands zum „Schutzstaat" wird. Tiso wird ab 1939 erster Präsident des neuen Staates, der nach der Besetzung durch die deutsche Wehrmacht in die völlige Abhängigkeit geriet.[15]

Nach dem Krieg

Nach dem Krieg wurden das Christentum und die Kirche durch die neuen kommunistischen Machthaber behindert und bedroht. Die Katholiken waren durch die Anlehnung an Nazideutschland, und auch durch die enge Verbindung von Katholizismus und Hlinka-Partei diskreditiert. Die Kommunistische Partei konnte sich dagegen durch die massive Unterstützung seitens der Sowjetunion an die Macht bringen. Dass sich die neuen Machthaber keineswegs auf die breite Bevölkerung stützen konnten, zeigen die noch freien Wahlen in der Slowakei im Jahre 1946. Bei ihnen siegte nämlich der unter der Führung der evangelischen *Demokratischen Partei* zustande gekommene Zusammenschluss der christlichen Kräfte in der Slowakei, die über 60 % der Stimmen auf sich vereinen konnten. In Tschechien errangen dagegen die Kommunisten die Mehrheit und übernahmen schließlich in der gesamten Tschechoslowakei die Macht. Es kam zu den bekannten religiösen Verfolgungen; die Kirchen wurden massiv unterdrückt, das Christentum aus der Öffentlichkeit verbannt. Nach dem Ende des Kommunismus 1989/90 und der Um- und Neuorientierung in Politik, Gesellschaft und Kirche stand die Christliche Demokratie vor einem Neuanfang.

Christliche Demokratie als Herausforderung

Es ist nicht einfach, diese neue Phase der Christlichen Demokratie genauer zu charakterisieren. Ich möchte daher zunächst am Beispiel eigener Erfahrungen die neuen Entwicklungen schildern. Unmittelbar nach der Wende war ich für eine kurze Zeit der „Chefideologe" – einen passenderen Ausdruck für diese Funktion haben wir noch nicht gefunden – der Christlich-Demokratischen Bewegung in der Slowakei. Ich war dadurch auch für die Erarbeitung des ersten Grundsatzprogramms dieser neuen, christlich orientierten politischen Gruppierung verantwortlich. Fast instinktiv haben wir uns damals dafür entschieden, dieser Bewegung eine festere, eindeutigere, parteipolitische Struktur nicht zu geben. Auf besondere Schwierigkeiten sind wir dann bei der Formulierung des Grundsatzprogramms gestoßen. Wir wollten eine klare Sprache sprechen – entweder ‚ja', oder ‚nein' – und uns dabei eines tieferen, fast möchte ich sagen göttlichen Grundes für unsere Entscheidungen vergewissern. Wie aber kann man zu einer solchen Klarheit, zu einer solchen Gewissheit in politischen Angelegenheiten kommen? Aus dieser Verlegenheit suchten die einen den Ausweg durch festere Bindungen an die Kirche. Andere Parteimitglieder gingen einen entgegengesetzten Weg: Sie wollten aus ihrer fachwissenschaftlichen Ausbildung schöpfen und schlugen einen pragmatischeren Weg vor. Manchmal kam es auch dazu, dass ein und derselbe Mensch in dem einem Bereich zum Pragmatiker, in dem anderen Bereich zum Verteidiger ethischer Prinzipien und der Kirche geworden war. Ermutigt durch die Kontakte zur Politischen Akademie der Österreichischen Volkspartei wollten wir auch in der Slowakei eine ähnliche Institution gründen. Wir wollten uns mit den grundsätzlichen Fragen von Politik und Gesellschaft tiefer auseinandersetzen, doch fehlten uns leider hierzu die finanziellen Mittel, vielfach aber auch der echte Wille. Nach einigen Monaten wurde dann auch der Posten des „Chefideologen" abgeschafft, und die christlich-demokratischen Politiker sind seither in programmatischen Fragen ganz auf sich gestellt.

Damals, am Anfang, habe ich das Grundsatzprogramm der deutschen CDU ins Slowakische übersetzt und gleich zu Beginn in der Präambel dieses Programms die Formulierung gefunden: „Aus christlichen Glauben lässt sich kein bestimmtes politisches Programm ableiten. Aber er gibt uns mit seinem Verständnis vom Menschen eine ethische Grundlage für verantwortliche Politik. Auf dieser Grundlage ist gemeinsames Handeln von Christen und Nichtchristen möglich."[16] Das leuchtete mir ein.

Im Jahre 1990 kam es in die Slowakei zum ersten offiziellen Besuch des deutschen Bundespräsidenten, Richard von Weizsäcker. Außerhalb des offiziellen Programms wünschte der Bundespräsident noch ein Gespräch mit einer kleinen Gruppe von Intellektuellen, die sich zwar für die Politik interessieren, die aber nicht Politik als Beruf betreiben. Das klang zunächst wie ein Rätsel. Was sollte das Thema dieses Gesprächs sein?

Ich habe schon unter kommunistischer Herrschaft einige Bücher seines älteren Bruders, Carl Friedrich von Weizsäcker, gelesen und später dessen Gedanken in der Slowakei einigermaßen bekannt gemacht. Deshalb wurde ich zu diesem Gespräch mit Richard von Weizsäcker eingeladen und konnte so die uns brennend interessierende Frage nach dem Verhältnis von christlichem Glauben und Politik stellen. Der Bundespräsident war durch dieses Thema so angeregt, dass er sein Gespräch mit uns auf eigenen Wunsch um fast eine Stunde verlängerte. Zweifellos ist es schwierig, ein solch grundsätzliches Thema im Grenzbereich theologisch-ethischer und politisch-philosophischer Fragen in politisches Handeln umzusetzen, doch hat uns dieses Gespräch tief beeindruckt und uns für die Programmatik christlich-demokratischer Politik wichtige Perspektiven gezeigt.[17]

Ich habe mich allerdings von der Politik an die Universität zurückgezogen, auf den Lehrstuhl für Humanistik, in der Hoffnung, dass dort eine Art platonische Akademie entstehen könnte – die platonische Akademie mit ihren besonderen Freiheiten und ihrem ständigen kritischen Bezug zur Gesellschaft und Politik. Der Lehrstuhl wurde aber nach drei Jahren von unserer Universität aufgelöst; jetzt bin ich dort für diese Fragen ganz allein geblieben. Die Universität erfüllt diese wichtige gesellschaftskritische Funktion nur in bescheidenem Ausmaß oder überhaupt nicht. Die Universalität ist vorläufig kein Thema für unsere universitäre Lehre und Forschung. Wir haben jetzt andere Fragestellungen. Sorglosigkeit, Muße und den Luxus, das Universale zu denken, können wir uns nicht erlauben.

Vielleicht wird das Christentum, die Kirche, diese tiefere Erkenntnis, die Frage nach dem Sinn unserer Existenz und den ethischen Grundlagen von Gesellschaft und Staat, wach halten und helfen können, wieder verstärkt Orientierung und sittliche Fundamente zu vermitteln. Die Slowakei ist ein christliches Land, das Christentum hat die sozialistische Verfolgung überlebt. Jetzt sieht es sich aber durch die moderne Liberalität herausgefordert und vielfach gar bedroht. Viele Christen fühlen sich angesichts der neuen Freiheit überfordert. Zu lange waren christliche und philosophische Werte in Schulen, Hochschulen und Öffentlichkeit unterdrückt worden, humanistische Bildung war unmöglich. Zudem sehen wir uns jetzt auch noch mit der Krise des westlichen Christentums konfrontiert. In der kirchlichen Hierarchie ist schon eine Abwehrreaktion gegenüber den westlichen Leitbildern und Wertvorstellungen erkennbar – eine Reaktion, wie sie schon vor der Trennung der Slowakei von Tschechien zu beobachten war. Moderne Liberalität erleben wir vorläufig noch wie eine Flut; sie steigt nur langsam von Innen her, wo sie sich als Wunsch nach individueller und gesellschaftlicher Freiheit manifestiert.

Die Freiheit des Marktes haben schon viele entdeckt und manche auch unbedenklich ausgenützt. Der eigentliche Kern der Modernität liegt aber nicht nur in der Freiheit, sondern im Vertrauen auf die Vernunft. Carl Friedrich von Weizsäcker bemerkt zu dieser Frage: „Die Rechtfertigung der politischen Freiheit wurzelt in der Zusammengehörigkeit von Freiheit und Vernunft. Vernunft versteht Wahrheit. Wahrheit kann aber nur in der Freiheit gefunden werden. Wenn ich einen Menschen darüber belehren will, dass zwei mal zwei vier ist, so nützt es nichts, ihm zu befehlen, er solle den Satz aussprechen oder gar glauben. Er selbst muss die Einsicht gewinnen. Er muss den Satz aussprechen, wenn er sich selbst von seiner Wahrheit überzeugt hat. Die politische Verfassung eines Staates soll so sein, dass seine Bürger die beste Möglichkeit erhalten, die ihr Wohl betreffenden Wahrheiten selbst einzusehen."[18] Solche Einsicht zu gewinnen ist schon in der Mathematik schwierig, noch schwieriger ist sie für den gesellschaftlichen und den religiösen Bereich.

Die Demokratie schrumpft zu einer reinen Prozedur, wenn sie sich als rein formaler Weg zur Mehrheitsentscheidung erschöpft und nicht von tieferen humanen und sozialen Grundsätzen getragen wird. Das vielleicht bedeutendste Dokument des II. Vatikanischen Konzils (1962–1965) ist das Dekret über die Religionsfreiheit *Dignitatis humanae.*[19] Dieses Dokument ist oft missverstanden, als ob da nur um die gesellschaftliche Freiheit der Religion gehe. Der Kern dieser Freiheit ist jedoch die Freiheit des Menschen vor Gott. Dass die wahre Religiosität und Sittlichkeit in einer solchermaßen theologisch verstandenen Freiheit gründet, gehört zu einer der am meisten verdrängten Wahrheiten des Konzils.

In der öffentlichen Debatte wird oft der Satz von Ernst-Wolfgang Böckenförde zitiert, dass der moderne Rechts- und Verfassungsstaat von Voraussetzungen lebt, die er selbst mit den Mitteln des Rechts weder schaffen noch garantieren kann.[20] Die moderne Demokratie musste sich in Kontinentaleuropa paradoxerweise gegen die Kirche durchsetzen, obwohl jene in hohem Maße aus den christlichen Motiven schöpft. Heute verkündet zwar auch sie die Demokratie für die Welt, aber zu Hause haben wir Christen mit dieser neuen Freiheit weiterhin große Schwierigkeiten. Inzwischen ist auch das moderne Vernunftdenken ins Stocken geraten, die Aufklärung hat ihr moralisches Pathos größtenteils verloren. Das moderne Denken hat in der letzten Zeit die wertfreie Wissenschaft für sich usurpiert, die Praxis wird durch die Technologie überfahren. Nicht der Politiker, sondern der Experte, der Ökonom gewinnt immer mehr gesellschaftlichen Einfluss. Neuerlich sind wir aber auch mit der Ambivalenz dieser Entwicklung konfrontiert – nicht nur in der Theorie, sondern auch in der gesellschaftlichen Praxis. Mit dieser Entwicklung könnte die Neuentdeckung des Evangeliums im modernen Europa vielleicht einhergehen. „Bisher hat der Kern der christlichen Wahrheit keinen Sprecher gefunden, der das moderne Bewusstsein erreicht: Die Aufklärung ist das nicht, weil sie den Kern verwirft, die Kirche nicht, weil sie defensiv das Pfund vergräbt."[21]

Die Pflicht, die Tradition unversehrt zu bewahren, liegt auf uns Christen wie eine Zentnerlast; wir sind noch immer nicht zu der eigentlichen Mitte, zu der befreienden Mitte der christlichen Botschaft vorgedrungen, wir haben darum auch die eigene Mitte, die eigene Identität noch nicht gefunden. In der gesellschaftlichen Diskussion müssen wir zu viel taktieren, wir wirken nicht genug überzeugend und wahrhaftig, manchmal ist sogar unsere Aufrichtigkeit in Frage gestellt. Wir haben uns angewöhnt, immer scharf zwischen dem politischen, dem gesellschaftlichen und dem religiösen Leben, zwischen dem Beruf des Politikers und der Berufung des Priesters oder Ordensmitglieds, zwischen der religiösen und rein gesellschaftlichen Praxis zu unterscheiden; die ungeteilte Nachfolge ist offenbar schwer mit der politisch-sozialen Existenz des Christen vereinbar.

Wir sollten aber nicht nur die Trennlinien, sondern vor allem auch die tieferen Zusammenhänge von Politik und Religion wieder entdecken, wie sie etwa Johann B. Metz in seiner *Politischen Theologie* darstellt. Es geht nicht um eine vorneuzeitliche, metaphysische oder gar fundamentalistische Einheit von Religion und Politik, wohl aber um eine Einheit im Sinne einer Zusammenschau beider Gebiete. Der Fundamentalismus, übrigens ein genuin neuzeitlicher Begriff, ist auch eine Reaktion auf die Spannungen und Ungereimtheiten in der modernen westlichen Kultur, vor allem von Seiten der weniger entwickelten Nationen und gesellschaftlichen Gruppen. Die moderne westliche Kultur ist aber innerlich unversöhnt, eine Feststellung, die auch Psychologen und Psychiater wie z. B. Viktor E. Frankl treffen. Es hat dies kürzlich bei der Übernahme des Friedenspreises – fast im Sinne eines Aufrufs an die moderne westliche Gesellschaft – auch Jürgen Habermas, einer der bedeutendsten Sozialphilosophen der Gegenwart, gesagt. In seiner Rede *Glauben und Wissen* anlässlich des Friedenspreises des Deutschen Buchhandels 2001 hat er das Fehlschlagen der Säkularisierung im Kontext einer außer Kontrolle geratenen Globalisierung beklagt und dabei auf die Gefahren innerer Entfremdung wieder aufmerksam gemacht.[22]

Unter dieser Spannung und inneren Zerrissenheit leiden wir Osteuropäer, auch wir in der Slowakei, vielleicht noch mehr als sie im Westen, wo man mit diesen Problemen im übrigen schon länger umzugehen gewohnt ist. Die Aufklärung mit allen ihren Konflikten hat uns eigentlich erst heute mit voller Macht erreicht. So kann man die Behauptung wagen, dass wir Slowaken nie den Sozialismus erdacht, aber auch die Demokratie noch nicht selber entdeckt hätten. Eine bürgerliche Gesellschaft mit ihrer Interdependenz von Demokratie und Freiheit auf dem Markte wächst erst jetzt auch bei uns langsam heran. Das ist zum Beispiel in Tschechien anders.[23] Dort gab es die Elemente der bürgerlichen Gesellschaft schon vor dem Krieg. Für die Slowakei hingegen sind diese Erfahrungen weitgehend neu; Politiker und Bürger sind durch die zu bewältigenden geistig-sittlichen, politischen, sozialen, wirtschaftlichen und kulturellen Aufgaben fast überfordert.

Dennoch: eine gewisse Stabilisierung der Demokratie zeigt sich seit den letzten Wahlen am 20./21. September 2002. Obwohl die *Bewegung für die Demokratische Slowa-*

kei (HZDS) unter dem ehemaligen Ministerpräsidenten, Vladimir Mečiar, eine populistische Partei mit einer autoritären Führerpersönlichkeit, auch nach den letzten Wahlen die stärkste Partei im Parlament bleibt, ist sie mangels eines Koalitionspartners nicht mehr an der Regierung beteiligt. Die Regierung deklariert sich als rechts von der Mitte; sie ist klar proeuropäisch orientiert und hat eine starke Unterstützung vor allem in den Städten.

Die Christliche Demokratie ist in der Slowakei keine geschlossene Kraft. Auf die christlich-demokratischen Grundsätze beziehen sich ausdrücklich die drei Regierungsparteien: die *Christlich-Demokratische Bewegung* (KDH), die *Slowakische Demokratische und Christliche Union* (SDKU) und die *Ungarische Christlich-Demokratische Bewegung* (MKDH). Die KDH tritt ein für die Verteidigung christlicher und nationaler Werte. Ihr Vorsitzender ist Pavol Hrusovšký, der Ende 2000 den langjährigen Vorsitzenden Ján Carnogurský ablöste. Die SDKU ist hervorgegangen aus der *Slowakischen Demokratischen Koalition* (SDK). Gegründet wurde die SDKU, die Partei von Ministerpräsident Mikuláš Dzurinda, Mitte 2000 (wegen der Fusion der SDK mit der Demokratischen Union, DU). Vorbild der SDKU ist die deutsche CDU. Dzurinda lenkte die Partei auf einen westlichen Kurs (u. a. EU- und NATO-Politik). Die 2001 gegründete *Allianz des Neuen Bürgers* (ANO) ist die neue, linksorientierte Partei. Es ist zu hoffen, dass sich zwischen KDH und SDKU einmal ähnlich tiefe Beziehungen entwickeln, wie in Deutschland zwischen CDU und CSU. Vielleicht wird es gelingen, dass die Christlichen Demokraten auf diese Weise die slowakische Gesellschaft dauerhafter und nachhaltiger mitgestalten werden. Die ungarische Minderheit hat sich noch nicht auf das gesamte Parteienspektrum verteilt, weil die MKDH es versteht, die nationalen Interessen der ungarischen Minderheit zu vertreten.

Die slowakischen nationalen Parteien haben infolge der inneren Zerstrittenheit erstmals nach der Wende den Einzug ins Parlament nicht geschafft, ebenso die sozialistische Partei. Erstmals seit der Wende sind aber die Kommunisten im Parlament vertreten. Der linksorientierte *Smer* (Richtung) konnte in dieser turbulenten Zeit mit der Berufung auf Recht und Ordnung zwar über 13 % der Stimmen erlangen, doch ist auch er isoliert geblieben.[24] Nach Lage der Dinge kann man davon ausgehen, dass die Christliche Demokratie in der Slowakei nun Fuß gefasst hat. Ihre weitere Zukunft wird auch von der Gesamtentwicklung der Christlichen Demokratie in Europa abhängen.

Anmerkungen

[1] Vgl. Kurt A. HUBER, Die Enzyklika „Rerum novarum" und die Genesis der christlichsozialen Volksparteien der Tschechoslowakei, in: Die Erste Tschechoslowakische Republik als multinationaler Parteienstaat, hg. von Karl Bosl, München 1979, S. 241–257; vgl. Enzyklika Rerum novarum, in: Texte zur katholischen Soziallehre. Die sozialen Rundschreiben der Päpste und andere kirchliche Dokumente. Mit einer Einführung von Oswald von Nell-Breuning, Köln [4]1977, S. 31–68.

[2] Vgl. Jörg K. HOENSCH, Die Slowakische Volkspartei Hlinkas, in: Die Erste Tschechoslowakische Republik als multinationaler Parteienstaat, hg. von Karl Bosl, München 1979, S. 305–322, hier S. 308.

[3] Vgl. Jörg K. HOENSCH (wie Anm. 2), S. 316.

[4] EBD., S. 309.

[5] Zur Berufsständischen Ordnung vgl. Enzyklika Quadragesimo anno (1931), Nr. 81–98, in: Texte zur katholischen Soziallehre (wie Anm. 1), S. 121–127; vgl. hierzu auch die Ausführungen von Rudolf UERTZ in diesem Band.

[6] Vgl. Jozef TISO, Ideológia slovenskej l'udovej strany (Die Ideologie der Slowakischen Volkspartei), Bratislava 1930.

[7] Vgl. die Enzyklika in: Texte zur katholischen Soziallehre (wie Anm. 1), S. 201–270

[8] Zu den Jahren 1939–1945 vgl. Jörg K. HOENSCH, Studia Slovaca.

Studien zur Geschichte der Slowaken und der Slowakei. Festgabe zu seinem 65. Geburtstag, hg. von Hans Lemberg/Michaela Marek u. a., München 2000, S. 221–247.

[9] Vgl. Štefan POLAKOVIČ, Tisova Náuka (Tisos Doktrin), Bratislava 1941.

[10] Hg. 1941 vom Generalsekretariat der HSL'S in Bratislava.

[11] J. K. HOENSCH (wie Anm. 2), S. 319.

[12] Vgl. Vojtech TUKA, Slovenský národný štát (Der slowakische Staat), Bratislava 1944.

[13] Zum Selbstverständnis der Partei vgl. die von ihrem Generalsekretariat im eigenen Verlag herausgegebene Schrift: Die Hlinka-Partei. Geschichte–Ideologie–Organisation. Kultur–Wirtschaft–Sozialpolitik, Bratislava 1943.

[14] Zur Orientierung der katholisch-konservativ-korporativen Programmatik Tisos an der christlichen Sozial- und Naturrechtslehre vgl. J. K. HOENSCH (wie Anm. 2), S. 312, Anm. 41.

[15] Vgl. Lothar BILY, Jozef Tiso, in: Biographisch-Blibliographisches Kirchenlexikon, Bd. 12, Nordhausen 1997, Sp. 183–188; vgl. auch Karin GROLL: Andrej Hlinka, in: EBD., Bd. 2 (1990), Sp. 905f. Tiso floh nach der Besetzung der Tschechoslowakei in ein Kloster nach Altötting. Er wurde dort jedoch von der amerikanischen Besatzungsmacht augespürt, der Tschechoslowakei ausgeliefert, die ihn in einem Schauprozess zum Tode verurteilte und hinrichtete.

[16] Grundsatzprogramm der Christlich-Demokratischen Union Deutschlands (1978), Nr. 5, in: Der Weg zum Grundsatzprogramm, hg. von der CDU-Bundesgeschäftsstelle, Bonn 1979, S. 151.

[17] Vgl. Richard von WEIZSÄCKER, Die deutsche Geschichte geht weiter, Berlin 1983, insbes. das Kapitel Christentum und Parteipolitik, S. 110–125, sowie Liebe – Maßstab politischer Ordnung?, S. 126–141.

[18] Carl Friedrich von WEIZSÄCKER, Ausgewählte Texte, hg. von Hans C. Meiser, München 1987, S. 82.

[19] Vgl. Dignitatis humanae (1965), in: Karl RAHNER/Herbert VORGRIMLER, Kleines Konzilskompendium, Freiburg i. Br. 1972, S. 661–675.

[20] Vgl. Ernst-Wolfgang BÖCKENFÖRDE, Die Entstehung des Staates als Vorgang der Säkularisation, in: Staat, Gesellschaft, Freiheit. Studien zur Staatstheorie und zum Verfassungsrecht, Frankfurt

am Main 1976, S. 42–64, hier S. 60; vgl. auch Johann B. METZ, Zum Begriff der neuen Politischen Theologie, Mainz 1997, S. 181.

21 Vgl. Carl Friedrich von WEIZSÄCKER, Deutlichkeit. Beiträge zu politischen und religiösen Gegenwartsfragen, München 1981, S. 109.

22 Vgl. Jürgen HABERMAS, Glauben und Wissen, in: Frankfurter Allgemeine Zeitung vom 15.10.2001.

23 Vgl. Schlomo AVINIERI, Chancen und Hindernisse auf dem Weg zu einer bürgerlichen Gesellschaft in Mittel- und Osteuropa, in: Werner Weindenfeld (Hg.), Demokratie und Marktwirtschaft in Osteuropa, Güterloh ^{2}1995, S. 56.

24 Die wichtigsten Ergebnisse der Wahl vom 20./21. September 2002: HZDS (Nationaldemokraten): 36 Sitze – 19,5 % Stimmenanteil; SDKU: 28 – 15,1 %; Smer: 25 – 13,5 %; ungarische Koalition: 20 – 11,2 %; KDH: 15 – 8,3 %; ANO: 15 – 8,0 %; KSS (Kommunistische Partei) 11 – 6,3 %.

Christliche Demokratie in Kroatien

Tihomir Cipek

Die Entwicklung der Christlichen Demokratie in Kroatien[1] wird durch drei Epochen der kroatischen Geschichte charakterisiert:

1. Die erste Epoche reicht von 1903, dem Beginn christlich-demokratischer Aktivitäten bis zum Ende des Ersten Weltkrieges 1918. In dieser Epoche vermochte Kroatien seine Autonomie unter der Habsburger Monarchie zu wahren.
2. Die zweite Epoche betrifft die Zwischenkriegszeit, als Kroatien seine Autonomie im zentralistischen Königreich SHS-Jugoslawien (SHS-Staat = Königreich Serbien, Kroatien, Slowenien, ab 1929 Königreich Jugoslawien) verlor.[2]
3. Schließlich soll die Zeit seit dem Zusammenbruch der kommunistischen Diktatur von den ersten demokratischen Wahlen 1990 bis heute betrachtet werden.

1. Die Epoche 1903–1918

In und nach dem Zweiten Weltkrieg war die Tätigkeit der politischen Parteien von den totalitären Regimes ausgeschlossen. Aber weder vorher noch nachher gab es in Kroatien trotz der großen Mehrheit der katholischen Bevölkerung und dem großen Einfluss der katholischen Kirche auf das gesellschaftliche Leben keine starke christlich-demokratische Partei; doch konnte man die Ideen der Christlichen Demokratie bei Parteien finden, die das Christlich-

Demokratische nicht im Namen trugen. Im folgenden sollen zunächst die Gründe dargestellt, warum sich keine starke, explizit christlich-demokratische Tradition entwickeln konnte, zum anderen welche Möglichkeiten und Chancen die Christlichen Demokratie in Kroatien zu Beginn des 21. Jahrhunderts hat.

Der Begriff Christliche Demokratie bezeichnete zunächst ein religiöses, primär auf die innere Demokratisierung der Kirche zielendes Programm. Die christlich-demokratische Idee entwickelte sich zuerst als Reaktion auf die bürgerlich-liberale Revolution von 1848 in Italien, Frankreich und Deutschland; sie war ein Protest katholischer Kreise gegen die Revolution und somit zugleich ein Protest gegen Liberalismus, Nationalismus und Sozialismus.

Den Grundstein der christlich-demokratischen Theorie bildet die Enzyklika Papst Leos XIII. (1878–1903) *Rerum novarum: Über die Arbeiterfrage* (1891), die eine Antwort auf die damalige Soziale Frage war und das christliche Gesellschaftsmodell dargestellt hat. Zentrale Elemente dieses Modells sind der Christliche Personalismus, die Solidarität und Subsidiarität.

Angeregt durch diese Enzyklika entstanden in vielen Ländern christliche Parteien und Gewerkschaften. In Kroatien war besonders wichtig der Einfluss der Christlichsozialen Partei Österreichs Karl Luegers und der Slowenische Volkspartei, die das politische Engagement der Katholiken anregten. Allerdings konnte sich auf Grund der Soziallehre der katholischen Kirche keine bedeutendere christlich-demokratische Partei entwickeln, da der Bischof von Krk, Antun Mahnić (1850–1920), die Soziallehre, wie sie die Enzyklika von 1891 anregte, vernachlässigte und den christlichen Demokratieideen gegenüber skeptisch eingestellt war. Mahnić, der slowenischer Herkunft war, wirkte aus dem Gefühl der Gefährdung des Katholizismus; die politische Organisation der Katholiken hielt er für eine Waffe im Kampf gegen liberale und sozialistische Strömungen. Seine Predigten und Reden zeichneten sich nicht durch Toleranz aus. Mahnić vertrat einen integralistischen Katholizismus. Im Vorwort der ersten Nummer der Zeitschrift *Hrvatska straža* (Kroatische Wache) schrieb er: „Das Christentum ist absolute Religion, kundgemacht für alle Alter, für alle Völker, für alle Phasen der menschlichen Entwicklung. Das Kaiserreich der christlichen Wahrheit zieht sich durch alle Zweige der Tätigkeiten und des menschlichen Lebens: Wissenschaft und Kunst, Literatur und Politik müssen daher der christlichen Lehre untergeworfen werden."[3] Er hielt sich selbst im kroatischen Katholizismus für den einzigen authentischen Deuter der katholischen Lehre und sah es als seine Mission an, die orthodoxen Brüder für den Katholizismus zu gewinnen.

Im Jahr 1903 erschien in Zagreb erstmals die katholische Dreimonatszeitschrift *Hrvatska straža*. Ihr Gründungsdatum kann zugleich als Beginn der *Katholischen Bewegung* Kroatiens angesehen werden. Diese Zeitschrift stieß auf großes Interesse bei der Jugend und der breiteren Öffentlichkeit. Die Jugend begeisterte sich für die Kirche und ihr Volk. Dennoch hatte Mahnić mit seiner politischen Organisation der katholischen Laien keinen Erfolg. Er gründete in Wien die Organisation der kroatischen Studenten. Ziel der Schulungsprogramme war ein integralistischer Katholizismus. Er war gerichtet gegen die liberalen europäischen Einflüsse auf Kroatien. Zu diesem Zweck engagierte er Ivan Butković, einen Priester seines Bistums. Er war Mitglied des *Kroatischen akademischen Vereins – Zvonimir* (Hrvatsko akademsko društvo – Zvonimir), der sich vor allem mit der kroatischen Nationalfrage beschäftigte, jedoch religiöse Themen ausklammerte. Aber die Mitglieder dieses Vereins lehnten die Vorstellungen des katholischen Integralismus ab. Daher wollte Butković einen neuen Studentenverein mit katholischer Orientierung ins

Leben rufen. Er gewann hierfür auch einige Studenten; 1903 gründete er die *Kroatische akademische katholische Gesellschaft – Kroatien* (Hrvatsko akademsko katoličko društvo – Hrvatska). Dieser Verein gab die Zeitschrift *Baklja* (Fackel) heraus.

Die Zielsetzungen der Gesellschaft wurden in ihrer Vereinzeitschrift veröffentlicht. Die Grundsätze sind: 1. Die Verbreitung des Glaubens in allen Lebensbereichen, 2. das Recht des kroatischen Volkes auf Selbstbestimmung und 3. die christliche Demokratie.[4] Der Verein engagierte sich demnach für einen kämpferischen, integralen Katholizismus; doch vertrat er die Idee, dass die Religion Privatsache des Einzelnen ist. Eine strenge Erziehung gemäß den Prinzipien der katholischen Glaubens- und Sittenlehre war die Leitidee der Gemeinschaft. Wegen seiner radikalen Einstellung konnte der Verein jedoch in der kroatischen Studentenschaft kaum Mitglieder gewinnen. Auch Bischof Mahnić selbst fand für seine Bewegung kaum Interessenten. Lediglich bei einem kleinen Teil seines Klerus, darunter Dr. Ante Alfirević, Professor der Theologischen Fakultät in Split, konnte er Anklang finden. Die meisten Katholiken, Kleriker wie Laien, sahen – anders als Bischof Mahnić – die katholische Religion und die Interessen der katholischen Bevölkerung nicht bedroht.

Die katholische Bewegung unter der Führung von Mahnić orientierte sich an Vorbildern in Österreich und Slowenien. In diesen Ländern gab es einen einflussreichen Liberalismus, der die Kirche zu bekämpfen versuchte und der in das religiös-kirchliche Leben eingriff. Die Folge war eine antiliberale Bewegung unter christlichem Vorzeichen. Doch waren in Kroatien die liberalen Tendenzen wesentlich schwächer als in den meisten anderen Ländern, so dass der kämpferische Antiliberalismus von Mahnić letztlich sein Ziel verfehlte. Der größte Teil der kroatischen Elite fügte sich – mit dem Ziel der Vereinigung der kroatischen Bevölkerungsteile – in die Monarchie ein und stand auf dem Boden der kroatischen Verfassung. Der größte Teil des katholischen Klerus war der Meinung, dass Bischof Mahnić mit seinem Kampf gegen den Liberalismus unnötigerweise das kroatische Volk spalte.[5] Was die Gründung einer eigenen katholischen Partei in jener Phase überflüssig machte war nicht zuletzt der Umstand, dass die *Kroatische Volks- und Bauernpartei* (Hrvatska pučka seljačka stranka) Elemente des christlich-demokratischen Gedankenguts pflegte. Diese Partei fand zwischen 1918 und 1941 Zuspruch bei der Mehrheit des kroatischen Volkes; zugleich verkörperte sie auch die nationale Bewegung.

Zu den Vereinigungen, die während der Österreichisch-Ungarischen Monarchie christlich-demokratische Gedanken vertrat, gehörte auch eine Gruppe von Intellektuellen um die Zeitschrift *Hrvatstvo* (Kroatentum). Ihrem Titel entsprechend betonte das Presseorgan vor allem den nationalen Gedanken und die kroatische staatsrechtliche Tradition. Mitglieder dieser Gruppe gründeten 1906 die *Kroatische Christlichsoziale Partei* (Hrvatsku kršćansko-socijalnu stranku), die jedoch nur eine marginale Rolle spielte und keine Vertreter im kroatischen Parlament hatte. Im Jahre 1910 vereinigte sie sich mit der nationalistischen *Reinen Rechtspartei* (Čista stranka prava) zur *Kroatischen Christlichsozialen und Rechtspartei* (Hrvatska kršćansko-socijalnu stranku prava), die ebenfalls keinen großen politischen Einfluss erlangte. Doch sind die kroatischen Christlichsozialen wegen ihres Programms interessant; es war an der katholischen Soziallehre orientiert und trat ein für die Rechte der Arbeiter. In der Propaganda der Partei kam die soziale Programmatik jedoch nicht zum Ausdruck. Bestimmende Grundsätze waren im politischen Tagesgeschäft das Insistieren auf der kroatischen Nationalfrage, die Forderung nach einem unabhängigen kroatischen Staat unter der Habsburger Monarchie und ein kämpferischer Katholizismus. So war diese Partei nur dem Namen nach christlich-sozial eingestellt, trotz der großen sozialen Probleme im Land und trotz des Umstands, dass es in Kroatien schon seit 1848 auch eine Sozialdemokratische Partei gab, die aber kaum Bedeutung hatte und nicht populär war. Es ist den Kroatischen Christlichsozialen nicht gelungen, ihre Partei auf dem gesamten Territorium auszubauen.

Wesentlich erfolgreicher war die Partei, die das soziale Programm mit der nationalen Frage zu verknüpfen bemüht war: die *Kroatische Volks- und Bauernpartei* (Hrvatska pučka seljačka stranka). Sie wurde geführt von den Brüdern Stjepan und Antun Radić; ihnen gelang, den größten Teil der kroatischen Bevölkerung, insbesondere das Bauerntum zu gewinnen. Stjepan Radić, der Ideologe und Führer der Partei, hatte in Prag und Paris studiert. Er war der erste Politikwissenschaftler des Landes und hatte eine Sympathie für die katholische Soziallehre. In seinen Parlamentsreden zitierte er öfter die Enzyklika *Rerum novarum* Leos XIII.[6]

Den Glauben bzw. die Religion verstand er als Grundlage der Ethik; er vertrat die Ansicht, dass in Schulen und Bildungsstätten auch Religionslehre unterrichtet werden solle. Dennoch war er ausgesprochen antiklerikal und setzte sich auch für die Demokratisierung der kirchlichen Ordnung ein. Das soziale Programm der *Kroatischen Volks- und Bauernpartei* ist in beträchtlichem Maße von christlich-demokratischen Ideen geprägt. Die Partei wollte mit Hilfe korporativer Ideen den Gegensatz zwischen Arbeit und Kapital mildern und einen *dritten Weg* gehen zwischen ungezügeltem Kapitalismus und sozialistischem Dirigismus. Sein Programm nannte Radić *Agrarismus* oder einfach *bäuerliche Politik*, wobei er eine enge Verbindung von ökonomischen und sozialpolitischen Elementen anstrebte.[7] Obwohl die Kroatische Volks- und Bauernpartei viele Gemeinsamkeiten mit den österreichischen Christlichsozialen hatte, vermied sie eine Zusammenarbeit wegen des betont nationalistischen Kurses der Österreicher.

Trotz ihrer Popularität bei den Bauern konnte die *Kroatische Volks- und Bauernpartei* wegen des eingeschränkten Wahlrechts keine ihrer tatsächlichen Stärke entsprechende Repräsentanz im Parlament erlangen. Das gelang ihr erst, als das allgemeine Wahlrecht im Königsreich der Serben, Kroaten und Slowenen eingeführt wurde und sie zu einer großen kroatischen Volkspartei wurde, in der sich die kroatische nationale Bewegung mit ihrer Opposition gegen den Zentralismus und das autoritäre Regime der Karadordević-Dynastie sammelte.

2. Die Epoche 1918–1939

Die bisher dargestellte Parteienlandschaft lässt erkennen, warum eine dezidiert christlich-demokratische Partei in Kroatien während der Zeit der Österreichisch-Ungarischen Monarchie keinen Anklang finden konnte. Die politisch-gesellschaftliche Situation änderte sich jedoch nach deren Zusammenbruch. In der Zeit des Königsreichs der Serben, Kroaten und Slowenen (ab 1929 Königreich Jugoslawien) sollte auch die Christliche Demokratie in Kroatien Auftrieb bekommen. Im Jahre 1919 wurde auf Betreiben von Bischof Mahnić, dessen bis dahin erfolglose Bemühungen oben dargestellt wurden, die *Kroatische Volkspartei* (Hrvatska pučka stranka) gegründet. Unterstützung fand die Parteigründung durch das *Kroatische katholische Seniorat*, der Führungsspitze der katholischen Intellektuellenorganisation. Die Kroatische Volkspartei arbeitete eng mit der *Slowenischen Volkspartei* (Slovenska ljudska stranka); beide Parteien bildeten im Verfassungsparlament den *Jugoslawischen Club* (Jugoslavenski klub). In diesem Zweckbündnis sollte jedoch die Slowenische Volkspartei ein Übergewicht erlangen. Der Einfluss der slowenischen Christlichen Demokraten auf die Kroatische Volkspartei zeigte sich schon in der Berufung auf die programmatischen Grundsätze des Priesters und Leiters der *Slowenischen Volkspartei*, Dr. Janez E. Krek. Der Name *Jugoslawischer Club* als parlamentarische Vereinigung zeigt, dass die *Slowenische Volkspartei* und die *Kroatische Volkspartei* für die staatliche und völkische Einheit Jugoslawiens eintraten. Sie gingen vom Standpunkt aus, dass mit den Slowenen, Kroaten und Serben drei Stämme im Königsreich lebten; diese sollten zu einer jugoslawisch-nationalen Einheit zusammengefügt werden, wobei die bestehenden Unterschiede in der Zukunft überwunden werden sollten.

Im Programm und in der Politik der Kroatischen Volkspartei stand die katholische Religion über allen anderen Interessen. Deswegen schlug man im Verfassungsparlament vor, dass sich auch Dalmatien (ein Teil Kroatiens), Bosnien und Herzegowina anschließen sollten, so dass aus diesen beiden Provinzen eine neue, autonome Provinz mit katholischer Mehrheit gebildet werden könnte. Der Vorschlag sah die Teilung des Königsreichs SHS in autonome Provinzen vor, beruhend auf dem religiösen Prinzip. Es sollten drei katholische und drei orthodoxe Provinzen gebildet werden, wobei die Moslems vernachlässigt werden sollten. Solche Pläne, die von Kroatien einige Teile abgetrennt hätten und nur die Autonomie vorsahen, fanden bei der Mehrheit der kroatische Bevölkerung keine Resonanz. Die meisten Kroaten wandten sich daher der *Kroatischen Volks- und Bauernpartei* zu, die die Selbstständigkeit Kroatiens als Nation und Staat betonte und eine südslawische Konföderation befürwortete, zu der auch der kroatische Staat gehören sollte.

Bei den ersten Wahlen 1920 war die Kroatische Volkspartei relativ erfolgreich in Dalmatien, einem Teil Kroatiens, in dem die Kroatische Volks- und Bauernpartei noch nicht organisiert war; dort erreichte sie – sie dank der Zustimmung des dalmatischen Hinterlands – 16 % der Stimmen. In den restlichen Teilen Kroatiens war die Kroatische Volkspartei nicht erfolgreich, teilweise war sie dort auch gar nicht angetreten. Im Jahre 1925, als die Kroaten schon Erfahrungen mit dem zentralistischen und autoritären Königsreich gemacht hatten, erreichte die Kroatische Volks- und Bauernpartei von Radić in Dalmatien 48,7 % der Stimmen, während die Kroatische Volkspartei kein Mandat im Parlament erreichte. Von 1920 an nannte sich die Kroatische Volks- und Bauernpartei *Kroatische Republikanische Bauernpartei* (Hrvatska republikanska seljačka stranka), um ihren Widerstand gegen die serbische Dynastie Karadordević zu betonen. Später, als Radić aus taktischen Gründen eine Verständigung mit dem Regime erzielt hatte und des Verrats der kroatischen nationalen Interessen bezichtigt wurde, konnte die Kroatischen Volkspartei in Dalmatien bei einer Wahl 8,9 % der Stimmen erlangen.

Die Nationalitätenfrage wurde im Königreich SHS mehr und mehr zur zentralen Frage Kroatiens und bestimmte entsprechend auch die politischen Interessen der Wähler. So entschieden sich die Kroaten mehrheitlich für die *Kroatische Republikanische Bauernpartei*, die von 1925 an *Kroatische Bauernpartei* (Hrvatska seljačka stranka) hieß. Der Grund für ihre Popularität lag in der Hervorhebung der Besonderheiten der kroatischen Nation und in ihrem besonderen Einsatz für die staatliche Selbstständigkeit Kroatiens im Rahmen einer südslawischen Konföderation.[8] Nach der Errichtung der Diktatur durch König Aleksander wechselte die Kroatische Bauernpartei zu einer spezifischen Form des kroatischen völkischen Widerstands gegen das Regime. Diese Form völkisch-kroatischer Agitation konnte sich besonders in den 1930er Jahren durchsetzen, als es eine konstitutionelle Ordnung mit mehreren Parteien gab.[9] Bezeichnenderweise riet in jenen Jahren Kardinal Alojzije Stepinac den Katholiken davon ab, die Kroatische Volkspartei zu erneuern, weil er die Interessen des kroatischen Volkes am besten durch die Kroatische Bauernpartei vertreten sah.[10]

In anderen Bereichen der Programmatik gab es Übereinstimmungen von Kroatischer Volkspartei und Kroatischer Republikanischer Bauernpartei/Kroatische Bauernpartei. So setzten sich beide Parteien für die Unantastbarkeit der Menschenwürde, für Solidarität und Subsidiarität in Staat und Gesellschaft ein; doch gab es Unterschiede bei den Begründungen dieser Programmpunkte.

Die Freiheit des Einzelnen und die Gleichheit der Menschen waren die Hauptgrundsätze beider Parteien; aber während diese Ideen bei der Kroatischen Volkspartei ausschließlich von der katholischen Religion her begründet wurden, wurden sie von Stjepan Radić aus dem Liberalismus abgeleitet. Radić stützte sich dabei auf John Stuart Mill, dessen Denken ihn stark beeinflusst hat. Der christliche Glaube hatte für die Volkspartei Vorrang vor dem Kroatentum; so setzte sich Radić für eine Kirche ein, die ganz im Dienst des Volkes stand. Er hatte u. a. vorgeschlagen, dass die Pfarrer von den Pfarrangehörigen gewählt werden.

Auch für die Programmatik der Kroatischen Bauernpartei war die Religion eine wichtige Grundlage; vor allem sollte sie die Moral und die Erziehung fundieren. Allerdings forderte sie eine scharfe Trennung von Kirche und Politik. In diesem zentralen Punkt sahen die Vertreter der Kroatischen Bauernpartei eine Fehlhaltung der Kroatischen Volkspartei, die versuchte, Kirche und Religion zu einem wichtigen Faktor der Politik zu machen. So waren es neben der staatsrechtlichen Position und der Haltung in der Nationalitätenfrage vor allem die integralistisch-klerikalistischen Einstellungen der Kroatischen Volkspartei, die bei der Führung der Kroatischen Bauernpartei auf Ablehnung stießen. In seinen Reden hat Radić deshalb den Klerus oft mit ironischen Bemerkungen bedacht. Die Kroatische Volkspartei hingegen beschuldigte den Führer der Kroatischen Bauernpartei, ungerechtfertigt die katholische Kirche anzugreifen.[11] Es ist bemerkenswert, dass der angesehene kroatische Theologe, Bono Zvonimir Šagi, die Meinung vertritt, die Kroatische Republikanische Bauernpartei/Kroatische Bauernpartei sei gerade wegen ihres Antiklerikalismus und ihrer positiven Einstellung zur christlichen Ethik als Vorgänger der Christlich Demokratie in Kroatien anzusehen.

Die sozialen Probleme versuchten die beiden Parteien mittels korporativer Ideen zu lösen; die Interessen aller Stände sollten so in Einklang gebracht werden. Beide Parteien widmeten ihre besondere Aufmerksamkeit dem Bauerntum. Doch hatte in den korporativen Vorstellungen der Kroatischen Bauernpartei „der Stand" eine gesellschaftliche Überhöhung erfahren, wenn er in sich die Interessen aller Teile der Gesellschaft vereinigte und die zentrale Position in der Ideologie der Kroatischen Bauernpartei darstellte. Diese *Standesideologie* sollte schließlich die Emanzipation des gesamten kroatischen Volkes ermöglichen.

Die Sozialprogrammatik der Kroatischen Volkspartei hingegen war ganz vom Subsidiaritätsprinzip durchdrungen, wie es die katholische Soziallehre im Anschluss an die Enzyklika *Quadragesimo anno* (1931) entfaltet hat. Kirche und Religion sollten Bürgen einer harmonischen Gliederung und Einheit des Volkes sein. Auch die Kroatische Bauernpartei vertrat das Subsidiaritätsprinzip und konzedierte, dass dieser Grundsatz ein Element der Christlichen Demokratie sei; aber man ergänzte das Subsidiaritätsprinzip, indem man ihm das Prinzip der unmittelbaren Demokratie an die Seite stellte. Die Bauernpartei war den zentralen Inhalten der Subsidiarität näher, wenn sie auf der lokalen Selbstverwaltung beharrte, die es ermöglichen sollte, dass alle Institutionen im Dienst des Gemeinwohls tätig sind. Die Partei von Stjepan Radić verband so geschickt die Subsidiarität mit anderen Prinzipien der Soziallehre wie dem Grundsatz der sozialen Gerechtigkeit und der Solidarität. Mit Geschick verstand es die Parteiorganisation und Propaganda der Kroatischen Bauernpartei, diese Prinzipien mit korporativen Ordnungsideen zu verbinden und so ihren politischen Einfluss zu steigern.

Die Mehrheit der Wähler dürfte wohl die verschiedenen Nuancen der Programme der Kroatischen Volkspartei und der Kroatischen Republikanische Bauernpartei/Kroatische Bauernpartei kaum wahrgenommen haben. Entscheidend für die Erfolge der letzteren war der Umstand, dass die Bauernpartei die Idee der sozialen Gerechtigkeit geschickt mit dem Recht der kroatischen Nation auf Freiheit und Selbstbestimmung verband und damit nicht zuletzt die emotionalen Bedürfnisse der Kroaten zu artikulieren vermochte.

In dem hier vorgestellten Zeitraum stand die Frage des Erhalts der nationalen Identität, d. h. der Sprache, Kultur, Staatlichkeit und des Geistesleben Kroatiens im Zentrum der gesellschaftlichen und politischen Interessen. Aus diesem Grunde versuchten die meisten Parteien, über den parteipolitisch-institutionellen Rahmen hinaus sich in gesellschaftlich-kulturelle Bewegungen zu verwandeln, um die Interessen des kroatischen Volkes wirksamer aufgreifen zu können und somit die christlich-demokratische Idee zu verwirklichen.

In der auf die Zwischenkriegszeit folgenden Phase der totalitären Regime hatte die Christliche Demokratie keine Existenzmöglichkeit; dies gilt für das verbrecherische, totalitäre Quislingregime, den während des Zweiten Weltkrieges von Faschisten gegründeten *Unabhängigen Staat Kroatien* und für die 1946 errichtete totalitäre, nach 1966 autoritäre kommunistische Diktatur. Das christlich-soziale Gedankengut wurde in der katholischen Kirche gehütet, die allerdings gespalten war. Jedenfalls ist zu betonen, dass die katholische Kirche die demokratische Idee mit der Idee einer selbstbestimmten kroatischen nationalen Identität zu verbinden vermochte und beide Grundsätze wachgehalten hat. Neue Chancen hat die Christlich Demokratie in Kroatien seit dem Zerfall des kommunistischen Regimes und den folgenden Demokratisierungsbewegungen.

3. Die Phase seit 1990

Die politische Ordnung Kroatiens kann man – der Typologie Samuel P. Huntingtons zufolge – als *Transformationssystem* beschreiben, weil die entscheidende Rolle beim Übergang von der Diktatur zur Mehrparteiendemokratie der alten politischen Elite zufiel.[12] In der ersten Phase der Transformation spielte der reformistische Teil des *Bundes des Kommunisten Kroatiens* (Savez komunista Hrvatske) die entscheidende Rolle, der bei seinem Kongress im Dezember 1989 den dogmatischen Flügel zurückdrängte. Als Antwort auf die serbische nationalistische Bewegung von Milosević, die die zentralstaatliche Lenkung Jugoslawiens und die absolute Herrschaft seiner Führungsclique sichern wollte, entschied man sich in der Verfassung von 1990, ein Zwei-Kammern-Parlament mit Mehrparteiensystem und allgemeiner demokratischer Wahlordnung einzuführen. Nach den ersten Wahlen 1990 konnte die *Kroatische Demokratische Gemeinschaft* (HDZ) die Regierungsgeschäfte übernehmen. Dank ihrem Charakter als Nationalbewegung, die sich für den unabhängigen kroatischen Staat einsetzte, und dem Charisma ihrer starken Führungspersönlichkeiten konnte sie die Mehrheit der Stimmen gewinnen.[13] In dieser ersten Legislaturperiode wurde gleichzeitig mit der demokratisch-parlamentarischen Ordnung der Aufbau der neuen Staatsordnung betrieben, die sich vor allem auf die Abwehr der serbischen Aggressionen und

Expansionen richtete. Es liegt nahe, dass beim Ausbau der Staatsordnung die Landesverteidigung dem Ausbau der Demokratie übergeordnet wurde. Dagegen wurden die konstitutionelle und die Umverteilungspolitik vernachlässigt. Diese politischen Präferenzen entsprechen nicht den Grundsätzen der Christlichen Demokratie.

Anfang der 1990er Jahre gab es einige kleinere Parteien, die versuchten ihre Programmatik nach christlich-demokratischen Grundsätzen auszurichten. Die meisten dieser Parteien kamen mit ihrem Ansinnen jedoch zu spät und blieben erfolglos. Im Jahre 1992 vereinigten sich diese Parteien (die wichtigsten sind die *Kroatische Demokratische Partei* [Hrvatska demokratska stranka] und die *Kroatische Christlich-Demokratische Partei* [Hrvatska kršćansko-demokratska stranka]) in die *Kroatische Christlich-Demokratische Union* (Hrvatska kršćansko-demokratska unija). Ihr Programm orientierte sich wesentlich am Grundsatzprogramm der Christlich-Demokratischen Union Deutschlands. Führer dieses Parteienzusammenschlusses waren Dr. Ivan Cesar, der seinerzeit als Gegner der kommunistischen Diktatur nach Westen emigriert war, und Dr. Marko Veselica, der bekannteste kroatische Dissident. Er hatte mehrere Jahre in kommunistischen Gefängnissen verbracht, was ihm in der Öffentlichkeit das Charisma eines Märtyrers verschaffte. Aber die Politik und Programmatik dieses christlich-demokratischen Parteienzusammenschlusses stand unter keinem günstigen Stern. Die Öffentlichkeit interessierte sich während des Krieges kaum für die Realisierung des Subsidiaritätsprinzips und für den Grundsatz der Unverletzlichkeit der Person, sondern nur für die Verteidigung Kroatiens gegen den Aggressor. Die *Kroatische Christlich-Demokratische Union* ging daher bald dazu über, in ihren Aufrufen und öffentlichen Auftritten nur noch nationalistische und antimodernistische Stellungnahmen zu verbreiten, um die regierende Kroatische

Demokratische Gemeinschaft zu übertrumpfen. Die Wähler wählten natürlich das Original: die Kroatische Demokratische Gemeinschaft mit dem charismatischen Führer Dr. Fanjo Tudjman an der Spitze, der bei den Präsidentenwahlen 1992 56,7 % der Stimmen bekam, während Dr. Ivan Cesar, Führer der Kroatischen Christlich-Demokratischen Partei, nur 1,6 % und Dr. Marko Veselica von der Kroatischen Christlich-Demokratische Union nur 1,7 % der Stimmen erhielten.

Die Kroatische Christlich-Demokratische Union versuchte, durch Koalitionen stärker zu werden, so dass es 1995 zu einer Koalition von vier Parteien kam (Kroatische Bauernpartei, Kroatische Unabhängige Demokraten, Istrien Demokratisches Parlament, Slawonien und Baranja Kroatische Partei); dank der Verständigung vor den Wahlen erreichte man ein Mandat im kroatischen Parlament. Die Kroatische Christlich-Demokratische Union versuchte, diese Position zu ändern und wechselte ihre Verbündeten; sie verließ den Partner des rechten Zentrums und orientierte sich nunmehr rechtskonservativ-nationalistisch in einer Koalition mit der Kroatischen Rechtspartei (Hrvatska stranka prava, HSP). Bei den Parlamentswahlen 2000, die die sozialdemokratisch geführte Koalition des linken Zentrums gewann, erreichten die beiden konservativen Parteien zusammen 5,3 % Stimmenanteil und überschritten damit knapp die Wahlklausel. Nachdem sich Veselica freiwillig aus der aktiven Politik zurückzog, übernahm Dr. Anto Kovačević dieses Abgeordnetenmandat. Er wurde zwar sehr bald durch seine nationalistischen und sexistischen Äußerungen im Parlament bekannt, die jedoch seiner Partei nicht zu größerer Popularität verholfen haben. Es scheint, als ob die Kroatische Christlich-Demokratische Union ihren rechtsnationalistischen Kurs fortsetzen will, was ihr jedoch kaum Stimmen bringen wird. Dadurch wird der Christlichen Demokratie in Kroatien Schaden zugefügt.

Eine andere Entwicklung verspricht die *Kroatische Demokratische Gemeinschaft* (Hrvatska Demokratska Zajednica, HDZ). Sie strebt danach, sich dem Westen zu öffnen und programmatisch-organisatorisch den Prozess von einer Bewegung in eine Partei in die Wege zu leiten. Auf ihrer II. Generalversammlung 1992 fügte sie unter dem Stichwort *Hauptprinzipien* christlich-demokratische Grundsätze in ihr Programm ein. Darin betont die HDZ, dass sie eine „Volkspartei sei, die breitere Schichten des kroatischen Volkes und der anderen Bürger Kroatiens versammle und ihr Programm auf die christlich-demokratischen Prinzipien baue". Weiter heißt es: Die HDZ postuliert „in ihren politischen Bestimmungen als Ausgangspunkt den Menschen als Person und alle Werte, die die Grundlage der allgemeinen demokratischen Prinzipien der modernen Welt sind und besonders die christliche Auffassung vom Leben". Zusammengefasst sind dies: „Unverletzlichkeit der persönlichen Ehre, Würde und Freiheit; wahre Liebe gegenüber dem Nächsten und die Auffassung der Familie als unantastbare, grundlegende menschliche Gemeinschaft, auf der bzw. aus der die grundlegenden menschlichen Werte beruhen und hervorgehen". Im siebten Prinzip wird das System der sozialen Marktwirtschaft und der Gleichberechtigung im Arbeitsleben sowie das humane Prinzip der Arbeit betont; ein weiteres Prinzip des Programms nennt das Subsidiaritätsprinzip.[14]

Der Versuch, die *Kroatische Demokratische Gemeinschaft* von einer Bewegung in eine europäische, christlich-demokratische Partei umzuwandeln, regte in der kroatischen Öffentlichkeit zunächst ernste Diskussionen über die grundlegenden Werte der Christlichen Demokratie und die Stellung dieser politischen Doktrin innerhalb der kroatischen Gesellschaft aus. Die interessanten theoretischen Diskussionen konnten jedoch im politischen Raum keine positiven Wirkungen erzielen. Trotz dieser Proklamation der Prinzipien regierte die Kroatische Demokratische Gemeinschaft weiterhin autoritär; auch vermochte sie es nicht, die Entartungen in der kapitalistischen Wirtschaft zu zügeln und eine Soziale Marktwirtschaft einzuführen. So wurde Kroatien auch weiterhin nach zentralistischen Grundsätzen regiert. Die Regierungstätigkeit war wenig erfolgreich, und so wurde die HDZ im Jahr 2000 in die Opposition verbannt. Prognosen, wonach die Partei wegen ihrer inneren Konflikte aus der kroatischen Politik ausscheiden wird, erwiesen sich als falsch. Die Parteimitglieder förderten die klare Profilierung der Partei im rechten politischen Spektrum. Schließlich trat der christlich-demokratisch orientierte Flügel unter der Führung des Präsidentschaftskandidaten der HDZ, Dr. Mate Granić, aus und gründete eine neue Partei, das *Demokratische Zentrum*. Der rechtsradikale Flügel – geführt vom ehemaligen Chef des Geheimdienstes und Sohn des verstorbenen kroatischen Präsidenten, Dr. Miroslav Tudjman – bildete die *Kroatische Bewegung für Identität und Prosperität* (Hrvatski identitet i prosperitet, HIP). Diese Bewegung ist inzwischen zu einer Partei geworden.

Bei den Lokalwahlen im Mai 2001 zeigte sich die HDZ stabil und erhielt dank geschickter Koalitionen die meisten Stimmen. Auch auf regionaler und lokaler Ebene konnte sie sich behaupten. Bei der letzten Generalversammlung übernahm nach inneren Konflikten die gemäßigte Fraktion, geführt von Präsident Dr. Ivo Sanader, die Führung. Die unterlegene rechtsnationalistische Fraktion unter Dr. Ivić Pašalić gründete eine neue Partei, den *Kroatischen Block* (Hrvatski blok, HB). Es zeigte sich, dass die kroatische Parteiszene noch nicht stabil genug war, doch bemüht sich die Führung der HDZ, die Partei weiter zu konsolidieren.

Ivo Sanader bietet sich nun die Gelegenheit, das Parteiprogramm der HDZ stärker mit christlich-demokratischen Ideen anzureichern und die europäische Ausrichtung der

Partei zu betreiben. Ein wichtiger Markstein auf diesem Weg dürfte die Aufnahme in die Europäische Volkspartei (EVP) gewesen sein.[15] Durch diesen Erfolg hat die Kroatische Demokratische Gemeinschaft ihr Ansehen vergrößert; zugleich hat sie ihre Fähigkeit zu Koalieren unter Beweis gestellt. Nach den Meinungsumfragen ist sie derzeit gleich stark wie die regierenden Sozialdemokraten.

Kroatien benötigt für die weitere Entwicklung der politischen und staatlichen Institutionen eine starke Partei mit christlich-demokratischer Orientierung; Die Grundsätze der Christlichen Demokratie könnten in der kroatischen Gesellschaft stabilisierend wirken – einer Gesellschaft, in der nur 12,6 % der Bevölkerung über 15 Jahre einen Hochschul- oder Universitätsabschluss erworben haben. Nach den Angaben der Weltbank hatte Kroatien 2000 das größte soziale Ungleichgewicht aller postsozialistischen Länder außer Russland; die Arbeitslosigkeit beträgt 22 %.[16]

Die Bürger Kroatiens sind äußerst unzufrieden mit der Verteilung der Einkommen. Das Ungleichgewicht wurde nicht zuletzt durch zweifelhafte Privatisierungen der früheren Staatsbetriebe verursacht. Die Bürger vertrauen den staatlichen und gesellschaftlichen Institutionen nicht. Lediglich die katholische Kirche genießt – mit mehr als 50 % Zustimmung gemäß Meinungsumfragen – das Vertrauen der Bürger. Die ideologischen Konflikte, private und politische Orientierungsprobleme und die Frage der nationalen Identität Kroatiens belasten viele Bürger. Dennoch oder deswegen hat die Christliche Demokratie grundsätzlich gute Chancen, weil sie mit ihren anthropologischen und sozialethischen Grundlagen und Leitbildern Antworten auf diese Fragen zu bieten vermag.[17] Die Konzeption der Sozialen Marktwirtschaft bietet auch Kroatien eine Zukunft. Das christliche Menschenbild, die christlich-abendländische Ethik und Kultur sind Teil der kroatischen Identität. Sie bieten daher auch einen fruchtbaren

Boden für die Entwicklung einer starken politischen Partei mit christlich-demokratischer Orientierung.

Anmerkungen

[1] Zu den Grundlagen der christlich-demokratischen Bewegungen und Ideen vgl. W. BECKER, Christliche Demokratie, in: Lexikon der Christlichen Demokratie in Deutschland, hg. von Ders. u. a., Paderborn 2002; H. MAIER, Herkunft und Grundlagen der christlichen Demokratie, in: H. Hürten (Hg.), Christliche Parteien in Europa, Osnabrück 1964, S. 11–44.

[2] In der Zeit zwischen 1939 und 1990 konnten sich unter den totalitären Regimen freie Parteien nicht entfalten.

[3] J. KRIŠTO, Dugoročne posljedice netočnog pridijevanja. Je li bilo klerikalizma u Hrvata?, in: Časopis za suvremenu povijest 25/2–3 (1993), S. 1–18, hier S. 2; vgl. DERS., Prešućena povijest. Katolička crkva u hrvatskoj politici, Zagreb 1994.

[4] M. STRECHA, Katoličko hrvatstvo. Počeci političkog katolicizma u banskoj Hrvatskoj (1897–1904), Zagreb 1997.

[5] J. JUKIĆ, Idejna i kulturološka strujanja u javnom životu hrvatskog naroda u razdoblju od 1918 do 1941, in: Društvena istraživanja 10 (2001), S. 3–18, hier S. 6.

[6] T. CIPEK, Ideja hrvatske države u političkoj misli Stjepana Radića, Zagreb 2001, S. 99.

[7] EBD. S. 97f.

[8] Lj. BOBAN, Kršćanska demokracija u hrvatskoj stranačko-političkoj tradiciji, in: Politička misao 32/2 (1995), S. 199–205, hier S. 204.

[9] T. CIPEK, Die kroatischen Eliten und die Königsdiktatur in Jugoslawien 1929–1934, in: E. Oberländer (Hg.), Autoritäre Regime in Ostmittel- und Südosteuropa 1919–1944, Paderborn 2001.

[10] B. PETRAČ, Hrvatska demokratska zajednica i kršćanska demokracija, in: Politička misao 31/4 (1994), S. 111–116.

[11] Z. MATIJEVIĆ, Slom politike katoličkog jugoslavenstva. Hrvatska pučka stranka u političkom životu Kraljevine SHS (1919–1929), Zagreb 1998, S. 331.

[12] Vgl. S. P. HUNTINGTON, The Third Wave. Democratization in the Late Twentieth Century, Norman 1991.

[13] N. ZAKOŠEK, Politički sustav Hrvatske, Zagreb 2002, S. 11–13.

[14] B. Petrač (wie Anm. 10), S. 114.

[15] Vgl. Fokus vom 25.10.2002, S. 17.

[16] N. Zakošek (wie Anm. 13), S. 9; allerdings sind diese Zahlen mit Vorsicht zu nehmen, da schätzungsweise 40 % der Einkommen in Kroatien illegal, auf Schwarzmärkten erwirtschaftet werden.

[17] Bei den Wahlen vom 23.11.2003 zum Sabor, dem kroatischen Parlament, ergab sich folgende Sitzverteilung: HDZ: 66, Sozialdemokraten: 43, HSLS/DC: 3, HSU: 3, HSP: 8, HSS: 10, Kroatische Nationalpartei: 11, Minderheiten: 7 Sitze, HDSS: 1 Sitz. Ministerpräsident Ivo Sanader führt seit Dezember 2003 eine Koalitionsregierung, der neben seiner Partei (HDZ) das Wahlbündnis HSLS/DC angehört. Unterstützt wird die Minderheitsregierung von der HSS und Abgeordneten der Parteien der Minderheiten.

Christliche Demokratie in Slowenien

Janko Prunk

Die christliche Demokratie in Slowenien ist aus der christlich-sozialen Bewegung hervorgegangen; die Gründung christlich-demokratischer Parteien erfolgte relativ spät. Erst in den 1890er Jahren entstand im Zusammenhang mit den politisch-sozialen Entwicklungen in Slowenien eine christliche Partei, die sich besonders um die Autonomie des Landes bemühte. Erstaunlich ist diese verspätete Entstehung der christlichen Demokratie Sloweniens insofern, als die christlich-soziale Bewegung hier schon eine längere, beachtliche Tradition hatte. Christliche Demokratie und christlich-soziale Bewegung müssen also für die hier behandelte Region streng unterschieden werden.

1. Zur Entstehung der Christlichen Demokratie

Die Programmatik der christlich-sozialen Bewegung konzentrierte sich vor allem auf soziale und gesellschaftliche Fragen; sie orientierte sich am Grundsatz der sozialen Gerechtigkeit und entfaltete vor allem sozial-caritative Aktivitäten; ihr Hauptanliegen war die Sorge um die Schwachen in der Gesellschaft. Doch zeigte die christlich-soziale Idee und Bewegung Sloweniens große Vorbehalte gegenüber der modernen Demokratie und liberalen Ordnungsidee, die in den Augen der vor allem an traditionellen Sozialvorstellungen orientierten Bevölkerung einseitig die menschliche Freiheit betonte. Erst im Jahre 1944 sollte sie sich – unter nunmehr völlig veränderten Bedingungen – der liberal-demokratischen Idee öffnen. Bis dahin kann der Begriff *Christliche Demokratie* auf die christlich inspirierte Programmatik und Bewegung nicht oder nur mit Vorbehalt angewandt werden.

Die christlich-soziale Bewegung Sloweniens orientierte sich eng an der kirchlichen Soziallehre. Prägend für die Bewegung waren vor allem die Ideen der Sozialenzyklika *Rerum novarum: Über die Arbeiterfrage* Leos XIII. (1891) und der nachfolgenden päpstlichen Rundschreiben.[1] Diese Enzykliken hatten einerseits für die Gesellschafts- und Arbeitsordnung reformerische Grundsätze vertreten; in politisch-staatlicher Hinsicht blieben die päpstlichen Rundschreiben jedoch zurückhaltend, da sie die bestehenden monarchischen Ordnungen nicht gefährden wollten. So wurde entsprechend der katholischen Soziallehre jener Zeit die christlich-soziale Idee nur in den Grenzen sozialcaritativer Bewegungen und Programmatik konzediert.[2]

Unter der kommunistischen Diktatur wurden christlich-soziale Ideen und die Christliche Demokratie verboten; erst 1989 konnte sie sich frei entfalten. Das bedeutet, dass bis dahin für die Slowenen Christliche Demokratie praktisch nur im Exil (u. a. in Italien, Österreich und in der Diaspora in Argentinien, Kanada und den USA) möglich war.

2. Die christlich-soziale und christlich-demokratische Bewegung seit 1890

Zunächst möchte ich die Entstehung der slowenischen Christlichen Demokratie im späten 19. Jahrhundert und ihr Verhältnis zur christlich-sozialen Bewegung unseres Landes darstellen. Die Anfänge der christlich-sozialen Bewegung liegen in der Habsburger Monarchie zu Beginn der 1890er Jahre. Inspiriert wurde diese Bewegung vor allem von Karl von Vogelsang (1818–1890), dem bedeutenden Sozialreformer und Begründer der christlich-sozialen Bewegung in Österreich. Doch die wichtigen Orientierungen für die Christlichsozialen Sloweniens bot die Enzyklika *Rerum novarum*.

Der Inspirator und Organisator dieses Ideenspektrums war Janez Evangelist Krek (1865–1917). Er war Theologe, Soziologe und Journalist und übernahm 1892 eine Professur für Philosophie am Priesterseminar in Ljubljana. Seine sozialethischen und politischen Intentionen konzentrierten sich besonders auf den Schutz der Kleinbauern und Arbeiter; ferner wandte er sich entschieden gegen Bestrebungen der Germanisierung der slowenischen Bevölkerung durch Österreich. Er engagierte sich für die Vereinigung der südslawischen Völker. Krek war etliche Jahre Abgeordneter im Parlament in Wien, wo er ein entschiedener Verfechter des Konstitutionalismus war. Im Jahr 1892, dem Jahr seiner Berufung als Professor ans Priesterseminar in Ljubljana, fand die erste slowenische katholische Generalversammlung statt. Auf ihr wurde die Gründung der *Christlichsozialen Katholischen Volkspartei der Slowenen* beschossen; ferner wurden bei diesem Kongress auch die programmatischen und organisatorischen Grundsätze der christlich-sozialen Bewegung entworfen. Krek begann 1894 mit der Gründung der Bauernsparkassen auf genossenschaflicher Basis im Sinne der Raiffeisenkassen in den deutschen Landen.

Ihre Grundidee war der Genossenschaftsgedanke, d. h. die soziale Selbsthilfe mit (subsidiärer) Unterstützung des Staates – eine Idee, die Krek auch für die im selben Jahr gegründete Arbeiterorganisation vertrat. Mit der Unterstützung der Bauern und der Arbeiterschaft sowie ihrer genossenschaftlichen Programmatik schuf die Katholische Volkspartei zugleich eine breite demokratische und soziale Basis.[3] Bereits um die Jahrhundertwende war sie die führende politische Kraft in Slowenien. Von den ersten freien Wahlen im Jahre 1905 bis zu den letzten von 1938 war sie die mit Abstand stärkste Partei des Landes. Während des Ersten Weltkriegs war der Wille, aus dem Staatenverband der Habsburger Monarchie auszuscheiden, vorrangiges politisches Ziel. In der sogenannten Mai-Deklaration von 1917 forderte die Christlichsoziale Partei im Parlament in Wien die Errichtung eines selbständigen Staates, der Slowenien, Kroatien und Serbien umfassen sollte. Auch in dem 1918 geschaffenen jugoslawischen Staat nahm die Partei eine führende Stellung ein, auch wenn sie zur Mehrzahl der Regierungen in Opposition stand.[4]

Im Jahr 1905 erfolgte die Umbenennung der Partei in *Slowenische Volkspartei* (SVP). Mit ihrem neuen Namen wollten die Christlichsozialen anzeigen, dass ihnen ganz besonders an der Lösung der slowenisch-nationalen Frage gelegen war. Diese Forderung sollte neben der Lösung der sozialen Frage zum wichtigsten Programmpunkt werden. Im Bewusstsein dieser besonders heiklen Problematik hatten sich die Christlichsozialen schon seit 1898 für enge politische Bindungen an Kroatien ausgesprochen. Man strebte an, mit Hilfe eines verbesserten national-politischen Statuts ein autonomes Kroatisch-Slowenisches Gemeinwesen mit staatsähnlichen Befugnissen im Rahmen der Habsburger Monarchie zu bilden. Es sollte eine ähnliche Selbständigkeit haben wie die im Reichsrat in Wien vertretenen Königreiche und Länder. Auf diese Weise sollte also der Dualismus Österreich-Ungarn in einen Trialismus mit den vereinigten südslawischen Gebieten überführt werden.[5]

3. *Die Christlichen Demokraten Sloweniens in Jugoslawien*

Dies führte gegen Ende des Ersten Weltkriegs, im Oktober 1918, zum Bruch der staatlichen und politischen Beziehungen mit Österreich und Ungarn und zur Gründung eines selbstständigen Staates der Slowenen, Kroaten und Serben mit Zagreb als Zentrum. Diese Vereinigung erfolgte durch Beschlüsse des Sabors, des kroatischen Parlaments und der Slowenischen Volkversammlung, doch hatte dieser Zusammenschluss nur einen Monat Bestand. Danach wurde dieser Staat auf Druck Serbiens mit dessen Herrschaftsgebiet in das Königsreich der Serben, Kroaten und Slowenen, das sogenannte erste Jugoslawien, aufgenommen.

Die Christlichsoziale Partei brachte für Slowenien schon vor dem Ersten Weltkrieg eine lebhafte Entwicklung auf allen Gebieten des politischen, sozialen, kulturellen und wirtschaftlichen Lebens zu Gange. Erfolgreich nahm sie die christlich-soziale Doktrin der katholischen Kirche in ihre Programmatik auf. Aufgrund ihrer programmatischen Flexibilität und politischen Ausrichtung vermochten die Christlichsozialen eine wesentlich erfolgreichere Politik zu treiben als die liberalen und sozialistischen Konkurrenzparteien, die sich zu eng an die Vorbilder der jeweiligen mitteleuropäischen Parteien anlehnten. Deren Konzepte waren jedoch aufgrund der politisch-sozialen Konstellationen Sloweniens für die dortige Situation kaum praktikabel. In ihrer sozialpolitischen Ausrichtung und ihrem gesellschaftlichen Engagement waren die Christlichsozialen eher eine linke Bewegung, ideenpolitisch jedoch waren sie konservativ ausgerichtet, wobei sie auch antiliberale und antisozialistische Vorstellungen vertraten.[6]

Mit den neuen politischen und gesellschaftlichen Verhältnissen im Königreich Serbien, Kroatien, Slowenien (ab 1929 Königreich Jugoslawien) ergaben sich auch neue außenpolitische Beziehungen für das Land und die Slowenische Volkpartei, die sich als politische Repräsentantin aller Slowenen sah. Das jugoslawische Herrschaftsgebilde dagegen war ein Staat mit starker Hegemonie des serbischen Volkes. Es hing überwiegend anderen religiösen und politischen Vorstellungen an und hatte kein Verständnis für eine christlich-soziale Programmatik und eine christlich bzw. kirchlich geprägte politische Bewegung.

Als Gründe lassen sich anführen: 1. Das serbische Volk ist überwiegend orthodox, doch hat die Orthodoxie grundsätzlich ein distanziertes Verhältnis zum christlich-sozialen und christlich-demokratischen Gedankengut.[7] 2. Die politischen Eliten Serbiens hatten wesentlich andere Einstellungen zur Liberalität und waren profranzösisch orientiert. 3. Die Serben sind von ihrer religiösen und kulturellen Prägung her überwiegend etatistisch und zentralistisch eingestellt.

Von daher gab es ein erhebliches Konflikt- und Spannungspotential zwischen serbischem Staat und serbischer Gesellschaft auf der einen sowie den Slowenen und der Slowenischen Volkspartei auf der anderen Seite.

Dennoch war das erste Jugoslawien – zumindest im ersten Jahrzehnt seines Bestehens – ein konstitutioneller Staat, der den politischen, sozialen und kulturellen Bewegungen und Organisationen der Völker, die früher unter der Habsburger Monarchie gelebt hatten, einen beträchtlichen Spielraum ließ. Der jugoslawische Staat arrangierte sich auch mit der katholischen Kirche, der er neben der orthodoxen Kirche einen rechtlich geschützten Status einräumte. Zwar gab es kein Konkordat zwischen dem Königreich Jugoslawien und der katholischen Kirche, doch waren die Verhältnisse zwischen Kirche und Staat weitgehend geordnet.[8]

Die Slowenische Volkspartei behielt ihre führende politische Rolle unter den Slowenen bei. Sie verlor bei den Wahlen für die Jugoslawische Verfassung im November 1920 zwar Stimmen zu Gunsten der Liberalen und Sozialisten, aber schon bei den Gemeindewahlen im Frühjahr 1921 gewann sie 66 % der Wählerstimmen. Ähnlich gute Resultate erreichte sie auch bei den folgenden Parlamentswahlen im März 1923 und bei allen weiteren Parlamentswahlen während der Phase des demokratischen Regimes. Die Partei hatte in dem katholischen Priester, Dr. Anton Korošec (1872–1940), einen hervorragenden politischen Führer. Er konnte schon im Wiener Parlament politische Erfahrungen sammeln[9] und wurde zum Präsidenten des Staats der Slowenen, Kroaten und Serben gewählt. 1928/29 wurde Korošec als erster Nichtserbe jugoslawischer Premierminister, doch scheiterte er an den tiefen Konflikten zwischen Slowenen und Kroaten auf der einen und den Serben auf der anderen Seite.

Korošec war durch die christliche Soziallehre geprägt; die Grundlagen seiner Programmatik waren Solidarität, rechtsstaatliche und demokratisch-parlamentarische Ordnung sowie der Grundsatz des politischen Gleichgewichts. Der Priester und Politiker bekämpfte den politischen Liberalismus und den Sozialismus gleichermaßen, insbesondere dessen revolutionäre und kommunistische Varianten. Obwohl er agrarisch-sozialen Interessen eng verbunden war, verfolgte er zugleich auch die gesellschaftliche und politischen Modernisierung der slowenischen Gesellschaft; entsprechend teilte Korošec den bürgerlich-kapitalistischen Kreisen in der Slowenischen Volkspartei immer mehr Positionen zu. Es gelang ihm trotz seines programmatischen Eintretens für die Autonomie Sloweniens immer wieder, pragmatisch Kompromisse mit den zentralistischen Kräften Belgrads zu erzielen und dem unter der Hegemonie der christlich-sozialen SVP stehenden Slowenien in jener Phase ein beachtliches Ausmaß an Autonomie zu sichern.[10]

Nach 1930/31 vermehrten sich innerhalb der Partei die

ideologischen, sozialen und politischen Spannungen vor allem zwischen der bürgerlichen Führungsgruppe der Partei und ihrem linken Arbeiterflügel, der immer stärker sozialistische Ideen vertrat, so dass sich die letztere Gruppe von der SVP lossagte.

Das wiederum rief in der Partei und in der gesamten christlich-sozialen Bewegung die radikaleren, katholisch-integralistischen Kräfte auf den Plan, die einen korporativistischen Kurs befürworteten und nach 1935 alle anderen politischen Richtungen innerhalb der SVP und des gesamten slowenischen politischen Lebens dominierten.[11]

Anton Korošec versuchte, die herkömmliche christlich-soziale und christlich-demokratische Linie zu verfolgen und die Autonomie Sloweniens im Jugoslawischen Königreich gesetzmäßig zu verankern, doch wurde das Land schon kurz nach seinem Tode im Dezember 1940 in den Krieg hineingezogen. Slowenien wurde von den faschistischen Ländern Deutschland, Italien und Ungarn besetzt und zerstückelt; sein Schicksal schien besiegelt zu sein. Die politische Führung und die Slowenische Volkspartei beugten sich dem Druck der Besatzer und fügten sich äußerlich der Okkupation. Man wusste keinen anderen Ausweg; möglicherweise hoffte man, so die Kollaboration zu vermeiden und bis zur Niederlage der Besatzungsmächte ausharren zu können.

Doch war der Wille der Slowenen, sich den Besatzern zu widersetzen, keineswegs erloschen. Die Bereitschaft zur Gegenwehr in der Gesellschaft nutzten vor allem die Kommunisten und ihre Verbündeten, die linken Splittergruppen. Schon ab Juli 1941 organisierten sie einen bewaffneten Widerstand, der auch in der Bevölkerung breite Unterstützung fand. Zugleich nutzten die Kommunisten diese Situation, um ihre bürgerlichen Gegner aus den führenden Positionen auszubooten und eine kommunistische Revolution anzuzetteln.

Nach dem Ende des Zweiten Weltkriegs wurde so die kommunistische Diktatur im jugoslawischen Slowenien installiert. Für den Zeitraum von fast genau 45 Jahren war damit die Existenzgrundlage der christlich-sozialen und christlich-demokratischen Bewegung zerstört. Die Christlichen Demokraten wurden ins Exil getrieben. Führer dieser Exilgruppen war seit 1942 Dr. Miha Krek. 1945 wurde von den Christlichen Demokraten Sloweniens ein neues Parteiprogramm verabschiedet, das vorsah, das Gemeinwesen nach christlich-demokratischen Prinzipien zu ordnen. Doch konnte angesichts der Bedrohungen durch den Kommunismus ein solches Programm nicht realisiert werden.

4. Die Christliche Demokratie in der Republik Slowenien

Im politischen Frühling, der für die Slowenen 1988 anbrach, entstand mit den ersten demokratischen Oppositionsgruppen im März 1989 auch die christlich-soziale Bewegung neu. Im April 1990 fanden die ersten demokratischen Wahlen statt. Einen Tag nach dem Austritt aus dem jugoslawischen Staat am 25. Juni 1991 griff die jugoslawische Volksarmee Slowenien an, doch wurden auf Druck der EU-Mission nach zehntägigen Kampfhandlungen die Gefechte eingestellt. Am 8. Oktober 1991 trat die Unabhängigkeit der „Republik Slowenien" formell in Kraft; das Land wurde kurz danach auch Mitglied in der KSZE bzw. OSZE, der UNO und des Europarats. Sloweniens Weg in die Europäische Union ist vorgezeichnet, die Eingliederung in die EU war schon früh zentraler außenpolitischer Programmpunkt.

Die mit der slowenischen Perestroika aufkeimende christlich-soziale Bewegung setzte sich in der Gründungsphase vorwiegend aus jungen, zumeist katholischen Intellektuellen zusammen, deren politische Vorstellungen als personalistisch zu kennzeichnen sind. Etwas später schlossen sich der Bewegung auch ältere politisch interessierte Katholiken an, mit denen sich der Einfluss der katholischen Kirche verstärkte. Slowenien ist traditionell ein katholisches Land; über 80 % der Bevölkerung bekennen sich zum Katholizismus. Seit dem Zusammenbruch des kommunistischen Jugoslawien und der Erlangung der Souveränität ist jedoch das Verhältnis zwischen der katholischen Kirche und dem Staat noch nicht geregelt. So gab es bisher z. B. staatlicherseits nur zaghafte Schritte zur Rückgabe kirchlichen Eigentums. Auch gibt es keinen Religionsunterricht in staatlichen Schulen (Jan Senkyr). Konkordatäre Abmachungen mit dem Vatikan stehen noch aus. So obliegt der Christlichen Demokratiebewegung mit den allgemeinen politisch-gesellschaftlichen, nationalen und internationalen Entwicklungen und nicht zuletzt den religionspolitischen Fragen ein großes Aufgabenfeld.

Im November 1989 erfolgte die Gründung der *Slowenischen Christlichen Demokraten* (SKD) unter dem Vorsitz von Lojze Peterle, der zeitweilig auch Premierminister war. Die Programmatik richtete sich vor allem an der CDU Deutschlands und der Österreichischen Volkspartei aus, die die neue Partei offen unterstützten.[12] Die slowenischen Christdemokraten waren Teil der seit Ende 1989 zur Koalition zusammengeschlossenen *Demokratische Opposition Sloweniens* (DEMOS). Diese antikommunistische Oppositionsbewegung, der neben den neuen demokratischen konservativ-bürgerlichen Parteien auch die Reformkommunisten angehörten, stellte seit Anfang der 1990er Jahre die Regierungskabinette, die alle auf Koalitionen beruhten.

Grob betrachtet kann man die Konfliktlinien des politisch-gesellschaftlichen Diskurses in Slowenien wie folgt beschreiben: Auf der einen Seite stehen die Kräfte mit konservativen, christlichen und antikommunistischen Überzeugungen, auf der anderen Seite herrschen links-liberale und antireligiöse bzw. antiklerikale Einstellungen vor.

Das Bündnis der Mitte-Rechts-Parteienkoalition im Rahmen der DEMOS-Bewegung erwies sich als wenig stabil. Schon nach wenigen Wochen kam es zu einer ernsten Krise. Die Polarisierungen betrafen vor allem Fragen der näheren und ferneren politischen Vergangenheit, die auch nach dem Abschütteln der kommunistischen Herrschaft nicht gelöst oder aufgearbeitet werden konnten. Die Konflikte in der „Frühlingsallianz" wurden vor allem zwischen den Sozialdemokraten und den Koalitionspartnern ausgetragen. Zugleich war es auch innerhalb dieses Zusammenschlusses Mitte der 1990er Jahre zu Zerwürfnissen wegen des neuen Mehrheitswahlrechts gekommen.

Zunächst hatte die SKD unter Lojze Peterle in der Regierungsverantwortung gestanden. In ihrer Programmatik verfolgte die Partei die Unabhängigkeit des Landes, den Aufbau einer demokratisch-rechtsstaatlichen Ordnung, den Beitritt Sloweniens zur EU und – in Ansätzen – die Einführung einer Sozialen Marktwirtschaft.

Die Christendemokraten vertraten ein Gesellschaftsideal, das nach der langen Isolierung des Landes und infolge der kommunistischen Herrschaftspraxis im Vergleich zu den westlichen christlich-demokratischen Parteien als veraltet angesehen werden muss. Zudem war die politisch-programmatische Arbeit der SKD von hohen christlichen und moralischen Ansprüchen getragen – ein Verhalten, das die Kritik und den Widerwillen vieler Katholiken und nicht zuletzt auch von anderen Parteien hervorrief.[13] So wurden die Christdemokraten schon im Mai 1992 aus der Regierung verdrängt. Aber die Wählerschaft honorierte ihre Haltung bei den folgenden Wahlen im Dezember 1992 mit einem noch besseren Wahlergebnis. Dabei bekam die Partei 15 %. Das hatte zur Folge, dass sie in die neue Koalitionsregierung der zur ersten politischen Kraft erstarkten Jungliberalen um

Janez Drnovšek aufgenommen wurde. Die folgende Legislaturperiode war gekennzeichnet durch ideologische und politische Streitigkeiten der beiden Kontrahenten.[14]

Der Einfluss der Christendemokraten im Regierungsbündnis schrumpfte allmählich, während die Liberaldemokraten einen Machtzuwachs verbuchen konnten. Zu den allgemeinen slowenisch-nationalen Problemen kamen weitere politisch-gesellschaftliche Streitfragen, teilweise im christlich-sozialen Lager selbst, hinzu. Zur christlich-demokratischen Bewegung gehörte nämlich seit dem Frühjahr 1989 neben den Christlichen Demokraten auch die *Slowenische Bauernpartei*, die seit 1992 *Slowenische Volkspartei* heißt. Sie beruft sich auf die gleichen christlich-moralischen und sozialen Werte wie die Christlichen Demokraten und erreichte fast die gleiche Stärke. Bei den Wahlen 1996 wurde sie sogar doppelt so stark wie die Christlichen Demokraten und ersetzte diese in der Koalitionsregierung. Schließlich kam es vor den Neuwahlen zum Slowenischen Parlament im Jahre 2000 zur Vereinigung der beiden christlichen Parteien, die seither den Namen *Slowenische Volkspartei SLS/SKD* tragen. Die Fusion war nicht zuletzt durch die Vermittlung der katholischen Kirche zustande gekommen. Doch schon nach drei Monaten platzte die Parteienkoalition aufgrund personeller und sachlicher Konflikte wieder auseinander.[15] Größere Teile des Parteienbündnisses sind in der christlich-demokratisch ausgerichteten *Partei Neues Slowenien/Christliche Volkspartei* (NSI) aufgegangen.

Anmerkungen

1 Vgl. hierzu den Beitrag von Rudolf UERTZ in dieser Publikation.

2 Diese Zusammenhänge verkennt Pavel RANT, Krščanska demorkacija in Slovenci (Die christliche Demokratie und die Slowenen), Buenos Aires 1984.

3 Walter LUKAN, Die christlichsoziale Bewegung bei den Slowenen bis zum Zerfall der Habsburgmonarchie, in: Christliche Demokra-

tie 4 (1986), S. 149–158; Fran ERJAVEC, Zgodovina Katoliškega gibanja na Slovenskem (Geschichte der Katholischen Bewegung in Slowenien), Ljubljana 1928; Janko PRUNK, Pot krščanskih socialistov v Osvobodilno fronto slovenskega naroda (Der Weg der christlichen Sozialisten in die Befreiungsfront des slowenischen Volkes 1918–1941), Ljubljana 1977.

[4] Diese Position hatte sie für fast ein halbes Jahrhundert, d. h. bis zur kommunistischen Machtübernahme gegen Ende des Zweiten Weltkriegs inne; vgl. J. PRUNK, Slowenien, ein Abriss seiner Geschichte, Ljubljana 1997; DERS., Kratka zgodovina Slovenije, Ljubljana 1998.

[5] Vgl. J. PRUNK (wie Anm. 4).

[6] Vgl. EBD.

[7] Zu den Grundproblemen der orthodoxen Kirchen mit der christlichen Sozialethik und einem christlich-demokratischen Politikverständnis vgl. R. UERTZ, Einführung in die politische Theorie des russisch-orthodoxen Christentums, in: Die Grundlagen der Sozialdoktrin der Russisch-Orthodoxen Kirche. Deutsche Übersetzung mit Einführung und Kommentar, hg. von Josef Thesing/Rudolf Uertz, St. Augustin 2001, S. 134–173, hier S. 137–152.

[8] Vgl. J. PRUNK (wie Anm. 4).

[9] Vgl. Feliks J. BISTER, Majestät, es ist zu spät ... Anton Korosec und die slovenische Politik im Wiener Reichsrat bis 1918, Wien 1995.

[10] Vgl. J. Prunk, Politične koncepcije slovenskega meščanstva v stari Jugoslaviji (Die politischen Konzeptionen des slowenischen Bürgertums im alten Jugoslawien), in: Prispevki za zgodovino delavskega gibanja 22 (1982), S. 117–134; DERS., Die slowenischen christlichen Sozialisten im alten Jugoslawien, in: Österreichische Osthefte 24 (1982), S. 155–190.

[11] Vgl. J. PRUNK (wie Anm. 10).

[12] A. VOVKO, Slovenski krščanski demokrati (SKD) und J. PRUNK, Demos – instrument demokratičnega prehoda, in: Časopis za zgodovino in narodopisje 3/4 (2001), S. 381–398; 341–352.

[13] J. PRUNK, Grußwort auf dem 2. Kongress der Slowenischen christlichen Demokraten, in: Sozialdemokrat Juni 1992.

[14] J. PRUNK, Kratka zgodovina Slovenije (wie Anm. 4), S. 217.

[15] EBD., S. 222f., 228f.

La Démocratie chrétienne en Roumanie

Stefan Delureanu

La Roumanie a été le dernier des États de l'Europe centrale et orientale a se débarrasser des anciennes structures du pouvoir et le seul a s'en défaire par la violence. Isolée et soumise à des privations indicibles et à une répression sans pareil, sa population n'a pu connaître pendant de longues années que des priorités élémentaires. Avant même de penser aux droits de l'homme, elle dut se limiter à penser tout d'abord à la survie.

La société roumaine fut amenée partant à manquer de multiplicateurs d'opinion capables de diffuser les valeurs définitoires auxquelles la moitié libre de l'Europe s'était attachée depuis près d'un demi-siècle, pendant lequel le pays abandonné à la zone d'influence communiste ne connut aucune consultation démocratique. Proscrite si longtemps toute pensée non conforme aux canons du régime, des doutes et des soupçons sur la conduite des premiers interlocuteurs roumains du Conseil de l'Europe étaient dès le début plus que légitimes, alimentés comme ils l'étaient par des évènements tels les visites guidées des mineurs à Bucarest ou les troubles de caractère interethnique ou interculturel dans certaines localités.

Les alliances souscrites par la majorité gouvernementale avec des formations extrémistes et avec un parti qui ne cessait de se réclamer de l'héritage communiste ne faisaient que renforcer les suspicions qui pesaient sur le nouveau pouvoir. Devant une pareille situation, la procédure d'admission du pays au Conseil de l'Europe a joué à la fois un rôle d'information, d'éducation et d'apprentissage et un rôle de moyen de pression démocratique afin d'obtenir du gouvernement des engagements précis et de faciliter ainsi les transformations envisagées.

Son admission à l'organisation-symbole de l'attachement aux droits de l'homme et aux libertés fondamentales marquait – sans constituer pourtant une ratification d'un succès visible – son retour dans une famille européenne dont seulement des circonstances historiques et la géographie l'avaient éloigné pour une cinquantaine.[1] Le processus de transformation roumain a été entre 1990 et 1996 un mélange complexe de tentatives de redécouvrir et faire revivre des traits positifs de la vie politique d'avant 1938 et de tentatives de revenir à la compétitivité européenne. L'expérience des principales forces politiques se trouvant à l'opposition jusqu'en 1996 illustre ce dualisme.

Trois de ces partis, le Parti National Paysan Chrétien-Démocrate (PNPCD), le Parti National libéral (PNL) et le Parti Social-Démocrate (PSD) étaient des partis historiques, supprimés en 1938 par le roi Charles II, revenus à une vie publique éphémère en 1944 et supprimés à nouveau en 1947. Autour d'eux se formèrent de nouveaux partis et mouvements tels le Parti de l'Alliance Civique (PAC) et le Parti démocrate (PD).

Ce mélange de tradition et de renouveau a avancé lentement, particularisé souvent par des alliances et des divisions compliquées. Malgré la lenteur et la difficulté de la transition, la majorité des roumains croit en un destin occidental et démocratique du pays. C'est ce sentiment clair d'une pareille orientation, mise en doute par une partie du spectre politique, en perte de vitesse, qui a fourni un cadre moins étroit et incohérent au processus interne. La première phase de la vie politique de la Roumanie d'après la chute du régime communiste a été une période de mobilité psychologique et de grande incertitude pendant laquelle, malgré l'ouverture au changement, on éprouva l'impression inquiétante de la présence en place d'éléments importants de l'ancien ordre.

Cette période initiale culmina avec les élections du mois de mai 1990. Le Front du Salut National (FSN) exploita sa position de domination presque totale pour tourner la campagne en sa faveur, en utilisant la TV nationale comme instrument de propagande et les ressources de l'État en intérêt propre. La police secrète continua les anciennes pratiques d'infiltration et de harcèlement politique créant une atmosphère d'intimidation dans les rangs d'une opposition qui manquait d'expérience.

La période successive dès mai 1990 jusqu'à octobre 1992 a été une des plus controversées, commencée par le moment bas de la vie politique roumaine d'après 1989: la visite à Bucarest en juin 1990 de milliers de mineurs qui interrompirent violemment une manifestation pacifique de la Place de l'Université. Non seulement ils se déchaînèrent contre les manifestants mais saccagèrent et dévastèrent les sièges des partis d'opposition et des journaux indépendants. Les partis d'opposition continuèrent toutefois à fonctionner, une presse de différentes orientations entra en scène, des groupements intéressés au respect des droits de l'homme devinrent actifs.

Deux premiers ministres, Petre Roman et Theodor Stolojan contribuèrent à l'essor réformateur au niveau central, en formant un cadre pour la transition vers une économie de marché et en prenant des initiatives partielles dans l'administration publique et la préparation juridique. Une nouvelle Constitution fut adoptée par référendum en 1991. En 1992 la Roumanie passa par une seconde série d'élections. Les élections locales se soldèrent par la victoire de l'opposition dans les cités, un indice de l'acceptation du pluralisme comme trait du système.

Acceptées comme libres et correctes par la communauté internationale, les élections de 1992 accrurent la crédibilité du président Iliescu à l'extérieur et conduisirent à une normalisation graduelle des relations de la Roumanie avec l'Europe et les États Unis. En 1993 la Roumanie adhéra au Conseil de l'Europe et au Partenariat pour la Paix. On forma un gouvernement de coalition du parti d'Iliescu avec trois des partis nationalistes, conduit par Vacaroiu, un *leader* loin de l'efficience et non inspiré, partisan d'une réforme lente qui eut en réalité des éléments de stagnation et même de regrès. Certaines réformes initiées par les gouvernements de Roman et de Stolojan échouèrent. La bureaucratie de l'État fut fortement politisée, on consolida le contrôle du parti dominant sur l'État. Un Parlement inefficace aggrava la tendance de beaucoup de roumains de garder avec méfiance les politiques. La corruption parmi l'officialité devint un problème majeur.

En 1996 le résultat des élections fut une victoire de la Convention Démocratique Roumaine (CDR) et une bonne position du parti de Roman: 30 % pour la CDR, 13 % pour la coalition dirigée par Roman, 7 % pour l'Union Démocratique Hongroise de Roumanie (UDHR). La CDR s'unit à cette coalition et à l'UDHR pour former une majorité stable. Emil Constantinescu réussit un score de 54,5 % au ballottage des présidentielles. Le gouvernement fut formé par Victor Ciorbea, un *leader* syndical, les ministères économiques furent confiés aux PNPCD, Roman devint président du Sénat.

Pour la première fois en un demi-siècle la Roumanie connaissait une alternance pacifique au pouvoir.[2] Les élections de novembre 1996 marquaient le plus important tournant politique du pays après la chute du communisme. Mais lorsque le gouvernement de coalition démocratique prit les rênes du pouvoir, le sentiment dominant que la nouvelle conjoncture politique offrira à la Roumanie une deuxième chance, s'accompagna de la conscience qu'elle aurait pu constituer aussi la dernière possibilité de réussir à réaliser la transformation sans traverser une période de chaos provoquée par la situation économique désastreuse.

Peu après l'installation au pouvoir et tout en faisant confiance à son programme, le nouveau gouvernement ne réussit pas à garder la cohésion et celapas à cause des opposants de l'extérieur. D'une manière surprenante, quelques éléments de la coalition commencèrent à occuper des positions défensives et à s'éloigner de la stratégie définie, à mesure que la distance entre les attentes publiques énormes produites par un imprudent calendrier populiste et la minceur des résultats augmentait. Après avoir déterminé les buts et les composantes de son programme de réformes, le cabinet oublia de redire à la société que les bénéfices arrivent seulement grâce à un travail de longue haleine et au bout de tant de souffrances. Le seul à en faire référence a été le premier ministre Ciorbea du PNPCD, qui en le présentant au peuple avait promis „du sang, du labeur, des larmes et de la sueur".

La force politique dominante de la coalition de gouvernement était le PNCPD, dont la position aux origines fut à gauche, dans la période de l'après communisme à droite et dont les responsabilités gouvernementales le poussèrent vers le centre. Il a adopté un programme libéral orienté vers l'économie de marché, mélange de choix et de nécessité plutôt qu'une option conforme à sa vision politique. Paradoxe de la vie politique roumaine, le PNPCD a sa base électorale dans les cités tandis que les socialistes de Iliescu trouvent l'appui principal dans les zones rurales.

Le plus fort partenaire de la coalition avec le plus grand numéro de postes ministériels, le PNPCD a attiré beaucoup de souteneurs en retard, une tendance susceptible de porter préjudice à un engagement dans des mesures impopulaires. La récente adjonction de la particule CD au nom ancien du parti a aidé à la construction de ses relations internationales avec la démocratie chrétienne occidentale et à identifier mieux un groupement qui se réclame dès origines de la matrice chrétienne. Le PNL, le plus jeune parti de la coalition, déclara le plus fort engagement dans la transition à l'économie de marché, mais les factions rivales qui le divisaient affaiblirent sa participation au gouvernement.

Le PD qui semblait le plus engagé des partenaires de la coalition n'assuma aucune responsabilité pour la stratégie économique, en se réservant les affaires extérieurs et la défense. Il cultiva une démarche hésitante et un ensemble de moyens habiles destinés à le tenir loin des mesures impopulaires et a lui épargner ainsi l'érosion électorale, un but bien servi parallèlement par une critique aux partenaires de gouvernement, exercée de l'intérieur, comme s'il se serait trouvé à l'opposition. La Roumanie d'après 1990 a commencé avec un président fort, Iliescu et avec un premier ministre relativement fort, Petre Roman. A évolué avec un président fort et un premier ministre faible. La situation la plus défavorable – à éviter absolument parce que nuisible au processus de réforme – s'est, hélas, produite: un président faible avec trois premiers ministres faibles (Ciorbea, Radu Vasile, Mugur Isarescu).

La fin des années ‚90 représente un moment définitif pour la démocratie roumaine. La capacité d'accomplir les aspirations vers le changement exprimée aux élections de 1996 et de consolider la nouvelle démocratie dépend de l'apparition d'une société civile évoluée, d'une culture politique démocratique. En ce sens, les desiderata de 1996 rappellent celles des années ‚20 alors qu'on créa des institutions démocratiques mais qui ont cédé aux tentations d'autoritarisme et nationalistes des années ‚30. La Roumanie reste pourtant le seul pays de l'après-communisme dans lequel les partis „historiques" ont un rôle important dans le nouveau paysage politique. La continuité ne peut être en grande mesure que d'ordre symbolique. Le PNPCD a ses partenaires parmi les électeurs urbains et atténue son nationalisme d'avant guerre. Le parti libéral se dirige vers une classe moyenne à développer. Les partis politiques ne sont plus structurés par identités et appartenances traditionnelles, détruites, ni par intérêts. La culture politique est au moment un collage d'éléments empruntés sélectivement au passé et aux modèles occidentaux, avec des improvisations peu brillantes de la période d'après 1989.

Choisir une tradition pour un présent désire démocratique n'est pas facile étant donné le poids de deux héritages non libérales: celui du paternalisme communiste axé sur l'État et celui du nationalisme d'avant-guerre axé sur la communauté rurale et l'orthodoxie. Le développement d'une culture politique démocratique s'avère vital pour l'appui des nouvelles institutions et pratiques parlementaires. Le gouvernement installé au pouvoir en 1996 a essayé de se détacher clairement du passé. Il a traité l'opposition en partenaire légitime. Du reste, Iliescu lui-même a fait possible le transfert pacifique du pouvoir et a signé le traité avec l'Hongrie qui a dégonflé le ballon nationaliste. Les pays de l'Europe Centrale où la réforme a réussi au mieux ont un système parlementaire. En Europe Sud-Orientale prévaut encore un système présidentiel, mélange d'autoritarisme et de réformes échouées.[3] Réussira-t-elle, la Roumanie, à passer à un système parlementaire avec la nouvelle Constitution qu'elle se propose?

Les partis démocrates-chrétiens remontent en Europe Centrale et Orientale à la fin du XIXe siècle et au début du XXe lorsqu'ils apparaissent à la suite de l'Encyclique *Rerum Novarum*, envisagent des solutions conformes aux problèmes socio-économique du monde moderne. Développée originairement en territoires où le catholicisme est plus fort, la démocratie d'inspiration chrétienne réussit avec le temps à rallier en zone un vaste mouvement populaire des appartenants aux autres Eglises, protestantes, uniates, orthodoxes. Parmi les *leaders* de la région, „contemporains de Marc Sangnier et de Luigi Sturzo", fondateurs de partis démocrates-chrétiens, on rappelle des noms comme ceux du Mgr Jan Srámek en Bohème, de Woyciech Korfanty, en Pologne ou de Iuliu Maniu qui creá en Roumanie un puissant parti de la même matrice etc.[4]

Située à l'avant-garde des luttes pour l'affranchissement des peuples, la démocratie chrétienne se rend entre les deux guerres champion des batailles pour la justice sociale dans un monde où la vie des campagnes conserve encore des aspects semi-féodaux, combattant pour accélérer les réformes indispensables, avant tout le progrès des populations rurales. Significativement, pendant la deuxième guerre mondiale et après l'invasion soviétique, les mouvements de la Résistance s'organisent en Pologne, en Hongrie, en Roumanie, en Tchécoslovaquie et en Slovénie, surtout autour des chefs de pareils partis: Bela Varga en Hongrie, Iuliu Maniu en Roumanie, le Mgr. Antonin Stasek en Tchécoslovaquie, Milos Stare en Slovénie, Cyril Ratajsky, Jan Jankowski ou Jerzy Braun en Pologne.[5]

Irréductible, l'opposition des chrétiens au communisme s'exprime tant à l'intérieur des pays abandonnés au joug soviétique qu'en exil. Ils payent de leur personne, remplissent les prisons et les champs de concentration, subissent la persécution avec leurs familles, meurent mort de martyre, une histoire d'épreuves sans nom et sans nombre de la plus longue, impressionnante Résistance à vaste échelle, toute à écrire. Au Congrès des *Nouvelles Équipes Internationales* (NEI)[6] à Fribourg (1952), le roumain George Cioranescu en retraça l'émouvant tableau, en identifiant dans le christianisme la seule force vigoureuse, indomptable, opposée aux régimes communistes.

Un engagement chrétien internationaliste et européen s'opère aussitôt parmi les exilés arrivés en Occident après l'invasion de leurs pays, la suppression de toutes les libertés, l'oppression quotidienne. Chevaliers itinérants ils n'ont pas besoin de nouveaux évènements-choc pour une prise de conscience tant que l'unique espoir de libération de leurs pays réside dans l'unification européenne. L'usurpation, la subversion, l'offensive communiste ne font qu'ajouter un aspect anticommuniste à leur idée européenne.

Ainsi, des dizaines de milliers de réfugiés de „l'autre Europe" colonisent rapidement les mouvements démocratiques d'inspiration chrétienne fondés en Occident et en Amérique comme les NEI et l'Union Chrétienne-Démocrate de l'Europe Centrale (UCDEC). Des „équipes exilées" de Tchécoslovaquie, Pologne, Roumanie, Hongrie, Bulgarie, Lituanie et Slovénie se forment dans l'émigration forcée. La signification de leur présence aux NEI est ainsi traduite par leur président -fondateur, Robert Bichet: „L'Europe que souhaitent les NEI est une Europe libre. La paix qu'elles se proposent d'instaurer ne peut être recherchée en dehors de la liberté, c'est pourquoi nous avons voulu associer à notre action des personnalités exilés qui luttent contre la dictature totalitaire qui accable vos pays. Nous avons voulu signifier pour là qu'on ne peut faire valablement l'Europe qu'avec toute l'Europe. Nous avons voulu aussi que la présence des exilés au sein des NEI constitue pour les peuples opprimés une espérance et la garantie que leurs intérêts légitimes sont d'ores et déjà pris en considération".[7]

Par l'inclusion aux NEI des exilés de la moitié asservie de l'Europe, conscience blessée d'un continent à la recherche de son unité entière, on signale en outre à l'Union Soviétique que sa domination en zone ne peut être que provisoire. A Bruges, au Congrès de l'Union Internationale des Jeunes Démocrates-Chrétiens (UIJDC) – en 1954 – le président Franco Nobili rappelle „les frères de Tchécoslovaquie, d'Hongrie, de Pologne, de Roumanie et d'autres pays" qui essayent de „ressusciter dans leurs patries les partis et les mouvements d'inspiration chrétienne" dans l'espoir de reprendre un jour le combat pour la cause commune „sur le sol de leurs pères".[8] Il n'y a pas de congrès de NEI qui ne réitère la revendication de la réunification allemande, de la libération de l'Autriche et du droit à l'autodétermination des pays captifs, conditions préalables à toute détente réelle.

Le Parti National Paysan Démocrate-Chrétien (PNPCD) de Roumanie se réclame du Parti National (PN) de Transylvanie auquel la Conférence de Sibiu (12 mai 1881) donne son premier programme politique, inspiré par les idées démocratiques du siècle des nationalités: droits des peuples de disposer d'eux-mêmes, suffrage universel, justice sociale. Le PN est dissous à la suite du procès du *Mémorandum* (1894) par lequel on demande à l'empereur François Joseph l'autonomie pour le peuple roumain de Transylvanie. Par les résolutions historiques d'Alba Iulia (1 décembre 1918) prises par l'Assemblée Nationale qui proclame l'union de Transylvanie avec la Roumanie, on consacre la pleine liberté nationale pour toutes les communautés vivant au pays comme principe fondamental dans la fondation du nouvel État. Les résolutions envisagent leur droit de représentation politique aux organes constitués, à l'éducation, à l'administration et à justice en langue maternelle, formulations non repoussés expressément, ni acceptées intégralement en tant qu'obligatoires par les exécutifs qui se succèdent en Roumanie.

Le PN fusionne en 1926 avec le Parti Paysan (PP) de l'Ancien Royaume. Le parti qui en résulte, Parti National-Paysan (PNP) devint un des plus forts et des plus influents de la Roumanie moderne. Dissous le 24 février 1938 par la dictature royale de Charles II, le PNP continue son activité en clandestinité jusqu'en 1944, lorsqu'il est autorisé à fonctionner à nouveau après le 23 août. Le 14 juillet 1947 les *leaders* du PNP sont arrêtés par les communistes. Iuliu

Maniu est condamné aux travaux forcés à perpétuité et meurt en prison. Le parti devenu le symbole même de la Résistance au communisme est dissous le 29 juillet 1947.

Un Comité National Roumain (CNR) fonctionne à Washington pendant l'exil: trois sur un total de dix membres appartiennent au PNP. Parmi eux, Augustin Popa,[9] premier président de l'Équipe Roumaine des NEI et membre de leur exécutif. L'équipe représente le PNP qui prend en exil le nom de Parti Démocrate-Chrétien (PDC) de Roumanie. Une résolution de l'Équipe Roumaine des NEI prévoit sa réfondation en patrie au retour de la liberté. Plusieurs fois au long de son histoire, le PNP fut une grande promesse Au moment même du déclenchement de la Grande Crise, il sembla le mouvement politique le plus capable à essayer de trouver des solutions aux problèmes d'une économie faible et de mettre fin aux injustices sociales.

Conscient du désaccord entre les engagements et les faits de l'administration centralisatrice de Bucarest, Iuliu Maniu soutenait après la naissance de la Grande Roumanie l'adoption immédiate d'une loi de décentralisation et défendait l'ascension de la paysannerie en un système entièrement démocratique, objectif ultime et essentiel du programme de son parti. Restauré en 1944 le parti supprimé en 1938, Maniu resta en attente sans assumer un portefeuille dans le gouvernement intérimaire, en modérant et en revitalisant un parti qui paraît devoir être la force prépondérante politique et sociale en état de s'opposer à la subversion.

Il insistait pour la libre expression de la volonté populaire, but prioritaire du PNP étant l'organisation immédiate des élections parlementaires. Défenseur constant d'un projet de fédération ou confédération régionale, point de départ pour une construction plus large, il ne cessa jamais de s'exprimer en faveur d'une autonomie locale à divers niveaux. Encore une fois le parti s'affirmait comme le plus populaire entre tous, plébiscité du reste dans les élections truqués par les communistes en 1946.

Le traitement répressif le plus rigoureux réservé par eux au PNP coïncidait avec celui appliqué aux autres partis d'inspirations analogue du bloc soviétique. En Bulgarie, les agrariens de Petkov furent portés devant les tribunaux en juillet 1947, les membres du parti des petits propriétaires d'Hongrie commencèrent à être persécutés après les élections d'août quand on y renonça à tout simulacre de légalité, comme en Pologne.

En Roumanie, la persécution dirigée contre le PNP s'accompagna d'une terreur ouverte, le nombre des personnes portées disparues entre 1946 et 1947 étant estimé à 60.000. Maniu mourut en prison en 1952 mais sa mort fut rendue publique à peine en octobre 1955.[10] C'est à Budapest et non casuellement que s'organisa en mars 1990 le premier Congrès de l'après-communisme des partis démocrates-chrétiens de la zone sous l'égide de UCDEC, fondée en 1950 à Washington par des représentants de groupements de la même inspiration de Pologne, d'Hongrie, de Tchécoslovaquie, de Slovénie, de Lituanie et de Lettonie. Un ancien militant et *leader* des NEI, Angelo Bernassola y rappela alors le calvaire des peuples et des partis de cette matrice d'au-delà du rideau de fer, rendant hommage, comme l'avait fait George Cioranescu à Fribourg trente-huit ans auparavant, aux innombrables victimes de la tyrannie communiste et terminant par un appel à l'entente et à l'union.

Son discours mettait l'accent sur la difficulté dominante à laquelle se heurtent les partis se réclamant de la démocratie chrétienne dans les États jusqu'alors communistes: comment surmonter le poids d'un passé tragique et les divisions sans fin? Pour leur venir en aide on créa, toujours à Budapest (1991), „l'Académie démocrate-chrétienne pour l'Europe centrale et orientale", centre de formation pour responsables dont la tâche est si ardue.[11]

En Roumanie où c'est l'État qui a organisé le corps national en 1859 comme en 1919, en annulant des particularismes culturels et des traditions politiques-juridiques locales en faveur d'un système administratif de type jacobin, le principe de subsidiarité en tant que fondamental instrument politique n'inspire pas le difficile processus de transformation. L'invoquer pourrait signifier prendre en considération une décentralisation des structures administratives, la possibilité d'autogestion des provinces historiques, de l'autonomie des familles et des corps intermédiaires, des groupes minoritaires dans le domaine de l'enseignement et de la santé etc.

Faute de subsidiarité, la démarche de reconstruire la société roumaine est dévolue à un procédé de type institutionnel préconisé par le programme du PNPCD et par certains intellectuels. On identifie trois institutions fondamentales: famille, école, Église, en entendant par l'école prioritairement le système de l'enseignement public, par l'Église, l'Église orthodoxe, fortement majoritaire, incomplètement séparée de l'État. Une telle stratégie constitutionnelle laisse hors de discussion le problème central de l'État et lui substitue une solution normative où la morale chrétienne fonctionnerait comme une espèce d'idéologie *post* totalitaire.[12]

Par un contraste marqué avec la concentration autour du parti d'Iliescu des forces sociales-démocrates, devenu Parti Social-Démocrate (PSD) et avec les forces libérales enfin réunifiées on a assisté après les élections de 2000 qui ont laissé le PNPCD hors du Parlement, à une dégringolade du parti, gravement divisé: un déséquilibre du système des partis qui rend impossible la définition d'un centre politique. Vraiment la famille démocrate-chrétienne qui semblait oublier le divorce PNPCD-Alliance Nationale Chrétienne-Démocrate (ANCD) traverse une crise profonde. La démission d'un nouveau président, Andrei Marga a produit une scission. L'unique parti de l'ancienne coalition non représenté au Parlement actuel s'est séparé en deux camps en conflit, le PNPCD et le Parti Populaire Chrétien (PPC).

Inversement, l'autre parti représenté au groupe du PPE/DC de l'Assemblée parlementaire du Conseil de l'Europe, l'Union Démocratique Hongroise de Roumanie (UDHR) est accepté comme indispensable à toute coalition parlementaire.[13] Maintenant le PNPCD se propose de revenir graduellement au premier plan politique à la suite d'un processus de renouvellement profond présidé par son chef, Victor Ciorbea. Il doit définir nettement sa doctrine, son positionnement et ses programmes, les destinataires principaux du message, apprendre à communiquer constamment avec la société civile et la société en général.

Un potentiel d'audience accrue existe tant en direction urbaine qu'en direction rurale – prioritaire avant la guerre – où la pénétration de ses idées a été très déficitaire après 1989. Sa présence efficace, équilibrante au centre du système des partis roumains est fondamentale et l'expérience et la solidarité de la famille politique à laquelle il appartient sont susceptibles de l'aider à consolider la tendance chrétienne-démocrate en Roumanie même avant son adhésion à l'Union Européenne.[14] Dans la synthèse du Programme du PNPCD (1996), la subsidiarité se trouve située à la fin parmi des critères de la morale chrétienne en rapport en dernière instance avec la problématique humaine. Ses mérites consisteraient en „l'élévation qualitative de l'homme". La présence extrêmement discrète de la subsidiarité et en contexte impropre montre clairement qu'en Roumanie la démocratie chrétienne n'est pas encore une doctrine mûre.

Le paradoxe dont le PNPCD est devenu victime aux dernières années répète le dilemme des gouvernements du PNP au temps de la Grande Crise. Porté au pouvoir en 1996 – comme le PNP en 1928 – par un refus populaire de l'ordre étatique institué par la Constitution de 1991 – et respectivement par celle de 1923 – le PNPCD – de même que le PNP – bien qu'il se soient manifestés en tant que forces d'un profond changement éthique-politique, se sont laissés décomposés par les régimes contre lesquels ils avaient organisé une opposition radicale en se promettant de les déconstruire.

Les gouvernements du PNP ont été les derniers cabinets démocratiques dans l'entre-deux-guerres. Leur lien a été occupé successivement par un capitalisme autoritaire et oligarchique, par la dictature royale et le régime militaire-fasciste, enfin par le totalitarisme communiste. Comme hier il n'y a pas aujourd'hui une alternative démocratique au gouvernement du PNPCD. Et non parce que le PNPCD serait le parti avec le sens le plus développé de la démocratie et avec les ressources humaines les plus compétentes mais parce qu'il, en tant que membre de la famille démocrate-chrétienne, dispose dans le principe de subsidiarité du seul instrument politique capable de produire une démocratie consolidée, participative, équitable et responsable.

Le parti est témoin autorisé de la primauté du citoyen par rapport à un État encore excessivement autoritaire et centralisateur.[15] L'antécédent essentiel de la démocratie chrétienne, l'engagement social intransigeant est absent de l'Église orthodoxe qui s'abstient d'intervenir dans l'organisation de la société et y assumer des responsabilités dans un corps social fortement secoué par les répercussions du communisme et par les bouleversements de l'économie. Il n'y a pas sur le terrain de l'orthodoxie quelque chose d'analogue au catholicisme social, un enseignement ou un militantisme social-chrétien qui prépare les consciences à une reconquête de la société, un invitation a une réflexion vivante sur les sociétés et sur les problèmes du jour, à un passage de la présence sociale à une présence politique et à une prise de responsabilité des institutions et des intéressés.

Si la démocratie défend, selon Sturzo[16] – à travers le peuple organisé en corps intermédiaires autonomes – la décentralisation au bénéfice de la commune, de la province, de la région et la famille par une politique de justice sociale, en faisant propre la leçon de Sturzo, la démocratie chrétienne roumaine deviendrait bien armée contre toute retombée autoritaire et susceptible de gagner le double pari avec l'histoire et avec la réalité. La difficulté d'être une démocratie d'inspiration chrétienne s'est manifesté en Roumanie dès l'origine. Son existence plus que séculaire prouve cependant la profondeur de son enracinement dans le sol politique du pays.

Sa capacité de renouveau, la ferveur de l'aspiration à un projet éthique-politique inspiré par les valeurs chrétiennes, la rend plus que jamais actuelle dans un monde à la recherche d'un message susceptible d'en faire le pôle de recomposition indispensable. Parti et mouvement de militants, rajeuni et rajeunissant, le PNPCD peut devenir l'unité d'action fondamentale au sein d'un pays qu'il ranime et qu'il remodèle. Le processus en cours d'une meilleure définition et le dynamisme insufflé par la nouvelle équipe au gouvernail du parti, encouragé par la famille européenne à laquelle il appartient, n'est qu'un signe avant-coureur d'une promesse.

Annexe 1

Tableau 1: Résultats du PN de Transylvanie aux élections en Autriche-Hongrie

Année des élections	Numéro des sièges au Parlement de Budapest
1906	16
1910	10

Tableau 2: Résultats du PNP aux élections pour le Parlement de Bucarest

Année des élections	Numéro des sièges	Pourcentage
1926	69	27,73
1927	54	22
1928	348	77,76
1931	30	14,99
1932	274	40,90
1933	29	13,92
1937		19,40
1947	32*	

* Elections truquées. Le Parti Communiste s'appropria le score réalisé par le PNP: pourcentage estimatif 75 %.

Annexe II

Tableau 3: Résultats du PNPCD aux élections de 1990

	Chambres des Députés	Sénat
Elections pour l'Assemblée Constituante	351.357 voix 2,56 % 12 mandats 5e rang	348.687 voix 2,50 % 1 mandat 4e rang
Elections présidentielles	Candidat: Ion Ratiu	Résultat 617.007 voix 4,29 %

Tableau 4: Résultats de la CDR aux élections parlementaires (1992–2002)*

1992		1996		2000	
Chambre	Sénat	Chambre	Sénat	Chambre	Sénat
2.177.144 20,1 % 82 mandats	2.210.722 20,16 % 34 mandats	3.692.321 30,17 % 122 mandats	3.772.084 30,70 % 53 mandats	546.135 5,04 % 0 mandats	575.706 5,29 % 0 mandats
2e rang	2e rang	1er rang	1er rang	6e rang	6e rang

* La coalition de la CDR incluait le PNPCD qui ne s'est présenté seul qu'aux élections de 1990.

Anmerkungen

1 Vlad CONSTANTINESCO, L'adhésion de la Roumanie au Conseil de l'Europe, in: Jalons pour une histoire du Conseil de l'Europe, textes réunis par M. T. Bitsch, Berne 1997, pp. 189–201.

2 Thomas CAROTHERS, Romania – cadrul politic, in: Democratia in Romania, Bucuresti 1997, pp. 43–52.

3 Jacques RUPNIK, Politica tranzitiei, in: Democratia in Romania (cf. note 2), pp. 53–68.

4 Roger AUBERT, Democrazia cristiana, in: Enciclopedia del Novecento, Vol. II, Roma 1977, pp. 70–88, p. 83.

5 Robert BICHET, Les partis démocrates-chrétiens en Europe, in: ACDP-NEI 09-002-054/3.

6 Cf. Günter BUCHSTAB, Nouvelles Équipes Internationales, in: Lexikon der Christlichen Demokratie in Deutschland, hg. von Winfried Becker u. a., Paderborn 2002, pp. 605f.

7 Lettre de R. Bichet à K. Sieniewicz, 20.04.1950 in: R. BICHET (cf. note 5).

8 KADOC, Papiers De Schryver 7.6.2.2.4. – 7e Congrès de l'UIJDC à Bruges (1954).

9 Mémorandum du Parti Démocrate-Chrétien de Roumanie (1953) in: ACDP-NEI 09-002-054/1.

10 Ghita IONESCU, Comunismul in Romania, Bucuresti 1994, pp. 57–59, 161–166.

11 Jean-Dominique DURAND, L'Europe de la Démocratie Chrétienne, Bruxelles 1995, pp. 296–297.

[12] Daniel BARBU, Republica absenta, Bucuresti 1999, pp. 255–263.

[13] Cristian PREDA, Politica in 2001, in: „22“, 25 décembre 2001.

[14] Stelian TANASE, Opozitia – starea de fapt – PNTCD, in: „22“, 27 août 2002.

[15] Daniel BARBU, Paradoxul PNTCD, in: „22“, 21 mars 2000.

[16] Cf. Sergio BELARDINELLI, Die politische Philosophie des christlichen Personalismus (Jacques Maritain und Luigi Sturzo), in: Karl Graf Ballestrem/Henning Ottmann (Hg.), Politische Philosophie des 20. Jahrhunderts, München 1990, pp. 243–262.

IV. Ausblick

Die Zukunft der Christlichen Demokratie in Europa

Christoph Böhr

Auf einer Konferenz in Budapest über die Zukunft der Christlichen Demokratie zu sprechen, erscheint uns heute selbstverständlich. Aber die Freiheit des Wortes war einem Teil der Europäer lange verwehrt. Es ist gerade einmal eine Dekade vergangen, seit wir den Zusammenbruch des Totalitarismus in Europa erlebt haben. Nie wäre die Mauer, die unseren Kontinent über Jahrzehnte in zwei Teile spaltete, gefallen, wenn nicht allen voran die Ungarn mit unvorstellbarem Mut, einem unbändigen Freiheitswillen und mit kluger Entschlossenheit die Gunst der historischen Stunde genutzt hätten. Alles nahm in Ungarn seinen Anfang.

Innerhalb weniger Tage erschütterte damals, 1989, eine friedliche Revolution die Fundamente der Politik in ganz Europa. Als das Beben einsetzte, musste man kein Prophet sein, um zu ahnen, dass diese Revolution eine neue Epoche einläutete. Unruhen und Wirren, wie sie jeder Revolution zu eigen sind, begleiten seitdem die europäische Geschichte. Wie könnte es auch anders sein? Und immer noch dauert die Revolution an. Europa ist auf der Suche nach einer neuen Ordnung; die glücklichen Stunden der Befreiung scheinen vielen schon fast vergessen.

Das Jahr 1989 hat in Europa einen Paradigmenwechsel eingeleitet. Bis zu diesem Zeitpunkt konnte Politik identitätsstiftend wirken, indem sie Schutz vor äußeren Bedrohungen versprach. Das war diesseits und jenseits des Eisernen Vorhanges nicht anders. Die vorrangige Aufgabe der

Politik in der Epoche des Kalten Krieges erfüllte sich in dieser Schutzfunktion, die der Politik seit Menschen Gedenken zugeteilt ist. Eine staatliche Ordnung hat Schutz vor äußerer Bedrohung zu gewährleisten. In der Zeit des Kalten Krieges sprach diese Feststellung für sich selbst.

Jetzt, nach dem Fall der Mauer, hat sich die Lage verändert. Im ursprünglichen Sinn gibt es zumindest keine greifbare äußere Bedrohung mehr. An deren Stelle ist eine Bedrohung der europäischen Staaten von innen herausgetreten. Es ist die Bedrohung, die alle freiheitlichen Gesellschaften gefährdet, wenn der Wunsch nach kalkulierbaren und bequemen Lebensverhältnissen zur Flucht aus der Freiheit verführt. Die Last der Entscheidung, die mit der Freiheit immer verbunden ist, löst nicht selten die Empfindung aus, überfordert zu sein. Dann kann schnell der Wunsch entstehen, sich anleiten und führen zu lassen.

Zu den großen Herausforderungen aller europäischer Gesellschaften gehört, nachdem die Freiheit 1989 auch in die mittelosteuropäischen Staaten zurückgekehrt ist, ihr eine dauerhafte Heimat zu geben. Europa befindet sich auf der Suche nach gesellschaftlichen Ordnungen, die gewährleisten, dass die Wertschätzung der Freiheit und der Wunsch nach Sicherheit in ein gesellschaftliches Gleichgewicht gebracht werden. Die Zukunft der Christlichen Demokratie in Europa wird entscheidend davon abhängen, welchen Beitrag sie zur Bewältigung dieser Herausforderung leistet.

1. Christliche Demokratie in säkularisierten Gesellschaften

In allen west- und mittelosteuropäischen Gesellschaften hat in den letzten Jahrzehnten ein Prozess der Entkonfessionalisierung stattgefunden, wobei sich Ursachen und

Ausmaß in den einzelnen Ländern unterscheiden mögen. Jedenfalls dauert dieser Prozess bis heute an, ein Ende ist nicht abzusehen. Mit der Abnahme der weltanschaulichen Bindungen verlor auch die Prägekraft, die von Traditionen und Institutionen ausgeht, an Bedeutung. Mit dem Rückgang der Kirchenbindung schwindet zugleich die Bedeutung der Kirchen im Blick auf Fragen der Lebensgestaltung und Lebensentwürfe. Aber nicht nur die Kirchenbindung geht zurück. Auch die Bindung an Glaubensinhalte spielt eine immer geringere Rolle. Die Glaubensinhalte selbst schließlich verlieren ihre Konturen, werden unverbindlicher und allgemeiner. Der christliche Glaube fordert den Einzelnen weniger als früher; in seiner kirchlichen Prägung verzichtet er weitgehend auf Vorschriften, die als Zumutung verstanden werden können, und so wird er mehr und mehr zu einem von vielen Angeboten auf dem großen Markt der Möglichkeiten.

Wenn Traditionen sich auflösen, verändern sich auch die Sinnhorizonte einer Gesellschaft. Eben dies erleben wir gegenwärtig – und seit 1989 mit einer gewissen Beschleunigung. So wissen zum Beispiel immer weniger junge Leute, was das Kreuz bedeutet. Sie können mit religiösen Symbolen, denen immer auch eine kulturelle Bedeutung eigen ist, in vielen Fällen nichts mehr anfangen. Schließlich ist sich kaum noch jemand der religiösen Wurzeln kultureller Institutionen bewusst. Mit dem Sonntagsgebot verbindet sich nicht mehr der ursprüngliche Sinn; die Bußzeit vor Ostern wird für therapeutisches Heilfasten genutzt, und der Weihnachtsbaum, der früher einmal der Christbaum war, ist heute der sichtbare Ausdruck eines Festes der uneingeschränkten Konsumfreude.

Die ursprünglichen Inhalte von Traditionen und Riten, Institutionen und Symbolen verblassen, das Verständnis ihrer Bedeutung ist längst ein anderes geworden. Verhaltensweisen werden in der säkularisierten Gesellschaft nicht mehr so sehr durch religiös inspirierte Vorstellungen beeinflusst und geprägt. Die normierende Kraft des christlichen Glaubens wird immer schwächer.

Für die Christliche Demokratie ergeben sich daraus tiefgreifende Folgen. Das „C" wird zunehmend als Fremdkörper in einer säkularisierten Gesellschaft empfunden, als eine Hinterlassenschaft, deren Sinngehalt sich kaum noch erschließt. Immer weniger Menschen verstehen noch, was mit dem „C" gemeint ist, während für immer mehr Menschen dieses „C" ein ausgesprochenes Ärgernis wird. Denn mit dem Anspruch des Christlichen verbindet sich die Geltungskraft einer Norm, die in einer Zeit, in der Menschen vor allem Autonomie wollen, wenig Verständnis findet.

Das Lebensgefühl der europäischen Gesellschaften ist heute nicht zuletzt dadurch bestimmt, dass Selbstbestimmung gegen Fremdbestimmung und Freiheit gegen Einengung ausgespielt werden. Die meisten Menschen unserer Zeit sind beseelt vom Wunsch nach einem ungebundenen Leben – jenseits von Regeln und Vorschriften, die im Ergebnis eine Eingrenzung persönlicher Möglichkeiten und Interessen bewirken. In der Gesellschaft leben viele so, wie es ihnen Spaß macht, und der Politik bleibt oft keine andere Wahl, als der Maxime zu folgen: Was Euch gefällt, werden wir entscheiden.

2. Die Aktualität des christlichen Menschenbildes

Wer sich in der Politik dem Anspruch des Christlichen verbunden weiß, hat damit eine Entscheidung für ein bestimmtes Menschenbild – das christliche Menschenbild – getroffen. Dieses Menschenbild gründet auf Freiheit und Selbstbestimmung, die es verteidigt gegen die Machtansprüche Dritter und gegen die Fremdbestimmung durch innerweltliche Götzen. Man muss nicht an die zeitgenössische bioethische Debatte erinnern, um zu wissen, welche Macht ein Götze wie der Machbarkeitswahn über Menschen gewinnen kann. Das Idol des homo faber spukt heute durch die freiheitlichen Gesellschaften Europas wie in vergangenen Jahrhunderten. Es gibt nicht wenige, die diesem Idol sogar die Überzeugung von der Unverfügbarkeit des Menschen opfern. Überhaupt spricht einiges dafür, dass nach dem Zeitalter der Ideologien ein Zeitalter der Idole einsetzt.

Dagegen hält das christliche Menschenbild unverrückbar an seiner Sicht des Menschen als Person fest. Als Person hat der Mensch eine unverletzliche Würde. Sein Recht auf Selbstbestimmung ist Ausfluss eben dieser Würde; gemäß dem christlichen Menschenbild ist diese Würde jeder rechtsetzenden Instanz und Gesetzgebung vorgängig und deshalb unantastbar.

Dieses Bild vom Menschen hat Folgen für die ganze soziale und staatliche Ordnung. Wer überzeugt ist von der Unantastbarkeit der Würde der Person, kann und darf nie einen Menschen nach seiner Nützlichkeit oder seiner Brauchbarkeit beurteilen. Der Schutz der Würde ist daher ganz und gar unabhängig von der Frage, in welchem Verhältnis die Menschen zueinander stehen und wie es um ihre physische oder psychische Leistungskraft steht. Der Schutz der unverletzbaren menschlichen Würde gilt für jeden in gleicher Weise, welche Eigenschaften er auch immer haben möge. Der Mensch kann stark oder schwach, reich oder arm, groß oder klein, wehrlos oder mächtig sein – nichts und niemand darf seine Würde einschränken oder verletzen.

Was dies für die Gesetzgebung, die den Schutz des Lebens an seinem Anfang und an seinem Ende bedeutet, zeigt die Diskussion über Fragen der Präimplantationsdiagnostik, des Umgangs mit Embryonen und der Möglichkeit des Klonens.

Das christliche Menschenbild, das die Würde eines jeden Menschen als schutzwürdig anerkennt und keine Einschränkung dieser Norm zulässt, ist allen Kulturen überlegen. Kein anderer Kulturkreis hat eine anthropologische Norm von solchem Gewicht entwickelt, kein anderes Menschenbild verleiht in vergleichbarer Weise der Einzelperson Schutz und Würde. Welcher Kultur auch immer ein Mensch entstammt, wie immer Menschen erzogen werden und was immer ihre Überzeugung ausmacht: Das christliche Menschenbild erfüllt wie kein anderes die Sehnsucht nach Leben und Anerkennung.

3. Das Gesellschaftsbild der Christlichen Demokratie

Das christliche Menschenbild und sein Bekenntnis zur Personalität führt ganz unmittelbar zu einem gesellschaftlichen Ordnungsprinzip, nämlich dem Grundsatz der Subsidiarität. Dieser Grundsatz bewahrt vor jeder Form von Entmündigung. Deshalb ist er so etwas wie das Gesetz der Freiheit einer Gesellschaft. Wenn Subsidiarität der Grundsatz ist, nach dem sich Aufbau und Gliederung einer Gesellschaft richten, dann ist jeder sein eigener Herr, solange er seine Freiheit nicht auf Kosten der anderen sucht.

So manifestiert sich in der christlichen Anthropologie und Sozialethik ein Verständnis von Gesellschaft als einem Geflecht von Beziehungen gleichberechtigter Achtung und Anerkennung zum wechselseitigen Vorteil. Eine Folge dieses Gesellschaftsbildes ist es, dass beispielsweise eine mittelständische Ordnung der Wirtschaft immer Vorrang hat vor anderen Ordnungen, weil sie eben jener Beziehung wechselseitiger Verantwortung zum gegenseitigen Vorteil unmittelbaren Ausdruck verleiht. Dieses Verständnis vom Menschen und der sozialen Ordnung muss einmünden in eine Politik, die durch Anreize zur Übernahme wechselseitiger Verantwortung stimuliert. Es ist eben jener gegenseitige Vorteil, der in einer Gesellschaft einher gehen soll mit der Organisation von Verantwortung im Gemeinwesen. Eine Gesellschaft, die auf dem christlichen Menschenbild aufbaut, fördert solche Strukturen persönlicher Beziehungen in wechselseitiger Verantwortung. Sie hütet sich davor, die Menschen zu überfordern, indem sie als Preis für die Übernahme von Verantwortung verlangt, den eigenen Nutzen hintan zu stellen.

Ein plastisches Beispiel hierfür ist die Familie, die in einer auf dem christlichen Menschenbild aufbauenden Gesellschaftsordnung selbstverständlich eine Schlüsselrolle einnimmt. Wie keine andere Form des Zusammenlebens vermittelt die Familie die Erfahrung von Zuwendung, Verlässlichkeit und Vertrauen. Keine andere Lebensform eröffnet in vergleichbarer Weise einen Raum für diese Erfahrungen. Ehe und Familie sind deshalb das Fundament, auf dem die gesamte soziale Ordnung aufbaut. Hier lernt der Mensch, was es bedeutet, sich zu binden, Verantwortung zu übernehmen, seine eigenen Erwartungen mit denen anderer zu bewerten und in Einklang zu bringen. Nirgendwo sonst bildet sich in vergleichbarer Weise ein Gespür für das Ethos – also für die Notwendigkeit einer gemeinsamen Übereinstimmung in Grundfragen des menschlichen Miteinanders zum Nutzen aller.

Die Vorrangstellung von Ehe und Familie ist ihrerseits eine Folge normativen Denkens, also vernünftiger und vernunftrechtlicher Erwägungen. Die Institution wirkt und prägt im Sinne dieses normativen Denkens, das seinerseits die Institution selbst begründet hat. Die Wirkweise einer Institution hängt davon ab, inwieweit es ihr gelingt, einen Raum für Erfahrungen zu eröffnen. Jede Familie ist getragen von dieser Erfahrung, dass der andere auch dann Achtung verdient, wenn er meinen eigenen Wünschen widerstreitet. In diesem Sinne ist Familie der Zellkern einer

Gesellschaft, die jeden Menschen in seiner gleichen Würde achtet, ohne der Täuschung zu erliegen, es gäbe ein Zusammenleben ohne tiefgreifende und schwer überbrückbare Meinungsverschiedenheiten.

Eine Gesellschaftsordnung, die dem christlichen Bild vom Menschen folgt, schafft Institutionen, die verhindern, dass andere Menschen nur als Mittel zur Erfüllung eigener Erwartungen verzweckt werden. Sei es nun das Designerbaby, die befristete Lebensabschnittspartnerschaft, eine arbeitsrechtliche Erlaubnis zum hire und fire oder der Allmachtswahn mancher Vertreter der Humanwissenschaften: Alle genannten Beispiele haben gemeinsam, dass sie der Verzweckung des Menschen nicht widersprechen und bereit sind, andere nur als Mittel zum – vermeintlich guten – Zweck zu missbrauchen.

Der Grundsatz, dass der Mensch nie nur Mittel sein darf, ist kein Glaubenssatz einer weltfremden Moral und schon gar nicht ein Bekenntnis zur Einengung von Lebenschancen. Im Gegenteil: Dieser Satz macht die Lebensmöglichkeiten eines Menschen erst zur Lebenswirklichkeit. Als normativer Grundsatz, der mein eigenes Verhalten bestimmt und begrenzt, beschreibt er zugleich meinen eigenen Nutzen, meinen Vorteil und meinen Wunsch. Wie die Goldene Regel kann er Verbindlichkeit beanspruchen für jedermann zu jeder Zeit, weil er – ganz unabhängig von den Quellen seiner Begründung – eine für jeden Menschen gleiche und geschützte Wirklichkeit begründet, die nicht von den Launen Dritter abhängt.

4. Die Christlichen Demokraten in Europa

Die west- und mittelosteuropäischen Gesellschaften sind von diesen Einsichten ziemlich weit entfernt. Wohl finden sich diese Vorstellungen zuhauf in unseren Verfassungen, doch prägen sie immer weniger die Empfindungen der Menschen. Das ist der Grund, warum eine Politik, die sich dem christlichen Menschenbild verpflichtet weiß, immer stärker unter Begründungszwang gerät. Nichts in diesem Zusammenhang kann heute noch als selbstverständlich vorausgesetzt werden, schlimmer noch: Das Bekenntnis zu einer Struktur oder einer Norm missverstehen heute viele Menschen als eine Art von Freiheitsberaubung, zumindest jedoch als eine Einengung von Lebens- und Entfaltungsmöglichkeiten. Der bekennende Verweis auf eine soziale und staatliche Ordnung, auf gesellschaftliche Institutionen und die Bevorzugung bestimmter Formen des Zusammenlebens wird von immer mehr Menschen als Widerspruch zu einem Lebensentwurf empfunden, der gerne der jeweiligen Laune des Tages folgen möchte.

Ein solches Lebensgefühl fördert die Atomisierung einer Gesellschaft. Diese Entwicklung, die sich in allen west- und mittelosteuropäischen Ländern verfolgen lässt, führt zu einer *neuen sozialen Frage* – ein Problem, das um des gesellschaftlichen Zusammenhaltes willen gelöst werden muss. Die Antwort der Christlichen Demokratie auf diese neue soziale Frage ist der Verweis auf eine Ordnung der Gesellschaft, die die Menschen zu ihrem gegenseitigen Nutzen zusammenführt und Anreize zu einer organisierten Verantwortung bietet. Diese Art von Gesellschaftsvertrag, die den Grundsätzen der christlichen Anthropologie und Sozialethik entstammen, kann uneingeschränkt Geltung beanspruchen auch für diejenigen Menschen und Gesellschaften, die mit der letztlich christlich-theologischen Begründung und Herleitung solcher Vorstellungen nicht mehr überein stimmen. In diesem Punkt sind die Bedingungen in West- und Mittelosteuropa – trotz gewisser Unterschiede in anderen Bereichen – insgesamt ähnlich. Der Grad der Säkularisierung in Frankreich und Deutschland entspricht weitgehend dem in Litauen oder der Tschechischen Republik. Die Herausforderung der Christlichen Demokratie besteht darin, einen Gesellschaftsentwurf zu finden, der die Grundsätze der christlichen Anthropologie weitgehend aufnimmt, zugleich aber auch universell Geltung beanspruchen kann, zumindest für den europäischen Kulturkreis.

Christliche Demokratie ist heute nicht mehr ein Bollwerk gegen totalitäre Ideologien. Christliche Demokratie heute ist auch keine soziologisch zu beschreibende Bewegung mehr. Vielmehr muss Christliche Demokratie heute einen Entwurf beinhalten, welche Gesellschaftsordnung auf den Trümmern der zusammengebrochenen Ideologien in Europa zu bauen ist. Nach dem Sündenfall des Totalitarismus und der Diskreditierung der Ideologien muss sich die Christliche Demokratie heute mit einem Zukunftsprojekt verbinden. Dieses Projekt ist der Entwurf einer freien und zugleich verantwortlichen Gesellschaft – ein Gesellschaftsbild, das eng mit dem christlichen Menschenbild verbunden ist, die sich beide rechtfertigen müssen im Kampf der Kulturen.

Mehr als ein halbes Jahrhundert fühlten sich die Christliche Demokraten herausgefordert durch die totalitären Ideologien und Ordnungssysteme. Unsere Herausforderung heute ist die Freiheit. Das christliche Menschenbild bietet angesichts dieser Konstellationen eine einzigartige Chance, ein einzigartiges Konzept, angemessene Antworten zu finden. Es ist hierzu wie keine andere politische Theorie und Weltanschauung gerüstet. Die Chancen der Christlichen Demokratie im zusammenwachsenden Europa sind daher größer als je zuvor.

Auswahlbibliografie

1. Periodika

Demokratie und Geschichte. Jahrbuch des Karl von Vogelsang-Instituts zur Erforschung der Geschichte der christlichen Demokratie in Österreich, Wien 1997ff.

Die christliche Demokratie. Vierteljahresschrift für Zeitgeschichte, Sozial-, Kultur- und Wirtschaftsgeschichte, hg. vom Karl von Vogelsang-Institut zur Erforschung der Geschichte der christlichen Demokratie in Österreich, Wien 1983–1996

Historisch-Politische Mitteilungen. Archiv für Christlich-Demokratische Politik, hg. von der Konrad-Adenauer-Stiftung, Köln 1994ff.

Jahrbuch, hg. vom Generalsekretariat der Christlichdemokratischen Volkspartei der Schweiz, Bern 1967/71–1997

Notes et Documents, hg. vom Institut International Jacques Maritain, Rom 1976ff.

Österreichisches Jahrbuch für Politik. Eine Publikation der Politischen Akademie der Österreichischen Volkspartei, Wien 1977/78ff.

Politische Studien. Zweimonatsschrift für Politik und Zeitgeschehen, hg. von der Hanns-Seidel-Stiftung, Grünwald und München 1954ff.

2. Editionen, Monografien, Lexika

Allemeyer, Werner, Christliche Demokratie in Europa und Lateinamerika. Geschichte, Strukturen, Programme, Bonn 1964

Baadte, Günter / Rauscher, Anton (Hg.), Christen und Demokratie, Graz 1990

Becker, Winfried, CDU und CSU 1945–1950. Vorläufer, Gründung und regionale Entwicklung bis zum Entstehen der CDU-Bundespartei, Mainz 1987

Becker, Winfried / Böx, Heinrich u. a., Zur Geschichte der christlich-demokratischen Bewegung in Europa, hg. von der EVP-Fraktion des Europäischen Parlaments, Melle 1990

Becker, Winfried / Morsey, Rudolf (Hg.), Christliche Demokratie in Europa. Grundlagen und Entwicklungen seit dem 19. Jahrhundert, Köln 1988

Buchanan, Tom / Conway, Martin (Hg.), Political Catholicism in Europe 1918–1965, Oxford 1996

Christliche Demokratie in Deutschland. Analysen und Dokumente zur Geschichte und Programmatik der Christlich-Demokratischen Union Deutschlands und der Jungen Union Deutschlands, Melle 1978

Die europäischen Parteien der Mitte. Analysen und Dokumente zur Programmatik christlich-demokratischer und konservativer Parteien Westeuropas, hg. von der Politischen Akademie Eichholz der Konrad-Adenauer-Stiftung, Bonn 1978

Dokumente zur Christlichen Demokratie. Deutschland, Österreich, Schweiz, hg. von der Politischen Akademie Eichholz der Konrad-Adenauer-Stiftung, Eichholz 1969

Durand, Jean-Dominique, L'Europe de la Démocratie chrétienne (Questions au XXe Siècle, 45), Brüssel 1995

Erdödy, Gabor (Hg.), Mitteleuropa. Politische Kultur und europäische Einigung (Schriften des Zentrums für Europäische Integrationsforschung, 54), Baden-Baden 2003

EVP-ED-Fraktion im Europäischen Parlament (Hg.), 50 Jahre Geschichte der EVP-ED-Fraktion im Dienst des Vereinten Europas (1953–2003), Brüssel 2003

Fogarty, Michael P., Christian Democray in Western Europe 1820–1953, London 1957, deutsch: Christliche Demokratie in Westeuropa 1820–1953, Freiburg i. Br. 1959

Gehler, Michael / Kaiser, Wolfram / Wohnout, Helmut (Hg.), Christdemokratie in Europa im 20. Jahrhundert. Christian Democracy in 20th Century Europe. La Démocratie Chrétienne en Europe au XXe siècle, Wien 2001

Geschichte der christlich-demokratischen und christlich-sozialen Bewegungen in Deutschland. Grundlagen, Unterrichtsmodelle,

Quellen und Arbeitshilfen für die politische Bildung, hg. von Günther Rüther, Bonn ³1989

Geschichte einer Volkspartei. 50 Jahre CSU 1945–1995, hg. von der Hanns-Seidel-Stiftung, Grünwald 1995

Hahn, Karl Josef / Fugmann, Friedrich, Die Christliche Demokratie in Europa, Rom 1979

Hanley, David L. (Hg.), Christian Democray in Europe. A Comparative Perspektive, London 1994

Horner, Franz, Konservative und christdemokratische Parteien in Europa. Geschichte, Programmatik, Strukturen, Wien 1981

Hoye, William J., Demokratie und Christentum. Die christliche Verantwortung für demokratische Prinzipien, Münster 1999

Hürten, Heinz (Hg.), Christliche Parteien in Europa, Osnabrück 1964

Irving, Ronald E. M, Tue Christian Democratic Parties of Western Europe, London 1979

Kleinmann, Hans-Otto, Geschichte der CDU 1945–1982, Stuttgart 1993

Köhler, Thomas / Mertens, Christian / Spindelegger, Michael (Hg.), Stromaufwärts. Christdemokratie in der Postmoderne des 21. Jahrhunderts, Wien 2003

Kühnhardt, Ludger, Constituting Europe: Identity, Institution-Building and the Search for a Global Role (Schriften des Zentrums für Europäische Integrationsforschung, 60), Baden-Baden 2003

Lamberts, Emiel (Hg.), Christian Democracy in the European Union (1945–1995). Proceedings of the Leuven Colloquium 15.–18. November 1995 (KADOC-Studies, 21), Leuven 1997

Lexikon der Christlichen Demokratie in Deutschland, hg. von Winfried Becker / Günter Buchstab / Anselm Doering-Manteuffel / Rudolf Morsey, Paderborn 2002

Lücker, Hans August/Hahn, Karl Josef, Christliche Demokraten bauen Europa. Mit einem Geleitwort von Leo Tindemans, Bonn 1987

Maier, Hans, Revolution und Kirche. Zur Frühgeschichte der Christlichen Demokratie, Freiburg i. Br. ⁵1988, englisch: Revolution and Church. The Early History of Christian Democracy. 1789–1901, Notre Dame 1969

Material zur Situation der christlich-demokratischen Bewegung in Westeuropa, hg. von der Politischen Akademie Eichholz / Internationales Christlich-Demokratisches Informations- und Dokumentationszentrum in Rom, Eichholz 1968

Mayeur, Jean-Marie, Des Partis catholiques à la Démocratie chrétienne XIXe–XXe siècles, Paris 1980

Moody, Joseph N. (Hg.), Church and Society. Catholic Social and Political Thought and Movements 1789–1950, New York 1953

Papini, Roberto, The Christian Democrat International (Religious Forces in the Modern Political World), Lanham 1997

Politische Kultur, Demokratie und christliche Werte in Europa. Situationen – Herausforderungen – Orientierungen. Ausgewählte Beiträge der Konferenzen der Konrad-Adenauer-Stiftung in Cadenabbia 1997, 1998, 1999, Sankt Augustin 2001

Pridham, Geoffrey, Christian Democracy in Western Germany. The CDU/CSU in Government and Opposition 1945–1976, London 1977

Rinsche, Günter (Hg.), Frei und geeint. Europa in der Politik der Unionsparteien. Darstellungen und Dokumente zum 40. Jahrestag der Unterzeichnung der Römischen Verträge, Köln 1997

Rinsche, Günter / Friedrich, Ingo (Hg.), Europa als Aufgabe. Die Politik deutscher Christdemokraten im Europäischen Parlament 1957–1997. Von den Römischen Verträgen zur Politischen Union, Köln 1997

Tradition und Aktualität der Bemühungen um eine christlich-demokratische „Doktrin", hg. von der EVP-Fraktion des Europäischen Parlaments, Melle 1988

Vecchio, Giorgio, La democrazia cristiana in Europa. 1891–1963, Mailand 1979

Veen, Hans Joachim (Hg.), Christlich-demokratische und konservative Parteien in Westeuropa, 5 Bde., Paderborn 1983–2000

Abkürzungsverzeichnis

ACDP	Archiv für Christlich-Demokratische Politik
ADGB	Allgemeiner Deutscher Gewerkschaftsbund
ANCD	Alliance Nationale Chrétienne-Démocrate
ANO	Allianz des Neuen Bürgers
ARP	Antirevolutionäre Partei
AWS	Akcja Wyborcza Solidarność (Wahlaktion Solidarität)
AWSP	Akcja Wyborcza Solidarność Prawicy (Wahlaktion Solidarität der Rechten)
BdD	Bund der Deutschen
BVP	Bayerische Volkspartei
C	Christlich, Christentum
CCD	Centro Cristiano Democratico
CDA	Christlich-Demokratischer Appell
CDP	Centre Démocratie et Progrès
CDR	Convention Démocratique Roumaine
CDS	Centre des Démocrates Sociaux
CDU	Christlich-Demokratische Union
CDU	Cristiani Democratici Uniti
CED	Communauté Européenne de Défense
ChD	Chrzescijańska Demokracja (Christliche Demokratie)
CHD III RP	Christliche Demokratie der III. Republik
ChDSP	Christlich-Demokratische Arbeitspartei
ChD/SP	Christliche Demokratie/Arbeitspartei
CHU	Christlich-Historische Union
CNR	Comité National Roumain
ČSL	Československá strana lidová (Tschechoslowakische Volkspartei)

ČSSD	Česká strana sociálně demokratická (Sozialdemokraten)
CSU	Christlich-Soziale Union
CVP	Christliche Volkspartei
CVP	Christelijke Volkspartij
CVP/PSC	Christelijke Volkspartij/Parti Social Chrétien
D'66	Democraten 66
DC	Democrazia Cristiana
DC	Démocratie Chrétienne
DC	Demokratisches Zentrum
DDP	Deutsche Demokratische Partei
DDR	Deutsche Demokratische Republik
DEMOS	Demokratische Opposition Sloweniens
DU	Demokratische Union
DVP	Demokratische Volkspartei
EDU	Europäische Demokratische Union
ED	Europäische Demokraten
EG	Europäische Gemeinschaft(en)
EGKS	Europäische Gemeinschaft für Kohle und Stahl
EU	Europäische Union
EUCD	Europäische Union Christlicher Demokraten
EURATOM	Europäische Atomgemeinschaft
EVP	Europäische Volkspartei
EWG	Europäische Wirtschaftsgemeinschaft
FDP	Freie Demokratische Partei
FGDS	Fédération de la Gauche Démocrate et Socialiste
FPÖ	Freiheitliche Partei Österreichs
FSN	Front du Salut National
GVP	Gesamtdeutsche Volkspartei

HB	Hrvatski blok (Kroatischer Block)
HDSS	Kroatisch-Demokratische Bauernpartei
HDZ	Hrvatska demokratska zajednica (Kroatische Demokratische Gemeinschaft)
HIP	Hrvatski identitet i prosperitet (Kroatische Bewegung für Identität und Prosperität)
HSLS/DC	Kroatische Sozialliberale Partei/Demokratisches Zentrum
HSL'S	Hlinkova slovenská l'udová strana (Hlinkas Slowakische Volkspartei)
HSP	Hrvatska stranka prava (Kroatische Partei der Rechte)
HSS	Hrvatske Seljacka Stranka (Kroatische Bauernpartei)
HSU	Kroatische Partei der Rentner
HZDS	Bewegung für die Demokratische Slowakei
HZDS	Nationaldemokraten
ICDU	International Christian Democratic Union
KADOC	Katholisches Dokumentations- und Forschungszentrum
KDC	Katholisches Dokumentationszentrum
KDH	Christlich-Demokratische Bewegung
KDS	Christlich-Demokratische Partei
KDU	Christliche und Demokratische Union
KDU/ČSL	Christliche und Demokratische Union/Tschechoslowakische Volkspartei
KDZ	Hrvatska demokratska zajednica (Kroatische Demokratische Gemeinschaft)
KLD	Liberal-Demokratischer Kongress
KPČ	Kommunistische Partei der Tschechoslowakei
KPÖ	Kommunistische Partei Österreichs
KSČM	Kommunistische Partei Böhmens und Mährens
KSS	Kommunistische Partei

KSU	Křesťansko-sociální unie (Christlich-Soziale Union)
KSZE	Konferenz für Sicherheit und Zusammenarbeit in Europa
KVP	Katholische Volkspartei
K.V.P.	Katolieke Volksparatij
KZ	Konzentrationslager
LPR	Liga der Polnischen Familien
MKDH	Ungarische Christlich-Demokratische Bewegung
MRP	Mouvement Républicain Populaire
NATO	North Atlantic Treaty Organization (Nordatlantikpakt)
NEI	Nouvelles Équipes Internationales
NS	Nationalsozialismus
NSDAP	Nationalsozialistische Deutsche Arbeiterpartei
NSI	Nova Slovenija/Krščanska Ljudska Stranka (Neues Slowenien/Christliche Volkspartei)
ÖAAB	Österreichischer Arbeiter- und Angestelltenbund
ODS	Občanská demokratická strana (Bürgerliche Demokratische Partei)
OSZE	Organisation für Sicherheit und Zusammenarbeit in Europa
OTAN	Organisation du Traité de l'Atlantique Nord (NATO)
ÖVP	Österreichische Volkspartei
PAC	Parti de l'Alliance Civique
PC	Verständigung Zentrum
PChD	Partei der Christdemokraten
PCI	Partito Comunista Italiano
PČR	Parlament České republiky (Parlament der Tschechischen Republik)
PD	Parti démocrate
PDC	Parti Démocrate-Chrétien

PDM	Groupe Progrès et Démocratie Moderne
PDP	Parti Démocrate Populaire
PiS	Recht und Gerechtigkeit
PN	Parti National
PNL	Parti National libéral
PNP	Parti National-Paysan
PNPCD	Parti National Paysan Chrétien-Démocrate
PNTCD	Partioul National Taranesc, crestind i democrat
PO	Bürgerplattform
PP	Parti Paysan
PPC	Parti Populaire Chrétien
PPChD	Verständigung der Polnischen Christdemokraten
PPE/DC	Parti Populaire Européen/Démocrate-Chrétiens
PPI	Partito Popolare Italiano
PS	Parti Socialiste
PSC	Parti Social Crétien
PSD	Parti Social-Démocrate
PSL	Polnische Bauernpartei
RCDS	Réformateurs, Centristes et Démocrates Sociaux
RCDS	Ring Christlich-Demokratischer Studenten
R.K.S.P.	Rooms-Katholieke Staatspartij (Römisch-Katholische Staatspartei)
RPF	Rassemblement du Peuple Français
RPR	Rassemblement pour la République
RS/AWS	Soziale Bewegung/Wahlaktion Solidarität
SBZ	Sowjetische Besatzungszone
SDK	Slowakische Demokratische Union
SDKU	Slowakische Demokratische und Christliche Union
SdRP	Sozialdemokratie der Republik Polen

SED	Sozialistische Einheitspartei Deutschlands
SFIO	Section Française d'International Ouvrière
SHS	(Königreich) Serbien, Kroatien, Slowenien
SKD	(Slovenski krščanski demokrati) Slowenische Christliche Demokraten
SKVP	Schweizerische Konservative Volkspartei
SLD	Demokratische Linksallianz
SLD/UP	Koalicja Sojuszu Lewicy Demokratycznej i Unii Pracy (Koalition Demokratische Linksallianz/Union der Arbeit)
SLS	Slovenska Ljudska Stranka (Slowenische Volkspartei)
SLS/SKD	Slowenischen Volkspartei
SP	Stronnictwo Pracy (Arbeitspartei)
SPD	Sozialdemokratische Partei Deutschlands
SPÖ	Sozialistische (seit 1991 Sozialdemokratische) Partei Österreichs
SVP	Slowakische Volkspartei
SVP	Slowenische Volkspartei
TV	Télévision
UCDEC	Union Chrétienne-Démocrate de l'Europe Centrale
DU	Demokratische Union
UDC	Unione Democratico Cristiana
UDF	Union pour la Démocratie Française
UDHR	Union Démocratique Hongroise de Roumanie
UDSR	Union Démocratique et Socialiste de la Résistance
UdSSR	Union der Sozialistischen Sowjetrepubliken
UIJDC	Union Internationale des Jeunes Démocrates-Chrétiens
UMP	Union pour un Mouvement Populaire
UNO	United Nations Organization (Vereinte Nationen)

UNR	Union pour la Nouvelle République
UP	Union der Arbeit (Arbeitsunion)
US/DEU	Freiheitsunion/Demokratische Union
USA	Vereinigte Staaten von Amerika, United States of America
UW	Freiheitsunion
VVD	Volkspartij voor Vrijheid en Democratie
ZChN	Christlich-Nationale Vereinigung

Autorenverzeichnis

Becker, Winfried, Dr., Professor für Neuere und Neueste Geschichte an der Universität Passau

Böhr, Christoph, Dr., stellvertretender Bundesvorsitzender der CDU Deutschlands, Vorsitzender der CDU-Landtagsfraktion in Rheinland-Pfalz und der rheinland-pfälzischen CDU

Bruckmüller, Ernst, Dr., Professor für Wirtschafts- und Sozialgeschichte an der Universität Wien

Buchstab, Günter, Dr., Leiter der Hauptabteilung Wissenschaftliche Dienste/Archiv für Christlich-Demokratische Politik der Konrad-Adenauer-Stiftung e.V.

Cipek, Tihomir, Dr., Dozent für Geschichte der politischen Ideen und Institutionen Kroatiens an der Universität Zagreb

Delureanu, Stefan, Dr., Professor für Geschichte der Europäischen Integration an der Universität Bukarest

Dylus, Aniela, Dr., Professorin für Wirtschaftsethik und Wirtschaftspolitik an der Kardinal-Stefan-Wyszyński-Universität in Warschau

Erdödy, Gábor, Dr., Dozent für Geschichte an der Eötvös-Loránd-Universität in Budapest, Botschafter der Republik Ungarn beim Heiligen Stuhl, Rom

Fazekas, Csaba, Dr., Professor für Ungarische Geschichte an der Universität Miskolc

Fiala, Petr, Dr., Professor für Europäische Politik an der Masaryk-Universität in Brno

Kühnhardt, Ludger, Dr., Professor für Politikwissenschaft, Direktor am Zentrum für Europäische Integrationsforschung (ZEI) an der Universität Bonn

Lamberts, Emiel, Dr., Professor für Geschichte der Neuzeit an der Katholischen Universität Leuven, Präsident des Katholischen Dokumentations- und Forschungszentrums (KADOC)

Mayeur, Jean-Marie, Dr., Professor für Zeitgeschichte an der Universität Paris IV / Sobonne

Prunk, Janko, Dr., Professor für Geschichte und Zeitgeschichte an der Universität Ljubljana

Rauscher, Anton, Dr., Professor em. für Christliche Gesellschaftslehre an der Universität Augsburg, Direktor der Katholischen Sozialwissenschaftlichen Zentralstelle (KSZ) Mönchengladbach

Sklenka, Imrich, Dr., Dozent für Didaktik der Wissenschaft, Psychologie und Pädagogik an der Comenius-Universität Bratislava

Uertz, Rudolf, Dr., Referent in der Hauptabteilung Wissenschaftliche Dienste/Archiv für Christlich-Demokratische Politik der Konrad-Adenauer-Stiftung e.V., Privatdozent für Politikwissenschaft an der Katholischen Universität Eichstätt-Ingolstadt, a.o. Professor für Politische Theorie an der Kardinal-Stefan-Wyszyński-Universität in Warschau

Vecchio, Giorgio, Dr., Professor für Zeitgeschichte an der Universität Parma und an der Katholischen Universität in Mailand